21世纪全国本科院校电气信息类创新型应用人才培养规划教材

电机、拖动与控制

主　编　万芳瑛
副主编　李　琳　姚　烨　向　诚
参　编　李　颖　岳松洁

北京大学出版社
PEKING UNIVERSITY PRESS

内容简介

作为自动化和电子信息类专业课程的教材，本书覆盖了高等工科院校电机、拖动与控制课程教学大纲所要求的内容。

本书由电机原理与拖动、传统的电机控制技术、现代PLC控制技术这3部分构成，全面系统地介绍了各种电机、变压器的结构、工作原理、拖动技术、控制技术。全书分为7章，内容包括：变压器及其应用、三相异步电动机及其拖动控制、单相异步电动机及其拖动控制、同步电动机及其拖动控制、直流电动机及其拖动控制、控制电动机及其控制系统、S7-200PLC控制器及其应用。每章章前均设有教学要点和引例，每章章末均附有习题，便于读者阅读及巩固基础知识。

本书可以作为高等院校自动化、电子信息工程、机械自动化、机电工程等本科专业的教材，也可供相关工程技术人员参考使用。

图书在版编目(CIP)数据

电机、拖动与控制/万芳瑛主编. —北京：北京大学出版社，2013.8
(21世纪全国本科院校电气信息类创新型应用人才培养规划教材)
ISBN 978-7-301-22872-2

Ⅰ.①电… Ⅱ.①万… Ⅲ.①电机—电力传动—高等学校—教材②电机—控制系统—高等学校—教材
Ⅳ.①TM30

中国版本图书馆CIP数据核字（2013）第162554号

书　　名：电机、拖动与控制
著作责任者：万芳瑛　主编
策 划 编 辑：程志强
责 任 编 辑：程志强
标 准 书 号：ISBN 978-7-301-22872-2/TP・1295
出 版 发 行：北京大学出版社
地　　址：北京市海淀区成府路205号　100871
网　　址：http://www.pup.cn　新浪官方微博:@北京大学出版社
电 子 信 箱：pup_6@163.com
电　　话：邮购部62752015　发行部62750672　编辑部62750667　出版部62754962
印 刷 者：北京富生印刷厂
经 销 者：新华书店
787毫米×1092毫米　16开本　16.75印张　387千字
2013年8月第1版　2014年12月第2次印刷
定　　价：34.00元

前　言

“电机、拖动与控制”课程是自动化、电子信息工程、机械自动化等专业的一门重要的专业课程。本书根据教育部高等学校自动化专业教学指导委员会制订的教材规划，结合编者多年的教学经验，为适应工程应用型的本科院校自动化专业和电子信息类专业的教学需求而编写。

本书在内容选材上立足于“精选内容，注重实用”的原则，在编写过程中注意与“大学物理”、“电路”、“电子技术”、“单片机应用”等课程的衔接。在内容编排上舍弃烦琐的理论推导过程；顺序上注重知识的连贯性，先介绍电动机的工作原理与拖动技术，然后讲述相应电动机的实用控制方法，如直流电动机的各种控制方法、步进电动机的单片机控制技术等，方便读者在运用这些常用的电动机进行电子产品的制作开发时查阅相关知识；在内容的涵盖面上除了包括电动机的传统继电器接触器控制方法，还重点介绍了性价比较高的西门子 S7-200PLC 控制技术。在编写风格和文字叙述上尽量做到条理清晰、重点突出、深入浅出、简明扼要、重视实际应用。本书各章章前均设有教学要点和引例，章末附有精选的习题，便于读者阅读及巩固知识。

本书共分为 7 章，由万芳瑛副教授担任主编，负责全书的组织、统稿和改稿工作。万芳瑛副教授编写了第 5 章和第 7 章，岳松洁讲师编写了第 1 章，李琳讲师编写了第 2 章，李颖讲师编写了第 3 章，向诚讲师编写了第 4 章，姚烨讲师编写了第 6 章，另外 2009 级电子信息工程专业本科生林秋秋同学承担了第 2 章、第 5 章电路图的绘制工作。

鉴于编者水平有限以及其他各种因素，书中难免存在不妥之处，敬请广大读者朋友和同行的专家批评指正！

编　者
2013 年 5 月

目　录

第1章

变压器及其应用

变压器是一种常见的电气设备，可用于变换电压、变换电流、变换阻抗。变压器在很多领域有着非常广泛的应用。在电力系统和用电方面，高压输电和低压用电领域需要使用变压器升压、降压。在电子线路中，变压器不仅用于变换电压、提供电源，还可以耦合电路、传递信号、实现阻抗匹配。在测量方面，利用互感器可以扩大交流电压表和交流电流表的测量范围。在工程技术和其他领域中还大量使用着各式各样的变压器。本章主要内容包括：变压器的结构与工作原理、运行特性以及变压器的简单应用。

教学目标

- 了解变压器的结构和分类方式；
- 理解变压器的工作原理；
- 掌握变压器的空载和负载运行工作的基本方程；
- 掌握变压器电压调整率、外特性、损耗、效率等性能指标；
- 了解自耦变压器、仪用互感器的工作原理。

教学要求

知识要点	能力要求	相关知识
变压器的结构与工作原理	(1) 了解变压器的结构、分类 (2) 理解变压器的工作原理	变压器的物理模型
单相变压器	(1) 掌握单相变压器的空载运行 (2) 掌握单相变压器的负载运行	变压器的电路模型
变压器的运行特性	(1) 理解变压器的外特性及电压变化率 (2) 理解变压器的损耗及效率	变压器的损耗和效率
三相变压器	了解三相变压器的磁路系统、绕组连接	
变压器的应用	(1) 理解自耦变压器、仪用互感器的应用 (2) 了解整流变压器的应用	

推荐阅读资料

1. 曹承志．电动机、拖动与控制．2008(7)：91-115.

2. 唐介．电动机与拖动．2009(11)：168-215.

3. 潘再平．电动机学．2008(8)：11-61.

基本概念

一次绕组(初级绕组、原边绕组)：与电源相连，接收交流电能的绕组。

二次绕组(次级绕组、副边绕组)：与负载相连，送出交流电能的绕组。

变压器的变比：原、副绕组的匝数比。当电源电压一定时，只要改变匝数比，就可得出不同的输出电压。

空载运行：变压器的原边绕组接在电网上，副边绕组开路时的运行状态。

负载运行：原边绕组接通额定电压，副边绕组接上负载时的运行状态。

主磁通恒定：根据$\dot{U}_1 \approx \dot{E}_1 = -j4.44fN_1\dot{\Phi}_m$可知铁心中主磁通的大小主要取决于电网电压$U_1$和频率$f$，当$U_1$和$f$不变时，主磁通最大值不变，而磁路的饱和状态也基本不变，产生主磁通的励磁磁动势也大致恒定。

引例：变压器的历史和发展

1831年，法拉第采用如图1.1所示的实验装置进行磁生电的实验。在图1.1中，圆环用7/8in. 的铁棍制成，圆环外径6in.；A是3段各24in. 长铜线绕成的线圈；B是50in. 铜线绕成的2个线圈；1为电池；2为开关；3为检流器。实验时，当合上开关2后，法拉第发现检流器3摆动，即线圈B和检流器3中有电流流过。通过这个实验发现了电磁感应现象。法拉第进行这个实验的装置(如图1.2所示)，实际上是世界上第一只变压器雏形。

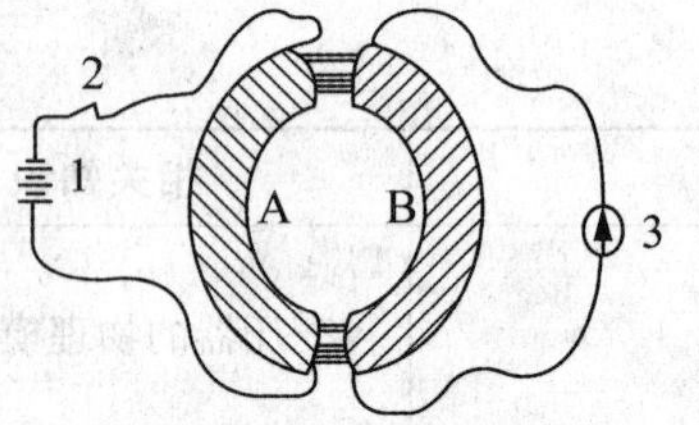

图1.1　法拉第实验装置原理图

图1.2　法拉第感应线圈

1850年德国技师鲁姆科尔夫(H. D. Ruhmkorff，1803—1877)制成第一只感应线圈(Inductorium)，如图1.3所示。与以前的感应线圈相比，鲁姆科尔夫感应线圈有较大的改进。由于功率较大，不但可用作实验，而且还可用于放电治疗。因此可以说，鲁姆科尔夫感应线圈是第一个有实用价值的变压器。

1881年，法国人L. 戈拉尔与英国人J. D. 吉布斯首先制成一台变压器样品，如图1.4所示。并设计了第一条2000V单相配电线路，于1883年开始为伦敦一些铁路车站提供交流电。

1912年，油浸变压器诞生了，如图1.5所示，它较好地解决了变压器高电压的绝缘问题和大容量的散热问题，迅速成为变压器领域的主流产品，直至今天都得到了广泛的应用。

1965年德国T.U公司生产了第一台环氧树脂绝缘干式变压器，如图1.6所示，具有绝缘强度高、不会燃烧爆炸、无须保养维修、环保等优点，在世界范围尤其是欧洲迅速得到了广泛的应用。

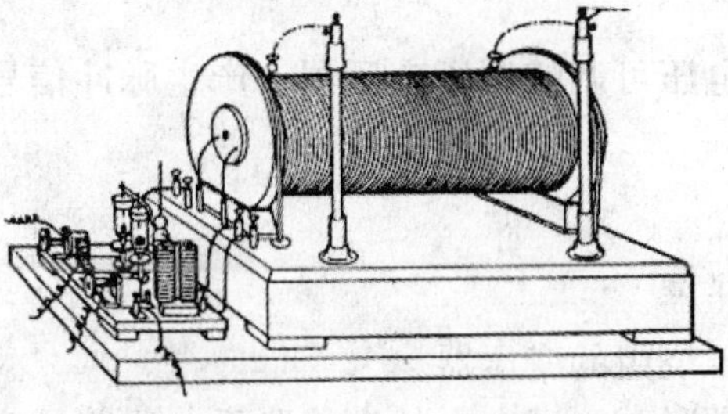

图 1.3　鲁姆科尔夫感应线圈

图 1.4　戈拉尔和吉布斯制作的变压器

我国在 20 世纪 70 年代已引进了环氧树脂绝缘干式变压器生产技术，但技术发展和应用非常缓慢，到 20 世纪 80 年代末 90 年代初，随着新的干式变压器生产技术工艺的引进和国民经济的迅速发展，以及人民生活的大幅度提高，干式变压器的应用迅速普及。国内企业生产的变压器品种包括超高压变压器、换流变压器、全密封式变压器、环氧树脂干式变压器、卷铁心变压器、组合式变压器。国内变压器技术的发展也达到国际先进水平。近几年，为适应国家城乡电网改造的需求，发展了一批新型、优质的配电变压器，使配电网络的变压器装备更趋先进，供电更可靠，农村用电更趋低价。

图 1.5　油浸变压器

图 1.6　干式变压器

1.1　变压器的结构及工作原理

变压器是一种静止的电动机，它利用电磁感应原理将一种电压、电流的交流电能转换成同频率的另一种电压、电流的电能。换言之，变压器就是实现电能在不同等级电压之间进行转换。

1.1.1　变压器的分类

1. 按用途分类

电力变压器。用作电能的输送与分配，这是生产数量最多、使用最广泛的变压器。按其功能不同又可分为升压变压器、降压变压器、配电变压器等。电力变压器的容量从几十千伏安到几十万千伏安，电压等级从几百伏到几百千伏。

特种变压器。在特殊场合使用的变压器，如作为焊接电源的电焊变压器、专供大功率电炉使用的电炉变压器、将交流电整流成直流电时使用的整流变压器等。

仪用互感器。用于电工测量中，如电流互感器、电压互感器等。

控制变压器。容量一般比较小，用于小功率电源系统和自动控制系统。如电源变压器、输入变压器、输出变压器、脉冲变压器等。

其他变压器。如试验用的高压变压器、输出电压可调的调压变压器、产生脉冲信号的脉冲变压器等。

2. 按绕组构成分类

双绕组变压器。有高压绕组和低压绕组的变压器。

三绕组变压器。有高压绕组、中压绕组和低压绕组的变压器。

自耦变压器。一次、二次绕组之间不仅有磁耦联系，还有电的直接联系。比普通变压器节省材料、降低成本、缩小变压器体积和重量，有利于大型变压器的运输和安装。

3. 按铁心结构分类

有叠片式铁心、卷制式铁心、非晶合金铁心。

4. 按相数分类

有单相变压器、三相变压器、多相变压器。

5. 按冷却方式分类

有干式变压器、油浸自冷变压器、油浸风冷变压器、强迫油循环变压器、充气式变压器等。

6. 按容量分类

中小型变压器。电压值35kV以下，容量在10～6300kV·A。

大型变压器。电压在63～110kV以上，容量在6300～63000kV·A。

特大型变压器。电压在220kV以上，容量在31500～360000kV·A。

7. 其他分类

按导线材料分类：铜导线变压器和铝导线变压器。

按中性绝缘水平分类：全绝缘变压器和半绝缘变压器。

1.1.2 变压器的结构

变压器的型式多种多样，但它们的基本结构相同，都由铁心和绕组所组成，如图1.7所示。

根据铁心和绕组的相对位置不同，变压器可以分为心式和壳式两种。

1. 心式

心式变压器的外型结构如图1.8所示。特点是铁心在绕组里面，绕组包围铁心。心式变压器的结构简单，用铁量少，绕组的安装和绝缘比较容易。容量较大的单相变压器和三相电力变压器都采用这种结构。

原、副边绕组一般用铜或铝的绝缘导线缠绕在铁心柱上。高压绕组电压高、绝缘要求高，如果高压绕组在内，离变压器铁心近，则应加强绝缘，这样提高了变压器的成本造价。因此，为了绝缘方便，低压绕组紧靠着铁心，高压绕组则套装在低压绕组的外面。两个绕组之间留有油道，既可以起绝缘作用，又可以使油把热量带走。在单相变压器中，高、低压绕组均分为两部分，分别缠绕在两个铁心柱上，两部分既可以串联又可以并联。

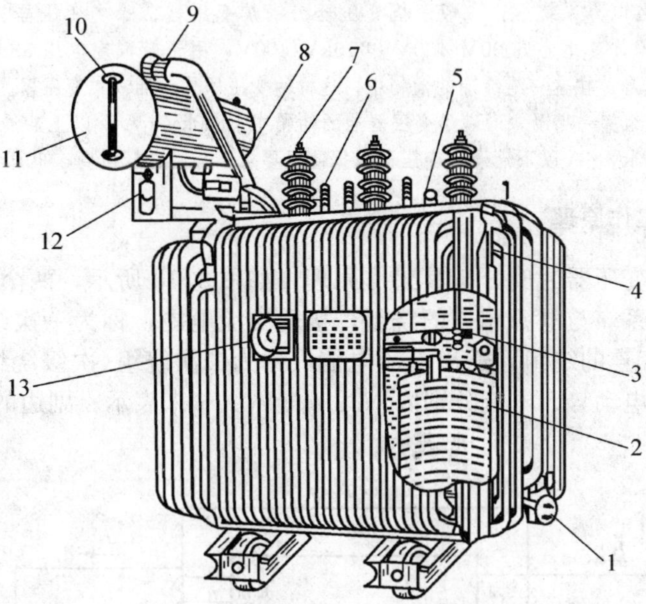

图 1.7　油浸式电力变压器外形图

1—放油阀门；2—绕组；3—铁心；4—油箱；5—分接开关；6—低压套管；7—高压套管；8—气体继电器；9—安全气道；10—油表；11—储油柜；12—吸湿器；13—湿度计

2. 壳式

壳式变压器的外型结构如图 1.9 所示。特点是绕组在铁心里面，即铁心包围绕组。壳式变压器用铜量少，散热比较容易，而且可以不要专门的变压器外壳。容量较小的单相变压器和某些特殊用途的变压器采用这种结构。

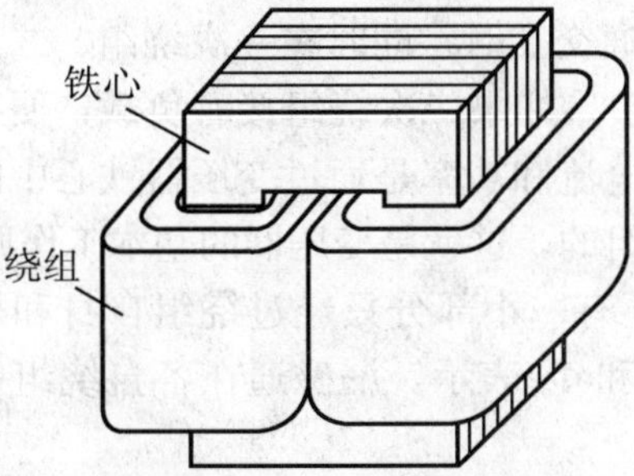

图 1.8　心式变压器

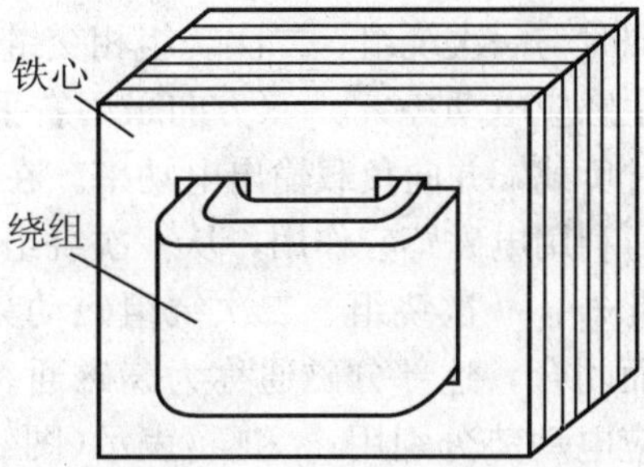

图 1.9　壳式变压器

为了减小交变磁通在铁心中引起的损耗，铁心通常用厚度为 0.3～0.5mm 的硅钢片叠装而成。交变磁通在铁心中引起涡流损耗和磁滞损耗，为使铁心的温度不致太高，在大容量的变压器的铁心中往往设置油道，而铁心则浸在变压器油中，当油从油道中流过时，可将铁心中产生的热量带走。

小知识：干式变压器和油浸式变压器

只有绕组和铁心的变压器称为干式变压器。依靠空气对流进行冷却，一般用于局部照明、电子线路、机械设备等变压器，在电力系统中，一般汽机变压器、锅炉变压器、除灰变压器、除尘变压器、脱硫变压器等都是干式变压器，变比为6000V/400V和10kV/400V，用于带额定电压380V的负载。

大容量变压器的器身放在盛有绝缘油的油箱中，这样的变压器称为油浸式变压器。为了加强绝缘和冷却条件，变压器的铁心和绕组都一起浸入灌满了变压器油的油箱中。800kV·A及以上油浸式变压器应装气体继电器和压力保护装置，800kV·A以下油浸式变压器根据使用要求，与制造厂协商，也可装设气体继电器。

1.1.3 变压器的工作原理

以单相双绕组变压器为例分析其工作原理，如图1.10所示，两个绕组之间只有磁的耦合，没有电的联系。与电源相连的绕组，接受交流电能，称为一次绕组(初级绕组、原边绕组)；与负载相连的绕组，送出交流电能，称为二次绕组(次级绕组、副边绕组)。原边的匝数、电压、电动势、电流分别以N_1、u_1、e_1、i_1来表示；副边的匝数、电压、电动势、电流分别以N_2、u_2、e_2、i_2来表示。

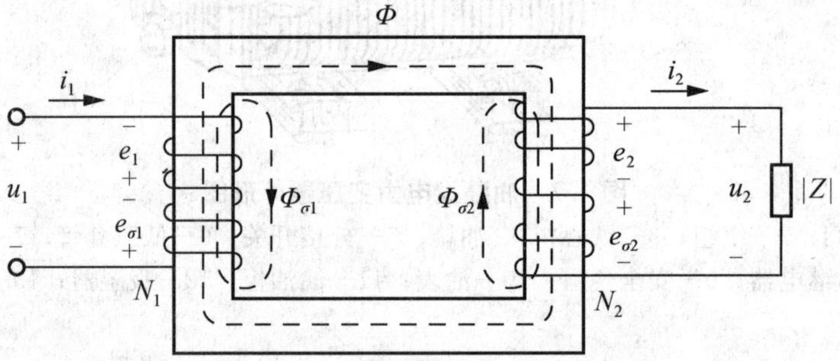

图1.10 单相双绕组变压器原理图

当一次绕组接入交流电压u_1时，一次绕组中便有交流电流i_1通过，并在磁动势$\dot{F}_1=\dot{I}_1 N_1$作用下产生交变磁通。磁通绝大部分通过铁心而闭合，称为主磁通，用Φ表示。由于主磁通同时与一次绕组、二次绕组相交链，因此当主磁通交变时，同时在一次绕组、二次绕组中产生感应电动势e_1、e_2(方向采用右手螺旋定则确定)。如果二次绕组接有负载，便有电流i_2流过负载，并向负载输出电功率。在此，负载上的电流和功率是通过变压器铁心中的交变磁通，利用电磁感应作用，从一次绕组传送到二次绕组的，这就是变压器的基本工作原理。

此外，一次绕组、二次绕组磁动势产生的磁通还有一小部分只经过绕组自身和周围的空气而闭合，这部分磁通称为漏磁通。漏磁通用$\Phi_{\sigma1}$和$\Phi_{\sigma2}$表示。漏磁通在各自绕组中产生的感应电动势分别用$e_{\sigma1}$和$e_{\sigma2}$表示(图1.10)。

变压器的各电磁量都是交流量，为分析和计算方便，必须规定出其正方向。图1.10所示变压器各量的正方向遵循惯例，按下面所述的相应电磁规律来规定。

(1) u_1、u_2：u_1与i_1正方向符合电动机惯例，对于一次绕组而言，方向一致；u_2与i_2正方向符合电动机惯例，对于二次绕组而言，方向相反。

(2) Φ、Φ_σ：其正方向与产生它们的电流符合右手螺旋定则。因此，判定磁通的正方向时必须注意绕组的绕向。

(3) e_1、$e_{1\sigma}$和e_2、$e_{2\sigma}$：正方向与产生它们的磁通符合右手螺旋定则，根据电磁感应定律$e=-N\dfrac{\mathrm{d}\Phi}{\mathrm{d}t}$确定。

(4) i_1、i_2：正方向与相应的电势方向一致。

世界之最：发展历史

1835 年，美国物理学家佩奇制成的感应线圈是世界上第一台自耦变压器，利用自动锤的振动使水银接通或断开电路。在副边线圈感生的电动势能使一个真空管的电火花达 4.5in 长。

1889 年，俄国科学家多利沃·多布罗夫斯基为解决三相电流的传输及供电问题，发明了三相变压器。当年，他申请了第一个三相变压器铁心的专利，3 个心柱在周向垂直对称布置，上、下与两个轭环相连。这种结构类似欧洲中世纪的修道院，故称为“Tempeltype(寺院式)”。

1889 年，英国斯温伯恩发明“刺猬式”油浸变压器，这种变压器现在仍有应用。

1891 年，莫迪为布拉什公司设计制成一台采用叠片铁心的变压器。

1.1.4　变压器的铭牌数据

为了使变压器安全、经济、合理地运行，同时让用户对变压器的性能有所了解，制造厂家给每一台变压器都安装了一块铭牌，上面标明了变压器型号及各种额定数据，只有理解铭牌上各种数据的含义，才能正确地使用变压器。图 1.11 所示为三相变压器的铭牌。

<table>
<tr><td colspan="6">电力变压器
产品型号　S7－500/10　　标准代号××××
额定容量　500kV·A　　产品代号××××
额定电压　10kV　　出厂序号××××</td></tr>
<tr><td rowspan="5">额定频率　50Hz 3 相
联结组标号　Y，yn0
阻抗电压　4%
冷却方式　油冷
使用条件　户外</td><td rowspan="2">开关位置</td><td colspan="2">高压</td><td colspan="2">低压</td></tr>
<tr><td>电压/V</td><td>电流/A</td><td>电压/V</td><td>电流/A</td></tr>
<tr><td>Ⅰ</td><td>10500</td><td>27.5</td><td rowspan="3">400</td><td rowspan="3">721.7</td></tr>
<tr><td>Ⅱ</td><td>10000</td><td>28.9</td></tr>
<tr><td>Ⅲ</td><td>9500</td><td>30.4</td></tr>
<tr><td colspan="6">××变压器厂　　××年××月</td></tr>
</table>

图 1.11　三相变压器的铭牌

1.1.5　变压器的额定值

图 1.11 所示的变压器是配电站用的降压变压器，将 10kV 的高压降为 400V 的低压，供三相负载使用。铭牌中的主要参数说明如下。

1. 型号

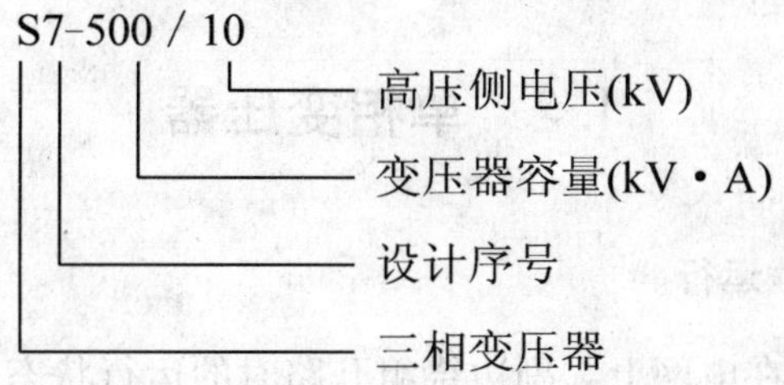

2. 额定电压U_{1N}和U_{2N}

高压侧(一次绕组)额定电压U_{1N}是指加在一次绕组上的正常工作电压值。它是根据变压器的绝缘强度和允许发热等条件规定的。高压侧标出的3个电压值，可以根据高压侧供电电压的实际情况，在额定值的±5%范围内加以选择，当供电电压偏高时可调至10500V，偏低时则调至9500V，以保证低压侧的额定电压为400V左右。

低压侧(二次绕组)额定电压U_{2N}是指变压器空载时，高压侧加上额定电压后，二次绕组两端的电压值。变压器接上负载后，二次绕组的输出电压U_2将随负载电流的增加而下降，为保证在额定负载时能输出380V的电压，考虑到电压调整率为5%，故该变压器空载时二次绕组的额定电压U_{2N}为400V。在三相变压器中，额定电压均指线电压。

3. 额定电流I_{1N}和I_{2N}

额定电流是指根据变压器容许发热的条件而规定的满载电流值。在三相变压器中额定电流是指线电流。

4. 额定容量S_N

额定容量是指变压器在额定工作状态下，一次绕组和二次绕组的视在功率，其单位为kV·A。

单相变压器：

$$S_N=I_{1N}U_{1N}=I_{2N}U_{2N} \tag{1-1}$$

三相变压器：

$$S_N=\sqrt{3}\,I_{1N}U_{1N}=\sqrt{3}\,I_{2N}U_{2N} \tag{1-2}$$

例1-1 一台三相油浸自冷式铝线变压器，已知$S_N=560\text{kV}\cdot\text{A}$，$U_{1N}/U_{2N}=10000\text{V}/400\text{V}$，试求一次绕组、二次绕组的额定电流$I_{1N}$、$I_{2N}$各是多大?

解： $I_{1N}=\dfrac{S_N}{\sqrt{3}U_{1N}}=\dfrac{560\times10^3}{\sqrt{3}\times10000}=32.33(\text{A})$

$I_{2N}=\dfrac{S_N}{\sqrt{3}U_{2N}}=\dfrac{560\times10^3}{\sqrt{3}\times400}=808.29(\text{A})$

小知识：

为了把发电厂发出的电能传输和分配给用户，要经过多次变压。发电机发出的交流电压常为10kV，而远距离输电的电网为220kV、500kV送电，因此发电厂发出的电能首先要用升压变压器升压，然后由高压电网送电。传送一定功率的电能，电压越高，电流越小。这样可以减少线路损耗，同时节省输电线路的用铜量。电能传输到用户地区，首先要降压，然后再配电到用户。从发电、输电到配电要经过几次变压，因此变压器的总容量常为发电机装机容量的5～8倍。

1.2 单相变压器

1.2.1 单相变压器的空载运行

变压器的原边绕组接在电网上，副边绕组开路时的运行状态，称为空载运行，其原理如图 1.12 所示。此时，$I_2=0$，变压器内部的物理过程比较简单，先从变压器这样一个最简单的情况来研究其电磁过程。

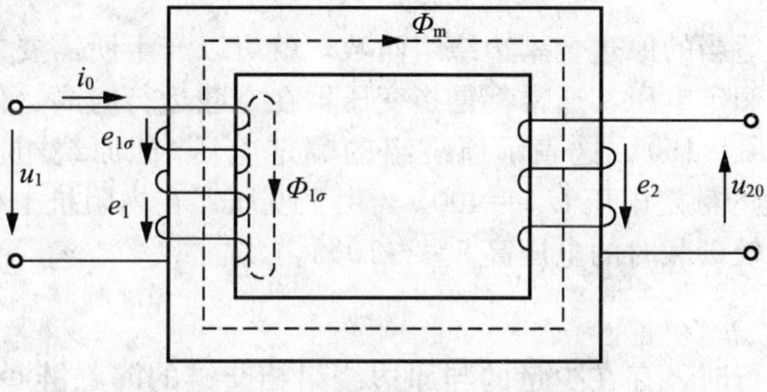

图 1.12　变压器空载运行原理图

根据基尔霍夫第二定律(KVL)及电磁感应定律，可得一次侧回路和二次侧回路 KVL 方程(r_1 为原边绕组等效电阻)：

$$u_1=i_0r_1-e_{1\sigma}-e_1=i_0r_1+N_1\frac{d\Phi_{1\sigma}}{dt}+N_1\frac{d\Phi_m}{dt} \tag{1-3}$$

$$u_{20}=e_2=-N_2\frac{d\Phi_m}{dt} \tag{1-4}$$

如果各物理量均按正弦规律变化，便可用如下的相量形式来表示：

$$\dot{U}_1=\dot{I}_0r_1-\dot{E}_{1\sigma}-\dot{E}_1 \tag{1-5}$$

$$\dot{U}_{20}=\dot{E}_2 \tag{1-6}$$

1. 主感应电动势

首先研究主磁通所产生的感应电动势 e_1、e_2。由于漏磁通远小于主磁通，故 $e_{1\sigma}<e_1$，空载时的原边绕组压降 $\dot{I}_0r_1$ 也很小，忽略这两者(它们之和只有 u_1 的 0.2%左右)的影响时，可认为 $u_1\approx-e_1$。可见当 u_1 是正弦波时，e_1 和 Φ_m 也按正弦规律变化。

设 $\Phi_m=\Phi_m\sin\omega t$，则

$$e_1=-N_1\frac{d\Phi_m}{dt}=-\omega N_1\Phi_m\cos\omega t=\omega N_1\Phi_m\sin\left(\omega t-\frac{\pi}{2}\right)=\sqrt{2}E\sin\left(\omega t-\frac{\pi}{2}\right) \tag{1-7}$$

$$e_2=-N_2\frac{d\Phi_m}{dt}=\omega N_2\Phi_m\sin\left(\omega t-\frac{\pi}{2}\right)=\sqrt{2}E_2\sin\left(\omega t-\frac{\pi}{2}\right) \tag{1-8}$$

e_1、e_2 的有效值分别为

$$E_1=\frac{\omega N_1\Phi_m}{\sqrt{2}}=\frac{2\pi f\Phi_m}{\sqrt{2}}=4.44fN_1\Phi_m \tag{1-9}$$

$$E_2=\frac{\omega N_2\Phi_m}{\sqrt{2}}=\frac{2\pi f\Phi_m}{\sqrt{2}}=4.44fN_2\Phi_m \tag{1-10}$$

相应的相量表达式为

$$\dot{E}_1=-j4.44fN_1\dot{\Phi}_m \tag{1-11}$$

$$\dot{E}_2=-j4.44fN_2\dot{\Phi}_m \tag{1-12}$$

$\dot{E}_1$和$\dot{E}_2$在相位上都滞后于产生它们的磁通$\dot{\Phi}_m$90°，在大小上具有$\frac{E_1}{E_2}=\frac{N_1}{N_2}=K$，$K$ 为变

压器的变比。考虑到 $u_1 \approx e_1$，则有能体现变压器电压变换作用的原副边电压变换关系为

$$\frac{U_1}{U_2} \approx \frac{E_1}{E_2} = \frac{N_1}{N_2} = K \tag{1-13}$$

可见，只要选择适当的原边、副边绕组匝数，就可以产生所需要的电压。变压器铭牌上以分数形式标出的额定电压，通常都是指变压器在空载运行时高、低压绕组的电压。例如，"6000V/400V"($K=15$)。这表示原绕组的额定电压(即原绕组上应加的电源电压) $U_{10}=6000$V，副绕组的额定电压 $U_{20}=400$V。由于变压器在内阻抗上存在压降，所以副绕组的空载电压一般应较满载时的电压高 5%～10%。

2. 漏磁感应电动势

变压器在空载运行时，存在少量的与原边绕组相交链的漏磁链 $\Phi_{1\sigma}$，它也是随时间交变的，因而也会在原边绕组中感应产生漏电动势 $e_{1\sigma}$，下面对其进行分析。

由于漏磁通的路径大部分在磁导率比较小的空气或油中，它一般不会饱和，可以认为漏磁通 $\Phi_{1\sigma}$ 与空载电流 i_0 成正比，所以 $\Phi_{1\sigma}$ 是一常数。于是可得漏磁通产生的感应电动势为($L_{1\sigma}$ 为原边漏电感)

$$e_{1\sigma} = -N_1 \frac{\mathrm{d}\Phi_{1\sigma}}{\mathrm{d}t} = -L_{1\sigma} \frac{\mathrm{d}i_0}{\mathrm{d}t} \tag{1-14}$$

当 i_0 按正弦规律变化时，上式可以写成相量形式($x_{1\sigma}$ 为原边漏电抗)：

$$\dot{E}_{1\sigma} = -\mathrm{j}\omega L_{1\sigma} \dot{I}_0 = -\mathrm{j}x_{1\sigma} \dot{I}_0 \tag{1-15}$$

3. 空载电流

变压器的空载电流 i_0 一方面建立磁场，另一方面要补偿空载运行时变压器的损耗。前者仅起磁化作用，称为励磁电流或磁化电流，是 i_0 中的无功分量，以 i_m 表示；后者是有功分量，以 i_Fe 表示。因此，$i_0 = i_\mathrm{m} + i_\mathrm{Fe}$。一般来说，为简化起见，常忽略 i_Fe，将 i_0 看成励磁电流，即 $i_0 \approx i_\mathrm{m}$。

4. 电动势平衡方程式

引入 $Z_1 = r_1 + \mathrm{j}x_{1\sigma}$ 表示原边阻抗，如果忽略不考虑空载电流(很小)，那么原边的 KVL 方程为

$$\dot{U}_1 = \dot{I}_0 r_1 + \mathrm{j}x_{1\sigma}\dot{I}_0 - \dot{E}_1 = \dot{I}_0 Z_1 - \dot{E}_1 \approx -\dot{E}_1 = \mathrm{j}4.44 f N_1 \dot{\Phi}_\mathrm{m} \tag{1-16}$$

$$\dot{U}_{20} = \dot{E}_2 \tag{1-17}$$

式(1-16)说明，变压器原边所加电源电压主要用来平衡主感应电动势，该式是分析变压器以及交流电动机的重要概念，即铁心中主磁通的大小主要取决于电网电压 U_1 和频率 f，当 U_1 和 f 不变时，主磁通最大值不变，而磁路的饱和状态也基本不变，产生主磁通的励磁磁动势也大致恒定。

1.2.2 单相变压器的负载运行

原边绕组接通额定电压，副边绕组接上负载 Z_L 时，称为变压器的负载运行。其工作原理图如图 1.12 所示。副边接上了负载 Z_L 后，在感应电动势 $\dot{E}_2$ 的作用下，副边绕组便会有电流 $\dot{I}_2$ 产生，进而产生磁动势 $\dot{F}_2 = \dot{I}_2 N_2$，该磁动势也作用在主磁路上，企图改变空载

运行时$\dot{I}_0$所建立起来的主磁通$\dot{\Phi}_m$。正是由于$\dot{I}_2$的出现，变压器负载运行时内部的物理情况与空载运行时有所不同。但是，一般变压器Z_1是很小的，即便是在带负载额定运行时，$\dot{I}_1Z_1$也只占到$\dot{U}_1$的2%～6%，故仍可忽略，这时有$\dot{U}_1\approx-\dot{E}_1$。所以只要原边绕组所加电压$U_1$不变，就可以认为变压器由空载到负载时$\dot{E}_1$保持不变，这在工程上是完全允许的。由$\dot{E}_1=-j4.44fN_1\dot{\Phi}_m$可知，$\dot{\Phi}_m$基本保持不变，即无论变压器工作在空载状态还是负载状态，其主磁通近似保持不变。正是由于这一原理，负载与空载时，产生主磁通的总磁动势应该相同。

$$\dot{I}_1N_1+\dot{I}_2N_2=\dot{I}_0N_1 \tag{1-18}$$

即

$$\dot{I}_1=\dot{I}_0+\left(-\dot{I}_2\frac{N_2}{N_1}\right)=\dot{I}_0+\left(-\frac{\dot{I}_2}{K}\right) \tag{1-19}$$

上式表明变压器从空载到负载，副边绕组中便会有电流产生，与此同时，原边绕组中必定产生一个电流增量$\left(-\frac{\dot{I}_2}{K}\right)$来抵消$\dot{F}_2$对主磁通的影响，以保持恒磁通关系，这样才能把电能从原边绕组传递到副边绕组。

由于空载电流i_0比额定电流小得多，故在满载或接近满载时i_0可忽略不计。于是，原、副绕组电流的有效值之比近似与它们的匝数成反比，即变压器的电流变换关系为

$$\frac{I_1}{I_2}\approx\frac{N_2}{N_1}=\frac{1}{K} \tag{1-20}$$

上式表明变压器原、副绕组的电流之比近似等于它们的匝数比的倒数。可见，变压器中的电流虽然由负载的大小确定，但是原、副绕组中电流的比值是差不多不变的。因为当负载增加时，I_2和N_2I_2随着增大，而I_1和N_1I_1也必须相应增大，以补偿副绕组电流的去磁作用，从而维持主磁通的最大值近似不变。

前面已经介绍了变压器的电压变换、电流变换作用，下面说明变压器的阻抗变换作用。

当负载阻抗等于电源内阻时，负载能从电源获得最大功率，这种情况称为“匹配”。变压器就具有变换负载阻抗的作用。如图1.13(a)所示，当变压器副边绕组接有模为$|Z|$的负载阻抗时，如果一次、二次绕组的漏阻抗可以忽略不计，则

$$|Z|=\frac{U_2}{I_2}=\frac{U_1/K}{KI_1}=\frac{1}{K^2}\frac{U_1}{I_1} \tag{1-21}$$

U_1与I_1之比相当于从变压器一次绕组看进去的等效阻抗的模$|Z'|$，如图1.13(b)所示，故

$$|Z'|=\frac{U_1}{I_1}=K^2|Z| \tag{1-22}$$

可见，该负载直接接电源时，阻抗模为$|Z|$；通过变压器接电源时，阻抗模为$|Z|$，其值相当于将阻抗模增加到$|Z|$的K^2倍。

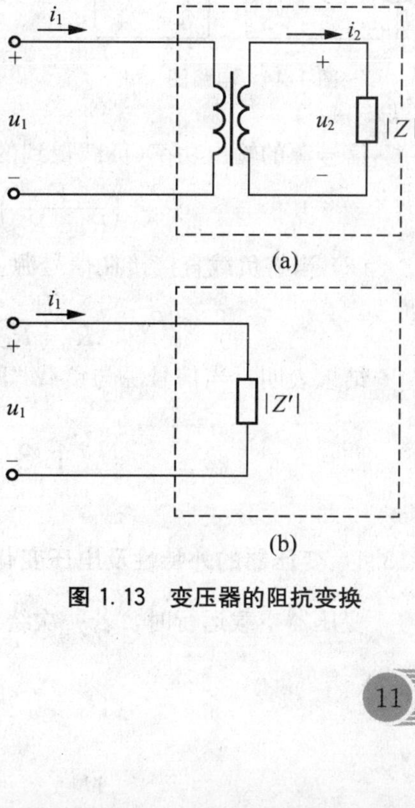

图1.13 变压器的阻抗变换

可以采用不同的匝数比 K，把负载阻抗模变换为所需要的、比较合适的数值，这种做法通常称为阻抗匹配。在电子技术中，经常利用变压器的这一阻抗变换作用来实现阻抗匹配。

单相变压器负载运行时的基本方程式如下。

1. 磁动势平衡方程式

由前面的讨论可知，变压器在负载运行时的磁动势平衡方程为

$$\dot{F}_1+\dot{F}_2=\dot{F}_0 \tag{1-23}$$

$$\dot{I}_1=\dot{I}_0+\left(-\dot{I}_2\frac{N_2}{N_1}\right)=\dot{I}_0+\left(-\frac{\dot{I}_2}{K}\right) \tag{1-24}$$

2. 电动势平衡方程式

变压器在负载运行时，除了有通过铁心的主磁通 Φ_m 外，还有只与自身绕组相交链的少量漏磁通 $\Phi_{\sigma1}$、$\Phi_{\sigma2}$，它们又分别会在原边、副边绕组中感应产生漏电动势 $E_{\sigma1}$、$E_{\sigma2}$；另外，绕组本身也会存在电阻压降。于是在各量所选参考方向如图 1.12 所示的情况下，根据基尔霍夫第二定律(KVL)，可得原边、副边绕组电动势平衡方程为

$$\dot{U}_1=-\dot{E}_1+\dot{I}_1R_1+\mathrm{j}\,\dot{I}_1X_{\sigma1}=-\dot{E}_1+\dot{I}_1Z_{\sigma1} \tag{1-25}$$

$$\dot{U}_2=\dot{E}_2-\dot{I}_2R_2-\mathrm{j}\,\dot{I}_2X_{\sigma2}=\dot{E}_2-\dot{I}_2Z_{\sigma2} \tag{1-26}$$

或

$$\dot{U}_2=\dot{I}_2Z_L \tag{1-27}$$

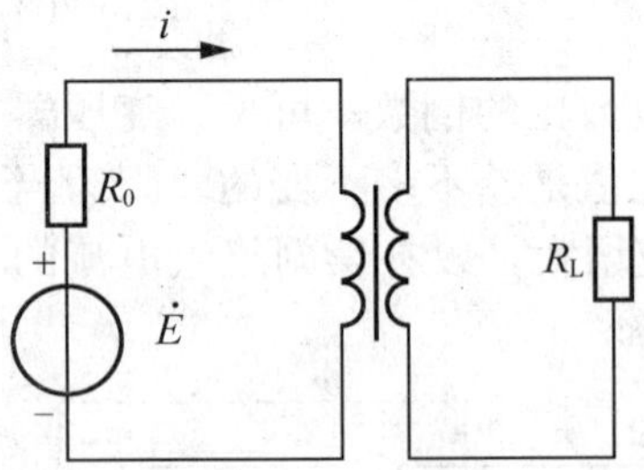

图 1.14 电路图

例 1-2 在图 1.14 中，交流信号源的电动势 $E=80\text{V}$，内阻 $R_0=400\Omega$，负载电阻 $R_L=4\Omega$。

(1) 当 R_L 折算到原边的等效电阻 $R_L'=R_0$ 时，求变压器的匝数比和信号源输出的功率。

(2) 当将负载直接与信号源连接时，信号源输出的功率多大?

【解】 (1)变压器的匝数比应为

$$K=\frac{N_1}{N_2}=\sqrt{\frac{R_L'}{R_L}}=\sqrt{\frac{400}{4}}=10$$

信号源的输出功率(负载得到的功率)为

$$P_0'=\left(\frac{E}{R_0+R_L'}\right)^2R_L'=\left(\frac{80}{400+400}\right)^2\times400=4.0(\text{W})$$

(2) 当将负载直接接在信号源上时

$$P_0=\left(\frac{E}{R_0+R_L}\right)^2R_L=\left(\frac{80}{400+4}\right)^2\times4=0.157(\text{W})$$

结果表明，当信号源与负载“匹配”时，功率的传输效率大大提高了。

1.3 变压器的运行特性

1.3.1 变压器的外特性及电压变化率

变压器空载运行时，若一次绕组电压 U_1 不变，则二次绕组电压 U_2 也是不变的。变压

器加上负载之后，随着负载电流 I_2 的变化，I_2 在二次绕组内部的阻抗压降也会变化，使二次绕组输出的电压 U_2 随之发生变化。变压器的外特性是用来描述输出电压 U_2 随负载电流 I_2 的变化而变化的情况。

当一次绕组电压 U_1 和负载的功率因数 $\cos\Phi_2$ 一定时，二次绕组电压 U_2 与负载电流 I_2 的关系，称为变压器的外特性，它可以通过实验求得。功率因数不同时的几条外特性绘于图 1.15 中，可以看出，当 $\cos\Phi_2=1$ 时，U_2 随 I_2 的增加而下降得并不多；当 $\cos\Phi_2$ 降低时，即在感性负载时，U_2 随 I_2 增加而下降的程度加大，这是因为滞后的无功电流对变压器磁路中的主磁通的去磁作用更为显著，而使 E_1 和 E_2 有所下降的缘故；但当 $\cos\Phi_2$ 为负值时，即在容性负载时，超前的无功电流有助磁作用，主磁通会有所增加，E_1 和 E_2 亦相应加大，使得 U_2 会随 I_2 的增加而提高。以上叙述表明，负载的功率因数对变压器外特性的影响是很大的。

一般情况下，变压器的负载大多数是感性负载，因而当负载增加时，输出电压 U_2 总是下降的，其下降的程度常用电压变化率来描述。当变压器从空载到额定负载（$I_2=I_{2N}$）运行时，二次绕组输出电压的变化值 ΔU 与空载电压（额定电压）U_{2N} 之比的百分值就称为变压器的电压变化率，用 $\Delta U\%$ 来表示。

$$\Delta U\%=\frac{U_{2N}-U_2}{U_{2N}}\times100\% \qquad (1-28)$$

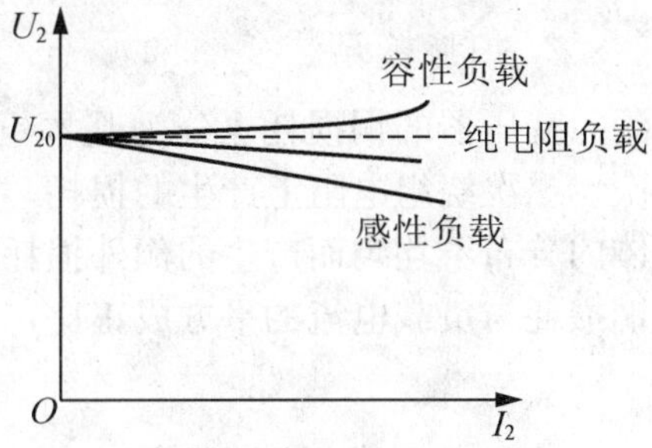

图 1.15 变压器外特性

式中：U_{2N} 为变压器空载时二次绕组的电压（称为额定电压）；U_2 为二次绕组输出额定电流时的电压。

电压变化率反映了供电电压的稳定性，是变压器的一个重要性能指标。$\Delta U\%$ 越小，说明变压器二次绕组输出的电压越稳定，因此要求变压器的 $\Delta U\%$ 越小越好。常用的电力变压器从空载到满载，电压变化率为 3%～5%。

例 1-3 某台供电电力变压器将 $U_{1N}=10000\text{V}$ 的高压降压后对负载供电，要求该变压器在额定负载下的输出电压为 $U_2=380\text{V}$，该变压器的电压变化率 $\Delta U\%=5\%$，求该变压器二次绕组的额定电压 U_{2N} 及变比 K。

解： 由式（1-28）得

$$\Delta U\%=\frac{U_{2N}-380}{U_{2N}}\times100\%=5\%$$

则

$$U_{2N}=400(\text{V})$$

$$K=\frac{U_{1N}}{U_{2N}}=\frac{10000}{400}=25$$

这样，就能理解在电力变压器铭牌中为什么给额定线电压为 380V 的负载供电时，变压器二次绕组的额定电压不是 380V 而是 400V 了。

1.3.2 变压器的损耗及效率

变压器从电源输入的有功功率 P_1 和向负载输出的有功功率 P_2 可分别用下式计算：

$$P_1=U_1I_1\cos\Phi_1 \qquad (1-29)$$

$$P_2=U_2I_2\cos\Phi_2 \qquad (1-30)$$

两者之差为变压器的损耗 ΔP，它包括铜损耗 P_{Cu} 和铁损耗 P_{Fe} 两部分，即

$$\Delta P=P_{Cu}+P_{Fe} \tag{1-31}$$

1. 铁损耗 P_{Fe}

变压器的铁损耗包括基本铁损耗和附加铁损耗两部分。基本铁损耗包括铁心中的磁滞损耗和涡流损耗，它决定于铁心中的磁通密度的大小、磁通交变的频率和硅钢片的质量等。附加铁损耗则包括铁心叠片间因绝缘损伤而产生的局部涡流损耗、主磁通在变压器铁心以外的结构部件中引起的涡流损耗等，附加铁损耗为基本铁损耗的 15%～20%。

变压器的铁损耗与一次绕组上所加的电源电压大小有关，而与负载电流的大小无关。当电源电压一定时，铁心中的磁通基本不变，故铁损耗也就基本不变，因此铁损耗又称“不变损耗”。

2. 铜损耗 P_{Cu}

变压器的铜损耗也分为基本铜损耗和附加铜损耗两部分。基本铜损耗是由电流在一次、二次绕组电阻上产生的损耗，而附加铜损耗是指由漏磁通产生的集肤效应使电流在导体内分布不均匀而产生的额外损耗。附加铜损耗占基本铜损耗的 3%～20%。在变压器中铜损耗与负载电流的平方成正比，所以铜损耗又称为“可变损耗”。

3. 效率

变压器的效率指的是输出的有功功率与输入的有功功率之比，即

$$\eta=\left(1-\frac{\sum P}{P_1}\right)\times 100\%=\left(1-\frac{P_{Fe}+P_{Cu}}{P_2+P_{Fe}+P_{Cu}}\right)\times 100\% \tag{1-32}$$

由于变压器没有旋转的部件，不像电动机那样有机械损耗存在，因此变压器的效率一般都比较高，中小型电力变压器效率在 95%以上，大型电力变压器效率可达 99%以上。

例 1-4 S9-500/10 低损耗三相电力变压器额定容量为 500kV·A，设功率因素为 1，二次电压 $U_{2N}=400\text{V}$，铁损耗 $P_{Fe}=0.98\text{kW}$，额定负载时铜损耗 $P_{Cu}=4.1\text{kW}$，求二次额定电流 I_{2N} 及变压器效率 η。

解： $I_{2N}=\dfrac{S_N}{\sqrt{3}U_{2N}}=\dfrac{500\times 1000}{\sqrt{3}\times 400}=722(\text{A})$

$$P_2=S_N\cos S_\varphi=500(\text{kW})$$

$$\eta=\frac{P_2}{P_1}\times 100\%=\frac{P_2}{P_2+\Delta P}\times 100\%=\frac{P_2}{P_2+P_{Cu}+P_{Fe}}\times 100\%=\frac{500}{500+0.98+4.1}\times 100\%=99\%$$

小知识：

世界各国都在大力研究高效节能变压器，其主要途径：一是采用低损耗的冷轧硅钢片来制作铁心，例如，容量相同的两台电力变压器，用热轧硅钢片制作铁心的 SJl-1000/10 变压器铁损耗约为 4440W。用冷轧硅钢片制作铁心的 S7-1000/10 变压器铁损耗仅为 1700W。后者比前者每小时可减少 2.7kW·h 的损耗，仅此一项每年可节电 23652kW·h。由此可见，为什么我国要强制推行使用低损耗变压器。二是减小铜损耗，如果能用超导材料来制作变压器绕组，则可使其电阻为零，铜损耗也就不存在了。世界上许多国家正在致力于该项研究，目前已有 330kV 单相超导变压器问世，其体积比普通变压器要小 70%左右，损耗可降低 50%。

4. 效率特性

变压器在不同的负载电流 I_2 时，输出功率 P_2 及铜损耗 P_{Cu} 都在变化，因此变压器的效率 η 也随负载电流 I_2 的变化而变化，其变化规律通常用变压器的效率特性曲线来表示，如图 1.16 所示，图中 $\beta=\frac{I_2}{I_{2N}}$ 称为负载系数。

通过数学分析可知：当变压器的不变损耗等于可变损耗时，变压器的效率最高，通常变压器的最高效率位于 $\beta=0.5\sim0.6$ 之间。

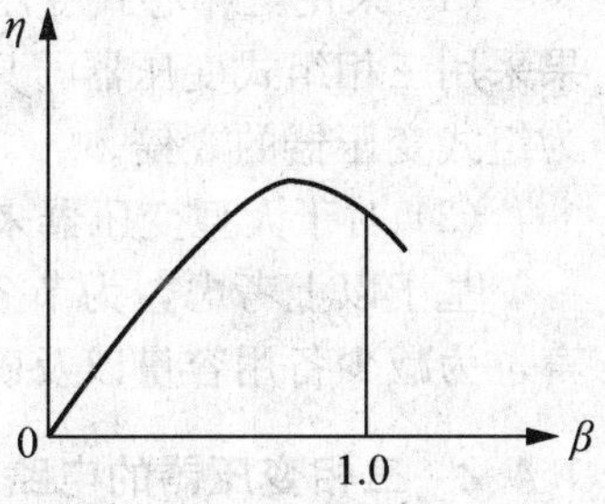

图 1.16　变压器效率曲线

1.4　三相变压器

1.4.1　三相变压器的磁路系统

三相变压器的磁路系统，可分为各相磁路彼此无关和彼此相关的两类。

1. 三相组式变压器

三相组式变压器是由 3 个磁路相互独立的单相变压器所组成的，三相之间只有电的联系而无磁的联系，如图 1.17 所示。虽然各磁路相互独立，原边、副边绕组可根据要求接成星形(Y)或三角形(△)。但当对原边绕组施加对称的三相电压时，$\dot{\Phi}_U$、$\dot{\Phi}_V$、$\dot{\Phi}_W$ 便会对称，空载电流也是对称的。

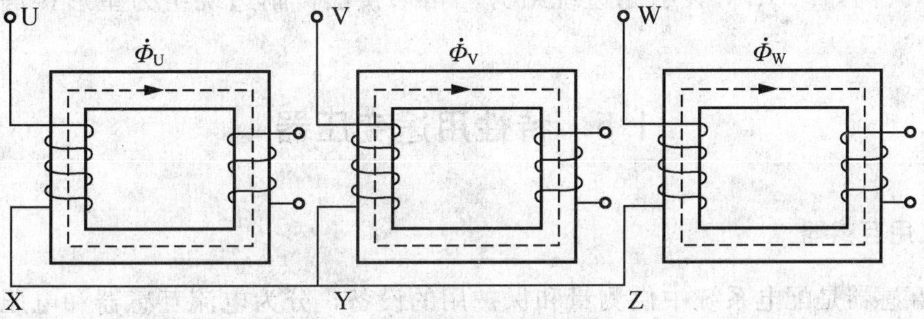

图 1.17　三相变压器组的磁路系统

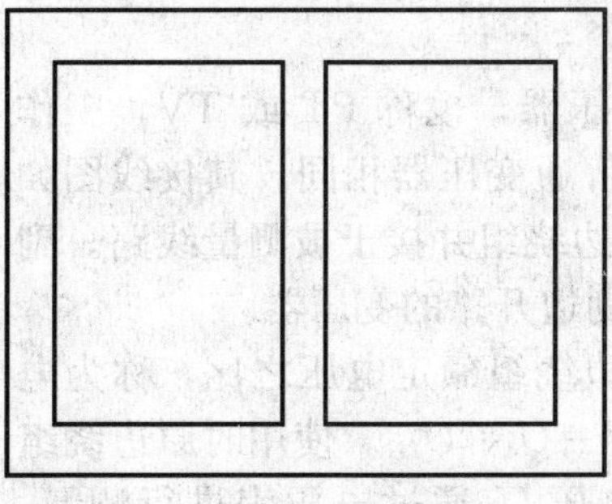

图 1.18　三相心式变压器的磁路系统

2. 三相心式变压器

与三相组式变压器不同，三相心式变压器的磁路相互关联。它是通过铁轭把 3 个铁心柱连在一起的，如图 1.18 所示。这种铁心结构是从单相变压器演变过来的，把 3 个单相变压器铁心柱的一边组合到一起，而将每相绕组缠绕在未组合的铁心柱上。由于在对称的情况下，组合在一起的铁心柱中不会有磁通存在，故可以省去。和同容量的三相组式变压器相比，三相心式变压器所用的材料较少、质量轻。但它有以下的缺点。

(1) 采用三相心式变压器供电时，任何一相发生故障，整个变压器都要进行更换，如果采用三相组式变压器，只要更换出现故障的一相即可。所以三相心式变压器的备用容量为组式变压器的 3 倍。

(2) 对于大型变压器来说，如果采用心式结构，体积较大，运输不便。

基于以上考虑，为节省材料，多数三相变压器采用心式结构。但对于大型变压器而言，为减少备用容量以及确保运输方便，一般都采用三相组式变压器。

1.4.2 三相变压器的电路系统

变压器原边、副边绕组首末端标记方法：单相变压器原边绕组的首、末端被标记为 U、X；把副边绕组的首、末端标记为 u、x。对三相变压器而言，为研究方便，也对其首、末端加以标记，见表 1-1。

表 1-1 三相变压器首末端标记

绕组名称	首端	末端	中点
原边绕组	U、V、W	X、Y、Z	O
副边绕组	u、v、w	x、y、z	O

理论上来说，三相变压器的原边、副边绕组都可以根据需要接成星形(Y)或三角形(△)。一旦按规定的接法联接完成，其表示方法便随之确定。为方便起见，用 Y/y 表示原边、副边的星形接法；用 D/d 来表示原边、副边的三角形接法。原边绕组在接成星形(Y)时，如果有中线引出，则用 YN 表示；副边绕组在接成星形(Y)时，如果有中线引出，则用 yn 表示。例如：D、y 表示原边绕组为三角形接法，副边绕组为星形接法，无中线引出。

1.5 特性用途变压器

1.5.1 仪用互感器

仪用互感器是配电系统中供测量和保护用的设备，分为电流互感器和电压互感器两类。它们的工作原理和变压器相似。

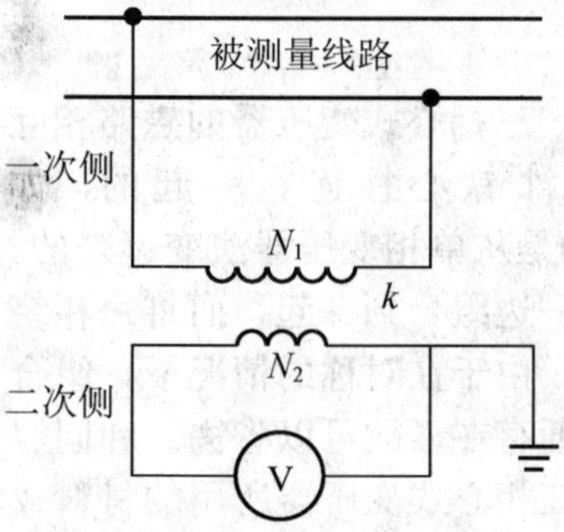

图 1.19 电压互感器原理图

1. 电压互感器

电压互感器又称仪表变压器，也称 PT 或 TV，工作原理、结构和接线方式都与普通变压器相同。其接线图如图 1.19 所示。电压互感器原边绕组并接于被测量线路。副边接有电压表，相当于一个副边开路的变压器。

电压互感器的原边、副边绕组额定电压之比，称为电压互感器的额定电压比，即 $k=U_{1N}/U_{2N}$。使用时原边绕组电压 U_1 是被测电压，副边电压 U_2 通过电压表进行测量，那么 $U_1=kU_2$。为了安全起见，副边绕组必须有一点可靠接地，并且副边绕组绝对不能短路。

2. 电流互感器

电流互感器也是按电磁感应原理制成的，也称 CT 或 TA。其原边绕组串接于被测线路中，副边绕组与测量仪表或继电器的电流线圈串联，副边绕组的电流按一定的变比反映原边电路的电流。其接线图如图 1.20 所示。与电压互感器的情况相似，电流互感器的副边绕组也必须有一点接地。由于作为电流互感器负载的电流表或继电器的电流线圈阻抗都很小，所以电流互感器在正常运行时接近于短路状态。

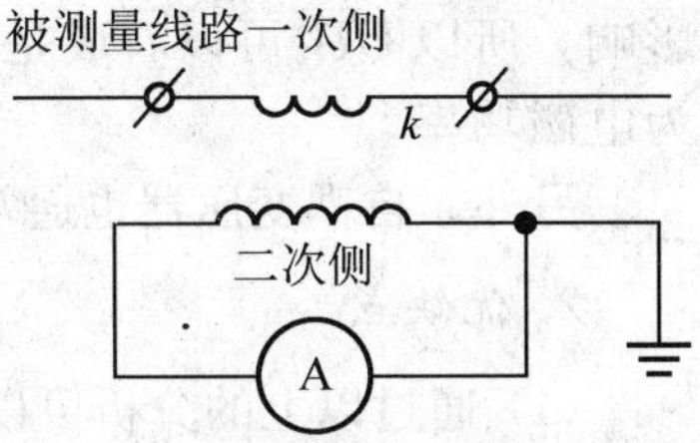

图 1.20　电流互感器原理图

电流互感器原边、副边额定电流之比，称为电流互感器的额定互感比 $k=\frac{I_{1N}}{I_{2N}}$，因为原边绕组额定电流 I_{1N} 已标准化，副边绕组额定电流 I_{2N} 统一为 5(或 1、0.5)A，所以电流互感器额定互感比也标准化了。

为安全起见，电流互感器副边绕组在运行中绝对不允许开路，为此，在电流互感器的副边回路中不允许装设熔断器，而且当需要将正在运行中的电流互感器副边回路中仪表设备断开或退出时，必须将电流互感器的副边短接，保证不致断路。

1.5.2　自耦变压器

自耦变压器也有单相和多相之分，但与普通双绕组变压器的区别在于：只有一个绕组，副边绕组是原边绕组的一部分，因此，原边、副边绕组之间不但有磁的耦合，还有电的联系。下面就以单相自耦变压器为例来对其进行分析。

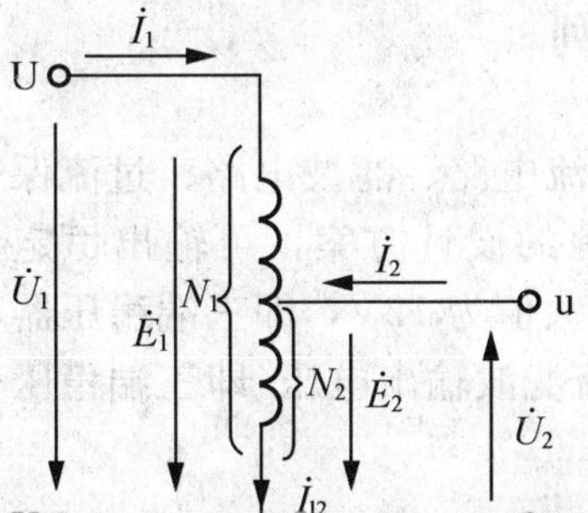

图 1.21　自耦变压器的原理图

1. 工作原理

图 1.21 所示为一台单相降压自耦变压器的工作原理图。副边绕组 N_2 为原边绕组 N_1 的一部分，并且铁心中的磁通 Φ_m 同时交链。与普通变压器一样，有

$$\frac{U_1}{U_2}\approx\frac{E_1}{E_2}=\frac{N_1}{N_2}=k \tag{1-33}$$

$$\dot{I}_1N_1+\dot{I}_2N_2=\dot{I}_mN_1 \tag{1-34}$$

如果忽略影响不大的励磁电流 $\dot{I}_m$，上式可以变成

$$\dot{I}_1N_1+\dot{I}_2N_2=0 \tag{1-35}$$

即

$$\dot{I}_1=-\frac{\dot{I}_2}{k} \tag{1-36}$$

式(1-36)说明 $\dot{I}_1$ 与 $\dot{I}_2$ 反相，并且 $I_2>I_1$。

由于原边、副边绕组为同一绕组，且存在电的联系，所以在副边绕组的抽头处可以看成是电路的一个节点。自耦变压器的输出功率为

$$U_2I_2=U_2I_1+U_2I_{12} \tag{1-37}$$

普通变压器是以磁场为媒介，通过电磁感应作用来进行能量传输的。自耦变压器的原边、副边绕组既然有了电的联系，它的能量传输方式也必然有着与普通变压器的不同之处。从式(1－37)可以看出，自耦变压器的输出功率由两部分组成：一部分为U_2I_1，由于I_1是原边电流，在它流经只属于原边部分的绕组之后，直接流到副边，传输到负载中去，故U_2I_1称为传导功率；另一部分为U_2I_{12}，显然要受到负载电流和原边电流的影响，所以UI_{12}可以看成是由于电磁感应作用而产生的电流，这一部分功率也相应地称为电磁功率。

另外，自耦变压器也通常设计原边、副边容量相等，即$S_N=I_{1N}U_{1N}=\dot{I}_{2N}U_{2N}$。

2. 优缺点

(1) 通过以上的分析可以看出，在自耦变压器从原边传递到副边的能量中，一部分是由于电磁感应作用，一部分是由于直接传导作用。而对普通变压器而言，输出功率只有电磁功率。所以，在同样容量的前提下，自耦变压器所用材料要比普通变压器少、体积小、重量轻，效率也要高一些，从而可以降低成本，提高经济效益。但当电压比k较大时，经济效益就不明显，一般自耦变压器电压比k设计为$k=1.25\sim2$。

(2) 由于副边绕组为原边绕组的一部分，两绕组之间存在着电的联系，低压侧容易受到高压侧过电压的影响，所以绝缘和过电压保护要加强。

(3) 由于只有一个绕组，漏电抗较普通变压器要小，因此，短路阻抗小，短路电流就大，要加强短路保护。

1.6 整流变压器的应用简例

电源是电子电路中常用的供电部件，一般由变压电路、整流电路、滤波电路、过流保护电路、输出电压调节电路等组成。图 1.22 是一种直流电源的设计方案，可输出恒定＋5V 电压和＋3～＋12V 可调的电压。因为本电路输出电压最大值为 12V，即三端稳压器输入电压要求大于 12＋3＝15V，可以选择为 16V，所以取整流滤波输出电压(即三端稳压器输入电压)为 16V 左右。

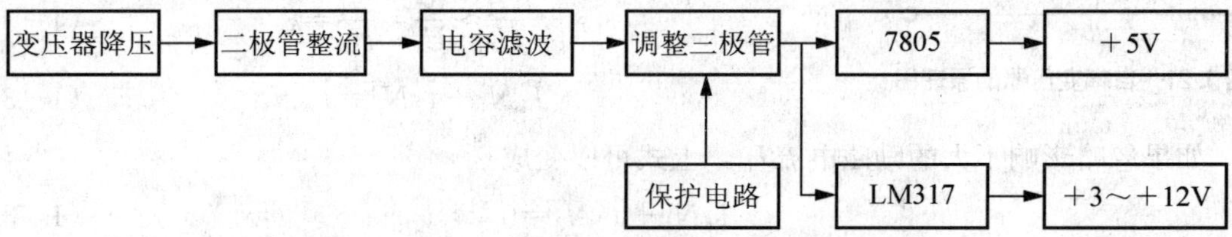

图 1.22　直流电源组成方框图

图 1.23 为电源降压、整流以及滤波电路的原理图。因为整流滤波输出电压的最大值等于变压器次级电压的 1.414 倍，所以可考虑选择变压器次级电压为 12V，这样，整流滤波输出电压的最大值等于 17V。因为电路输出额定电流为 300mA，所以电路输出额定功率为 17V×300mA＝5W，所以变压器功率为 6～7W 就可以了，本电路选择变压器功率为 10W。

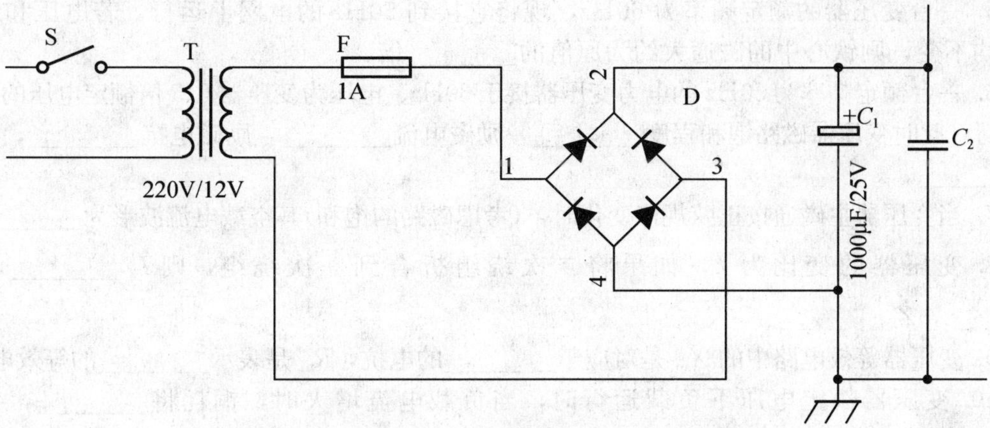

图 1.23 电源降压、整流以及滤波电路的原理图

习 题 一

一、判断题

1. 电源电压和频率不变时，变压器的主磁通基本为常数，因此负载和空载时感应电动势 E_1 为常数。 ( )

2. 变压器空载运行时，电源输入的功率只是无功功率。 ( )

3. 变压器频率增加，励磁电抗增加，漏电抗不变。 ( )

4. 变压器负载运行时，一次侧和二次侧电流标幺值相等。 ( )

5. 变压器空载运行时，一次侧加额定电压，由于绕组电阻 R_1 很小，因此电流很大。 ( )

6. 变压器空载和负载时的损耗是一样的。 ( )

7. 变压器的变比可看作是一、二次侧额定线电压之比。 ( )

8. 只要使变压器的一、二次绕组匝数不同，就可达到变压的目的。 ( )

9. 不管变压器饱和与否，其参数都是保持不变的。 ( )

10. 一台 50Hz 的变压器接到 60Hz 的电网上，外加电压的大小不变，励磁电流将减小。 ( )

11. 变压器负载呈容性，负载增加时，二次侧电压将降低。 ( )

二、填空题

1. 变压器工作原理的基础是________定律。

2. 变压器二次绕组的额定电压是指变压器一次绕组加________，二次绕组的________电压。

3. 在变压器中，同时和一次绕组、二次绕组相交链的磁通称为________，仅和一侧绕组交链的磁通称为________。

4. 变压器磁场中的磁通按照性质和作用的不同，分为________和________，主磁通的作用是________，漏磁通的作用是________。

5. 一台变压器的额定频率为 60Hz，现将它接到 50Hz 的电网上运行，若电压和线圈匝数均不变，则铁心中的磁通大约为原值的________倍。

6. 一台额定频率为 50Hz 的电力变压器接于 60Hz、电压为变压器 6/5 倍额定电压的电网上运行，此时变压器磁路饱和程度________，励磁电流________，励磁电抗________，漏电抗________。

7. 当变压器主磁通按正弦规律变化时，(考虑磁路的饱和)其空载电流波形为________。

8. 变压器的变比为 k，如果将二次绕组折合到一次绕组，则 $\dot{I}_2'$________，$\dot{E}_2'$________，$\dot{Z}_2'$________。

9. 变压器等效电路中的 X_m 是对应于________的电抗，R_m 是表示________的等效电阻。

10. 变压器额定电压下负载运行时，当负载电流增大时，铜耗将________，铁耗将________。

11. 三相变压器的联结组标号反映的是变压器高压侧、低压侧对应________之间的相位关系。

12. 两台变压器并联运行，第一台短路电压 $U_{KI}=5\%U_N$，第二台短路电压 $U_{KII}=7\%U_N$，负载时，第________台变压器先达到满载。

13. 三相变压器理想并联运行的条件为________，________，________，其中必须满足的条件是________。

14. 各变压器的变压比相等，联结组标号相同，短路阻抗的标幺值相等，联结组标号相同，通过________和________实验可求取变压器的参数。

三、选择题

1. 一台三相电力变压器 $S_N=560\text{kV}\cdot\text{A}$，$U_{1N}/U_{2N}=10000\text{V}/400\text{V}$，Dy 接法，负载时忽略励磁电流，低压侧相电流为 808.3A 时，则高压侧的相电流为(　　)。

A. 808.3A　　B. 56A　　C. 18.67A

2. 三相变压器二次侧的额定电压是指一次侧加额定电压时二次侧的(　　)。

A. 空载线电压　　B. 空载相电压　　C. 额定负载时的线电压

3. 升压变压器，一次绕组的每匝电动势(　　)二次绕组的每匝电动势。

A. 等于　　B. 大于　　C. 小于

4. 三相变压器的变比是指(　　)之比。

A. 一、二次侧相电动势　　B. 一、二次侧线电动势　　C. 一、二次侧线电压

5. 一台单相变压器，$U_{1N}/U_{2N}=220\text{V}/110\text{V}$，如果把一次侧接到 110V 的电源上运行，电源频率不变，则变压器的主磁通将(　　)。

A. 增大　　B. 减小　　C. 不变　　D. 为零

6. 变压器的电压与频率都增加 5%时，穿过铁心线圈的主磁通(　　)。

A. 增加　　B. 减少　　C. 基本不变

7. 一台 50Hz 的变压器接到 60Hz 的电网上，外加电压的大小不变，则励磁电流将(　　)。

A. 变大　　B. 变小　　C. 不变

8. 变压器的磁动势平衡方程为(　　)。

A. 一次绕组、二次绕组磁动势的代数和等于励磁磁动势
B. 一次绕组、二次绕组磁动势的相量和等于励磁磁动势
C. 一次绕组、二次绕组磁动势的算数差等于励磁磁动势

9. 变压器并联条件中必须满足的条件是(　　)。
A. 变比相等　　B. 联结组标号相等　　C. 短路阻抗标幺值相等

10. 变压器空载电流小的原因是(　　)。
A. 变压器的励磁阻抗大
B. 一次绕组匝数多，电阻大
C. 一次绕组漏电抗大

11. 当变压器二次侧电流增加到额定值时，如果要保持二次侧电压不变，即 $\Delta U\%=0$，那么负载性质应为(　　)。
A. 电阻电感性负载　　B. 纯电阻负载
C. 纯感性负载　　D. 电阻电容性负载

12. 变压器负载呈容性，负载增加时，二次侧电压(　　)。
A. 呈上升趋势　　B. 不变　　C. 可能上升或下降

13. 一台变比为 $k=10$ 的变压器，从低压侧做空载实验，求得二次侧的励磁阻抗标幺值为16，则一次侧的励磁阻抗标幺值为(　　)。
A. 16　　B. 1600　　C. 0.16

14. 一台单相变压器额定电压为220V/110V。Yy 接法，在高压侧做短路实验，测得的短路阻抗标幺值为0.06，若在低压侧做短路实验，测得短路阻抗标幺值为(　　)。
A. 0.06　　B. 0.03　　C. 0.12　　D. 0.24。

15. 联结组标号不同的变压器不能并联运行，是因为(　　)。
A. 电压变化率太大　　B. 空载环流太大
C. 负载时励磁电流太大　　D. 不同联结组标号的变压器变比不同

16. A、B两台变压器额定容量均为100kV·A，额定电压和联结组均相同，A台短路阻抗标幺值 $Z_{KA}=0.05$，B台短路阻抗标幺值 $Z_{KB}=0.06$，当它们并联运行时如果 $S_A=100$kV·A，则(　　)。
A. $S_B=120$kV·A　　B. $S_B=100$kV·A　　C. $S_B=83.3$kV·A

四、计算题

1. 一台单相变压器，$S_N=1000$kV·A，$\frac{U_{1N}}{U_{2N}}=\frac{60}{6.3}$kV，$f_N=50$Hz，空载及短路实验的结果见表1-2。

表1-2　实验结果

实验名称	电压/V	电流/A	功率/W	电源加在
空载	6300	10.1	5000	低压边
短路	3240	15.15	14000	高压边

试计算：①折算到高压边的参数(实际值及标幺值)，假定 $R_1=R_2'=\frac{R_k}{2}$，$X_{1\sigma}=X_{2\sigma}'=$

$\frac{X_k}{2}$；②画出折算到高压边的T型等效电路；③计算短路电压的百分值及其二分量；④满载及 $\cos\phi_2=0.08$ 滞后时的电压变化率及效率；⑤最大效率。

2. 一台三相变压器，原、副边额定电压$\frac{U_{1N}}{U_{2N}}=10kV/3.15kV$，$Y/\Delta_{-11}$联接，匝电压为14.189V，副边额定电流 $I_{2N}=183.3A$。

试求：①原副边线圈匝数；②原线圈电流及额定容量；③变压器运行在额定容量且功率因数为 $\cos\phi_2=1$、0.9(超前)和0.85(滞后)这3种情况下的负载功率。

3. 有一单相照明变压器，容量为10kV·A，电压3300V/220V。今欲在副绕组接上60W、220V的白炽灯，如果要变压器在额定情况下运行，这种白炽灯可接多少个？并求原、副绕组的额定电流。

4. 试计算下列各台变压器的变比 k。

(1) $U_{1N}/U_{2N}=3300V/220V$ 的单相变压器。

(2) $U_{1N}/U_{2N}=6kV/0.4kV$ 的Yy接法的三相变压器。

(3) $U_{1N}/U_{2N}=10kV/0.4kV$ 的Yd接法的三相变压器。

5. 一台三相电力变压器Yd接法，额定容量 $S_N=1000kV\cdot A$，额定电压 $U_{1N}/U_{2N}=10kV/3.3kV$，短路阻抗标幺值 $Z_K^*=0.053$，二次侧的负载接成三角形，$Z_L=(50+j85)\Omega$，试求一次侧电流、二次侧电流和二次侧电压？

6. 变压器能改变交流电的电压和电流，能不能改变直流电的电压和电流？为什么？

7. 一台变压器额定电压为220V/110V，若把二次绕组(110V)接在220V交流电源上，主磁通和励磁电流将如何变化？

8. 在一次侧和二次侧做空载试验时，从电源吸收的有功功率相同吗？测出的参数相同吗？短路试验的情况又怎样？

第2章

三相异步电动机及其拖动控制

电动机是将电能转换为机械能的装置。现代各种生产机械都广泛使用电动机来驱动。电动机可以分为直流电动机和交流电动机两大类，交流电动机又分为异步电动机和同步电动机两种，异步电动机又有三相异步电动机和单相异步电动机之分。在异步电动机中，通常将功率大的做成三相异步电动机，多用于生产，功率小的做成单相异步电动机，多用于家电和医疗器械。三相异步电动机与其他类型的电动机相比，具有结构简单、运行可靠、价格低廉、维护方便和运行效率高等优点，使三相异步电动机在各个生产领域都得到了最广泛的应用，例如，各种机床、起重机、鼓风机、水泵以及各种动力机械等。本章主要讨论三相异步电动机及其拖动控制。

教学目标

- 了解三相异步电动机的结构与铭牌数据；
- 了解常用控制电器的基本结构和动作原理；
- 理解三相异步电动机的工作原理；
- 掌握三相异步电动机的机械特性、启动、调速与制动；
- 掌握三相异步电动机启动、正反转和能耗制动的控制电路；
- 掌握三相异步电动机的常用驱动控制方法。

教学要求

知识要点	能力要求	相关知识
三相异步电动机结构与工作原理	(1) 了解三相异步电动机的结构 (2) 理解三相异步电动机的工作原理	三相异步电动机的物理模型
常用控制电器的基本结构和动作原理	(1) 了解常用控制电器的基本结构 (2) 掌握常用控制电器的动作特点	
三相异步电动机的机械特性	(1) 掌握三相异步电动机机械特性方程及其特性曲线 (2) 理解机械特性的稳定运行区和非稳定运行区	电磁转矩公式

续表

知识要点	能力要求	相关知识
三相异步电动机的启动	(1) 了解三相异步电动机启动存在的问题 (2) 掌握三相异步电动机的直接启动、丫-△换接启动和自耦降压启动方法	丫-△换接和自耦降压前后的电流与启动转矩的比例
三相异步电动机的调速	掌握三相异步电动机的变极、变频和变转差率的调速方法	异步电动机的转速公式
三相异步电动机的制动	了解三相异步电动机的能耗、反接、反馈制动	
三相异步电动机常用驱动控制电路	(1) 掌握三相异步电动机基本的启动、反转和制动的控制电路 (2) 掌握三相异步电动机的行程和顺序控制电路	常用控制电器的动作特点

推荐阅读资料

1. 秦曾煌．电工学(上册).2008(7)：260-294.
2. 史仪凯．电工电子应用技术(电工学Ⅲ).2007(9)：77-100.
3. 吴建强．现代传动及其控制技术．2003(7)：55-76.

基本概念

机械特性：指当异步电动机定子绕组的相电压和频率保持不变，R_2 和 $X_{\sigma 2}$ 为常数时，电动机转速 n 与电磁转矩 T 的关系，即 $n=f(T)$。

启动：指当电动机接通电源后，转速由零开始逐渐上升到额定值的过程。

调速：指当电动机所带机械负载不变时，通过改变电动机的电气参数的方法来达到调节电动机转轴转速的方法。

制动：指为了加快电动机停车过程，而在电动机转轴上施加一个与旋转方向相反的制动转矩的方法。

控制：指电力拖动系统中，为了满足生产机械的工作要求，而对电动机的启动、调速、制动、转向等运行状态进行的相应控制。

引 例：三相异步电动机从发明到应用

1819 年，丹麦物理学家奥斯特发现如果电路中有电流通过，它附近的普通罗盘的磁针就会发生偏移。法拉第从中得到启发，认为假如磁铁固定，线圈就可能会运动。根据这种设想，他成功地发明了一种简单的装置，在此装置内，只要有电流通过线路，线路就会绕着一块磁铁不停地转动。1821 年法拉第完成了第一项重大的电发明：第一台电动机。它是第一台使用电流将物体运动的装置，虽然装置简陋，但他却是当今世界上使用的所有电动机的祖先。这是一项重大的突破，但是因为当时除了用简陋的电池以外别无其他方法发电，所以它的实际用途非常有限。

1882 年，南斯拉夫出生的美国发明家尼古拉·特斯拉继爱迪生发明直流电(DC)后不久，即发明了交流电(AC)，并于 1888 年制造出世界上第一台交流电动机，如图 2.1 所示。它是根据电磁感应原理制成，又称感应电动机。这种电动机结构简单，使用交流电，无需整流、无火花，因此被广泛应用于工业和家庭电器中。交流电动机通常用三相交流供电。他在 19 世纪 80 年代对交流电的一系列完善工作，改变了单相交流电面对直流电的劣势，而树立了多相交流电(尤其是三相交流电)的真正统治地位。

图 2.1　尼古拉·特斯拉向人们展示交流电动机创造的旋转磁场

异步电动机是基于气隙旋转磁场与转子绕组感应电流相互作用产生电磁转矩而实现能量转换的一种交流电动机。异步电动机一般为系列产品，品种规格繁多，其在所有的电动机中应用最为广泛，需量最大；目前，在电力传动中大约有90%的机械使用交流异步电动机，所以，其用电量约占总电力负荷的一半以上。异步电动机具有结构简单，制造、使用和维护方便，运行可靠以及质量较小、成本较低等优点。并且，异步电动机有较高的运行效率和较好的工作特性，从空载到满载范围内接近恒速运行，能满足大多数工农业生产机械的传动要求。异步电动机主要广泛应用于驱动机床、水泵、鼓风机、压缩机、起重卷扬设备、矿山机械、轻工机械、农副产品加工机械等大多数工农生产机械以及家用电器和医疗器械等。在异步电动机中较为常见的是单相异步电动机和三相异步电动机，其中，三相异步电动机是异步电动机的主体。

2.1　三相异步电动机的结构及工作原理

2.1.1　三相异步电动机的结构

三相异步电动机的一般外观图如图 2.2 所示。三相异步电动机由定子和转子两个基本部分组成，电动机的定子和转子之间并没有直接相连，中间一般有一定厚度的空气隙。其内部结构图如图 2.3 所示。

图 2.2　三相异步电动机的外观图

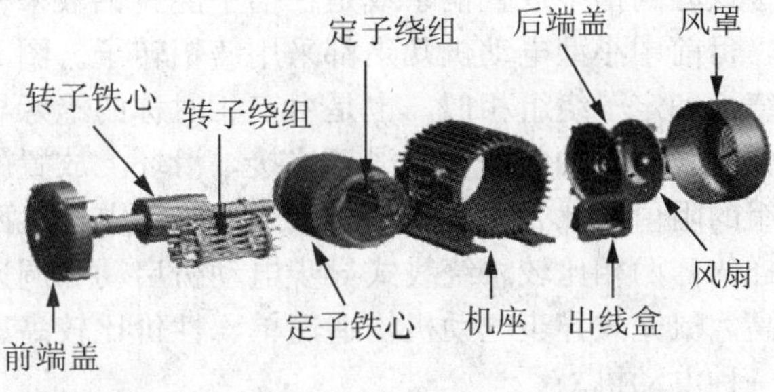

图 2.3　三相异步电动机的内部结构图

1. 定子

三相异步电动机中固定不动的部分称为定子，包括机座、定子铁心、定子绕组和端盖等。机座用于固定和支撑铁心，用铸铁或铸钢制成。为了减少磁滞损耗和涡流损耗，定子铁心由互相绝缘的圆环形的硅钢片叠成。定子铁心的内圆周表面有很多凹槽，用于放置定子绕组——由带绝缘的导线制成。三相异步电动机的定子有三相对称的绕组 AX、BY 和 CZ。三相绕组的首端分别标记为 A、B、C，尾端分别标记为 X、Y、Z，将其分别引到电动机的接线柱上，根据需要可将三相绕组联接成星形和三角形，如图 2.4 所示，根据不同的联接方式可以使电动机在不同的电压下工作。

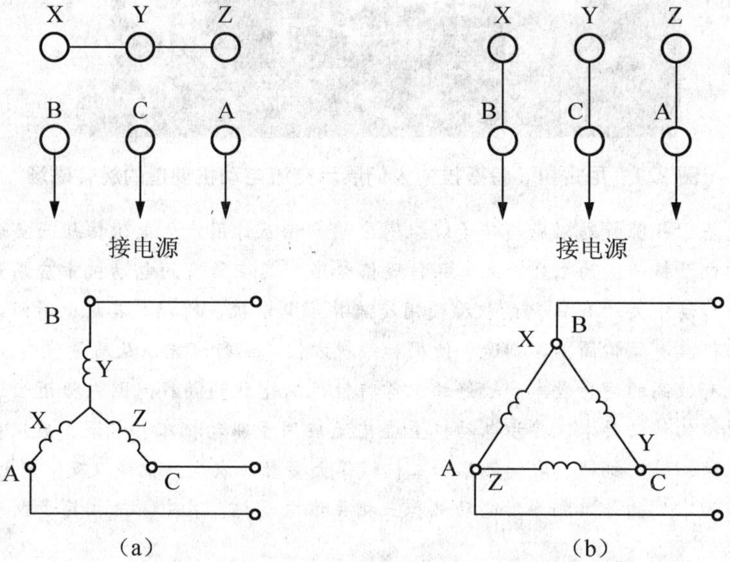

图 2.4　三相绕组的联接图

(a) 定子绕组的星形联接图；(b) 定子绕组的三角形联接图

2. 转子

三相异步电动机中转动的部分称为转子，包括转子铁心、转子绕组、转轴和风扇等。转子铁心由互相绝缘的圆环形的硅钢片叠成。转子铁心的内圆周表面有很多凹槽，用于放置转子绕组。根据转子绕组的不同可将三相异步电动机分为鼠笼式和绕线式两种。图 2.5 是鼠笼式转子的结构图，鼠笼式的转子绕组做成鼠笼形状，其两端用端环连接，绕组可用在转子铁心的槽中放置铜条或是在槽中浇铸铝液来构造。由于铝的成本较低，制作效率也较高，目前中小型电动机几乎都采用铸铝转子。图 2.6 是绕线式转子的结构图，绕线式转子的绕组和定子绕组相似，也是由三相对称的绝缘导线构成，绕组联接成星形，星形绕组的 3 根端线与转轴上的 3 个滑环连接，滑环上放置的电刷可与外部可变电阻相连，改变每相绕组的阻值。鼠笼式异步和绕线式异步的电动机两者只是转子的构造不同，其工作原理是一样的。两相比较，绕线式异步电动机启动和调速的性能较好，但是结构较为复杂，价格较高。鼠笼式异步电动机构造简单、性价比较高、工作可靠，是目前生产上应用最为广泛的一种电动机。

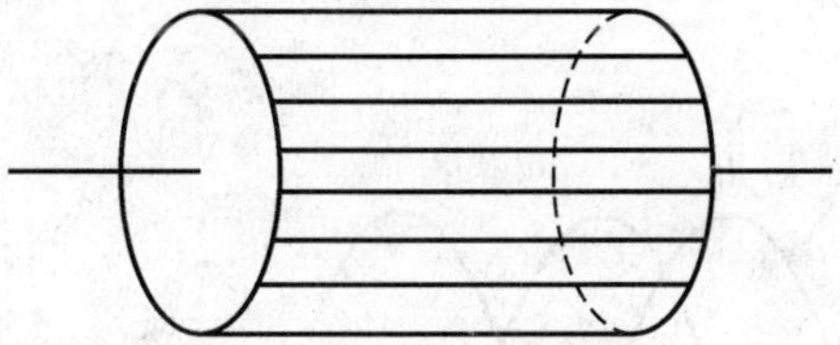

图 2.5 鼠笼式转子的结构图

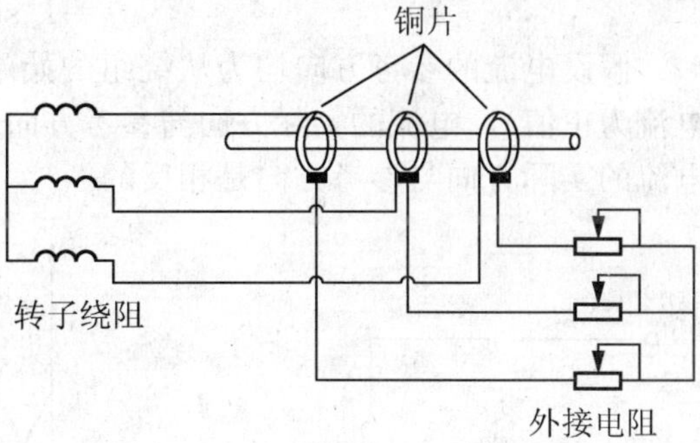

图 2.6 绕线式转子的结构图

2.1.2 三相异步电动机的工作原理

1. 转子转动原理

当导体在磁场中做切割磁感线的运动时将发生电磁感应现象，导体里产生感应电动势。如果做切割感线运动的导体是一个闭合电路，则该闭合电路里就将产生感应电流。产生的感应电流的方向可以采用右手定则来判定：伸开右手，使大拇指跟其余 4 个手指垂直并且都跟手掌在一个平面内，把右手放入磁场中，让磁感线垂直穿入手心，大拇指指向导体运动方向，则其余四指指向感应电流的方向。通电导体在变化的磁场中会受到力的作用，所受力的方向由左手定则来判定：伸开左手，使拇指与其余四指垂直，并都与手掌在同一平面内，把左手放入磁场中，让磁力线垂直穿入手心，四指指向电流方向，大拇指指向磁场对电流作用力的方向。在图 2.7 所示的演示实验中，U 形磁铁以 n_0 的速度进行逆时针的旋转运动，放置在磁铁中的静止闭合线圈则有了相对的切割磁力线的运动，从而在闭合线圈中感应出感应电流。静止的通电线圈在变化的磁场中又会受到电磁力的作用，从而使得通电线圈运动起来。根据右手定则可以判定感应电流的方向为顺时针方向，再由左手定则可以判定出线圈受到电磁力的作用会以 n 的速度($n_0 \neq n$，如果两个速度相等就不会有切割磁力线的运动，也就不会产生电磁感应)进行逆时针的旋转运动。由上述演示实验可以得到如下结论：旋转的磁场能使静止的线圈转动。三相异步电动机转动的原理和演示实验的原理是一样的：在定子绕组中通入三相交流电便会产生一个旋转的磁场，旋转的磁场会使静止不动的转子转动，转动的方向与磁场旋转的方向一致。

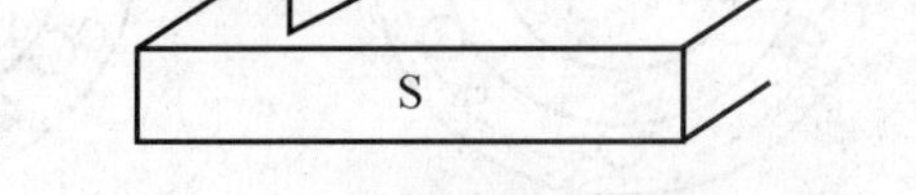

图 2.7 电动机转动的原理图

2. 旋转磁场

将三相异步电动机的三相对称绕组 AX、BY 和 CZ 联接成星形，并接入三相电源，AX、BY 和 CZ 中便通入了三相对称电流。三相电流的波形如图 2.8 所示。

$$i_A = I_m \sin\omega t$$

$$i_B = I_m \sin(\omega t - 120°)$$

$$i_C = I_m \sin(\omega t + 120°)$$

假设电流的参考方向均为从绕组的始端流向末端。波形图中，在纵轴值为正值时(即电流为正值)，电流的实际方向与参考方向是一致的；在纵轴值为负值时(即电流为负值)，电流的实际方向与参考方向是相反的。

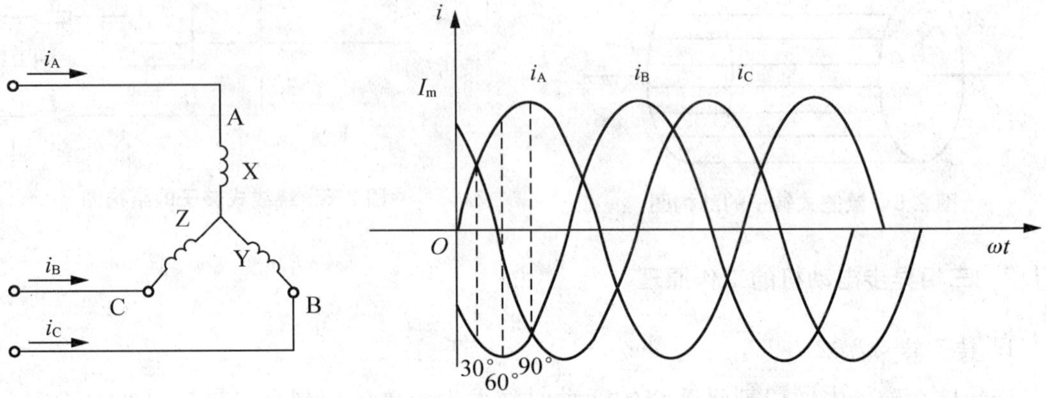

图 2.8　三相电流的波形图

在 $\omega t=0°$时，$i_A=0$，i_B 为负值，i_C 为正值，则 AX 相绕组中没有电流流入，BY 相绕组中的电流从 Y 端流向 B 端，CZ 相绕组的电流从 C 端流向 Z 端，由右手螺旋定则可以判定出通电导体周围合成磁场的方向如图 2.9(a)所示。在 $\omega t=60°$时，i_A 为正值，i_B 为负值，$i_C=0$，则 AX 相绕组中电流从 A 端流向 X 端，BY 相绕组中的电流从 Y 端流向 B 端，CZ 相绕组中没有电流流入，由右手螺旋定则可以判定出通电导体周围合成磁场的方向如图 2.9(b)所示。在 $\omega t=90°$时，i_A 为正值，i_B 为负值，i_C 为负值，则 AX 相绕组中电流从 A 端流向 X 端，BY 相绕组中的电流从 Y 端流向 B 端，CZ 相绕组中电流从 Z 端流向 C 端，由右手螺旋定则可以判定出通电导体周围合成磁场的方向如图 2.9(c)所示。从上述分析中可以得到如下结论：在定子绕组中通入三相交流电后，在绕组周围产生的合成磁场是一个旋转的磁场。

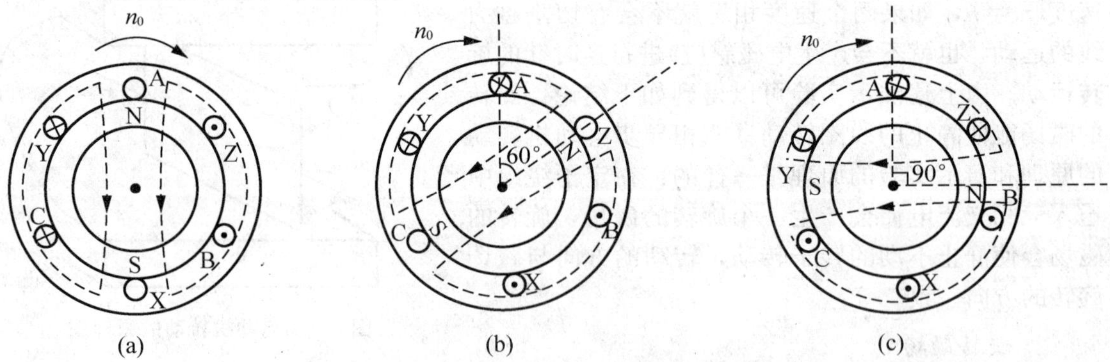

图 2.9　合成磁场方向图

(a) $\omega t=0°$；(b) $\omega t=60°$；(c) $\omega t=90°$

3. *旋转磁场的方向*

旋转磁场的方向与三相电流的相序(电流出现正幅值的顺序)有关。如图 2.8 和图 2.9

所示，电源出现正幅值的顺序是从A相至B相再到C相，旋转磁场的方向也是沿着三相定子绕组A、B、C的方向旋转。如果将三相电源线中的任意根对换，例如，将B相电源线接在C相绕组上，而将C相电源线接在B相绕组上，则三相绕组的电流相序就会是从A相至C相再到B相，合成磁场的旋转方向(图2.10)与相序一致，反向转动。

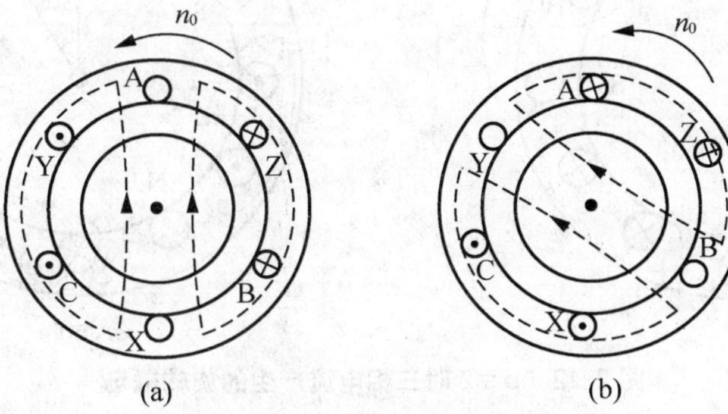

图2.10　合成磁场的旋转方向图

(a) $\omega t=0°$；(b) $\omega t=60°$

4. *旋转磁场的极对数和转速*

图2.9所示的三相定子绕组中，每相只有一个线圈，三相绕组各个始端在空间上相差120°，此时定子的合成磁场具有一对磁极(一个N极，一个S极)，即$p=1$。电流变化一个周期，旋转磁场旋转一周。设电源的频率为f_1，电流每分钟交变$60f_1$次，则旋转磁场的转速$n_0=60f_1$(转/分)。如果每相定子绕组由两个线圈串联而成，如图2.11所示，三相绕组各个始端在空间上相差60°，此时定子的合成磁场具有两对磁极，即$p=2$，如图2.12所示，电流在空间相位上变化了60°，磁场在空间上旋转了30°，即电流变化一个周期，旋转磁场仅旋转半周，旋转磁场的速度比$p=1$时慢了一半，即$n_0=60f_1/2$。同理在3对磁极的情况下，电流变化一个周期，旋转磁场仅旋转1/3周，即$n_0=60f_1/3$。以此类推，具有p对磁极的旋转磁场的同步转速的计算公式如下：

$$n_0=60f_1/p \tag{2-1}$$

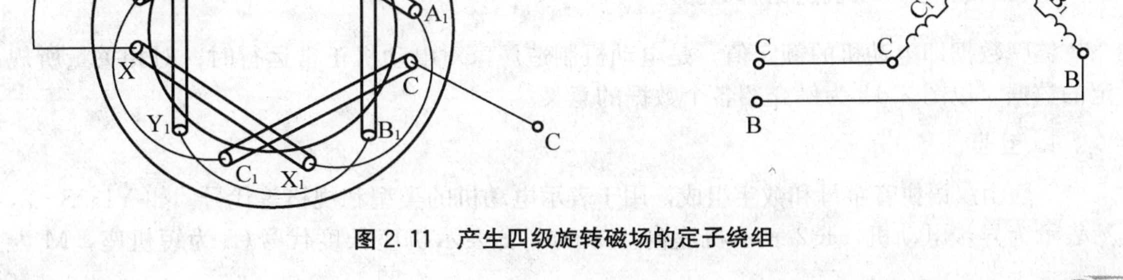

图2.11　产生四级旋转磁场的定子绕组

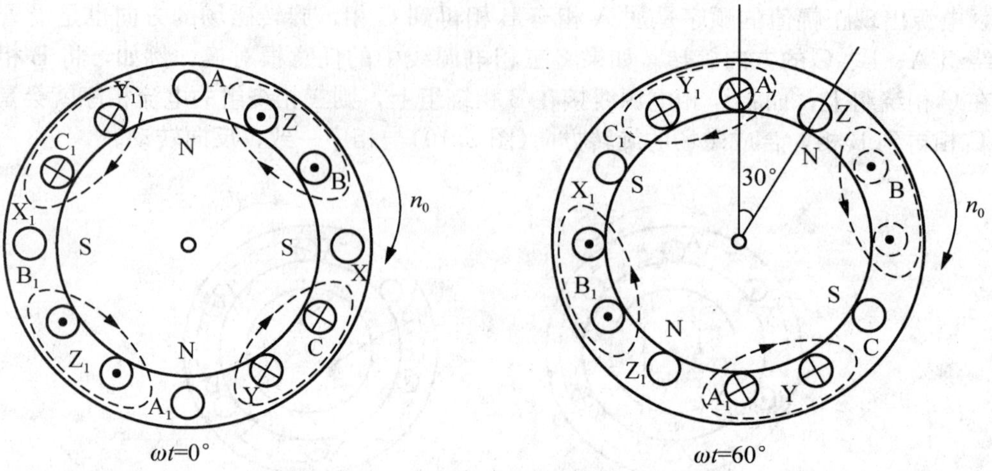

图 2.12　$p=2$ 时三相电流产生的旋转磁场

在我国由于工频 $f_1=50\text{Hz}$，对应不同的极对数，有相应的磁场转速，见表 2-1。

表 2-1　同步转速与极对数的关系表

p	1	2	3	4	5	6
n_0/(r/min)	3000	1500	1000	750	600	500

5. 转差率

在三相异步电动机中，旋转磁场的速度与转子的转速是不同的，这也是异步电动机中"异步"之意。转差率 s 用于衡量磁场旋转的同步转速 n_0 与转子的转速 n 的相差程度。

$$s=\frac{n_0-n}{n_0} \tag{2-2}$$

转差率是异步电动机的一个重要的物理量。通常同步转速 n_0 与转子的转速 n 比较接近(n 略小于 n_0)，因而异步电动机的转差率很小，一般为 1%～9%。

例 2-1　一台三相异步电动机的额定转速 $n=1440$ r/min，已知电源的频率 $f_1=50\text{Hz}$，试求电动机的极对数和额定负载时的转差率。

解： 由于电动机的额定转速略小于同步转速，由表 2-1 可知，与 1440 r/min 最相近的同步转速 $n_0=1500\text{r/min}$，因而，电动机的极对数 $p=2$，额定负载的转差率为

$$s=\frac{n_0-n}{n_0}=\frac{1500-1440}{1500}=4\%$$

2.1.3　三相异步电动机的铭牌数据

铭牌数据即电动机的额定值，是电动机制造厂家对电动机正常运行时，对相关量所规定的数据。以图 2.13 为例介绍各个数据的意义。

1. 型号

一般由汉语拼音字母和数字组成，用于表示电动机的类型和规格等代号。如 Y132S-2，Y 表示为异步电动机，132 表示机座高 132mm，S 表示机座长度代号(S 为短机座，M 为

中机座，L 为长机座），2 表示有 2 个磁极即一对磁极。

2. 功率

功率指电动机在额定运行时，转子轴上输出的功率值。

3. 频率

频率指输入电动机定子绕组中电源的频率值。

4. 电压

电压指电动机在额定运行状态下，定子绕组上输入的线电压的额定值。

5. 电流

电流指电动机在额定运行状态下，定子绕组上输入的线电流的额定值。

6. 接法

接法指定子三相绕组的接法，一般有星形和三角形两种。

7. 转速

转速指电动机在额定运行状态下转子转速。

8. 绝缘等级和工作方式

绝缘等级是按电动机绕组的绝缘材料使用时容许的最高温度来分级的。B 级的最高温度为 130℃。工作方式有连续工作和短时工作方式之分。

三相交流异步电动机		
型号：Y132S-2	功率：7.5kW	频率：50Hz
电压：380V	电流：15A	接法：△
转速：2900r/min	绝缘等级：B	工作方式：连续
功率因数：0.88		
年　月　编号		电机厂

图 2.13　三相异步电动机的铭牌数据

小知识：三相异步电动机应用极为广泛

在人们的日常生活中，交流异步电动机是使用最广泛的电动机。交流异步电动机具有价格低廉、结构简单、坚固耐用的特点，且交流异步电动机还可以广泛地应用于恶劣的工作环境之中。因此，交流异步电动机也是各类电动机中应用最广、需求量最大的一种。

2.2　三相异步电动机的电路分析

三相异步电动机的定子绕组和转子绕组的关系与变压器的原绕组和副绕组的关系相类似。共同点在于每相都是由铁心和绕组构成的交流铁心线圈电路，电路通过磁场的耦合，进行能量的传递。不同之处在于定子和转子间有气隙，转子绕组是短路运行，转子可以转动；而变压器的原绕组和副绕组中间没有气隙，副绕组不允许短路运行。进行分析的时候，可将定子绕组看作变压器的原绕组，将转子绕组看作副绕组，如图 2.14 所示。

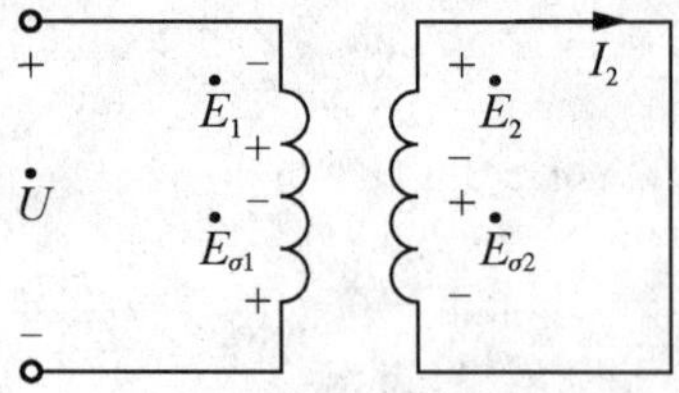

图 2.14　三相异步电动机每相的电路图

2.2.1　定子电路

依据图 2.14 的电路图，采用 KVL 定理可以列写出定子电路的回路电压方程，即

$$\dot{U}_1=(-\dot{E}_1)+(-\dot{E}_{\sigma1})+R_1\dot{I}_1 \tag{2-3}$$

式中：$\dot{U}_1$为定子绕组的相电压；$\dot{E}_1$为定子绕组的感应电动势；$\dot{E}_{\sigma1}$为定子绕组的漏磁感应电动势，R_1为定子绕组的电阻。由于漏磁感应电动势和定子绕组的电阻上的压降值比较小，可以忽略，则可以推导出如下公式：

$$\dot{U}_1\approx-\dot{E}_1 \tag{2-4}$$

$$U_1\approx E_1=4.44f_1N_1\Phi \tag{2-5}$$

式中：f_1为定子绕组上相电压的频率；N_1为定子绕组的匝数；Φ为旋转磁场的每极磁通。

2.2.2　转子电路

依据图 2.14 的电路图，采用 KVL 定理可以列写出转子电路的回路电压方程，即

$$0=-\dot{E}_2+(-\dot{E}_{\sigma2})+R_2\dot{I}_2 \tag{2-6}$$

式中：$\dot{E}_2$为转子绕组的感应电动势；$\dot{E}_{\sigma2}$为转子绕组的漏磁感应电动势；R_2为转子绕组的电阻。

接下来分析转子电路中的各个物理量。它们与转差率均有关。而转差率的取值范围在 0～1 之间，在电动机启动的瞬间，转子是静止的，$n=0$，即此时 $s=1$。

1. 转子频率

转子中的感应电动势是由于转子导体切割磁力线产生的，因而转子的频率与切割磁力线相关，即与转子的转速相关。

$$f_2=\frac{(n_0-n)p}{60}=\frac{n_0-n}{n_0}\times\frac{pn_0}{60}=sf_1 \tag{2-7}$$

由上式可知，转子频率与转差率有关。同时，在电动机启动的瞬间，转子频率最大 $f_2=f_1$。

2. 转子感抗

$$X_2=2\pi f_2L_{\sigma2}=2\pi sf_1L_{\sigma2} \tag{2-8}$$

在电动机启动的瞬间，转子感抗最大 $X_{20}=2\pi f_1L_{\sigma2}$，则

$$X_2=sX_{20} \tag{2-9}$$

由上式可知，转子感抗与转差率有关。

3. 转子电动势

$$E_2=4.44f_2N_2\Phi=4.44sf_1N_2\Phi \tag{2-10}$$

在电动机启动的瞬间，转子电动势最大 $E_{20}=4.44f_1N_2\Phi$，则

$$E_2=sE_{20} \tag{2-11}$$

由上式可知，转子电动势与转差率有关。

4. 转子电流

$$I_2=\frac{E_2}{\sqrt{R_2^2+X_2^2}}=\frac{sE_{20}}{\sqrt{R_2^2+(sX_{20})^2}} \tag{2-12}$$

由上式可知，转子电流与转差率有关。转子电流和转差率的曲线图如图 2.15 所示。从图中可知，转子电流在电动机启动瞬间为最大值。

5. 转子功率因数

$$\cos\Psi_2=\frac{R_2}{\sqrt{R_2^2+X_2^2}}=\frac{R_2}{\sqrt{R_2^2+(sX_{20})^2}} \tag{2-13}$$

由上式可知，转子功率因数与转差率有关。转子功率因数和转差率的曲线图如图 2.15 所示。从图中可知，转子功率因数在电动机启动瞬间为最小值。

综上所述，转子的各个物理量都与转差率有关，即与转子的转速有关。

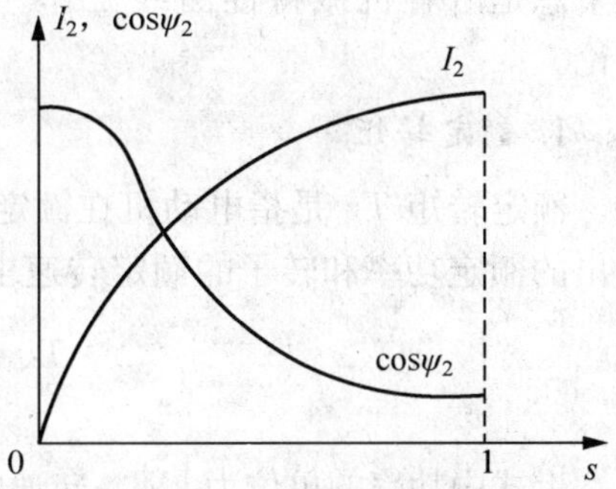

图 2.15　转子电流和转差率的曲线图

交流电动机发展历史

19 世纪 80 年代中期，多沃罗沃尔斯基发明了三相异步电动机，异步电动机无须电刷和换向器，但长期高速运行，轴承维护保养仍是难题。

1990 年，日本 A. Chiba 首次实现磁阻电动机的无轴承技术。

1993 年，苏黎世联邦工学院的 R. Schoeb 首次实现交流电动机的无轴承技术。

1998 年，苏黎世联邦工学院的巴莱塔研制出无轴承永磁同步薄片电动机，电动机结构简单，大大降低了控制系统的费用，在很多领域具有很大应用价值。

2000 年，苏黎世联邦工学院的 S. Sliber 研制出无轴承单相电动机，再一次在无轴承电动机研究历史上前进了一步，降低了控制系统的费用，使得无轴承电动机实际应用不仅仅是可想的，而且是经济的。

2.3　三相异步电动机的机械特性

三相异步电动机的机械特性是指当定子绕组的相电压和频率保持不变，R_2 和 $X_{\sigma 2}$ 为常数时，电动机转速 n 与电磁转矩 T 的关系，即 $n=f(T)$。

2.3.1　电磁转矩

异步电动机之所以转动是因为转子导体受到电磁力的作用并产生了电磁转矩的原因。电磁力是与旋转磁场的磁通和转子的电流的有功分量成正比的。故而，三相异步电动机的电磁转矩公式如下：

$$T=K_T\Phi I_2\cos\Psi_2 \tag{2-14}$$

式中的 K_T 是一个与电动机的结构有关的常数。将式(2-5)、式(2-12)和式(2-13)

代入式(2-14)，则

$$T=K\frac{sR_2U_1^2}{R_2^2+(sX_{20})^2} \tag{2-15}$$

式中的 K 是一个常数。式(2-15)常被用于对电磁转矩进行定性分析，而不是定量计算。

2.3.2 机械特性

依据式(2-14)，可以绘制出机械特性曲线如图 2.16 所示。三相异步电动机在正常情况下总是沿着机械特性曲线工作。机械特性曲线中有 3 个重要的转矩，下面对其加以讨论。

1. 额定转矩

额定转矩 T_N 是指电动机在额定负载下稳定运行时的输出转矩。额定转矩可以由转子输出的额定功率和转子的额定转速求得：

$$T_N=\frac{P_{2N}}{\omega}=\frac{P_{2N}}{\frac{2\pi n}{60}}=9550\frac{P_{2N}}{n} \tag{2-16}$$

上式中功率的单位为 kW，转速的单位为 r/min，转矩的单位为 N·m。

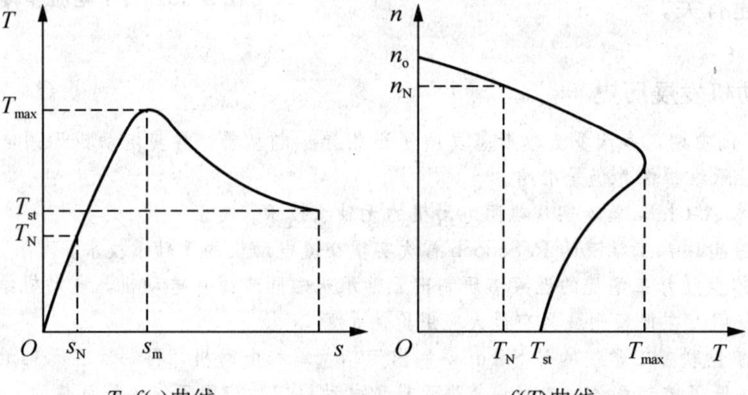

图 2.16 三相异步电动机的机械特性曲线

2. 最大转矩

最大转矩 T_{max} 是指电动机按照机械特性曲线运行过程中产生的最大电磁转矩。由 $\frac{dT}{ds}$ 可以求得最大转矩的转差率 $s_m=\frac{R_2}{X_{20}}$，代入式(2-15)，可以求得最大转矩为

$$T_{max}=K\frac{U_1^2}{2X_{20}} \tag{2-17}$$

由上式可知，T_{max} 与 U_1^2 成正比，而与 R_2 无关，如图 2.17 所示。s_m 与 R_2 成正比，如图 2.18 所示。

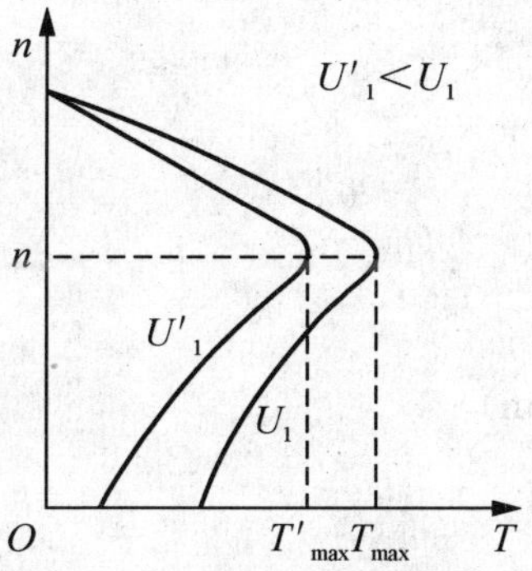

图 2.17 电压不同时的机械特性曲线

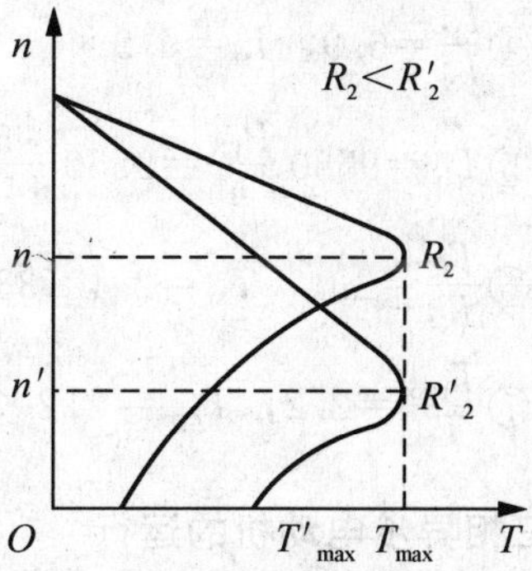

图 2.18 转子电阻不同时的机械特性曲线

电动机的最大转矩和额定转矩的比值为过载系数 λ_T：

$$\lambda_T=\frac{T_{max}}{T_N} \tag{2-18}$$

过载系数的取值范围一般在 1.8～2.2 之间。在选取电动机时，根据过载系数和额定转矩可以计算出最大转矩的值，要求电动机所带的负载转矩必须要小于最大转矩，否则，要重新选取电动机。

3. *启动转矩*

启动转矩 T_{st}是在电动机启动的瞬间($n=0$，$s=1$)的转矩。将 $s=1$ 代入式(2-15)，可得

$$T_{st}=K\frac{R_2U_1^2}{R_2^2+X_{20}^2} \tag{2-19}$$

由上式可知，T_{st}与 U_1^2 成正比(图 2.17)，当 R_2 适当增大时，T_{st}会增大(图 2.18)。

电动机的启动转矩和额定转矩的比值为启动系数 λ_{st}：

$$\lambda_{st}=\frac{T_{st}}{T_N} \tag{2-20}$$

启动系数的取值范围一般在 1.6～2.2 之间。在选取电动机时，根据启动系数和额定转矩可以计算出启动转矩的值，要求电动机启动时所带的负载转矩必须要小于启动转矩，否则，要重新选取电动机。

例 2-2 一台三相异步电动机的技术数据如下：输入频率 f_1 为 50Hz，输出功率 P_2 为 5kW，效率 η 是 80%，输入电压 U_N 为 380V，定子绕组△联接，转子转速 n 为 1440r/min，功率因数 $\cos\varphi$ 为 0.8，$\frac{T_{st}}{T_N}=2.1$，$\frac{T_{max}}{T_N}=2.2$，$\frac{I_{st}}{I_N}=6.9$，求①额定输入功率 P_1；②额定转差率 s_N；③额定电流 I_N；④启动电流 I_{st}；⑤额定转矩 T_N；⑥启动转矩 T_{st}；⑦最大转矩 T_{max}。

解： ①$\eta=\frac{P_2}{P_1}=80\%$，$P_1=\frac{P_2}{\eta}=\frac{5}{0.8}=6.25$(kW)

②$n=1440$(r/min)，查表可得 $n_0=1500$(r/min)，$s_N=\frac{n_0-n}{n_0}=\frac{1500-1440}{1500}=4\%$

③$P_1=\sqrt{3}U_NI_N\cos\varphi=\sqrt{3}\times380\times I_N\times0.8=6.25\times10^3$(W)，$I_N=11.87$(A)

④$\frac{I_{st}}{I_N}=6.9$，$I_{st}=6.9\times 11.87=81.9(A)$

⑤$T_N=9550\frac{P_{2N}}{n}=9550\frac{5}{1440}=33.16(N\cdot m)$

⑥$\frac{T_{st}}{T_N}=2.1$，$T_{st}=2.1\times 33.16=69.64(N\cdot m)$

⑦$\frac{T_{max}}{T_N}=2.2$，$T_{max}=2.2\times 33.16=72.95(N\cdot m)$

2.3.3 三相异步电动机的运行

三相异步电动机一定是沿着相应的机械特性曲线而运行的。可以将三相异步电动机的特性曲线分为稳定运行区和不稳定运行区。

1. 稳定运行区

当异步电动机转子的转矩与负载转矩相等时，异步电动机匀速运行；当异步电动机转子的转矩大于负载转矩时，异步电动机加速运行；当异步电动机转子的转矩小于负载转矩时，异步电动机减速运行。

稳定运行区是指图 2.19 所示曲线的 ab 段，在此段区域异步电动机能稳定地运行。假设电动机开始在 Q 点匀速运行，此时负载转矩 T_L 与转子转矩 T_1 相等；如果负载发生变化 $T_L<T_1$，电动机会加速运行，直至 Q' 点转子转矩 $T_1'=T_L$ 后匀速运行；如果负载发生变化 $T_L>T_1$，电动机会减速运行，直至 Q'' 点转子转矩 $T_1''=T_L$ 后匀速运行。由上述分析可知：如果异步电动机运行在 ab 段，能根据负载的情况自动地调整，使得电动机匀速运行。

2. 不稳定运行区

不稳定运行区是指图 2.20 所示曲线的 bc 段，在此段区域异步电动机会不稳定地运行。假设电动机开始在 Q 点匀速运行，此时负载转矩 T_L 与转子转矩 T_1 相等；如果负载发生变化 $T_L<T_1$，电动机会加速运行，直至 Q' 点转子转矩 $T_1'>T_L$ 继续加速运行，直至到达 Q'' 点转子转矩 $T_1''=T_L$ 后匀速运行，此过程实际上就是电动机启动的过程；如果负载发生变化 $T_L>T_1$，电动机会减速运行，在减速的过程中转子转矩越来越小，同时转子的速度也是越来越慢直至最后转速为零，产生“闷车”现象，烧坏电动机。由上述分析可知：在轻载启动过程中，电动机能迅速地从不稳定运行区 bc 段运行到稳定运行区 ab 段；如果异步电动机从稳定运行区 ab 段运行到不稳定运行区 bc 段，会产生“闷车”现象，烧坏电动机。因而，电动机在工作过程中应该尽量让其工作在稳定区。

图 2.20 所示的硬的机械特性是指负载变化时，转速变化不大、运行特性好，这种硬的特性非常适用于一般金属切削机床。软的机械特性是指负载增加时，转速变化较快、启动转矩大、启动性能好，这种软的特性非常适用于起重系统。

综上所述，在选择电动机的时候，要依据机械特性曲线和电动机的铭牌数据，选择适合生产的电动机。

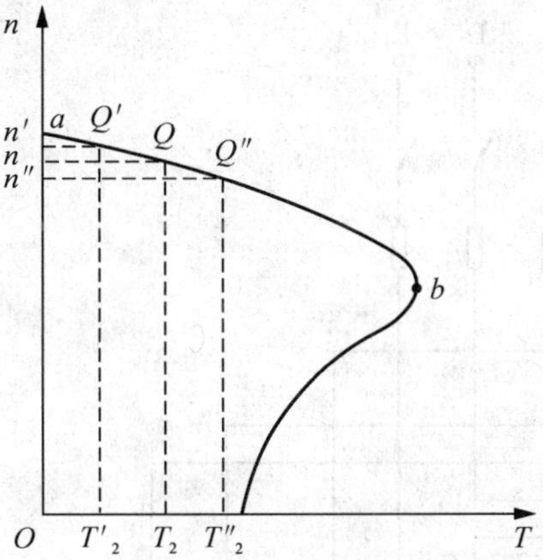

图 2.19　三相异步电动机的稳定运行情况图

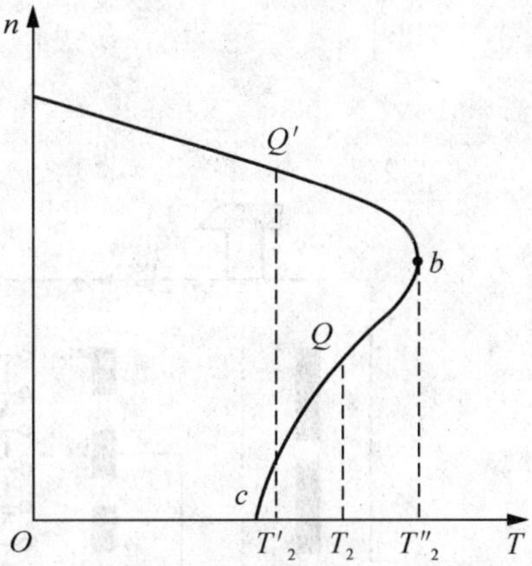

图 2.20　三相异步电动机的不稳定运行情况图

2.4　三相异步电动机的启动

三相异步电动机启动的首要原则是启动转矩大于负载转矩，否则电动机不能启动。在启动的瞬间，$n=0$，$s=1$。电动机在启动时启动电流很大，会达到额定电流的 5～7 倍；启动转矩不大，与额定转矩的比值为 1.1～2.2。

启动瞬间，转子是静止的，相对于旋转磁场有很大的转速，即切割磁力线的速度很快，因而在转子上感应电动势和感应电流是很大的。与变压器原理一样，转子的电流很大，定子的电流也很大，即启动电流很大。如果电动机频繁地启动，会使得电动机过热，同时会影响邻近负载的正常工作。如果电动机不是频繁的启动，启动时间比较短，对电动机本身影响不大，并且启动后，转速升高，电流会减小。

由式(2-14)可知，启动转矩和启动电流与功率因数有关。虽然启动电流比较大，但是功率因数比较小，所以启动转矩实际上是不大的。

启动电流大、启动转矩不大，是三相异步电动机启动时的缺点。为了减少启动电流，可以采取以下不同的启动方法。

2.4.1　异步电动机的启动方法

1. 直接启动

直接启动方法简单：通过开关直接将电动机连接到电源上。一般电动机功率在二三十千瓦以下的电动机可以采用直接启动。

2. Y-△换接降压启动

对于功率较大的电动机，定子绕组在正常运行时是 △ 联接，在启动瞬间可以采用 Y 连接，降低启动电压和启动电流，启动之后再换接至 △ 联接。如图 2.21 所示，启动时，手柄向右扳，电动机连成Y形，启动后，手柄向左扳，电动机连成△形。

设电源线电压为 U_1 则

$$\frac{U_{lY}}{U_{l\triangle}}=\frac{1}{\sqrt{3}}$$

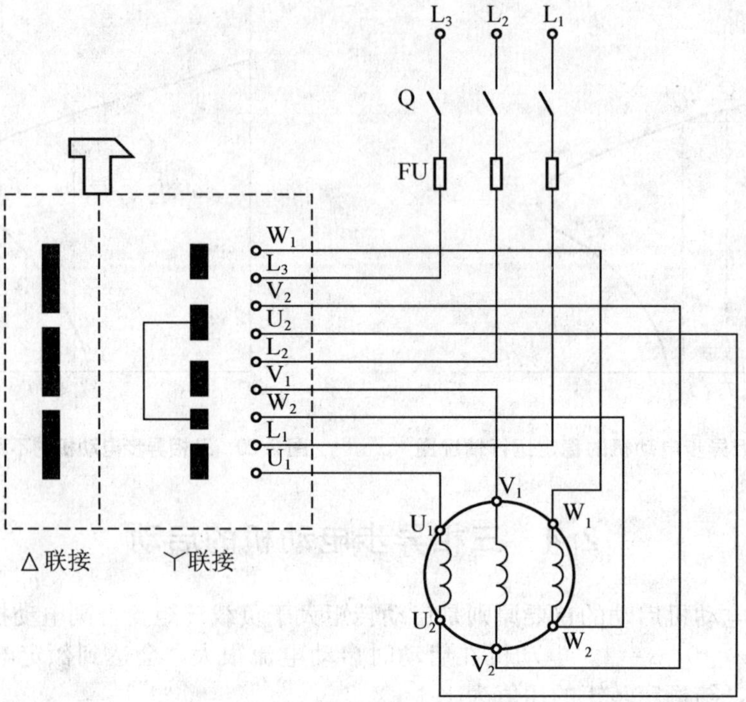

图 2.21 丫-△换接启动电路图

丫联接时，定子绕组的线电流为

$$I_{lY}=I_{PY}=\frac{\frac{U_1}{\sqrt{3}}}{|Z|}$$

△联接时，定子绕组的线电流为

$$I_{l\Delta}=\sqrt{3}\,I_{P\Delta}=\sqrt{3}\,\frac{U_1}{|Z|}$$

由以上两个式子可得

$$\frac{I_{lY}}{I_{l\Delta}}=\frac{1}{3}$$

即采用丫-△换接启动的方法，电压为直接启动的$\frac{1}{\sqrt{3}}$倍，电流为直接启动的$\frac{1}{3}$倍。由式(2－19)可知，启动转矩与电压的平方成正比，因此，启动转矩为直接启动的$\frac{1}{3}$倍。由此可见，这种方法适用于空载或者是轻载启动。丫-△换接启动器工作可靠、成本较低、体积小，在生产中得到了广泛的应用。

3. 自耦降压启动

对于功率较大的电动机，或者是定子绕组在正常运行时本来就是丫联接，不能采用丫-△ 换接启动，可以采用自耦降压启动。如图 2.22 所示，启动时将开关 Q 扳到启动位置，接入自耦变压器，启动后，将 Q 扳到工作位置，去除自耦变压器。

自耦降压启动能减少启动电流，也能减少启动转矩。自耦变压器有抽头，能得到不同的变压值输出，可以根据需要来选用。

4. 串电阻启动

对于绕线式电动机，转子的电阻值可以改变。可以通过在转子电路中串联电阻，减小转子电流，从而使得定子电流即启动电流减小。如图 2.23 所示，启动时，将串入的滑动变阻器置于最大值，使得启动电流减小，启动之后，将电阻逐段切除。

由图 2.23 可知，串入电阻之后，启动转矩增大了。因而，这种方法通常用于启动转矩较大的生产机械上。

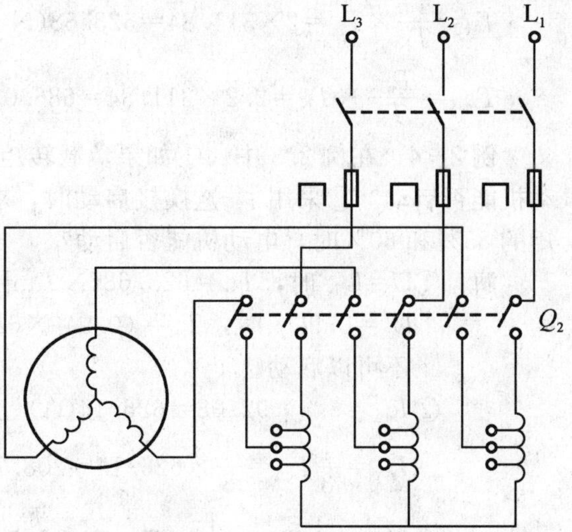

图 2.22　自耦降压启动电路图

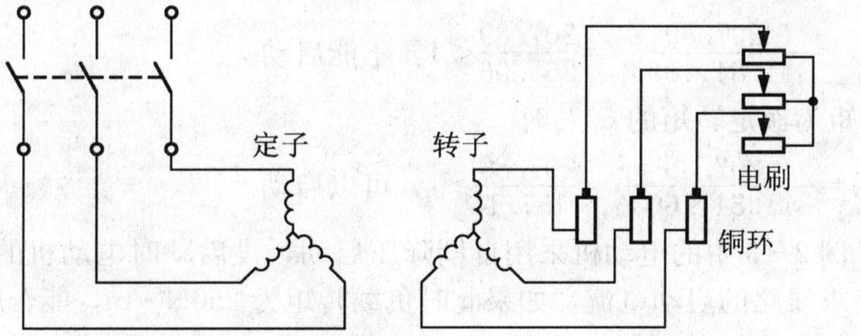

图 2.23　绕线式电动机串电阻启动电路图

2.4.2　异步电动机启动的例题讲解

例 2-3　有一台异步电动机，其铭牌上数据见表 2-2。

表 2-2　异步电动机铭牌上数据

电压	功率	效率	功率因数	联接方式	转速	$\frac{T_{st}}{T_N}$	$\frac{T_{max}}{T_N}$	$\frac{I_{st}}{I_N}$
380V	48kW	92.1%	0.86	Δ	1470r/min	2.0	2.2	6.8

试求：①额定电流；②额定转差率；③额定转矩、启动转矩和最大转矩。

解：①$P_1=\frac{P_2}{\eta}$，$I_N=\frac{P_2}{\sqrt{3}U_N\cos\varphi\eta}=\frac{48\times10^3}{\sqrt{3}\times380\times0.86\times0.921}=92.08(\text{A})$

②$n=1470(\text{r/min})$，查表可得 $n_0=1500(\text{r/min})$，$S_N=\frac{n_0-n}{n_0}=\frac{1500-1470}{1500}=2\%$

③$T_N=9550\frac{P_2}{n}=9550\frac{48}{1470}=311.84(\text{N}\cdot\text{m})$

$$T_{st}=\frac{T_{st}}{T_N}\times T_N=2\times 311.84=623.68(N\cdot m)$$

$$T_{max}=\frac{T_{max}}{T_N}\times T_N=2.2\times 311.84=686.05(N\cdot m)$$

例 2-4 在例 2.3 中：①如果负载转矩为 550N·m，在 $U=U_N$ 与 $U'=0.9U_N$ 时，电动机能否启动？②采用Y-△换接启动时，求启动电流和启动转矩；当负载转矩为额定转矩的 85%和 60%时，电动机能否启动？

解：①$U=U_N$ 时，$T_{st}=623.68(N\cdot m)>550(N\cdot m)$，电动机可以启动。

$U'=0.9U_N$ 时，$T'_{st}=(0.9)^2\times 623.68=505.18(N\cdot m)<550(N\cdot m)$，电动机不可以启动。

②$I_{st\Delta}=6.8\times 92.08=626.14(A)$

$$I_{stY}=\frac{1}{3}I_{st\Delta}=\frac{1}{3}\times 626.14=208.71(A)$$

$$T_{stY}=\frac{1}{3}T_{st\Delta}=\frac{1}{3}\times 623.68=207.89(N\cdot m)$$

当负载转矩为额定转矩的 85%时

$$\frac{T_{stY}}{T_N\times 85\%}=\frac{207.89}{311.84\times 85\%}=\frac{207.89}{265.06}<1，不能启动。$$

当负载转矩为额定转矩的 60%时

$$\frac{T_{stY}}{T_N\times 60\%}=\frac{207.89}{311.84\times 60\%}=\frac{207.89}{187.1}>1，可以启动。$$

例 2-5 例 2-3 中的电动机采用自耦降压启动，设启动时电动机的端电压降到电源电压的 60%，求线路的启动电流，如果此时负载转矩为 250N·m，能否启动？

解：直接启动时启动电流

$$I_{st}=6.8\times 92.08=626.14(A)$$

自耦降压启动时电动机的启动电流(即变压器副边的电流)I'_{st}

$$I'_{st}=I_{st}\times 0.6=626.14\times 0.6=375.68(A)$$

自耦降压启动时线路的启动电流(即变压器原边的电流)I''_{st}

$$I''_{st}=I'_{st}\times 0.6=375.68\times 0.6=225.41(A)$$

自耦降压启动时的启动转矩 T'_{st}

$$T'_{st}=0.6^2\times T_{st}=0.36\times 623.68=224.52(N\cdot m)<250(N\cdot m)$$

因而，此时电动机不能启动。

小知识：电动机不能启动的故障检修

(1) 电动机不转也没有声音。原因是电源或绕组有两相或三相断路。首先检查是否有电源电压，如无电压，说明故障在电路。如三相电压平衡，则故障在电动机，测量电动机三相绕组的电阻，找出断相绕组。

(2) 电动机不转但有嗡嗡的响声。测量电动机接线柱，如三相电压平衡且为额定值可判为严重过载，检查时首先去掉负载，如电动机的转速与声音正常，可判定过载或负载机械故障；若仍然不转，可用手转动一下电动机轴，如很紧或转不动，测量三相电流如平衡但比额定值大，有可能是电动机机械部分被卡住，电动机缺油，轴承锈死或损坏严重，端盖或油盖装得太斜，转子和内膛相碰。若用手转动电动机轴到某一个角度感到比较吃力或听到周期性的嚓嚓声，可判断为扫膛，原因有轴承内外圈间隙过大，需更换。轴承孔过大，长期磨损造成内孔直径过大，应急措施是电镀一层金属或加套，也可在轴承室内壁冲些小点。轴弯曲，端盖止口磨损。

(3) 电动机转速慢且拌有嗡嗡声，轴振动。如测得一相电流为零，另两相电流太大超过额定值，说明是两相运转。断相多发生在绕组的端部、接头处或引线处等部位。

2.5　三相异步电动机的调速

三相异步电动机调速是指，当电动机所带机械负载不变时，通过改变电动机的电气参数的方法来达到调节电动机转轴转速的方法。根据转速公式

$$n=(1-s)n_0=(1-s)\frac{60f_1}{p}$$

可知，改变 s、f_1、p 中的任何一个都可以使电动机转速发生变化，因此三相异步电动机的调速方法相应有 3 种。

2.5.1　变频调速

通过改变电源频率来实现变频调速，可以实现无极调速，调速的范围比较大，调速平滑。图 2.24 所示为变频调速的装置：整流器将频率为 50Hz 的三相交流电变化为直流电，逆变器再将该直流电变化为频率可调的三相交流电供三相异步电动机使用。

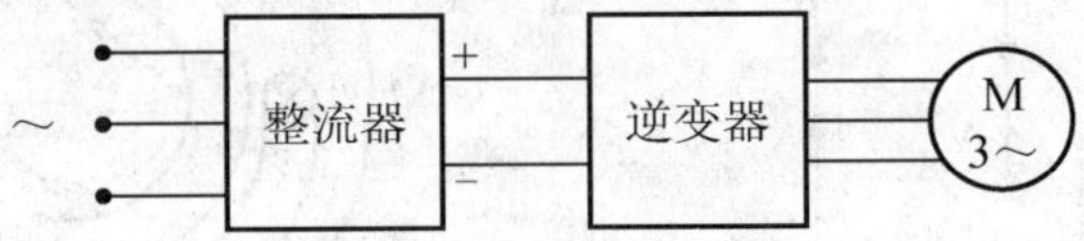

图 2.24　变频调速装置

2.5.2　变转差率调速

转差率的改变是通过改变转子电阻来实现的，因此，此方法适用于绕线式的异步电动机。如图 2.18 所示，转子转速随着外接电阻的增大而变小，转差率则随之增大。这种调速方法平滑、简便，但是外接电阻损耗大，这种方法广泛适用于起重设备中。

2.5.3　变极调速

当定子绕组的组成和接法不同时，可以改变旋转磁场的极对数，如图 2.25 所示，每相定子绕组由两个线圈串联而成，则可以得到两对磁极；如图 2.26 所示，每相定子绕组由两个线圈并联而成，则得到一对磁极。由于磁极的改变是成对数改变的，因此，这种方法不能平滑调速，只能有级调速。由于这种方法简单、经济，在双速或者多速的机床上被广泛应用。

小知识：电动机系统的节能刻不容缓

根据相关文献统计，全球约 50% 电量都是三相异步电动机消耗的，而我国的比例高达了 60%～70%。因此，研究三相异步电动机的节能技术，对降低我国能耗，实现低碳环保生活具有非常重要的意

义。可以通过以下方法实现节能：①优化电动机本身设计节能：这种节能技术主要是通过改变电动机本身构造实现电动机的节能。②异步电动机变频节能：通过优化异步电动机在不同工作状态下的转速，实现电动机的节能。③异步电动机降压节能：降低异步电动机的工作端电压，可以有效地降低电动机的能耗。

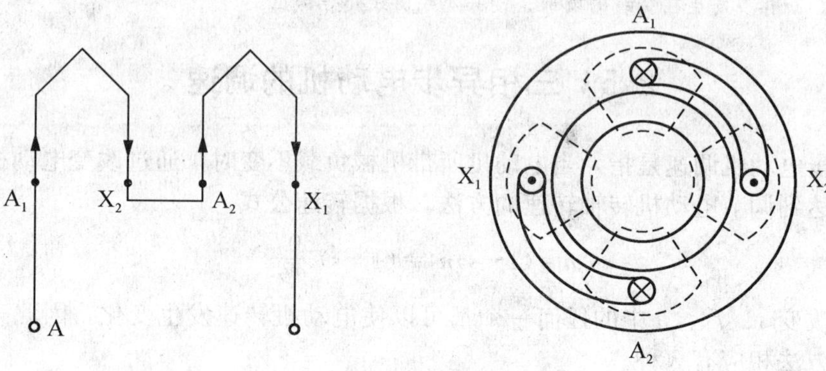

图 2.25　绕组串联的极对数图

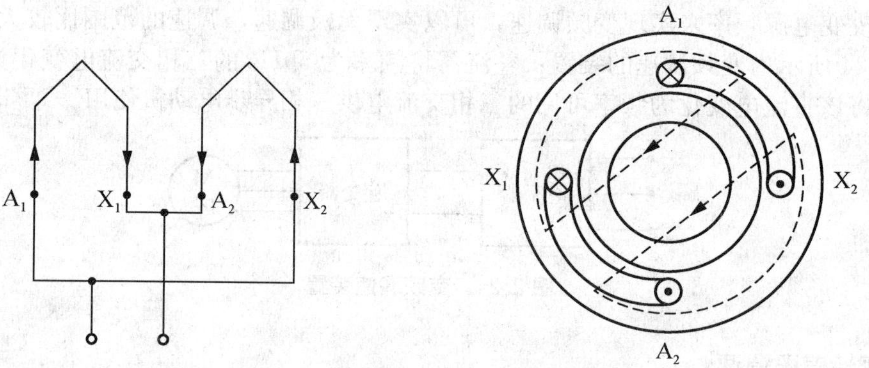

图 2.26　绕组并联的极对数图

2.6　三相异步电动机的制动

电力拖动系统中的许多生产机械为了提高生产效率、产品质量以及安全性能等，常要求电动机能迅速、准确地停车或者是反转；为了加快停车过程，可以使用电气制动方法，即在电动机转轴上施加一个与旋转方向相反的电磁转矩(制动转矩)，从而达到使电动机快速停车的目的，具体有 3 种方法：能耗制动、反接制动、发电反馈制动。

2.6.1　能耗制动

如图 2.27 所示，制动时切断三相交流电，接入直流电，使定子绕组产生一个固定的磁场。转子由于惯性继续按原方向旋转，进行切割磁力线运动，因而在转子导体中感应出电动势和电流，进而产生电磁转矩。根据左右手定则可以判定，电磁转矩的方向与原转动方向相反，因而起制动作用。在制动转矩的作用下，电动机能迅速地停止转动。

这种方法在机床上常被采用，制动平稳、能耗小，但需要直流电源。

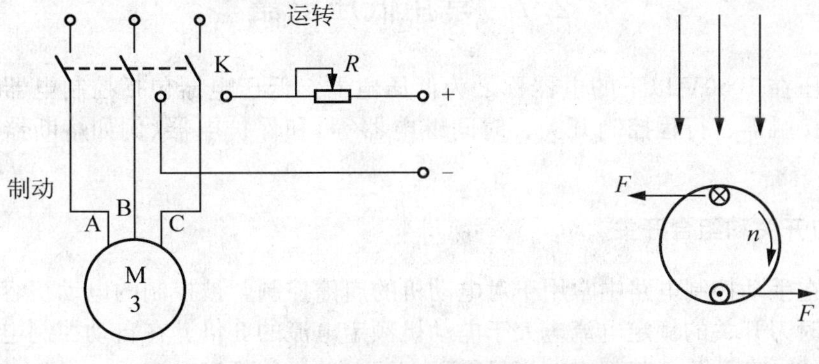

图 2.27　三相异步电动机能耗制动图

2.6.2　反接制动

如图 2.28 所示，制动时将开关扳向相反的方向，改变电源的相序，使旋转磁场反转，而转子由于惯性继续按原方向旋转，此时，产生的电磁转矩与转子转动的方向相反，对转子起制动作用。当转速接近零时，必须立即切断电源，否则电动机将反转。

必须注意，制动过程中，旋转磁场和转子的相对转速 $n+n_0$ 很大，因而转子感应电流很大，进而使得定子电流增大。在大功率的电动机中通常采用在定子电路和转子电路中串联电阻来实现限制电流过大。这种方法制动效果好、比较简单，但是能量消耗较大、制动的准确度较差。

2.6.3　发电反馈制动

当受到外力因素的干扰，电动机转子的转速大于旋转磁场的转速时，产生的转矩也是制动转矩。起重机快速放下重物时，重物拖动转子使其转速大于旋转磁场的转速，从而感应出图 2.29 所示的感应电动势和电流，从而产生制动转矩，使重物等速下降。实际上此时的电动机已转入发电动机的运行，将重物的重力势能转换为电能反馈到电网中，故而称之为发电反馈制动。

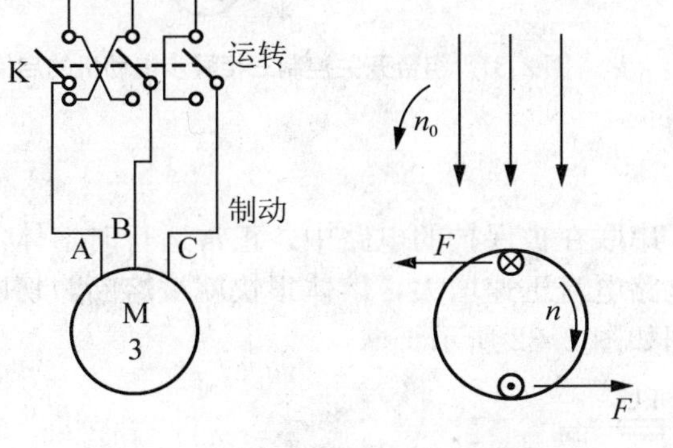

图 2.28　三相异步电动机反接制动图

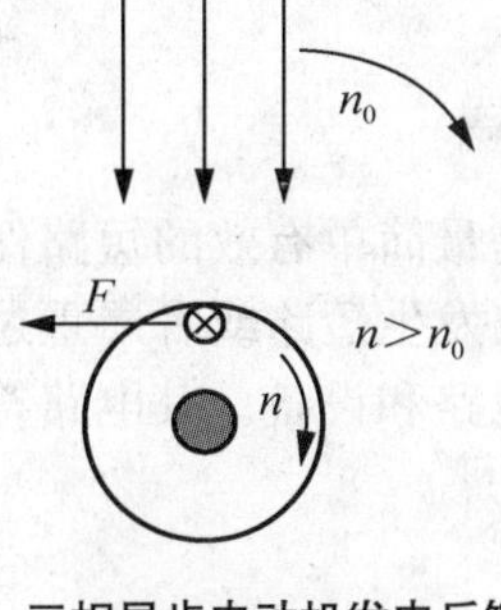

图 2.29　三相异步电动机发电反馈制动图

2.7 常用低压电器

工作电压在1000V以下的电器称之为低压电器。低压电器包括控制电器(例如开关、按钮、交流接触器、行程控制开关、时间继电器等)和保护电器(例如熔断器和热继电器等)两大类。

2.7.1 闸刀开关和组合开关

刀开关在手动控制电路中常用于对电动机的启停控制。被控制的电动机容量不得超过7.5kW，同时刀开关的额定电流应大于电动机额定电流的3倍。在自动控制电路中刀开关常用于电源的隔离开关，其额定电流只需稍大于电动机的额定电流。

1. 闸刀开关

常用的闸刀开关有单级、双极和三级3类，其中以双极和三级的闸刀开关使用最多，其图形符号如图2.30所示。

2. 组合开关

组合开关实质上也是一种刀开关，常用于电源的引入开关、小容量电动机的启动停止控制以及局部照明电路的控制。图2.31是利用组合开关直接启动和停止三相异步电动机的电路接线图。三对静触点分别接在三相电源上，另外3个则接在三相异步电动机的绕组上。

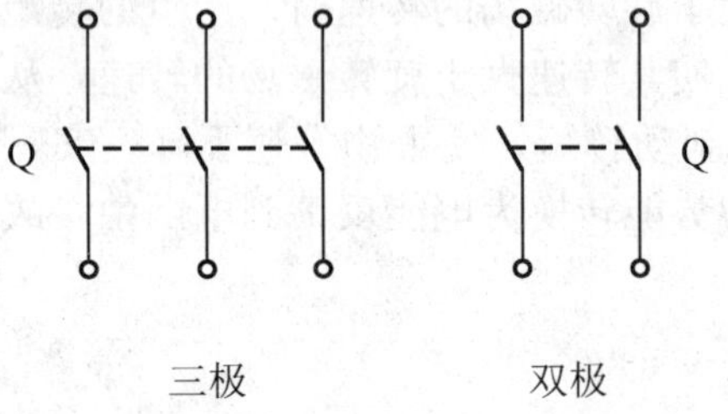

图2.30 常用的闸刀开关

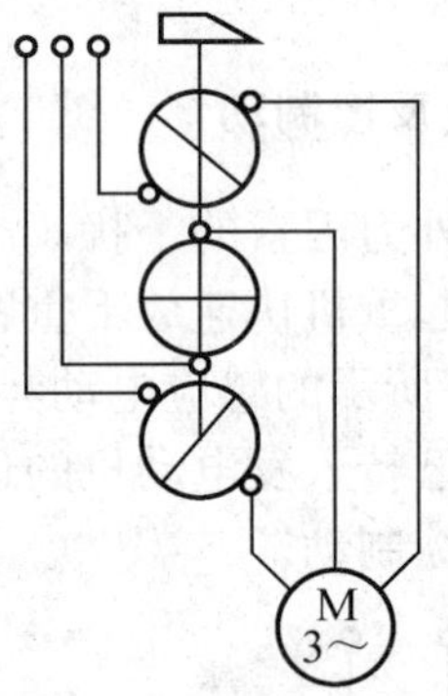

图2.31 组合开关控制三相异步电动机的启停

2.7.2 熔断器

熔断器是最简单有效的短路保护电器，串联在被保护的电路中，正常运行时熔体不应熔断，当电路发生短路或者严重过载时，电路电流迅速增大，熔体很快就被熔断，切断电路，以保护电路和设备。其电路符号示意图如图2.32所示。

图2.32 熔断器的符号图

为了使熔断器真正起到保险作用，必须正确选择熔体的额定电流。对于一般的照明和电热电路，熔体的额定电流 I_{RN} 必须等于或者大于全部用电器的额定电流之和 I_N，即 $I_{RN} \geqslant I_N$。对于一台电动机的熔体额定电流要求 $I_{RN} \geqslant \frac{I_{st}}{2.5}$，如果电动机频繁启动则要求 $I_{RN} \geqslant \frac{I_{st}}{1.6-2}$。对于几台电动机合用的熔体额定电流要求 $I_{RN} \geqslant \frac{I_{stm}+\sum I_N}{2.5}$，其中 I_{stm} 为容量最大的电动机的启动电流，$\sum I_N$ 为其他电动机额定电流之和。

2.7.3　按钮

1. 常用按钮

按钮通常用于接通或者断开电流较小的控制电路，如接触器、继电器的线圈电路。图 2.33 是常用按钮的结构剖面图和符号示意图。按钮通常由按钮帽、复位弹簧、支柱连杆、桥式静触点、常闭触点或者常开触点(或者二者均有)及外壳构成。在无外加作用力下，闭合的触点称之为常闭触点，断开的触点称之为常开触点。在有外力按下按钮时，常闭触点被断开，用于切断某一控制电路，常开触点被闭合，用于接通某一个控制电路。一个按钮中既有常开的触点又有常闭的触点，称之为复合按钮。

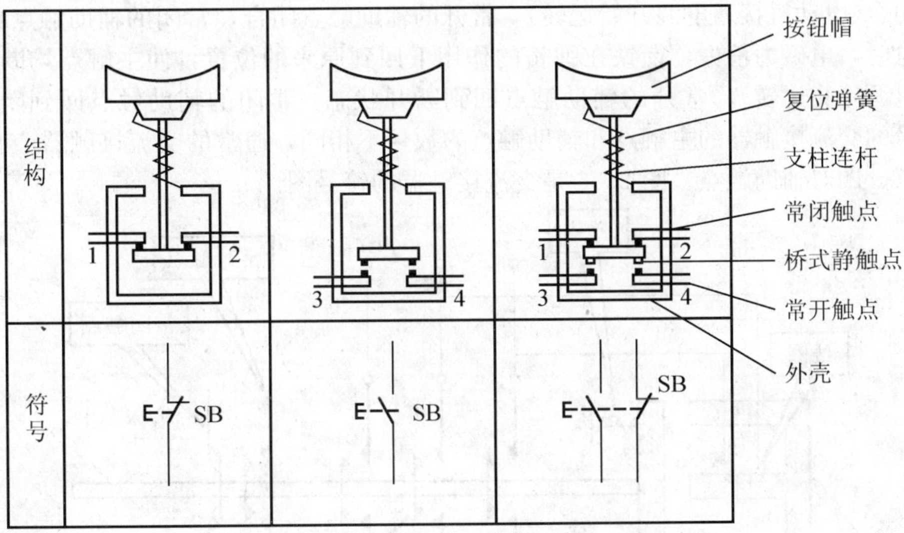

图 2.33　常用按钮的结构和符号图

2. 行程开关

行程开关的种类很多，一般行程开关的结构和符号示意图如图 2.34 所示。行程开关利用生产机械的某些运动部件碰撞行程开关的触杆，使内部闭合的触点断开，断开的触点闭合，从而发出控制指令。行程开关用于控制生产机械运动的方向、行程的远近和位置的保护等。

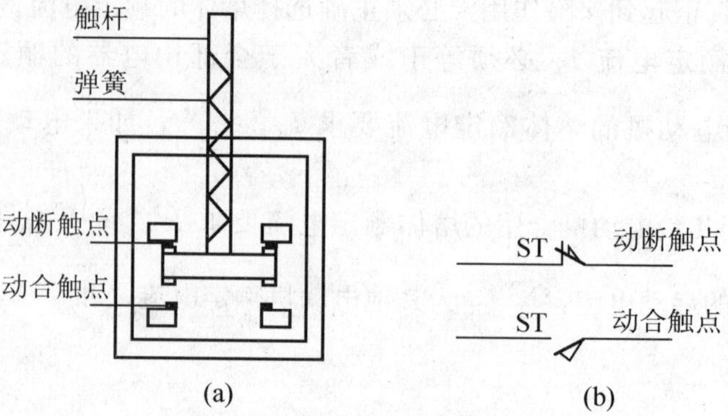

图 2.34　行程开关的结构和符号图

(a) 结构示意图；(b) 符号示意图

2.7.4　交流接触器

交流接触器是继电接触器控制中的主要控制电器。通常用于接通和断开交流电动机或者大容量电器的主电路。交流接触器的结构原理图如图 2.35 所示，由电磁铁、线圈、主触点(能通过较大的电流，接在电动机的主电路中)和辅助触点(通过的电流较小，接在电动机的控制电路中)等构成。当线圈通电时，电磁铁产生电磁力，将衔铁吸引过来，使主触点均闭合(电动机接通电源开始运转)，常开的辅助触点闭合，常闭的辅助触点断开。当线圈断电时，电磁力消失，衔铁在弹簧的作用下回到原来的位置，使主触点均断开(电动机切断电源停止运转)，常开的辅助触点回到断开状态，常闭的辅助触点回到闭合状态。不同型号的交流接触器的主触点和辅助触点的数目不相同，通常的交流接触器会有三至四对主触点、四对辅助触点。图 2.36 是交流接触器的符号图。

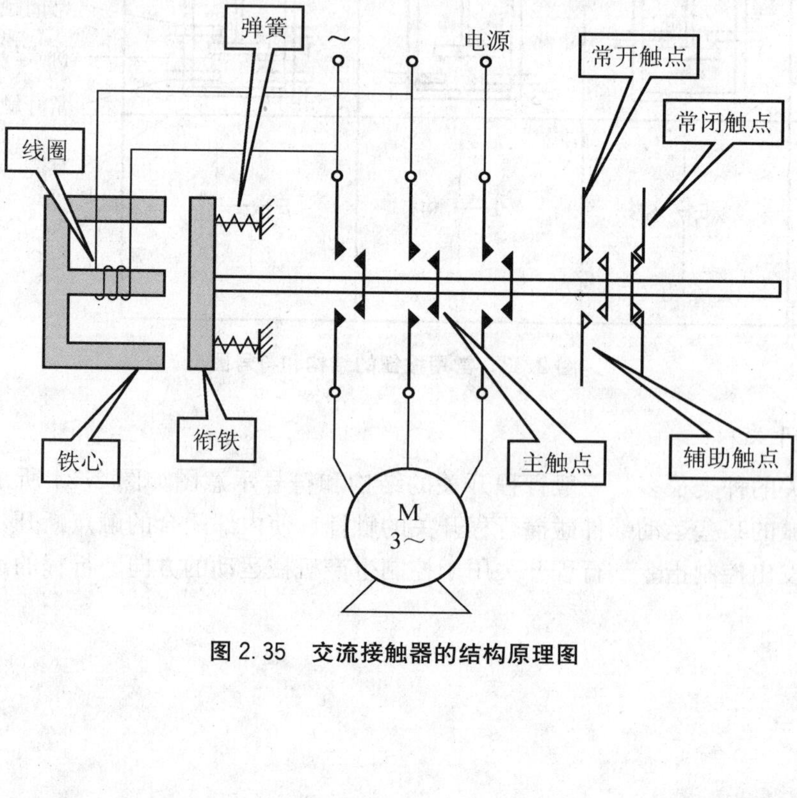

图 2.35　交流接触器的结构原理图

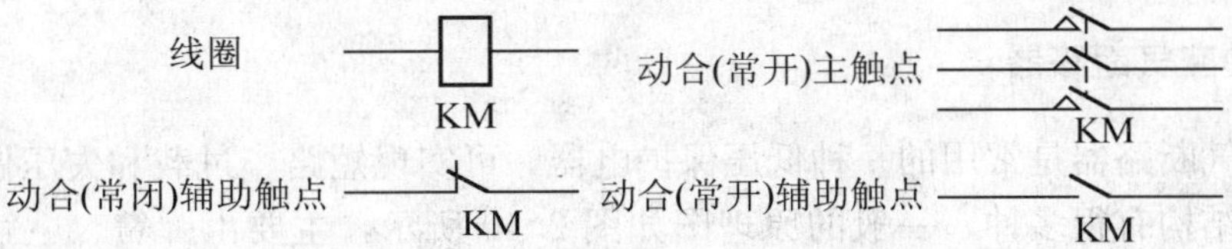

图 2.36　交流接触器的符号图

2.7.5　中间继电器

中间继电器的结构和原理与交流接触器基本相同。不同之处在于中间继电器的触点容量较小，触点数目较多。因而中间继电器通常用于传递信号，同时控制多个电路或者直接控制小容量电动机。中间继电器的符号如图 2.37 所示。

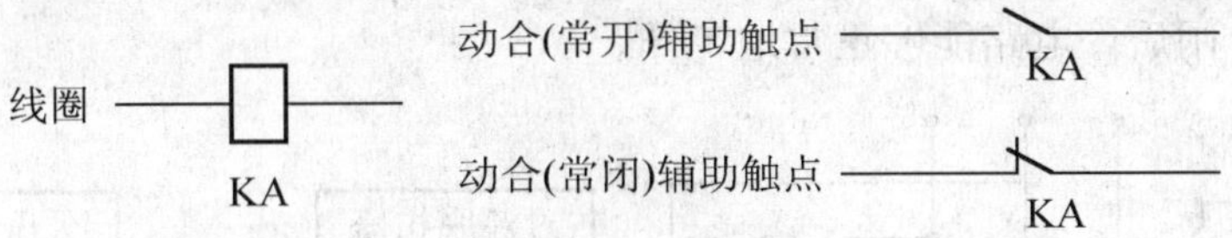

图 2.37　中间继电器的符号图

2.7.6　热继电器

热继电器是利用电流的热效应原理实现对电动机的过载保护。热继电器结构原理图如图 2.38 所示。热继电器的热元件是由两种具有不同膨胀系数的金属碾压而成的双金属片，热元件的电阻不大，串联接在电动机的主电路中。当电动机中流过一定的过载电流时，热元件受热，膨胀系数较大的下层金属与膨胀系数较小的上层金属会发生向上弯曲的形变，以致扣板在弹簧拉力的作用下将常闭触点断开。常闭触点是接在电动机的控制电路中，常闭触点断开则控制电路断开，使得接触器的线圈断电，从而断开电动机的主电路。有些热继电器在一段时间后能自动恢复原态，有些热继电器则需要按下复位按钮才能恢复原态。热继电器的符号示意图如图 2.39 所示。

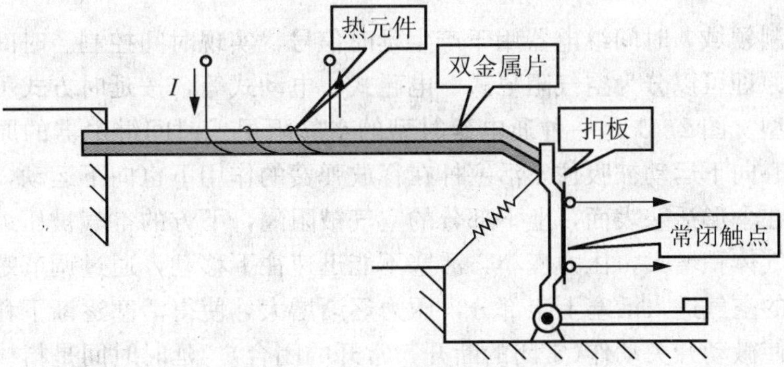

图 2.38　热继电器结构原理图

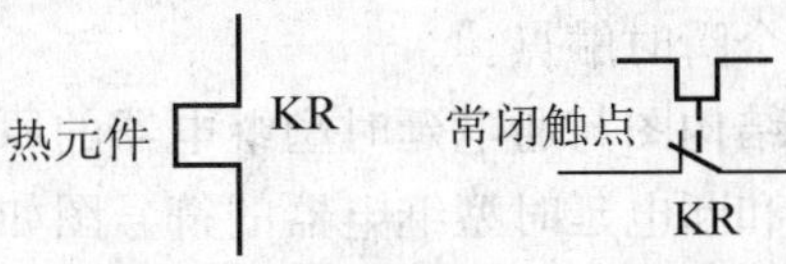

图 2.39　热继电器的符号图

2.7.7 自动空气断路器

自动空气断路器是常用的一种低压保护电器，可实现短路、过载和失压保护。自动空气断路器的结构有很多种，一般的原理图如图 2.40 所示，主要由弹簧、主触点、过流脱扣器、欠压脱扣器和连杆装置等构成。主触点的闭合通常是由手动操作来实现。在正常情况下，过流脱扣器的衔铁是释放的，欠压脱扣器的衔铁是吸住的，锁钩是锁住的，从而使得主触点稳定地闭合。在电路短路或者过载的情况下，串联在主电路中的过流脱扣器的线圈产生较大的电磁吸力把衔铁往下吸而顶开锁钩，从而使主触点断开起到短路和过载保护作用。在电路欠压的情况下，并联在主电路的欠压脱扣器的线圈的电磁吸力下降，衔铁在弹簧的作用下释放而顶开锁钩，从而使主触点断开起到欠压保护作用。当电路工作正常时，重新复位合闸后，电路能够正常地工作。

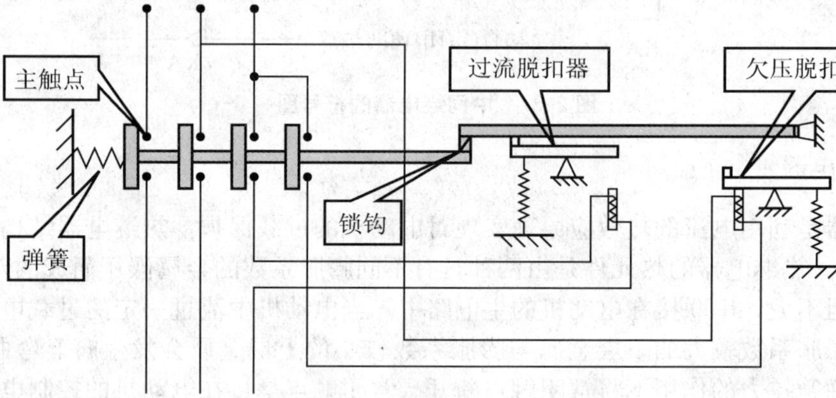

图 2.40 自动空气断路器原理图

2.7.8 时间继电器

在自动控制领域，时间继电器用于产生延时信号，实现时间控制。时间继电器的种类很多，按工作原理可以分为空气阻尼式、电磁式、电动式等，按延时方式可分为通电延时型和断电延时型。图 2.41 是一种通电延时型的空气阻尼式时间继电器的原理图。当线圈通电后，动铁心向下运动被吸住。活塞杆在释放弹簧的作用下也向下运动，但是由于有一层橡皮膜覆盖在伞形活塞表面，上下部分的空气被阻隔，下方的空气被压缩，压力逐渐增大，上方的空气体积增大，压力变小，活塞不能迅速往下移动，通过调节螺丝改变进气孔的大小，外面的空气进入活塞上半部分，压力逐渐增大，使得活塞逐渐下移。移动到最后位置时，杠杆使微动开关动作(常闭的断开，常开的闭合)。延时时间是指线圈通电时刻至微动开关动作时刻。调节进气孔的大小即可调节延时时间的长短。由图 2.41 可知，该时间继电器有两个延时触点和两个瞬时触点。

断电延时型继电器的原理结构图与通电延时型继电器的原理结构图相似，把铁心倒装就能实现。常用的通电延时型和断电延时型继电器的符号图如图 2.42 所示。

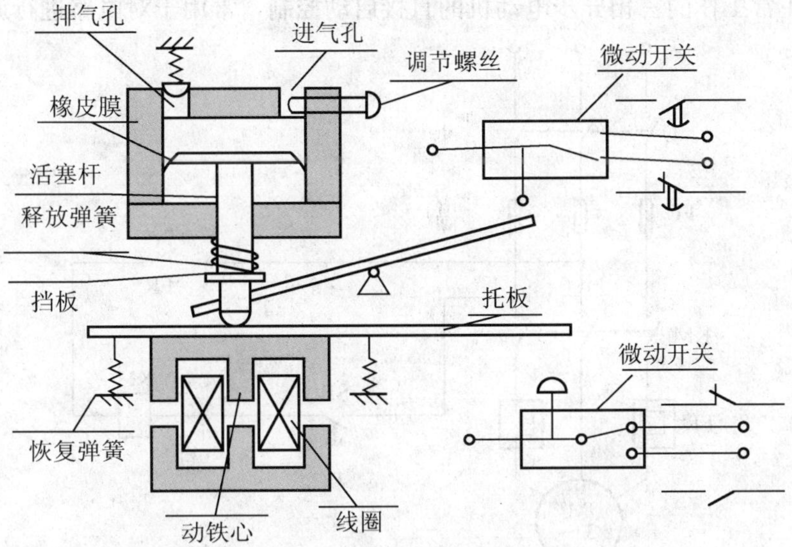

图 2.41 通电延时型的空气阻尼式时间继电器原理图

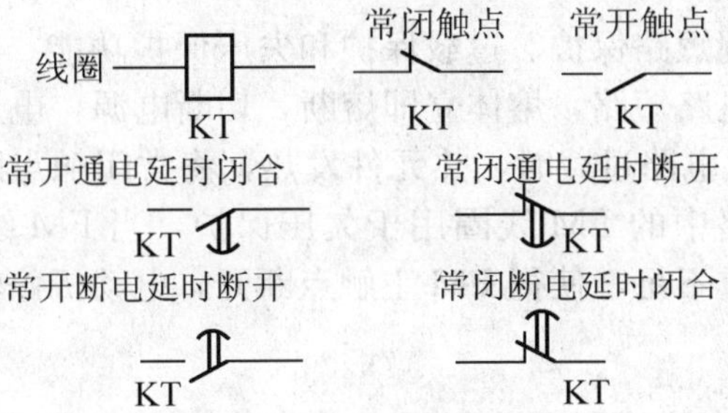

图 2.42 时间继电器的符号图

2.8 三相异步电动机的基本控制电路

三相异步电动机的基本控制电路主要有直接启动、Y-△换接启动、正反转和能耗制动等控制电路。控制线路一般分为主电路(与电动机直接相连接的电路)和控制电路(起控制作用的电路)两部分。主电路和控制电路可以合在一起也可以分开画，电路中所有电器均用规定的图形和文字符号表示，电器的所有触点均按常态画。

2.8.1 三相异步电动机直接启动的控制电路

三相异步电动机直接启动电路有点动控制、连续控制、点动和连续控制 3 种。

1. 点动控制

三相异步电动机的点动控制电路如图 2.43 所示。在电源开关 Q 闭合后，按下按钮 SB，KM 线圈通电，主电路中的 KM 触点闭合，三相异步电动机直接启动。松开按钮 SB，KM 线圈断电，主电路中的 KM 触点断开，三相异步电动机直接停转。这种点动控制电路一般不用于正常工作的三相异步电动机的直接启动控制，常用于对电路进行调整。

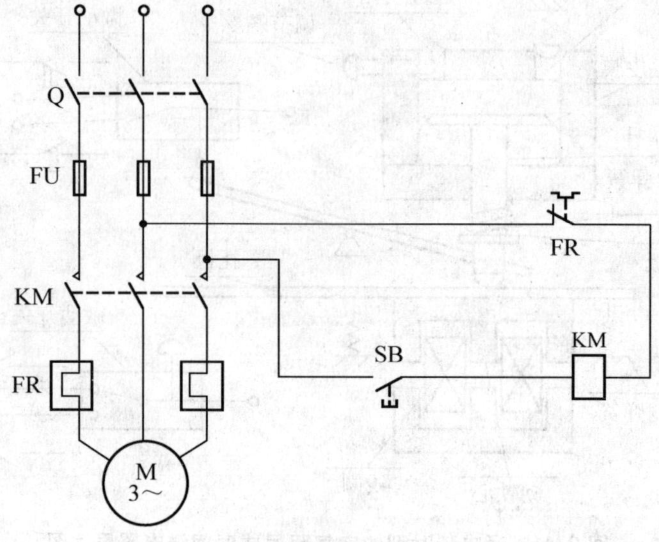

图 2.43　三相异步电动机点动控制电路图

点动控制电路能实现短路保护、过载保护和失压保护功能。电路中的熔断器 FU 用于电路的短路保护，一旦电路短路，熔体立即熔断，切断电源，电动机停转。电路中的热继电器 FR 用于过载保护，电路过载时，热元件发热，将常闭触点断开，线圈断电，主触点断开，电动机停转。电路中的 FM 线圈用于欠压保护，当 FM 线圈上的线电压严重下降时，对动磁铁的吸力严重不足，使得 FM 主触点断开，电动机停转。

2. 连续控制

三相异步电动机的连续控制电路如图 2.44 所示。在电源开关 Q 闭合后，按下按钮

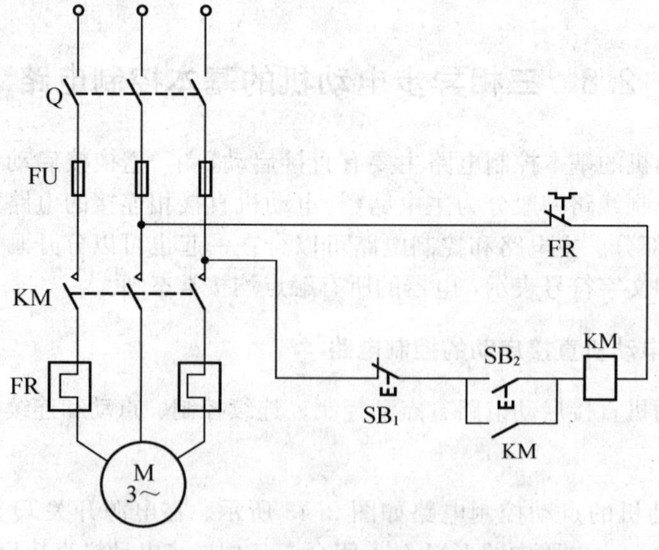

图 2.44　三相异步电动机连续控制电路图

SB_2，KM 线圈通电，主电路中的 KM 触点闭合，三相异步电动机直接启动，同时控制电路中的辅助触点 KM 闭合，此时，若松开按钮 SB_2，因为 KM 的辅助触点是闭合的，KM 线圈通电，所以三相异步电动机依然连续运转。直至按下按钮 SB_1，KM 线圈断电，KM 触点断开，三相异步电动机停转。KM 的这个辅助触点称之为自锁触点。

3. 点动和连续控制

能实现三相异步电动机点动和连续控制的电路如图 2.45 所示(主电路省略，仅画控制电路)。

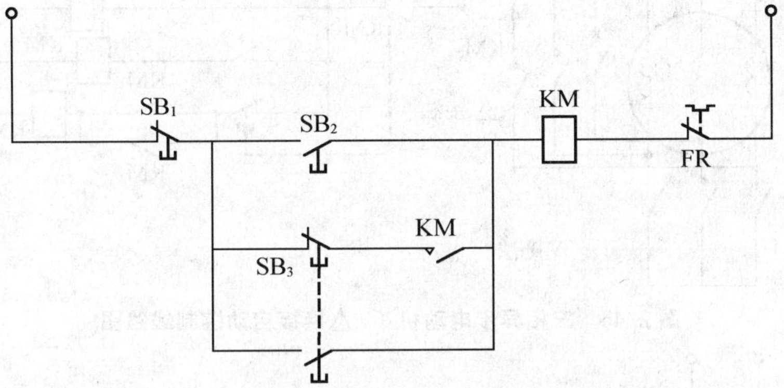

图 2.45　三相异步电动机点动和连续控制电路图

在此控制电路中，按下按钮 SB_2 能实现电动机的连续运转(原理与图 2.44 相同)。按下按钮 SB_2 能实现电动机的点动运转。SB_3 按钮是一个复合按钮，当按下按钮 SB_3 时，常闭的触点先断开，常开的触点后闭合，KM 线圈通电，使得电动机运转，当松开按钮 SB_3 时，常开的触点先断开，常闭的触点后闭合，KM 线圈断电，使得电动机停转。

2.8.2　三相异步电动机Y-△换接启动的控制电路

大容量的三相异步电动机启动时，为了减少启动电流通常采用Y-△换接启动，启动控制线路图如图 2.46 所示。

主电路中有 3 个交流接触器，接通 KM_1 则将电源与三相异步电动机相联接，接通 KM_2 三相异步电动机的绕组实现△形联接，接通 KM_3 三相异步电动机的绕组实现Y形联接。控制电路中 SB_1 为停止按钮，SB_2 为启动按钮。按下启动按钮 SB_2 时，KM_1 通电，KT 通电，KM_2 断电，KM_3 通电，实现电源接通三相异步电动机的绕组以Y形联接运转。当转子转速接近额定转速时，通电延时继电器的常闭开关断开，使得 KM_1 断电、KM_2 通电、KM_2 通电后使得 KM_3 断电，KM_3 断电后再使得 KM_1 通电，实现电源接通三相异步电动机的绕组以△形联接运转。

2.8.3　三相异步电动机正反转的控制电路

三相异步电动机的正反转能够实现很多生产操作，例如，工作台的前进与后退、主轴的正转和反转以及起重机的上升和下降等。而三相异步电动机的正反转是通过改变三相电源的相序实现的，即任意调换两根电源线。控制电路如图 2.47 所示。

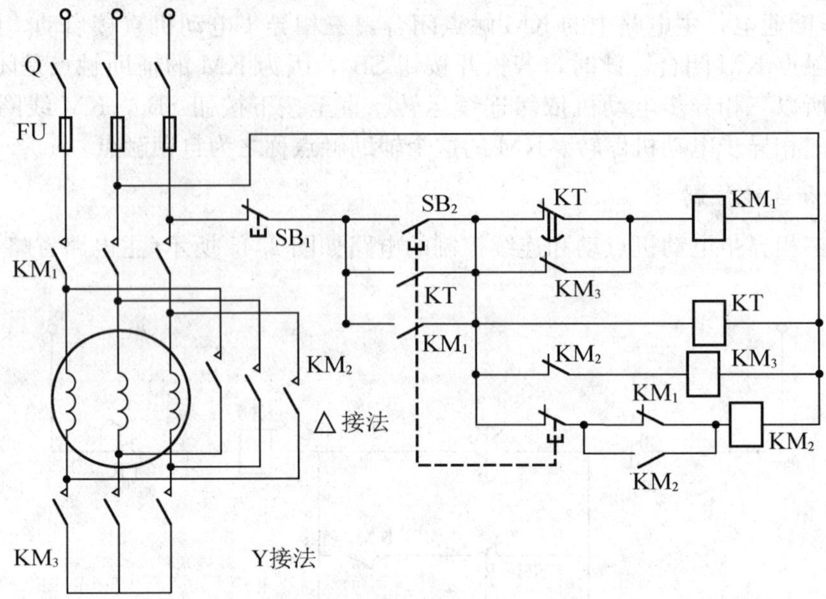

图 2.46　三相异步电动机Y-△换接启动控制线路图

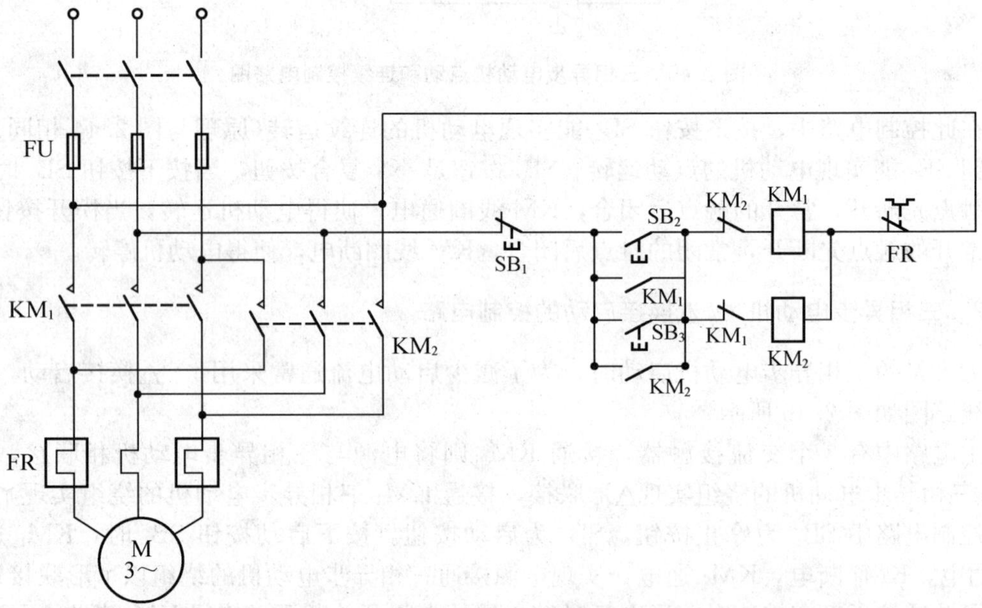

图 2.47　三相异步电动机正反转控制线路图

KM_1 交流接触器的接通实现电动机的正转，KM_2 交流接触器的接通实现电动机的反转。正反转的控制电路要求 KM_1 和 KM_2 两个接触器不能同时通电，否则会发生短路。在图 2.47 的控制电路中，SB_1 为停止按钮，SB_2 为 KM_1 接触器的启动按钮，SB_3 为 KM_2 接触器的启动按钮。当按下按钮 SB_2 时，KM_1 线圈通电，KM_1 的主触点闭合，电动机正转，KM_1 的辅助触点则常开的闭合，常闭的断开，因而确保了 KM_1 通电，KM_2 断电(即只有一个交流接触器通电)。当按下按钮 SB_3 时，KM_2 线圈通电，KM_2 的主触点闭合，电动机反转，KM_2 的辅助触点则常开的闭合，常闭的断开，因而确保了 KM_2 通电，KM_1 断电

(即只有一个交流接触器通电)。诸如此类，在任意时刻，两个交流接触器只允许一个接触器工作的控制作用称之为互锁或者联锁。串联在 KM_1 线圈中常闭的辅助触点 KM_2 与串联在 KM_2 线圈中常闭的辅助触点 KM_1 称之为联锁触点。图 2.47 的控制电路有一个缺点：在正转和反转的互相转换过程中必须要先按下停止按钮 SB_1。对此进行改进，可以通过复合按钮来实现，如图 2.48 所示。(主电路与图 2.47 相同，仅画出控制部分电路。)

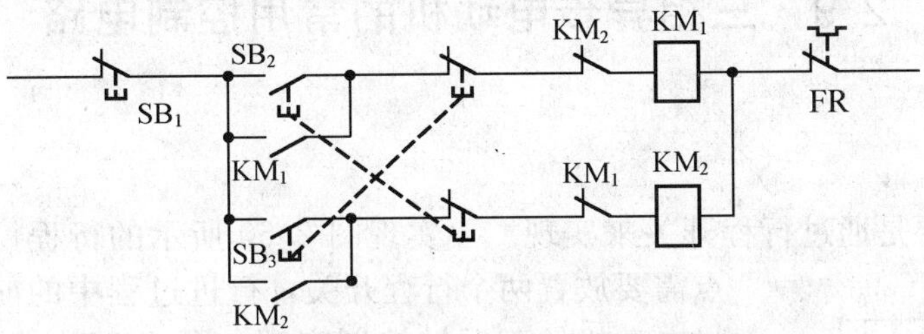

图 2.48　改进的三相异步电动机正反转控制线路图

当按下复合按钮 SB_2，其常闭的触点先断开，常开的触点后闭合，即使得 KM_2 线圈先断电，KM_1 线圈再通电，KM_1 线圈通电后，主触点 KM_1 闭合使电动机正转，常开的辅助触点 KM_1 闭合实现自锁，常闭的辅助触点 KM_1 断开实现互锁。当按下复合按钮 SB_3，其常闭的触点先断开，常开的触点后闭合，即使得 KM_1 线圈先断电，KM_2 线圈再通电，KM_2 线圈通电后，主触点 KM_2 闭合使电动机反转，常开的辅助触点 KM_2 闭合实现自锁，常闭的辅助触点 KM_2 断开实现互锁。

2.8.4　三相异步电动机能耗制动的控制电路

三相异步电动机的能耗制动是指在断开三相电源的同时接入直流电源，产生制动转矩，电动机停转后再切断直流电源。能耗制动的控制电路如图 2.49 所示。图中 SB_1 为停

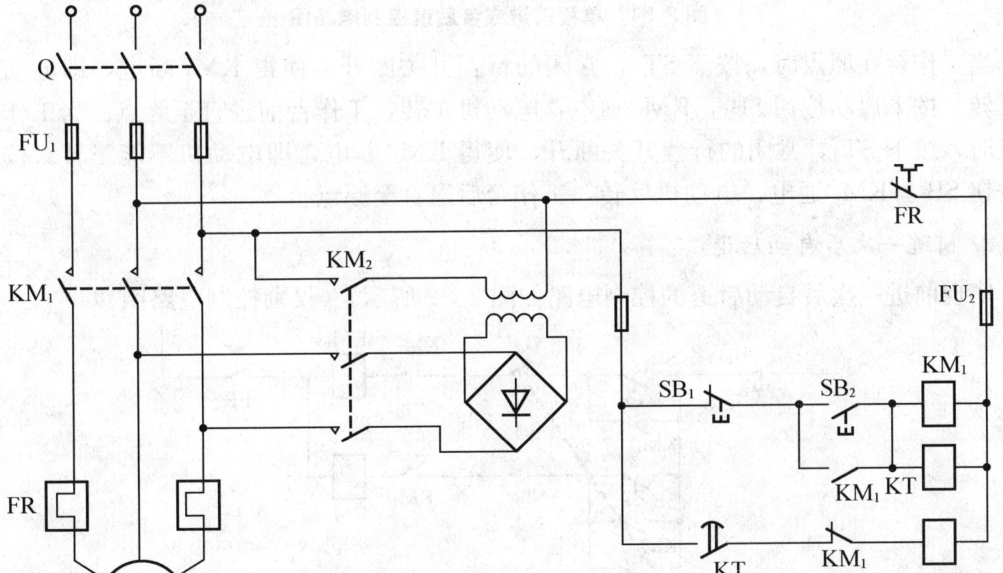

图 2.49　三相异步电动机能耗制动控制电路图

止按钮，SB_2 为启动按钮，KM_1 和 KM_2 为交流接触器，KT 为断电延时继电器。当三相异步电动机运转时，按下 SB_1，KM_1 和 KT 断电，使得电动机与三相电源断开，同时 KM_2 通电，即电动机接入桥式的整流电源。在延时一段时间(从直流电源接入到电动机停转的那段时间)之后，KT 的延时开关断开，使得 KM_2 断电，制动控制完成。

2.9 三相异步电动机的常用控制电路

2.9.1 行程控制

行程控制主要是通过行程开关来实现。要实现图 2.50 所示的行程控制，在原点和终点需要放置两个行程开关，行进过程中的前进和后退可以通过电动机的正反转控制实现。图 2.50 的行程控制可以有以下 3 种设计方法。

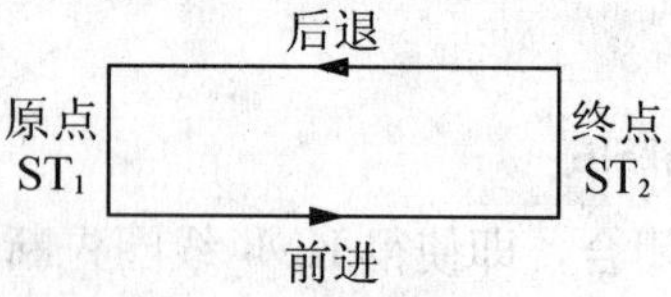

图 2.50 行程控制示意图

1. 单程前进或者单程后退

实现单程前进或者单程后退的控制电路如图 2.51 所示。(仅画控制电路图。)

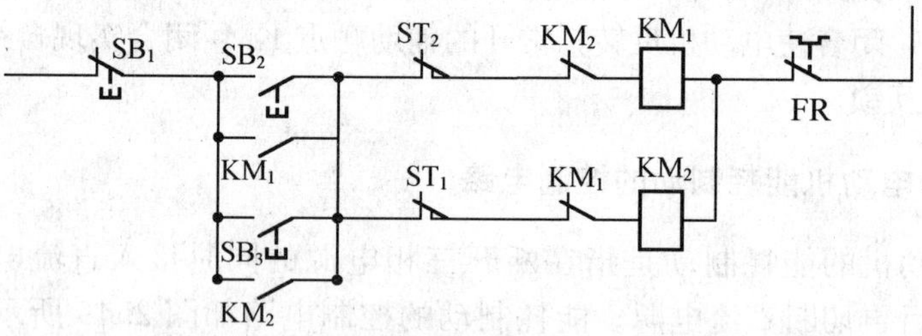

图 2.51 单程前进或者后退控制电路图

当工作台在原点时，按下 ST_1，常闭的行程开关断开，使得 KM_2 断电，即电动机不能反转。按下启动按钮 SB_2，KM_1 通电，电动机正转，工作台前进直至终点。当工作台到终点时，按下 ST_2，常闭的行程开关断开，使得 KM_1 断电，即电动机不能正转。按下启动按钮 SB_2，KM_2 通电，电动机反转，工作台后退直至原点。

2. 前进一次后自动后退

实现前进一次后自动后退的控制电路如图 2.52 所示。(仅画控制电路图。)

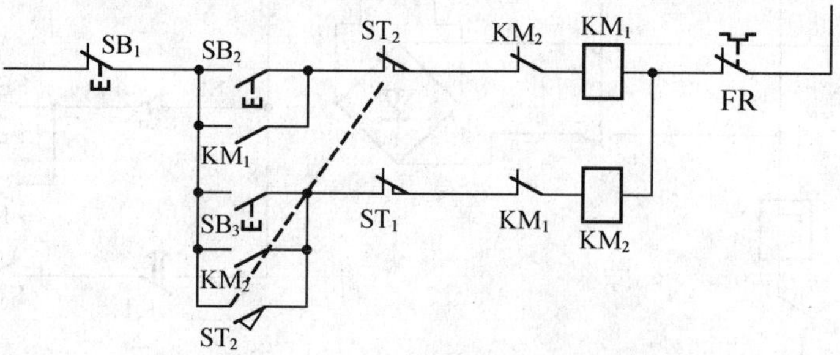

图 2.52 前进一次后自动后退控制电路图

当工作台在原点时，按下 ST_1，常闭的行程开关断开，使得 KM_2 断电，即电动机不能反转。按下启动按钮 SB_2，KM_1 通电，电动机正转，工作台前进直至终点。当工作台到终点时，按下 ST_2，常闭的行程开关断开，使得 KM_1 断电，即电动机不能正转，同时常开的行程开关闭合，使得 KM_2 通电，电动机自动反转，工作台后退直至原点。

3. *自动反复运动*

实现自动反复运动的控制电路如图 2.53 所示。（仅画控制电路图。）

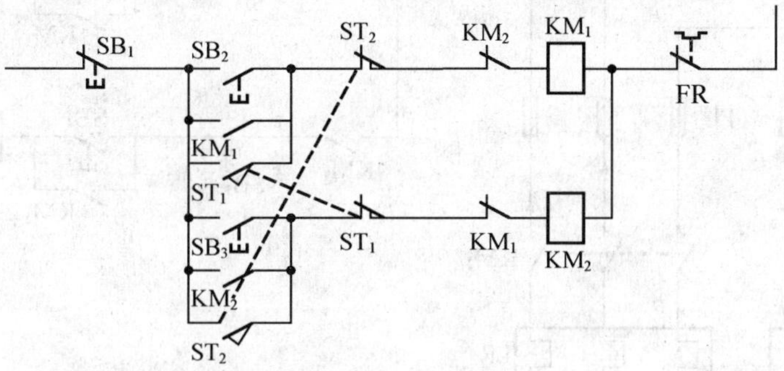

图 2.53　自动反复运动控制电路图

当工作台在原点时，按下 ST_1，常闭的行程开关断开，使得 KM_2 断电，即电动机不能反转，同时常开的行程开关闭合，使得 KM_1 通电，电动机正转，工作台前进直至终点。当工作台到终点时，压下 ST_2，常闭的行程开关断开，使得 KM_1 断电，即电动机不能正转，同时常开的行程开关闭合，使得 KM_2 通电，电动机自动反转，工作台后退至原点，如此反复运动。

2.9.2　先后顺序控制

1. *按顺序启动*

若有两台三相异步电动机 M_1 和 M_2，要求实现：M_1 启动后 M_2 才启动，M_2 可以自行停车，M_1 停车时 M_2 也停车。控制电路图如图 2.54 所示。

启动时，按下按钮 SB_2，KM_1 通电并自锁，M_1 启动；与 KM_2 线圈串联在一起的辅助触点 KM_1 闭合后，按下按钮 SB_4，KM_2 通电并自锁，M_2 才启动。停车时，按下按钮 SB_3，KM_2 断电，M_2 停车；按下按钮 SB_1，KM_1 断电，M_1 停车，与此同时由于与 KM_2 线圈串联在一起的辅助触点 KM_1 断开，M_2 也停车。

2. *按顺序停止*

若有两台三相异步电动机 M_1 和 M_2，要求实现：M_1 启动后 M_2 才启动，M_2 停车后 M_1 才能停车。控制电路如图 2.55 所示。（仅画控制电路图。）

图 2.55 与图 2.54 相似，仅在按钮 SB_1 处并联了一个常开的辅助触点 KM_2。图 2.55 实现了 M_1 启动后 M_2 才启动。停车时，按下按钮 SB_3，KM_2 线圈断电，M_2 停车；常开的辅助触点 KM_2 断开后，按下按钮 SB_1，M_1 才能停车。

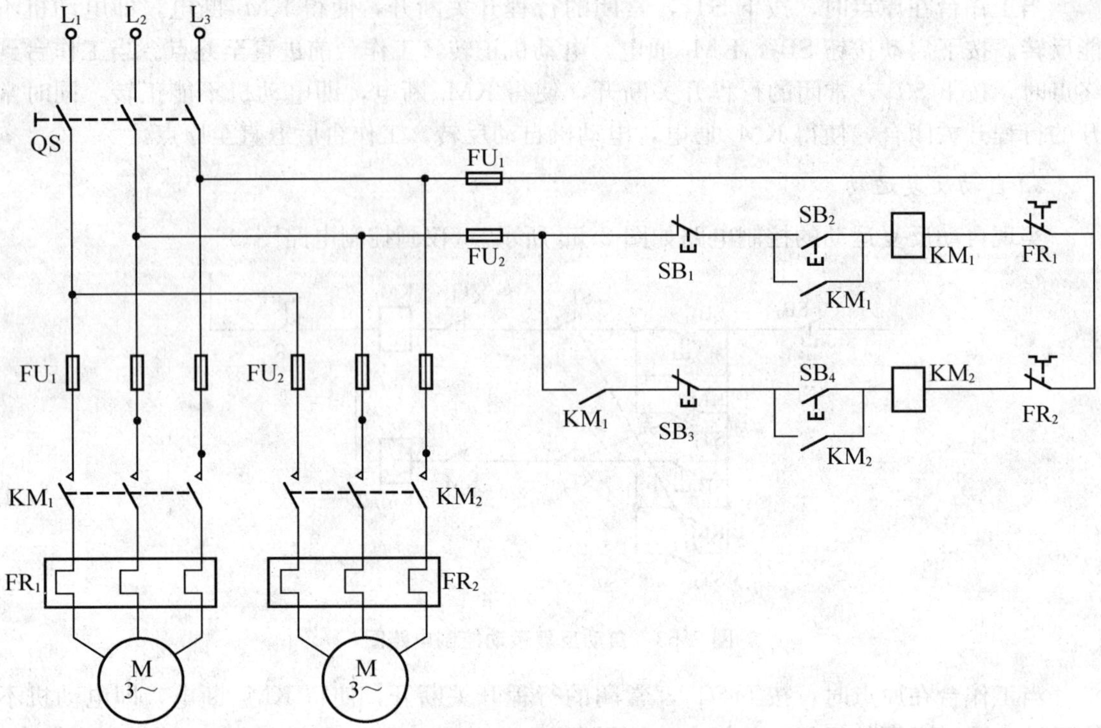

图 2.54　顺序启动控制电路图

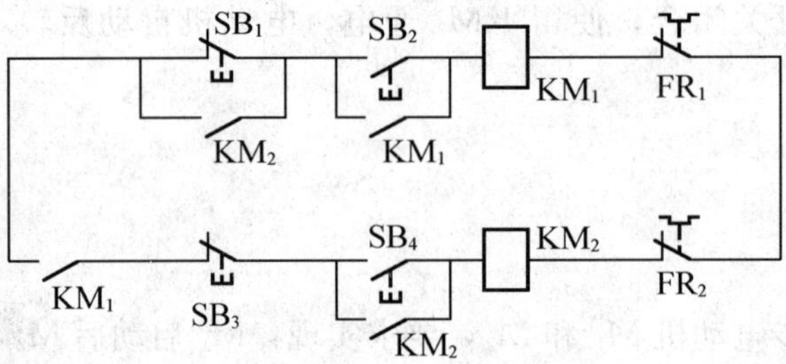

图 2.55　顺序停止控制电路图

习　题　二

一、判断题

1. 改变三相电源的相序即可使电动机反转。　（　　）
2. 三相异步电动机直接启动时，启动电流小，启动转矩大。　（　　）
3. 鼠笼式三相异步电动机可以通过在外部串联电阻来改变转子电流的大小。　（　　）
4. 三相异步电动机铭牌上的功率是指定子绕组的输出功率。　（　　）
5. 三相异步电动机在启动瞬间，转子的感应电动势为最小。　（　　）
6. 三相异步电动机旋转磁场的方向与转子转动的方向相同。　（　　）

7. 三相异步电动机铭牌上的电流指电动机额定运行状态下，定子绕组上输入的线电流的额定值。（　　）

二、填空题

1. 三相异步电动机的调速方法有________、________和________3种。

2. 三相异步电动机在启动时，应采取措施________启动电流。

3. 三相异步电动机在启动瞬间的功率因数为________值。

4. 三相异步电动机制动的方法有________、________和________3种。

5. 三相异步电动机能启动的必要条件是：启动转矩要________额定转矩。

6. 三相异步电动机采用星三角换接启动时，星形联接的启动电流是三角形的启动电流的________倍。

7. 三相异步电动机正反转的控制电路中，要求控制正转的接触器和控制反转的接触器________。

8. 三相异步电动机在额定电压和额定负载下运行，若此时转子电阻增大，则转子的转速将________。

9. 在三相异步电动机的控制电路中，实现启动按钮松开后，电动机仍然能运行的功能称之为________，实现当电路中有两个接触器时，只有一个接触器工作的功能称之为________。

10. 对于通电延时开关，在通电延时一段时间后，常开的触点________，常闭的触点________。

11. 继电接触控制系统中，通常要采用________，________和________保护。

三、选择题

1. 三相异步电动机转子的电流、转子感应电动势和转子的功率因数均与(　　)有关。

A. 定子电流　　B. 定子功率因数

C. 转差率　　D. 定子感应电动势

2. 某异步电动机有Y/△联接，当电源电压分别为220V和380V应采用(　　)联接。

A. △和△　　B. Y和△　　C. △和Y　　D. Y和Y

3. 三相异步电动机在一定负载转矩下运行时，如果电源电压降低，电动机的转矩和转速会发生(　　)变化。

A. 减小，减小　　B. 均不变　　C. 变大，减小　　D. 减小和变大。

4. 在电动机启动的瞬间，转子是静止的，则此时的同步转速和转差率的值为(　　)。

A. 0，0　　B. 0，1　　C. 1，0　　D. 1，1

5. 通过不同的机械特性来选取不同的电动机，对于金属切削机床和起重系统中的三相异步电动机的选择，分别选择(　　)。

A. 均是硬的机械特性好　　B. 均是软的机械特性好

C. 软的机械特性好，硬的机械特性好　　D. 硬的机械特性好，软的机械特性好

6. 对于功率较大的三相异步电动机一般不采用(　　)启动方法。

A. 星三角换接启动　　B. 直接启动

C. 自耦降压启动　　D. 转子串电阻启动

7. 断电延时开关，在断电一段时间后，常开的触点和常闭的触点的状态分别为(　　)。

A. 断开，闭合　　B. 闭合，断开　　C. 均闭合　　D. 均断开

8. 当负载转矩小于转子的输出转矩时，电动机的运行状态是(　　)。

A. 保持原态　　B. 减速运行　　C. 加速运行　　D. 无法判断

9. 复合按钮被按下后的动作特点是(　　)。

A. 所有触点均断开

B. 所有触点均闭合

C. 常开的触点先闭合，常闭的触点后断开

D. 常闭的触点先断开，常开的触点后闭合

10. 三相异步电动机铭牌上的电压指电动机额定运行状态下，(　　)的额定值。

A. 定子绕组的相电压　　B. 定子绕组的线电压

C. 转子绕组的相电压　　D. 转子绕组的线电压

四、计算题

1. 某三相异步电动机，$P_N=11kW$，$U_N=380V$，$\cos\varphi_N=0.88$，$\eta_N=85.5\%$，$n_N=2900r/min$，请问①$T_L=55N\cdot m$ 时，电动机是否过载？②定子绕组的线电流为 24A 时，电动机是否过载？

2. 某三相异步电动机，$P_N=15kW$，$U_N=380V$，$\cos\varphi_N=0.88$，$\eta_N=88.2\%$，$n_N=2930r/min$，$\frac{I_{st}}{I_N}=7$，$\lambda_{st}=2$，$\lambda_m=2.2$，启动电流不允许超过 180A。若 $T_L=70N\cdot m$ 时，请问电动机能否带此负载：①长期运行？②短时运行？③直接启动？

3. 某三相异步电动机的技术数据如下：$p=3$，$P_N=40kW$，$U_N=380V$，$I_N=77.2A$，$\cos\varphi_N=0.87$，$f_N=50Hz$，$n_N=980r/min$，$\frac{I_{st}}{I_N}=7$，$\frac{T_{st}}{T_N}=1.3$，$\frac{T_{max}}{T_N}=1.6$。试求①电动机效率；②转差率；③额定转矩；④启动转矩；⑤最大转矩；⑥启动电流。

4. 某三相异步电动机的定子绕组联接成三角形，各项技术数据如下：$P_N=28kW$，$U_N=380V$，$I_N=58A$，$\cos\varphi_N=0.88$，$n_N=1455r/min$，$\frac{I_{st}}{I_N}=6.5$，$\frac{T_{st}}{T_N}=1.1$，$\frac{T_{max}}{T_N}=2.3$。供电变压器要求启动电流不大于 160A，负载转矩为 $78N\cdot m$，试在Y-△启动和自耦变压器启动两种方法中选择一种适合该电动机的方法。已知自耦变压器有 55%、64%、73%三档抽头。

五、设计分析题

1. 在图 2.56 中，要求按下启动按钮后能顺序完成下列动作：①运动部件 A 从 1 到 2；②接着 B 从 3 到 4；③接着 A 从 2 回到 1；④接着 B 从 4 回到 3，试画出控制线路图。

2. 某机床由两台三相异步电动机 M_1、M_2 拖动。要求 M_1 启动后 M_2 才能启动，M_2 能用电器实现正反转，M_2 停车后 M_1 才能停车。试设计控制电路图。

3. 图 2.57 是电动机 M_1、M_2 的联锁控制电路，试回答：

①说明 M_1、M_2 的联锁关系；②M_1 能否单独运行；③M_1 过载后 M_2 能否连续运行。

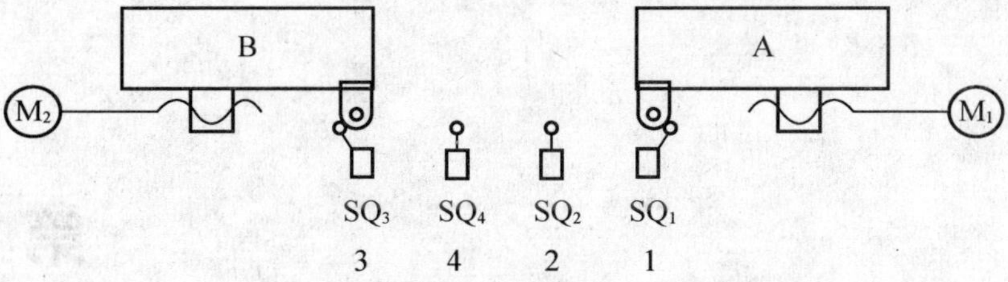

图 2.56　习题 1 图

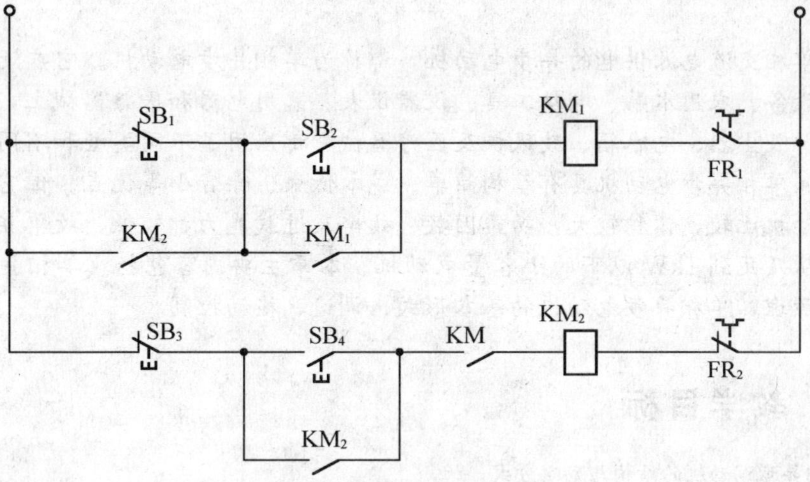

图 2.57　习题 3 图

4. 有两台三相异步电动机 M_1、M_2。要求 M_1 先启动，经过一段延时后，M_2 才能启动；M_2 启动后，经过一段延时后，M_1 自行停车。试设计控制电路图。

5. 某机床的主轴和润滑油泵各由一只鼠笼式异步电动机拖动，要求：

(1) 主轴电动机只能在油泵电动机启动后才能启动。

(2) 若油泵电动机停车，则主轴电动机应同时停车。

(3) 主轴电动机可以单独停车。

(4) 两台电动机都需有短路保护和过载保护。试画出其电气控制原理图。

6. 在图 2.58 中，有几处错误？请改正。

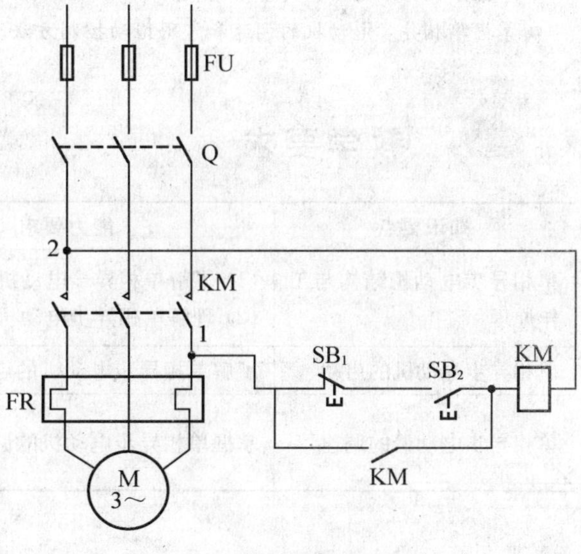

图 2.58　习题 6 图

第 3 章

单相异步电动机及其拖动控制

凡是由单相交流电源供电的异步电动机，都称为单相异步电动机。它广泛应用在小型机床、轻工设备、农用水泵、电动工具、仪器仪表、家用电器和医疗器械上，例如，电风扇、洗衣机、吸尘器、电冰箱、鼓风机及医疗器械中都应用了不同类型和不同容量的单相异步电动机。单相异步电动机具有结构简单、成本低廉、噪音小等优点。但它与同容量的三相异步电动机比较，体积较大，功率因数、效率及过载能力都较低，故单相异步电动机一般只做成从几瓦到 1kW 以下的小容量电动机。本章主要内容包括：单相异步电动机的结构与工作原理，单相异步电动机的基本形式、调速、拖动控制。

教学目标

- 了解单相异步电动机的结构与励磁方式；
- 理解单相异步电动机的工作原理；
- 掌握单相异步电动机的基本形式；
- 掌握单相异步电动机的调速和常用拖动控制方法。

教学要求

知识要点	能力要求	相关知识
单相异步电动机结构与工作原理	(1) 了解单相异步电动机的结构 (2) 理解单相异步电动机的工作原理	直流电动机的物理模型
单相异步电动机的启动	了解单相异步电动机的启动	单相异步电动机的 3 种启动方法
单相异步电动机的调速	掌握单相异步电动机的调速方法	单相异步电动机的降压调速和变极调速

推荐阅读资料

1. 曹承志．电动机、拖动与控制．2008(7)：91－115.
2. 唐介．电动机与拖动．2009(11)：168－215.
3. 潘再平．电动机学．2008(8)：11－61.

基本概念

脉动磁场：磁场大小及方向在不停变化，但磁场的轴线却固定不变的磁场。

启动：指当电动机接通电源后，转速由零开始逐渐上升到额定值的过程。

调速：指当电动机所带机械负载不变时，通过改变电动机的电气参数的方法来达到调节电动机转轴转速的方法。

制动：指为了加快电动机停车过程，而在电动机转轴上施加一个与旋转方向相反的制动转矩的方法。

控制：指电力拖动系统中，为了满足生产机械的工作要求，而对电动机的启动、调速、制动、转向等运行状态进行的相应控制。

引例：　单相异步电动机的结构

单相异步电动机在家用电器中的应用特别广泛，与人们的生活密切相关。

单相异步电动机的结构和三相异步电动机的结构类似，如图 3.1 所示。

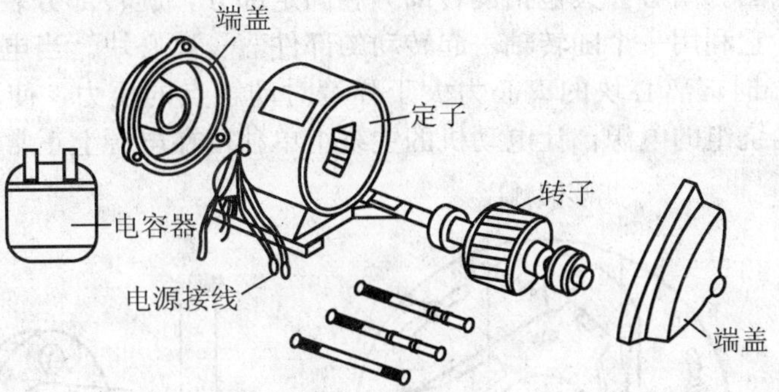

图 3.1　单相异步电动机的结构

单相异步电动机广泛应用在小型机床、轻工设备、农用水泵、电动工具、仪器仪表、家用电器和医疗器械上，例如，电风扇、洗衣机、吸尘器、电冰箱、鼓风机及医疗器械中都应用了不同类型和不同容量的单相异步电动机。

3.1　单相异步电动机的结构及启动装置

3.1.1　单相异步电动机的结构

1. 基本结构

单相异步电动机包括定子和转子两部分，其中定子、转子都是由绕组和铁心组成。铁心一般由 0.5mm 的硅钢片叠压而成。

2. 定子部分

单相异步电动机的定子包括机座、铁心、绕组三大部分。

单相异步电动机的定子绕组，一般都采用两相绕组的形式，即主绕组和辅助绕组。主、辅绕组的轴线在空间相差 90°电角度，两相绕组的槽数、槽形、匝数可以是相同的，也可以是不同的。

3. 转子部分

单相异步电动机的转子主要有转轴、铁心、绕组 3 部分。

单相异步电动机的转子绕组一般有两种型式，即笼型和电枢型。笼型转子绕组是用铝或者铝合金一次铸造而成的，它广泛应用于各种单相异步电动机。电枢型转子绕组则采用与直流电动机相同的分布式绕组形式，按叠绕或波绕的接法将线圈的首、尾端经换相器连接成一个整体的电枢绕组，电枢式转子绕组主要用于单相异步串励电动机。

3.1.2 启动装置

除电容运转式电动机和罩极式电动机外，一般单相异步电动机在启动结束后辅助绕组都必须脱离电源，以免烧坏。因此，为保证单相异步电动机的正常启动和安全运行，就需配有相应的启动装置。

启动装置的类型有很多，主要可分为离心开关和启动继电器两大类。图 3.2 所示为离心开关的结构示意图。离心开关包括旋转部分和固定部分，旋转部分装在转轴上，固定部分装在前端盖内。它利用一个随转轴一起转动的部件——离心块。当电动机转子达到额定转速的 70%～80%时，离心块的离心力大于弹簧对动触点的压力，使动触点与静触点脱开。从而切断辅助绕组的电源，让电动机的主绕组单独留在电源上正常运行。

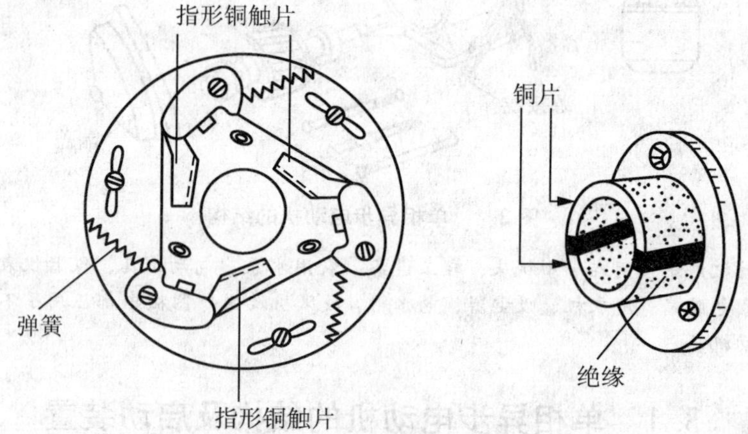

图 3.2 离心开关结构示意图

离心块结构较为复杂，容易发生故障，甚至烧毁辅助绕组。而且开关又整个安装在电动机内部，出了问题检修也不方便。故现在的单相异步电动机已较少使用离心开关作为启动装置，转而采用多种多样的启动继电器。启动继电器一般装在电动机机壳上面，维修、检查都很方便。常用的继电器有电压型、电流型、差动型 3 种，下面分别介绍其工作原理。

1. 电压型启动继电器

其接线如图 3.3 所示，继电器的电压线圈跨接在电动机的辅助绕组上，常闭触点串联接在辅助绕组的电路中。接通电源后，主、辅助绕组中都有电流流过，电动机开始启动。由于跨接在辅助绕组上的电压线圈，其阻抗比辅助绕组大。故电动机在低速时，流过电压线圈中的电流很小。随着转速升高，辅助绕组中的反电动势逐渐增大，使得电压线圈中的电流也逐渐增大，当达到一定数值时，电压线圈产生的电磁力克服弹簧的拉力使常闭触点断开，切除了辅助绕组与电源的连接。由于启动用辅助绕组内的感应电动势，使电压线圈中仍有电流流过，故保持触点在断开位置，从而保证电动机在正常运行时辅助绕组不会接入电源。

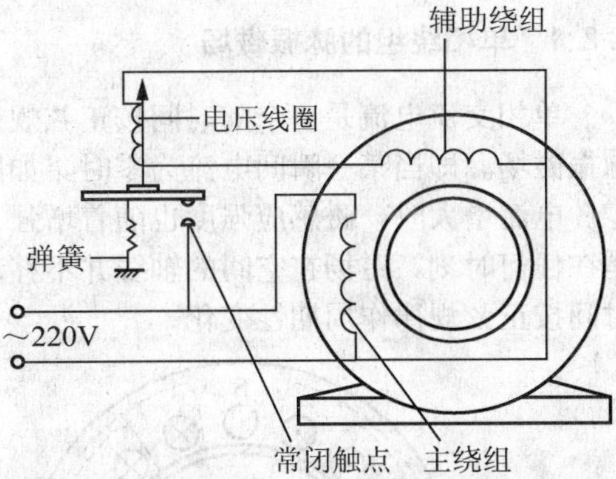

图 3.3　电压型启动继电器原理接线图

2. *电流型启动继电器*

其接线如图 3.4 所示，继电器的电流线圈与电动机主绕组串联，常开触点与电动机辅助绕组串联。电动机未接通电源时，常开触点在弹簧压力的作用下处于断开状态。当电动机启动时，比额定电流大几倍的启动电流流经继电器线圈，使继电器的铁心产生极大的电磁力，足以克服弹簧压力使常开触点闭合，使辅助绕组的电源接通，电动机启动，随着转速上升、电流减小。当转速达到额定值的 70%～80 %时，主绕组内电流减小。这时继电器电流线圈产生的电磁力小于弹簧压力，常开触点又被断开，辅助绕组的电源被切断，启动完毕。

3. *差动型启动继电器*

其接线如图 3.5 所示，差动型继电器有电流和电压两个线圈，因而工作更为可靠。电流线圈与电动机的主绕组串联，电压线圈经过常闭触点与电动机的辅助绕组并联。当电动机接通电源时，主绕组和电流线圈中的启动电流很大，使电流线圈产生的电磁力足以保证触点能可靠闭合。启动以后电流逐步减小，电流线圈产生的电磁力也随之减小。于是电压线圈的电磁力使触点断开，切除了辅助绕组的电源。

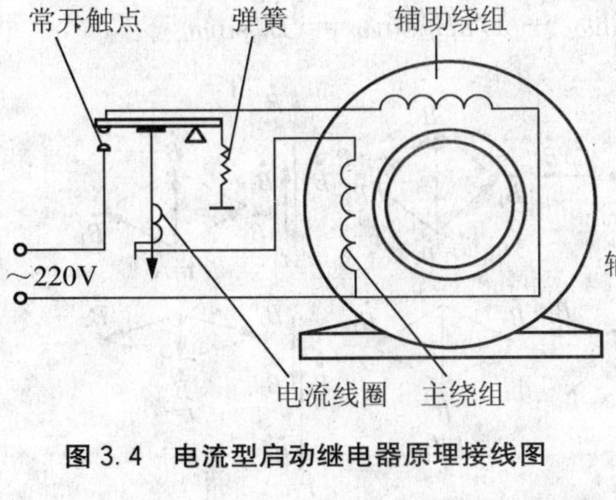

图 3.4　电流型启动继电器原理接线图

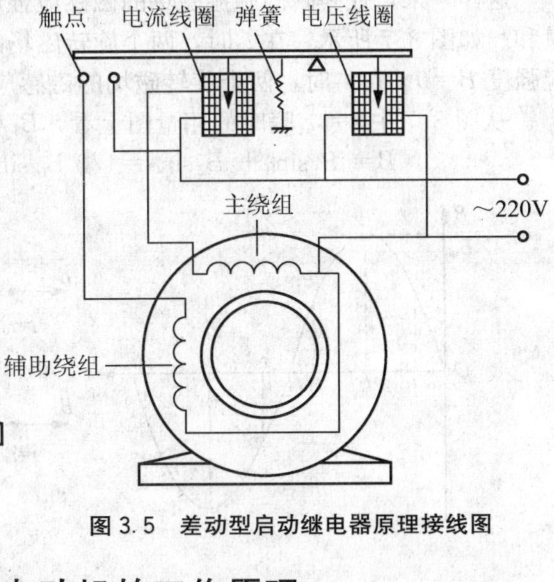

图 3.5　差动型启动继电器原理接线图

3.2　单相异步电动机的工作原理

单相异步电动机有两个定子绕组：一个是主绕组，用以产生主磁场；另一个是辅助绕组，用来与主绕组共同作用，产生合成的旋转磁场，使电动机得到启动转矩。

3.2.1 单相绕组的脉振磁场

单相交流电流是一个随时间按正弦规律变化的电流，因此，它所产生的磁场将是一个脉振磁场。即当某一瞬间电流为零时，如图 3.6 所示，电动机气隙中的磁感应强度也等于零。电流增大时，磁感应强度也随着增强。电流方向相反时，磁场方向也跟着反过来。但是在任何时刻，磁场在空间的轴线并不移动，只是磁场的强弱和方向像正弦电流一样，随时间按正弦规律作周期性变化。

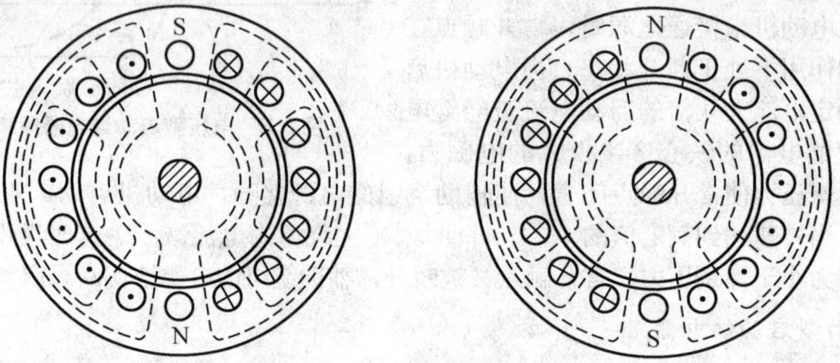

图 3.6　单相异步电动机的脉振磁场

为了便于分析问题，通常可以把这个脉振磁场分解成两个旋转磁场来看待。这两个磁场的旋转速度相等，但旋转方向相反。每个旋转磁场的磁感应强度的幅值等于脉振磁场的磁感应强度幅值的一半。

这样一来，任一瞬间脉振磁场的磁感应强度都等于这两个旋转磁场的磁感应强度的相量和。如图 3.7 所示，在 t_0 时，两个旋转磁场的磁感应强度相量方向相反，所以合成磁感应强度 $B=0$。在 t_1 时，两个旋转磁场的磁感应强度相量都对水平轴线偏转一个角度，$\alpha=\omega_{t1}$。从图 3.7 中 $t=t_1$ 瞬时的相量图上看，B_1 和 B_2 的合成磁感应强度如下：

$$B=B_1\sin\alpha+B_2\sin\alpha=1/2\,B_m\sin\omega_{t_1}+1/2B_m\sin\omega_{t_1}=B_m\sin\omega_{t_1}$$

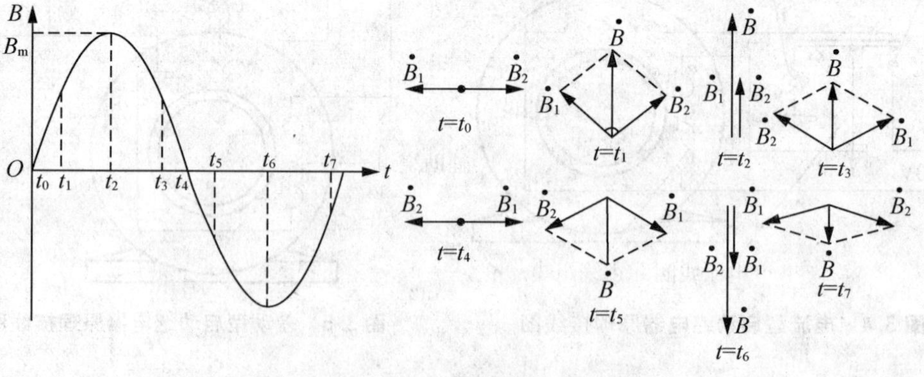

图 3.7　脉振磁场分解为两个旋转磁场

也可以同样证明，在其他任何瞬时，这两个旋转磁场的磁感应强度 B_1 和 B_2 的合成磁感应强度，就是脉振磁场的磁感应强度的瞬时值。

既然可以把一个单相的脉振磁场分解成两个磁感应强度幅值相等、转向相反的旋转磁场，当然也可以认为，单相异步电动机的电磁转矩也是分别由这两个旋转磁场所产生的转矩合成的结果。当电动机静止时，由于两个旋转磁场的磁感应强度大小相等、转向相反，因而在转子绕组中感应产生的电动势和电流大小相等、方向相反。故两个电磁转矩的大小也相等、方向也相反，于是合成转矩等于零，电动机不能启动。也就是说，单相异步电动机的启动转矩为零。这既是它的一个特点，也是它的一大缺点。但是，如果用外力使转子启动一下，则不论是朝正向旋转还是反向旋转，电磁转矩都将逐渐增加，电动机将按外力作用方向达到稳定转速。

3.2.2　两相绕组的旋转磁场

如上所述，单相绕组产生的是一个脉振磁场，其启动转矩等于零，不能自行启动。要应用单相异步电动机，首先必须解决它的启动问题。基于此，一般单相异步电动机(除集中式罩极电动机外)均采用两套绕组。一套为主绕组(也称工作绕组、运行绕组)，另一套为辅助绕组(也称启动绕组、副绕组)。主、辅绕组在定子空间布置上相差90°电角度，同时使两套绕组中的电流在时间上相位也不同。例如，在辅助绕组中串联一个适当的电容器即可达到。这样一个相差90°电角度的两相旋转磁场就使单相异步电动机旋转起来。电动机转动起来后启动装置适时地自动将辅助绕组从电源断开，仅剩下主绕组在线路上工作。

为什么在看见互差90°电角度的两套绕组，通入相位上互差90°的两个电流后，能建立起旋转磁场？

如图3.8(a)所示，i_1和i_2两个电流在相位上相差90°，图3.8(b)所示为在空间布置上相差90°电角度的两相绕组。将i_1通入绕组AX、i_2通入绕组BY。线端A、B为绕组首端，线端X、Y为绕组末端。正电流从绕组的首端流入，负电流从绕组的末端流入。图3.8(c)各图显示了i_1和i_2两个电流5个瞬时所产生的磁场情况，从图中可以看出，当电流变化一周时，磁场也旋转了一周。综上所述，只要将相位上相差90°的两个电流，通入在空间相差90°电角度的绕组，就能使单相异步电动机产生一个两相旋转磁场。在它的作用下，转子得到启动转矩而转动起来进行工作。

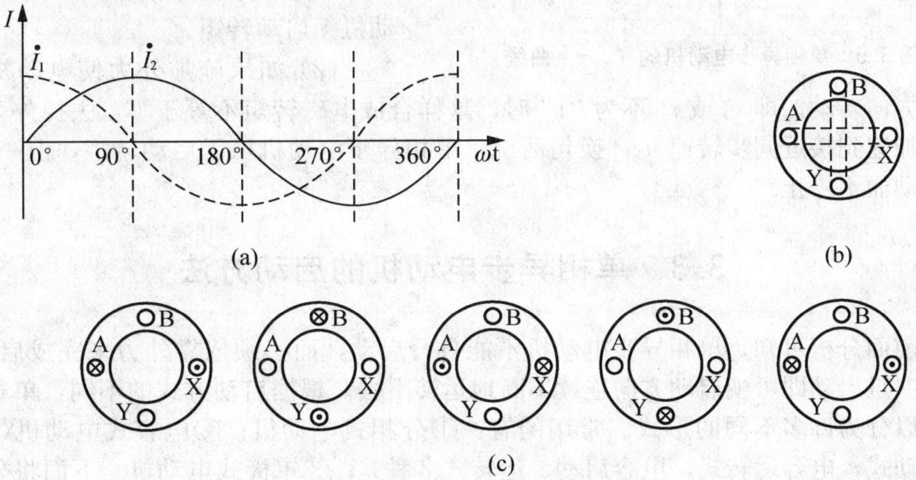

图3.8　两相绕组产生的两相旋转磁场

3.2.3 单相异步电动机的力矩特点

前面介绍单相异步电动机的磁场时可知，一个脉振磁动势可分解为两个幅值相等，并且等于脉振磁动势幅值的一半，旋转转速相同但旋转转速相反的两个磁动势。一个称为正转磁动势，另一个称为反转磁动势，这两个磁动势分别产生正转和反转磁场，正反转磁场同时在转子绕组中分别感应产生相应的电动势和电流，从而产生使电动机正转和反转的电磁转矩 T_{em+} 和 T_{em-}。正转电磁转矩若为拖动转矩，那么反转电磁转矩为制动转矩，因此对正转旋转磁场而言，电动机的转差率为

$$s_+=\frac{n_0-n}{n_0} \tag{3-1}$$

正转电磁转矩 T_{em+} 与正转转差率 s_+ 的关系 $T_{em+}=f(s_+)$，和三相异步电动机类似，如图 3.9 中的曲线 1 所示。但对反转磁场而言，电动机的转差率应为

$$s_-=\frac{n_0-(-)n}{n_0}=\frac{2n_0-(n_0-n)}{n_0}=2-s_+ \tag{3-2}$$

反转电磁转矩 T_{em-} 与反转转差率 s_- 的关系 $T_{em-}=f(s_-)=f(2-s_+)$，它的曲线形状和 $T_{em+}=f(s_+)$完全一样，不过 T_{em+} 为正值，而 T_{em-} 为负值，并且两转差率之间有 $s_++s_-=2$ 的关系，$T_{em-}=f(s_-)$如图 3.9 中的曲线 2 所示。曲线 1 和曲线 2 分别为正转和反转的 $T_{em-}-s$ 曲线，它们相对于原点对称。电动机的合成电磁转矩为 $T_{em}=T_{em+}+T_{em-}$。因此在单相电源供电下，异步电动机或者是单相异步电动机的 T_{em}-s 曲线为 $T_{em+}+T_{em-}=f(s)$，如图 3.9 中的曲线 3 所示。

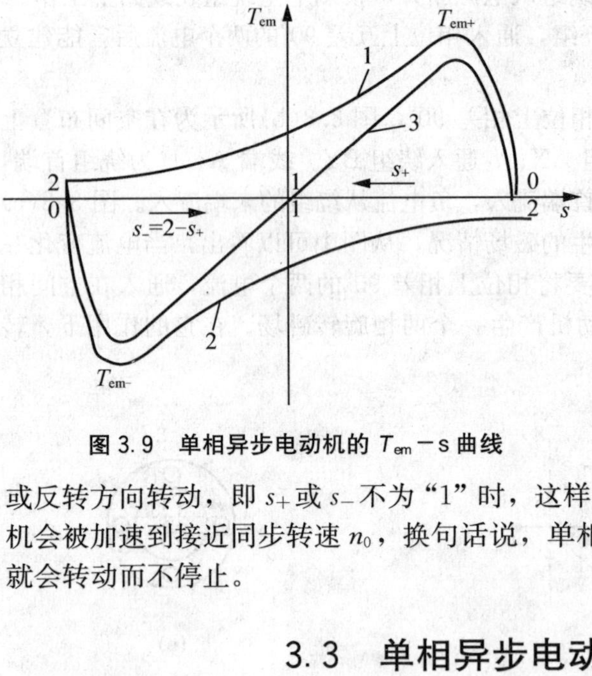

图 3.9　单相异步电动机的 $T_{em}-s$ 曲线

从图 3.9 所示的 $T_{em}-s$ 曲线可看出，单相异步电动机有以下两个特性。

(1) 电动机不转时，$n=0$，即 $s_+=s_-=1$ 时，合成转矩 $T_{em+}+T_{em-}=0$，电动机无启动转矩。

(2) 如果施加外力使电动机向正转或反转方向转动，即 s_+ 或 s_- 不为“1”时，这样合成电磁转矩不等于零，去掉外力，电动机会被加速到接近同步转速 n_0，换句话说，单相异步电动机虽无启动转矩，但一经启动，就会转动而不停止。

3.3 单相异步电动机的启动方法

从前面分析可知，单相异步电动机不能自行启动，而必须依靠外力来完成启动过程。不过它一旦启动即可朝启动方向连续不断地运转下去。根据启动方式的不同，单相异步电动机可以分为许多不同的形式。常用的有：①分相式电动机；②电容式电动机(又分为：电容启动式，电容运转式，电容启动、运转式 3 种)；③罩极式电动机。下面将分述这些电动机特性及其启动方法等。

3.3.1 分相式电动机

单相分相式电动机又称为电阻启动异步电动机，它构造简单，主要由定子、转子、离心开关 3 部分组成。转子为笼型结构，定子采用齿槽式，如图 3.10 所示。定子铁心上面布置有两套绕组，运行用主绕组使用较粗的导线绕制，启动用的副绕组用较细的导线绕制。一般主绕组占定子总槽数的 2/3，辅助绕组占定子总槽数的 1/3。辅助绕组只在启动过程中接入电路，当电动机达到额定转速的 70％～80％时，离心开关就将辅助绕组从电源电路断开，这时电动机进入正常运行状况。

单相分相式电动机的启动，可以用离心开关或多种类型的启动继电器去完成。图 3.11 所示即为用离心开关启动的分相式电动机接线图。

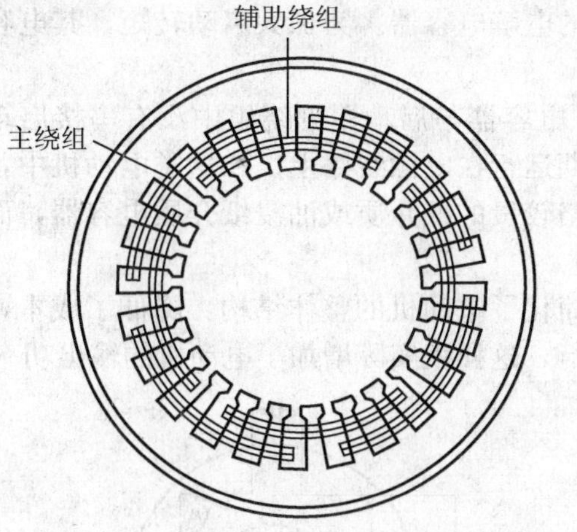

图 3.10 分相式电动机的定子示意图

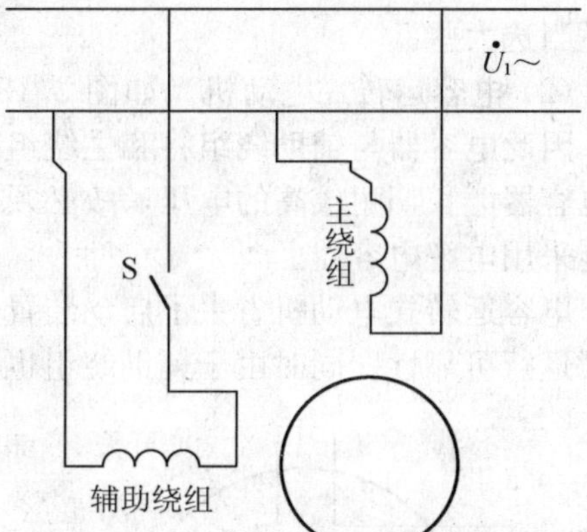

图 3.11 分相式电动机的接线图

这两套绕组在空间位置上相差 90°电角度，在启动时为了使启动用辅助绕组电流与运行用主绕组电流在时间上产生相位差，通常用增大辅助绕组本身的电阻(如采用细导线)，或在辅助绕组回路中串联电阻的方法来达到，即电阻分相式。由于这两套绕组中的电阻与电抗分量不同，故电阻大电抗小的辅助绕组中的电流，比主绕组中的电流先期达到最大值。因而在两套绕组之间出现了一定的相位差，形成了两相电流。结果就建立起了一个旋转磁场，转子就因电磁感应作用而旋转。

因辅助绕组导线的电流密度都比主绕组大，故只能短时工作。启动完毕后必须立即与电源切断，如超过一定时间，辅助绕组就可能因发热而烧毁。

分相电动机具有构造简单、价格低廉、故障率低、使用方便的特点。分相式电动机的启动转矩一般是满载转矩的两倍，因此它的应用范围很广，如电冰箱、空调机的配套电动机。单相分相式电动机具有中等启动转矩和过载能力，适用于低惯量负载、不经常启动、负载可变而要求转速基本不变的场合，如小型车床、鼓风机、电冰箱压缩机、医疗器械等。

3.3.2 电容式电动机

单相电容式电动机具有 3 种形式，即电容启动式，电容运转式，电容启动、运转式。电容电动机和同样功率的分相电动机，在外形尺寸、定子与转子铁心、绕组、机械结构等都基本相同，只是添加了 1～2 个电容器而已。

在电容电动机的辅助绕组中串联一个电容器，它的电流在相位上就将比线路电压超前。将绕组和电容器容量适当设计，两套线圈相互就完全可以达到 90°相位差的最佳状况，这样就改进了电动机的性能。但在实际上，启动时定子中的电流关系还随转子的转速而改变。因此，要使它们在这段时间内仍有 90°的相位差，那么电容器电容量的大小就必须随转速和负载而改变，显然这种办法实际上是做不到的。由于这个原因，根据电动机所拖动的负载特，而将电动机做适当设计，这样就有了上面所说的 3 种形式的电容电动机。

(1) 电容启动式电动机。如图 3.12 所示，电容器经过离心开关接入到启动用辅绕组，主、辅绕组的出线 U_1、U_2、V_1、V_2。接通电源，电动机即行运转。当转速达到额定转速的 70%～80%时，离心开关动作，切断辅助绕组的电源。

在这种电动机中，电容器一般装在机座顶上。由于电容器只在极短的几秒钟启动时间内才工作，故可采用电容量较大，价格较便宜的电解电容器。为加大启动转矩，其电容量可适当选大些。

(2) 电容运转式电动机。如图 3.13 所示，电容器与启动用副绕组中没有串接启动装置，因此电容器与辅助绕组将和主绕组一起长期运行在电源线路上。在这类电动机中，要求电容器能长期耐较高的电压，故必须使用价格较贵的纸介质或油浸纸介质电容器，而绝不能采用电解电容器。

电容运转式电动机省去了启动装置，从而简化了电动机的整体结构，降低了成本，提高了运行可靠性。同时由于辅助绕组也参与运行，这样就实际增加了电动机的输出功率。

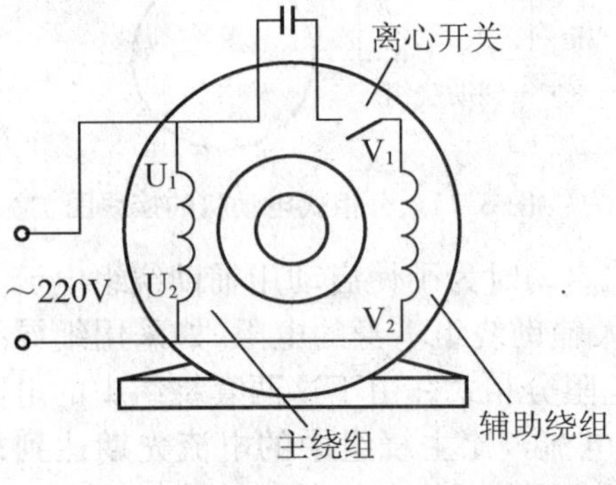

图 3.12　单相电容启动式电动机接线图

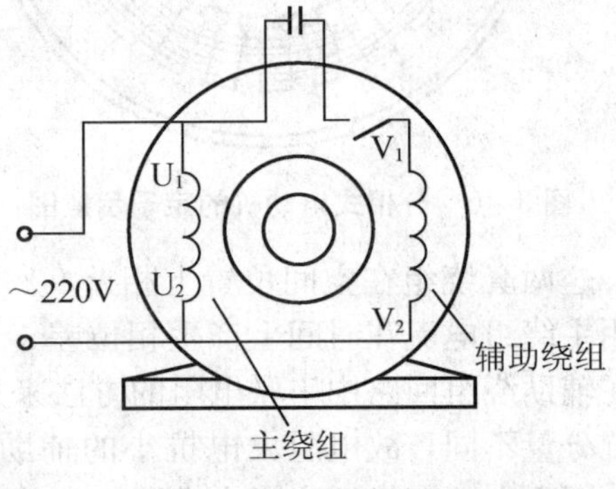

图 3.13　单相电容运转式电动机接线图

(3) 电容启动与运转式电动机。如图 3.14 所示，这种电动机兼有电容启动和电容运转两种电动机的特点。启动用辅助绕组经过运行电容 C_1 与电源接通，并经过离心开关与容量较大的启动电容 C_2 并联。接通电源时，电容器 C_1 和 C_2 都串接在启动绕组回路中。这时电动机开始启动，当转速达到额定转速的 70%～80%时，离心开关 S 动作，将使启动电容 C_2 从电源线路切除，而运行电容 C_1 则仍留在电路中运行。

显然，这种电动机需要使用两个电容器，又要装启动装置，因而结构复杂，并且增加了成本，这是它的缺点。

在电容启动与运转式电动机中，也可以不用两个电容量不同的电容器，而用一个自耦变压器，如图 3.15 所示。启动时跨接电容器两端的电压增高，使电容器的有效容量比运转时大 4～5 倍。这种电动机用的离心开关是双掷式的，电动机启动后，离心开关接至 S 点，降低了电容器的电压和等效电容量，以适应运行的需要。

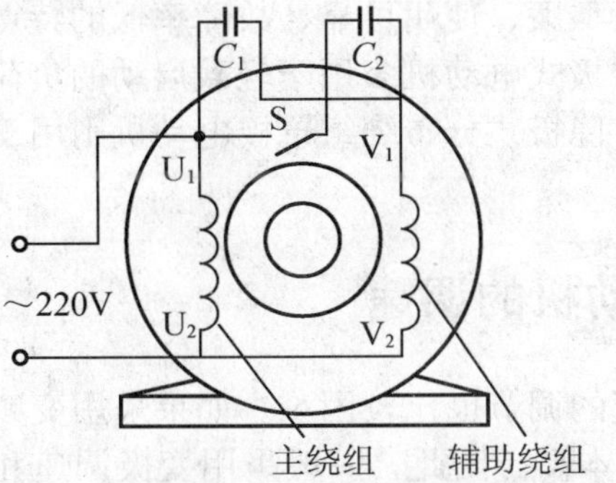

图 3.14　单相电容启动与运转电动机接线图

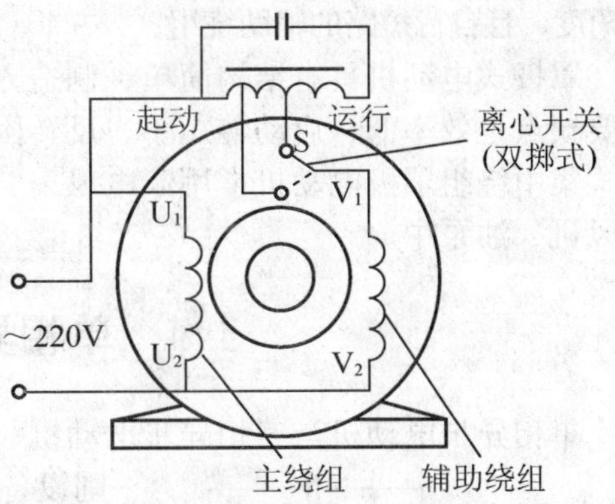

图 3.15　电容器和自耦变压器组合启动接线图

单相电容电动机 3 种类型的特性及用途如下。

单相电容启动式电动机具有较高启动转矩，一般达到满载转矩的 3～5 倍，故能适用于满载启动的场合。由于它的电容器和副绕组只在启动时接入电路，所以它的运转都与同样大小并有相同设计的分相式电动机基本相同。单相电容启动式电动机多用于电冰箱、水泵、小型空气压缩机及其他需要满载启动的电器、机械。

单相电容运转式电动机的启动转矩较低，但功率因数和效率均比较高。它体积小、重量轻、运行平稳、振动与噪声小、可反转、能调速，适用于直接与负载连接的场合。如电风扇、通风机、录音机及各种空载或轻载启动的机械，但不适用于空载或轻载运行的负载。

单相电容启动与运转式电动机具有较好的启动性能，较高的功率因数、效率和过载能力，可以调速。适用于带负载启动和要求低噪声的场合，如小型机床、泵、家用电器等。

3.3.3　罩极式电动机

罩极式电动机的工作原理如图 3.16 所示，定子上有凸出的磁极，主绕组就安置在这个磁极上。在磁极表面约 1/3 处开有一个凹槽，将磁极分成为大小两部分，在磁极小的部分套着一个短路铜环，将磁极的一部分罩了起来，称为罩极，它相当于一个副绕组。当定子绕组中接入单相交流电源后，磁极中将产生交变磁通，穿过短路铜环的磁通，在铜环内产生一个相位上滞后的感应电流。由于这个感应电流的作用，磁极被罩部分的磁通不但在数量上和未罩部分不同，而且在相位上也滞后于未罩部分的磁通。这两个在空间位置不一致，而在时间上又有一定相位差的交变磁通，就在电动机气隙中构成脉动变化近似的旋转磁场。这个旋转磁场切割转子后，就使转子绕组中产生感应电流。载有电流的转子绕组与定子旋转磁场相互作用，转子得到启动转矩，从而使转子由磁极未罩部分向被罩部分的方向旋转。

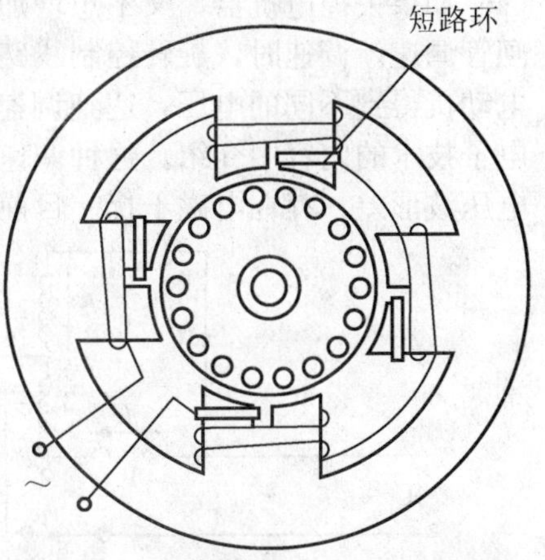

图 3.16　单相罩极式电动机工作原理图

罩极式电动机也有将定子铁心做成隐极式的，槽内除主绕组外，还嵌有一个匝数较少、与主绕组错开一个电角度，且自行短路的辅助绕组。

罩极式电动机具有结构简单、制造方便、造价低廉、使用可靠、故障率低的特点。其主要缺点是效率低、启动转矩小、反转困难等。罩极式电动机多用于轻载启动的负荷，凸极式集中绕组罩极电动机常用于电风扇、电唱机。隐极式分布绕组罩极电动机则用于小型鼓风机、油泵中。

3.4 单相异步电动机的调速

单相异步电动机与三相异步电动机一样，转速的调节也比较困难。如果采用变频调速则设备复杂、成本高。因此，一般采用变极调速和降压调速，而后者使用较为普遍。

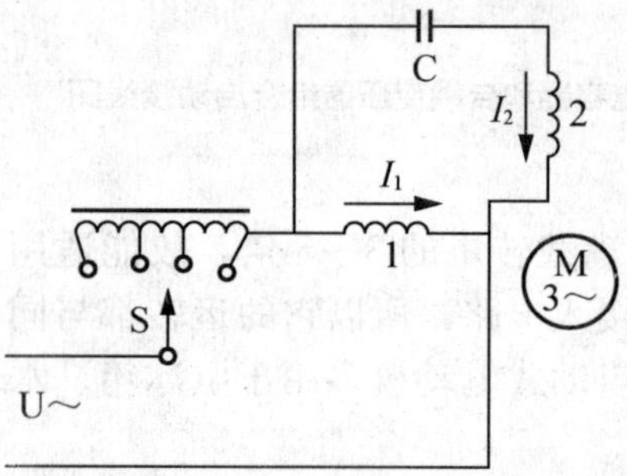

图 3.17　吊扇串电抗器调速的电路图

1. 串电抗器调速

将电抗器与电动机定子绕组串联，利用电流在电抗器上产生的压降，使加到电动机定子绕组上的电压低于电源电压，从而达到降低电动机转速的目的。因此用串电抗器调速时电动机的转速只能由额定转速往低调。图 3.17 为吊扇串电抗器调速的电路图。改变电抗器的抽头连接可得到高低不同的转速。

2. 定子绕组抽头调速

为了节约材料、降低成本，可把调速电抗器与定子绕组做成一体。由单相电容运行异步电动机组成的台扇和落地扇，普遍采用定子绕组抽头调速的方法。这种电动机的定子铁心槽中嵌放有工作绕组 1、启动绕组 2 和调速绕组 3，通过调速开关改变调速绕组与启动绕组及工作绕组的接线方法，从而达到改变电动机内部旋转磁场的强弱，实现调速的目的。图 3.18 是台扇抽头调速的原理图。这种调速方法的优点是不需要电抗器、节省材料、耗电少。缺点是绕组嵌线和接线比较复杂，电动机与调速开关之间的连线较多，所以不适合于吊扇。

3. 双向晶闸管调速

如果去掉电抗器，又不想增加定子绕组的复杂程度，单相异步电动机还可采用双向晶闸管调速。调速时，旋转控制线路中的带开关电位器，就能改变双向晶闸管的控制角，使电动机得到不同的电压，达到调速的目的，如图 3.19 所示。具体的线路和原理将在电力电子技术的内容中介绍。这种调速方法可以实现无级调速，控制简单、效率较高。缺点是电压波形差，存在电磁干扰。目前这种调速方法常用于吊扇上。

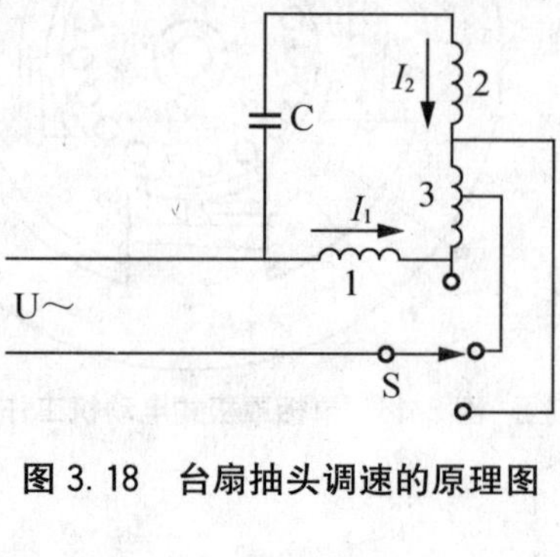

图 3.18　台扇抽头调速的原理图

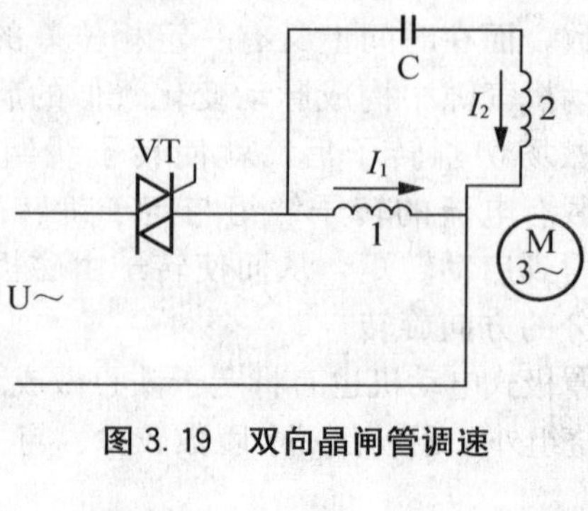

图 3.19　双向晶闸管调速

小知识：单相异步电动机常见故障和原因分析

单相异步电动机具有结构简单、成本低廉、噪音小、只需单相交流电源供电等优点，在农村得到广泛应用。在农村，由于电网的供电质量较差、使用不当等原因，单相电动机故障率较高，主要表现为电机严重发热、转动无力、启动困难、烧保险丝等。单相电容启动异步电动机常见故障及原因主要如下。

故障1：电源正常，通电后电动机不能启动。原因是：①电动机引线断路；②主绕组或副绕组开路；③离心开关触点合不上；④电容器开路；⑤轴承卡住；⑥转子与定子碰擦。

故障2：空载能启动，或借助外力能启动，但启动慢且转向不定。原因是：①副绕组开路；②离心开关触点接触不良；③启动电容开路或损坏。

故障3：电动机启动后很快发热甚至烧毁绕组。原因是：①主绕组匝间短路或接地；②主、副绕组之间短路；③启动后离心开关触点断不开；④主、副绕组相互接错；5定子与转子摩擦。

故障4：电动机转速低，运转无力。原因是：①主绕组匝间轻微短路；②运转电容开路或容量降低；③轴承太紧；④电源电压低。

故障5：烧保险丝。原因是：①绕组严重短路或接地；②引出线接地或相碰；③电容击穿短路。

故障6：电动机运转时噪音太大。原因是：①绕组漏电；②离心开关损坏；③轴承损坏或间隙太大；④电动机内进入异物。

习　题　三

一、判断题

1. 单相异步电动机具有启动能力。（　　）
2. 单相异步电动机体积较大、功率因素较高。（　　）
3. 脉动磁场可以分解为两个大小相等、方向相反的旋转磁场。（　　）
4. 单相异步电动机的主、辅绕组在定子空间布置上相差180°电角度。（　　）
5. 单相分相式电动机具有中等启动转矩和过载能力。（　　）
6. 单相电容运转式电动机的启动转矩较低，功率因数和效率也比较低。（　　）
7. 单相异步电动机一般采用变极调速和降压调速。（　　）

二、填空题

1. 凡是由________的异步电动机，都称为单相异步电动机。

2. 单相异步电动机启动装置主要可分为________和________两大类。

3. 单相异步电动机有两个定子绕组：一个是________，用以产生________；另一个是________，用来与主绕组共同作用，产生合成的________，使电动机得到启动转矩。

4. 单相电容式电动机具有3种形式，即________，________，________。

5. 单相电容启动式电动机具有________，一般达到满载转矩的________倍，故能适用于满载启动的场合。

6. 单相异步电动机的调速一般采用________和________。

三、选择题

1. 单相异步电动机的定子绕组，主、辅绕组的轴线在空间相差（　　）电角度。

A. 90°　　B. 180°　　C. 270°　　D. 0°

2. 分相式电动机的启动转矩一般是满载转矩的(　　)，因此它的应用范围很广。

A. 一倍　　B. 两倍　　C. 五倍

3. 电容电动机的辅助绕组中串联一个电容器，它的电流在相位上就将比线路电压(　　)。

A. 滞后　　B. 超前　　C. 同相

4. 双向晶闸管调速时，旋转控制线路中的带开关电位器，就能改变双向晶闸管的(　　)，使电动机得到不同的电压。

A. 旋转磁场大小　　B. 转速　　C. 控制角

5. 由单相电容运行异步电动机组成的台扇和落地扇，普遍采用(　　)的方法。

A. 定子绕组抽头调速　　B. 串电抗器调速　　C. 双向晶匝管调速

四、计算题

1. 如何改变电容分相式单相异步电动机的转向？

2. 试比较单相异步电动机和三相异步电动机的转矩-转差率曲线，着重就以下几点进行比较。

①当 $s=0$ 时的转矩；②当 $s=1$ 时的转矩；③最大转矩；④在有相同转矩时的转差率；⑤当时的转矩。

3. 单相异步电动机主要分为哪几种类型？简述罩极式电动机的工作原理。

4. 试画出单相电阻启动异步电动机的电路图和相量图。

第4章

同步电动机及其拖动控制

尽管同步电动机与异步电动机相比具有不能自启动、转速控制困难等缺点，但却具有其明显的优点。随着工业的发展，一些生产机械要求的功率越来越大，如空气压缩机、送风机、电动发电机组等的功率达到数百乃至数千千瓦，采用同步电动机拖动更为合适。首先，同步电动机的功率因数较高，在运行时，不仅不使电网的功率因数降低，相反，还能够改善电网的功率因数，这点是异步电动机做不到的。其次，对大功率低转速的电动机，同步电动机的体积比异步电动机的要小些，有利于在家用小电器如录像机、传真机等中广泛应用。本章主要内容包括：同步电动机的结构与工作原理、电磁关系、功率关系与矩角特性、功率因数调节和V形曲线、启动、3种微型同步电动机的简单介绍以及同步电动机的控制原理等。

教学目标

- 了解同步电动机的结构、铭牌数据与励磁方式；
- 理解同步电动机的工作原理；
- 掌握同步电动机的基本方程、电磁关系、功率关系与矩角特性、功率因数调节和V形曲线、启动等；
- 了解3种常用微型同步电动机的工作原理；
- 掌握同步电动机的控制原理。

教学要求

知识要点	能力要求	相关知识
同步电动机结构与工作原理	(1) 了解同步电动机的结构 (2) 理解同步电动机的工作原理	同步电动机电磁关系的物理模型
同步电动机的电磁关系	(1) 理解同步电动机的磁动势、磁通和同步电动机的双反应原理，同步电动机电动势相量图等 (2) 掌握凸极同步电动机的电压平衡方程和隐极同步电动机的电势方程	同步电动机电磁关系的物理模型
同步电动机的功率关系与矩角特性	(1) 掌握同步电动机的功率关系方程及转矩方程 (2) 理解同步电动机的功角特性、矩角特性和运行	

续表

知识要点	能力要求	相关知识
同步电动机的功率因数调节和V形曲线	(1) 掌握同步电动机的功率因数调节 (2) 理解同步电动机的V形曲线	
同步电动机的启动	(1) 了解同步电动机启动存在的问题 (2) 掌握变频和异步启动两种方法	同步电动机的电磁关系
微型同步电动机	了解永磁式、反应式和磁滞式3种同步电动机的工作原理	
同步电动机的控制原理	掌握同步电动机的控制原理	晶闸管工作原理

推荐阅读资料

1. 李发海．电动机与拖动基础．2003(6)：300－317.
2. 周顺荣．电动机学．2007(8)：300－303.
3. 戴文进，徐龙权．电动机学．2008(2)：210－215.

基本概念

电枢磁通势：当同步电动机的定子三相对称绕组接到三相对称电源上时，所产生三相合成旋转磁通势，用空间相量$\dot{F}_a$表示。

励磁磁动势：若同步电动机的电枢电流$I=0$，同步电动机只有转子励磁电流I_f，励磁电流I_f产生的磁动势，用$\dot{F}_0$表示。

双反应原理：将电枢磁动势分解成直轴电枢磁动势与交轴磁动势，分别计算他们产生的电枢反应磁通和相应的电动势，最后把响应的两个分量叠加起来。

功角特性：当定子加额定电压，励磁电流I_f不变，Φ_0和E_0均为常数时，同步电动机的电磁功率P_M与功率角θ的关系，即$P_M=f(\theta)$关系。

矩角特性：当定子加额定电压，励磁电流I_f不变，Φ_0和E_0均为常数时，同步电动机的电磁转矩T_M与功率角θ的关系$T_M=f(\theta)$。

同步电动机的V形曲线：指在电网电压、频率和电动机输出功率为常数的情况下，定子电流I和励磁电流I_f之间的关系曲线，即$I=f(I_f)$曲线。

启动：指当电动机接通电源后，转速由零开始逐渐上升到额定值的过程。

引例：永磁同步电动机在轨道交通中的应用

目前欧洲、日本等均把“绿色”即节能环保作为其未来技术升级与突破的核心之一。作为世界上品类最齐全(从普速到高速、从快运到重载、从城轨到城际等)、技术最先进(运营速度、装备可用率、装备负荷率等)的轨道交通网国家，轨道交通车辆的节能降耗对于我国尤为重要。牵引传动系统(如图4.1所示)是轨道交通车辆装备实现机电能量转换的“心脏”单元，其性能在某种程度上决定了轨道交通车辆的动力品质、能耗和控制特性，因而是轨道交通车辆节能升级的关键。

永磁同步电动机具有能量密度高、过载能力强等优点，德、日、法等国正在积极研制永磁同步电动机牵引传动系统。1999 年，JR 东日本铁路公司开始为 AC Train 电动车组开发直接传动永磁同步电动机(DDM)，其装有直接传动永磁电动机的轮对，如图 4.2 所示。法国阿尔斯通分别为低地板轻轨车辆和 AGV 高速动车组开发了 120 kW 和 720 kW 全封闭永磁同步电动机。采用永磁电动机(图 4.3)牵引系统的 360 km/h AGV 高速列车已于 2008 年 2 月下线。法国国家铁路公司已向阿尔斯通订购了 100 列装有永磁同步牵引系统的区域列车。装有两个 AGV 转向架的永磁同步牵引系统在 2007 年帮助阿尔斯通创造了 574.8 km/h 的世界铁路第一速。基于实现 360 km/h 运营速度的大功率化，牵引系统的小型化、低噪声化和低寿命周期成本的理念，东芝为新干线开发了下一代具有永磁同步牵引系统的 E954/E955 系列机车，同时东芝针对地铁车辆开发了全封闭永磁同步牵引电动机。

图 4.1　牵引电动机模型

图 4.2　装有直驱永磁同步电动机的轮对

我国的南车株洲电力机车研究所有限公司于 2008 年完成了“铁道车辆传动系统用永磁同步电动机控制技术研究”；2010 年以来，对额定功率 200 kW/峰值功率 300 kW 永磁同步牵引系统进行地面试验研究；2012 年5 月，由该公司试制的高速动车组用 600kW 永磁同步牵引电动机出厂试验。这标志着我国轨道交通领域最大功率的永磁同步牵引电动机试制成功，如图 4.4 所示。

图 4.3　AGV 永磁同步牵引电动机

图 4.4　高铁动车

4.1　同步电动机的基本结构与工作原理

同步电动机和感应电动机一样是一种常用的交流电动机。如果三相交流电动机的转子转速 n 与定子电流的频率 f 满足方程式 $n=n_1=\frac{60f}{p}$ 的关系，这种电动机就称为同步电动机，n_1 称为同步转速。其特点是若电网的频率不变，则稳态时同步电动机的转速恒为常数，与负载的大小无关，但它的功率因数可调节。

同步电动机的工作原理与异步电动机既有相同之处又有重要区别。

4.1.1 同步电动机的结构

与直流电动机、异步电动机一样，同步电动机也是由静止的定子和转动的转子两个基本部分组成的。定子、转子之间是空气隙。

1. 定子

由于同步电动机的定子结构部件和异步电动机一样，起着接收、输出电能和产生旋转磁场的作用，它们的结构形式并无多大区别，所以同步电动机的定子也是由导磁的定子铁心和导电的三相交流绕组，以及固定铁心用的机座和端盖等部件组成。

2. 转子

同步电动机的转子有两种结构形式：一种是有明显磁极的，称为凸极式，如图 4.5(a)所示；另一种转子为一个圆柱体，并无明显磁极，称为隐极式，如图 4.5(b)所示。

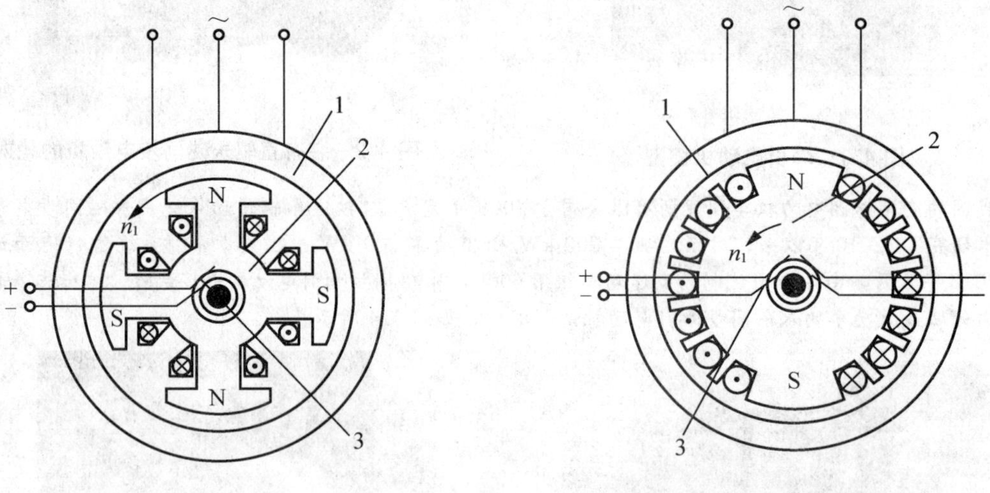

图 4.5 旋转磁极式同步电动机的结构示意图

(a) 凸极式；(b) 隐极式

1—定子；2—转子；3—集流环

一般同步电动机都做成凸极式，和直流电动机一样，转子磁极铁心由钢板冲成冲片后叠压而成，磁极上套有励磁绕组，励磁绕组用绝缘的铜线绕成，它与极身之间有绝缘。各磁极上励磁绕组间的联接，必须注意到通过励磁电流以后，相邻磁极的极性呈现 N 与 S 交替排列，励磁绕组两个出线端接到两个集电环上，通过与集电环相接触的静止电刷向外引出，另外在磁极表面上装有笼型绕组，这种笼型绕组称为阻尼绕组，如 4.5 节同步电动机启动的图 4.22 所示。整个转子由磁极、磁轭、励磁绕组、转子支架(大型同步电动机有)、轴以及集电环等部件组成。

励磁用的直流电流一般由整流电源来供给，也可用一台与同步电动机同轴或非同轴的直流发电动机供给。如果用永久磁铁做成的转子来代替直流励磁的磁极，这种同步电动机，被称为三相永磁同步电动机(即直流无刷电动机)，由于三相永磁同步电动机的转子不需用直流电流励磁，所以结构更简单，性能更好，是目前使用的主要伺服电动机之一。

小容量同步电动机也有做成旋转电枢式的，即定子是磁极，转子是电枢，目前这种结构形式已很少见。

小知识

永磁同步电动机是指采用永磁磁极转子的同步电动机。能够在石油、煤矿、大型工程机械等比较恶劣的工作环境下运行，这种特性加速了永磁同步电动机取代异步电动机的速度。

4.1.2　同步电动机的工作原理

三相同步电动机的定子绕组和三相异步电动机相同，都是三相对称交流绕组。当同步电动机三相定子绕组通入三相对称交流电时，和异步电动机一样，同步电动机的定子绕组产生旋转磁场。为了说明简单，同步电动机的定子绕组产生的旋转磁场用一对旋转的磁极（上 N 极，下 S 极）表示。和异步电动机不同的是，同步电动机的转子是由另外的直流电源励磁（或用永久磁铁）产生的固定磁极（上 S 下 N），如图 4.6 中的转子磁极所示。

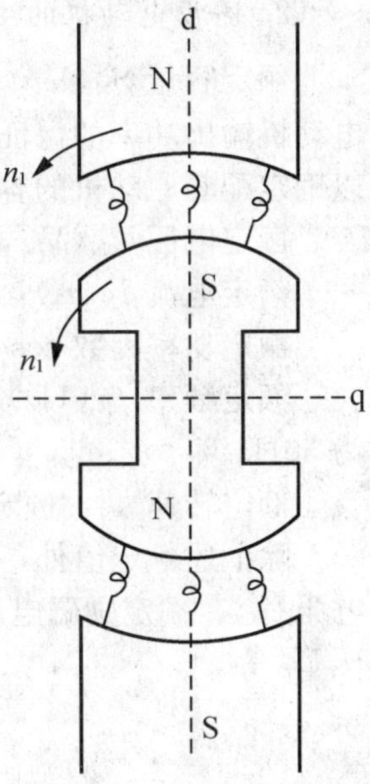

图 4.6　同步电动机工作原理

图 4.6 表示了同步电动机电磁关系的物理模型。图中定子、转子都是一对磁极，当定子旋转磁极（即旋转磁场的磁极）以 n_1 的速度旋转时，根据同性相斥、异性相吸的原则，不管定子磁极与转子磁极的原始相对位置如何不同，转动过程中转子的磁极 S 和 N 极很快分别被定子旋转磁极的 N 和 S 极吸住，它们之间产生相应的磁拉力，只要这个磁拉力足够大，定子旋转磁极将拉着转子磁极以恒定的同步转速一起旋转。可见，同步电动机的工作原理就是三相定子交流绕组产生的旋转磁场以磁拉力拖着转子磁极（转子）共同以同步速 n_1 旋转。

4.1.3　同步电动机的额定数据

1. 国产同步电动机型号

下面以国产同步电动机 TD260/120-12 为例来说明同步电动机的型号含义：

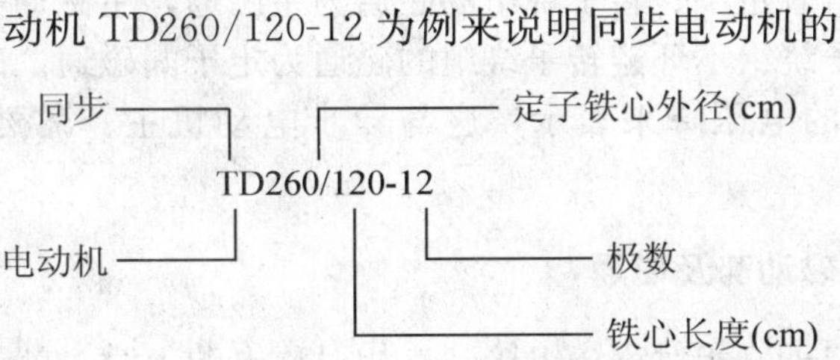

即极数为 12（同步转速为 500 r/min），铁心外径为 260cm，铁心长度为 120cm 的同步电动机。

常用的同步电动机系列有 TD、TDL 等，TD 表示同步电动机，后面的字母指出其主要用途。

TD 系列是防护式、卧式结构，一般同步电动机配直流励磁机或可控硅励磁装置。可拖动通风机、水泵、电动发电机组等。

TDK 系列一般是开启式，也有防爆型或管道通风型拖动压缩机用的同步电动机，配可控硅励磁装置。用于拖动空压机、磨煤机等。

TDZ 系列是一般管道通风，卧式结构轧钢用同步电动机，配直流电动机励磁或可控硅整流励磁装置。用于拖动各种类型的轧钢设备等。

TDG 系列是封闭式轴向分区通风隐极结构的高速同步电动机，配直流电动机励磁或可控硅整流励磁装置。用于化工、冶金或电力部门空压机、水泵及其他设备。

TDL 系列是立式、开启式自冷通风同步电动机，配单独励磁器。用于拖动立式轴流泵或离心式水泵等。

2. 同步电动机的主要额定数据(铭牌值)

额定容量 S_N(V·A、kV·A、MV·A 等）或额定功率 P_N(W、kW、MW 等)：指电动机输出功率的保证值。发电动机通过额定容量值可以确定电枢电流，通过额定功率可以确定配套原动机的容量。电动机的额定容量一般用 kW 数表示。

额定电压 U_N(V、kV 等)：指额定运行时定子输出端的线电压。

额定电流 I_N(A)：指额定运行时定子的线电流。

额定功率因数 $\cos\varphi_N$：指电动机额定运行时的功率因数。

额定频率 f_N(Hz)：额定运行时电动机电枢端电能的频率，我国标准工业频率规定为 50Hz。

额定转速 n_N：额定运行时电动机的转速，即同步转速。

除上述额定值外，同步电动机铭牌上还常列出一些其他的运行数据，例如，额定励磁电压 U_{fN}、额定励磁电流 I_{fN}、额定效率 η_N、额定负载时的温升 t_N、励磁容量 P_{fN}和励磁电压 U_{fN}等。

4.2 同步电动机的电磁关系

虽然同步电动机的定子绕组与异步电动机完全相同，但是转子相差较大，特别是凸极式转子。因此同步电动机电磁关系的特点就是由转子的不同而引起的。

电动机中同时环链着定子、转子绕组的磁通为主磁通，主磁通一定通过气隙，其路径为主磁通。只环链定子绕组不环链转子绕组的磁通为定子漏磁通。磁通感应产生的电动势可以用电流在电抗上的电压降来表示，这与异步电动机主、漏磁通的概念和处理方法一致。

4.2.1 同步电动机的磁动势及磁通

当同步电动机的定子三相对称绕组接到三相对称电源上时，就会产生三相合成旋转磁通势，简称电枢磁通势，用空间相量$\dot{F}_a$表示。设电枢磁通势$\dot{F}_a$的转向为逆时针方向，转速为同步转速。

先考虑空载情况。对于同步电动机，空载是指转子绕组通入直流励磁 I_f，电枢绕组接三相电源，转子输出转矩为 0，以同步转速 n_1 旋转。但是同步电动机空载时，电枢绕组流过较小的三相交流电流。如果忽略同步电动机空载时的电枢电流(定子电流)，即 $I=0$，同步电动机只有转子的励磁绕组里通入直流励磁电流 I_f，励磁电流 I_f 产生的磁动势称励磁磁动势，用$\dot{F}_0$表示。由于转子以同步转速 n_1 旋转，$\dot{F}_0$是一个空间相量。而励磁电流 I_f 是直流，且励磁磁动势$\dot{F}_0$相对于转子而言是静止的。但转子以同步转速 n_1 相对于定子旋转，所以励磁磁动势$\dot{F}_0$相对于定子也以同步转速 n_1 旋转，$\dot{F}_0$被称为空载磁动势，如图 4.7 所示。

由于凸极同步电动机的转子(有明显凸出的磁极)和异步电动机转子明显不同，所以磁动势和磁通分析方有很大的不同。为了方便分析同步电动机的磁动势和磁通，需要依照转子设置一个坐标，即把转子一个 N 极和与其相邻的一个 S 极的中心线称纵轴，或称 d 轴；与纵轴相距 90°空间电角度的地方称横轴，或称 q 轴，如图 4.7 所示。显然 d 轴与 q 轴都随着转子一同旋转。这样励磁磁动势$\dot{F}_0$便设定为作用在纵轴方向，产生的磁通如图 4.8 所示。把由励磁磁动势$\dot{F}_0$产生的磁通叫励磁磁通(空载磁通)，用 Φ_0 表示。显然 Φ_0 经过的磁路是依纵轴对称的磁路，并且 Φ_0 随着转子一起旋转。定子绕组切割 Φ_0，并在其中感应电势$\dot{E}_0$，$\dot{E}_0$被称为空载电势，显然定子绕组的空载电势$\dot{E}_0$与$\dot{F}_0$有关。

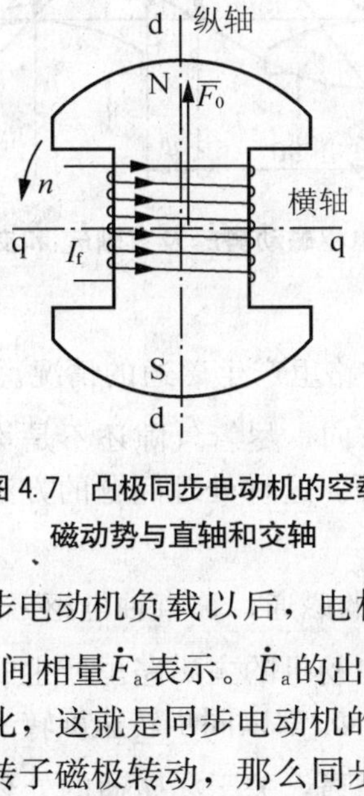

图 4.7 凸极同步电动机的空载磁动势与直轴和交轴

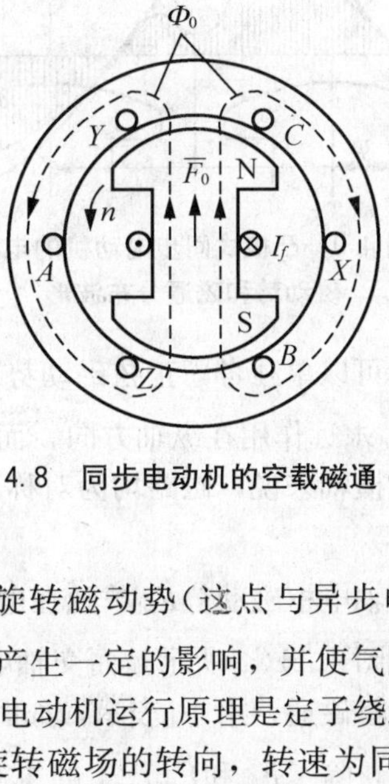

图 4.8 同步电动机的空载磁通 Φ_0

当同步电动机负载以后，电枢绕组产生三相合成旋转磁动势(这点与异步电动机相同)，用空间相量$\dot{F}_a$表示。$\dot{F}_a$的出现对原空载磁动势$\dot{F}_0$产生一定的影响，并使气隙磁场产生显著变化，这就是同步电动机的电枢反应。由于同步电动机运行原理是定子绕组产生的磁极吸引转子磁极转动，那么同步电动机的转向亦是旋转磁场的转向，转速为同步转速。同步电动机负载以后，其定子磁动势$\dot{F}_a$与转子磁动势$\dot{F}_0$虽然均为同步转速旋转，但是二者在空间却不一定位置相同，大部分情况是一个在前、一个在后(而且随运行状态而变)。这给分析同步电动机的电枢反应带来了困难。

前面已经分析了空载磁动势$\dot{F}_0$作用在纵轴方向，而$\dot{F}_a$与$\dot{F}_0$的转速虽然相同，但空间位置不同，必然$\dot{F}_a$的作用方向不在纵轴上。由于凸极式同步电动机沿定子内圆的圆周方向气隙很不均匀，极面下(d 轴处)的气隙小，两极之间(q 轴处)的气隙较大。这样$\dot{F}_a$产生的气隙磁通在 q 轴处有较小的磁通，在 d 轴处有较大的磁通，如图 4.9 所示。

从图 4.9 可见，由于凸极同步电动机气隙不是均匀分布，导致其气隙磁通在空间呈现非正弦分布。这样即使知道了电枢磁通势$\dot{F}_a$的大小和位置，求解磁通也非常困难。为此必须寻求一个合适的分析方法——同步电动机的双反应原理。

4.2.2 同步电动机的双反应原理

由于稳态时电枢磁动势$\dot{F}_a$与转子之间无相对运动，当电枢磁动势$\dot{F}_a$与励磁磁动势$\dot{F}_0$的相对位置已知时，可以人为地把电枢磁通势$\dot{F}_a$分成两个正弦分量：一个分量是直轴电枢磁动势，用$\dot{F}_{ad}$表示，作用在纵轴方向；另一个分量是交轴电枢磁动势，用$\dot{F}_{aq}$表示，作用在横轴方向。即

$$\dot{F}_a=\dot{F}_{ad}+\dot{F}_{aq} \tag{4-1}$$

其分布波形如图4.10所示。

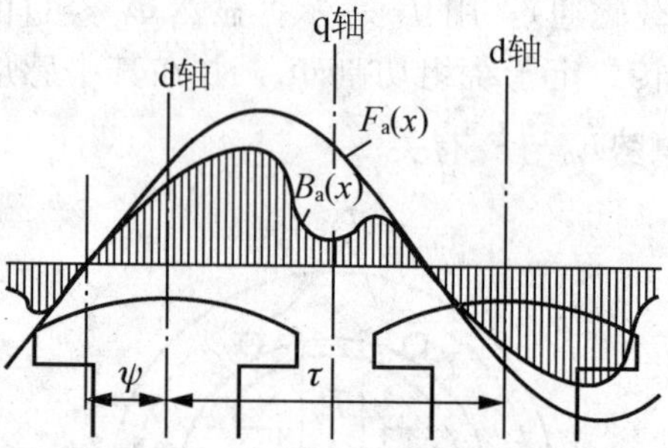

图4.9 凸极式同步电动机的电枢磁动势和磁通分布波形

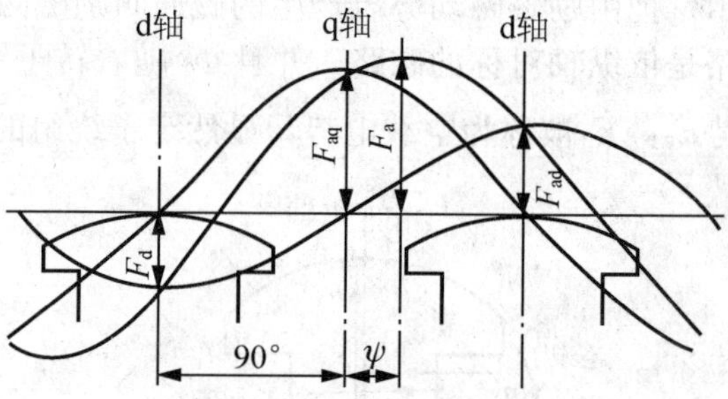

图4.10 电枢磁动势$\dot{F}_a$及直轴$\dot{F}_{ad}$和交轴$\dot{F}_{aq}$分量

这样可以单独考虑正弦磁动势$\dot{F}_{ad}$或$\dot{F}_{aq}$在电动机主磁路里产生磁通的情况。从图4.10可见，$\dot{F}_{ad}$永远作用在纵轴方向，而$\dot{F}_{aq}$永远作用在横轴方向，尽管气隙还不是均匀的，但对纵轴或横轴来说，磁路均为对称，这给分析带来了方便。这种处理问题的方法，称为双反应原理。

由直轴电枢磁动势$\dot{F}_{ad}$单独在电动机的主磁路里产生的磁通，称直轴电枢磁通，用Φ_{ad}表示，如图4.11(a)所示。而交轴电枢磁动势$\dot{F}_{aq}$单独在电动机的主磁路里产生的磁通，称为交轴电枢磁通，用Φ_{aq}表示，如图4.11(b)所示。Φ_{ad}和Φ_{aq}都以同步转速旋转。

另外，除了$\dot{F}_{ad}$和$\dot{F}_{aq}$产生的主磁通外，还要产生漏磁通，关于漏磁通的处理方法与异步电动机一致。

从交流电动机电枢绕组的电动势与磁通势的分析可知，电枢磁动势$\dot{F}_a$的大小为

$$F_a=\frac{3}{2}\cdot\frac{4}{\pi}\cdot\frac{\sqrt{2}}{2}\frac{W_{kw}}{p}I \tag{4-2}$$

这样直轴电枢磁动势$\dot{F}_{ad}$的大小便可以写成

$$F_{ad}=\frac{3}{2}\cdot\frac{4}{\pi}\cdot\frac{\sqrt{2}}{2}\frac{W_{kw}}{p}I_d \tag{4-3}$$

交轴电枢磁动势$\dot{F}_{aq}$的大小可写成

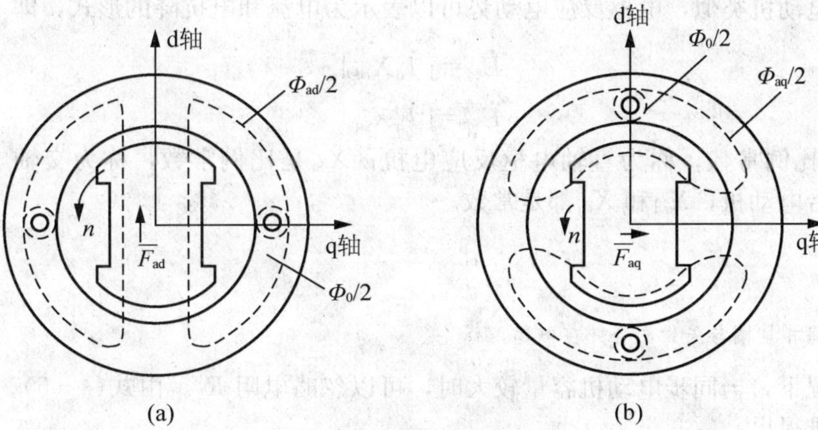

图 4.11　电枢磁通

(a) 直轴电枢磁通；(b) 交轴电枢磁通

$$F_{aq}=\frac{3}{2}\cdot\frac{4}{\pi}\cdot\frac{\sqrt{2}}{2}\frac{W_{kw}}{p}I_q \tag{4-4}$$

根据交流绕组相矢图的基本原理，若$\dot{F}_{ad}$转到 A 相绕组轴线上，i_{dA}为最大值；若$\dot{F}_{aq}$转到 A 相绕组轴线上，i_{qA}为最大值，其相位相差 90°。而磁动势与产生磁动势的电流同相位，所以$\dot{I}_d$与$\dot{F}_{ad}$同相位，$\dot{I}_q$与$\dot{F}_{aq}$同相位。由于三相对称，只取 A 相，简写为$\dot{I}_d$与$\dot{I}_q$即可，根据式(4-1)可得如下关系

$$\dot{I}=\dot{I}_d+\dot{I}_q \tag{4-5}$$

根据式(4-5)，可以把电枢电流 $\dot{I}$ 按相量的关系分成两个分量：一个是直轴分量$\dot{I}_d$，产生了磁通势$\dot{F}_{ad}$；另一个是交轴分量$\dot{I}_q$，产生了磁通势$\dot{F}_{aq}$。

显然，通过双反应原理的应用，将一个电枢磁动势$\dot{F}_a$的电枢反应的复杂问题转化成了直轴电枢磁动势$\dot{F}_{ad}$和交轴电枢磁动势$\dot{F}_{aq}$两个电枢反应的简单问题。

4.2.3　凸极同步电动机的电压平衡方程

从以上的分析可知，带负载后同步电动机中有励磁磁通 Φ_0、交轴电枢反应磁通 Φ_{ad}和直轴电枢反应磁通 Φ_{aq}，它们都是以同步转速逆时针方向旋转，于是都在定子绕组里感应电动势，分别为励磁电动势$\dot{E}_0$(空载电势)、直轴电枢反应电动势$\dot{E}_{ad}$、交轴电枢反应电动势$\dot{E}_{aq}$。

根据图 4.12 给出的同步电动机定子绕组各电量正方向，可列出同步电动机 A 相回路的电压平衡方程：

$$\dot{U}=\dot{E}_0+\dot{E}_{ad}+\dot{E}_{aq}+\dot{I}(R_1+jX_1) \tag{4-6}$$

式中：R_1 为定子绕组相电阻；X_1 为定子绕组相漏电抗。

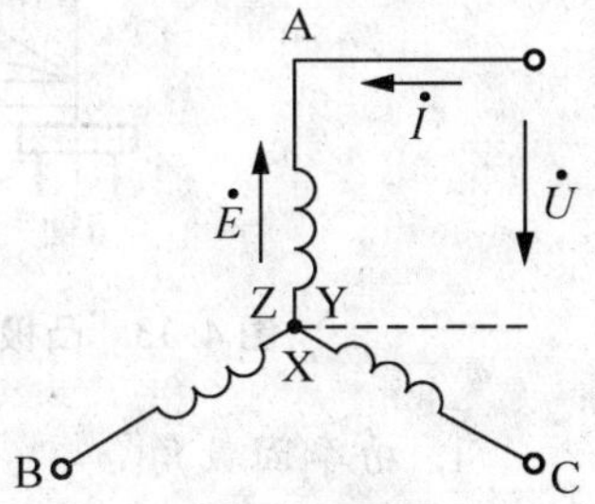

图 4.12　同步电动机各电量的参考方向

为了分析简单，不考虑磁路饱和，认为磁路线性。即有

$$E_{ad}\propto\Phi_{ad}\propto F_{ad}\propto I_d；\ E_{aq}\propto\Phi_{aq}\propto F_{aq}\propto I_q$$

和异步电动机类似，电枢反应电动势可以表示为电流和电抗降的形式，即

$$\left.\begin{aligned}\dot{E}_{ad}&=\mathrm{j}\,\dot{I}_{d}X_{ad}\\ \dot{E}_{aq}&=\mathrm{j}\,\dot{I}_{q}X_{aq}\end{aligned}\right\}\tag{4-7}$$

式中：X_{ad}是比例常数，称为直轴电枢反应电抗；X_{aq}是比例常数，称为交轴电枢反应电抗。对同一台电动机，X_{ad}和X_{aq}都是常数。

提示

相矢图：将相量图与矢量图合并在一起。

一般情况下，当同步电动机容量较大时，可以忽略电阻R_1。由式(4-5)、式(4-6)、式(4-7)不难得出

$$\dot{U}=\dot{E}_0+\mathrm{j}\,\dot{I}_d X_d+\mathrm{j}\dot{I}_q X_q\tag{4-8}$$

式中：$X_d=X_{ad}+X_1$称为直轴同步电抗或纵轴同步电抗；$X_q=X_{aq}+X_1$称为交轴同步电抗或横轴同步电抗。对同一台电动机，X_d和X_q都是常数。

同步电动机要想作为电动机运行，电源必须向电动机的定子绕组传输有功功率，从图4.12规定的电动机惯例知道，这时输入给电动机的有功功率必须满足

$$P_1=3UI\cos\varphi>0$$

这就是说，$I\cos\varphi$应与相电压U同相位，可见，$\dot{U}$与$\dot{I}$之间的功率因数角φ必须小于90°，才能使电动机运行于电动机状态。

4.2.4 凸极同步电动机的电势相量图

根据式(4-8)可画出同步电动机$\varphi<90°$(领先性)时，电动机运行于电动机状态的相量图，如图4.13所示。

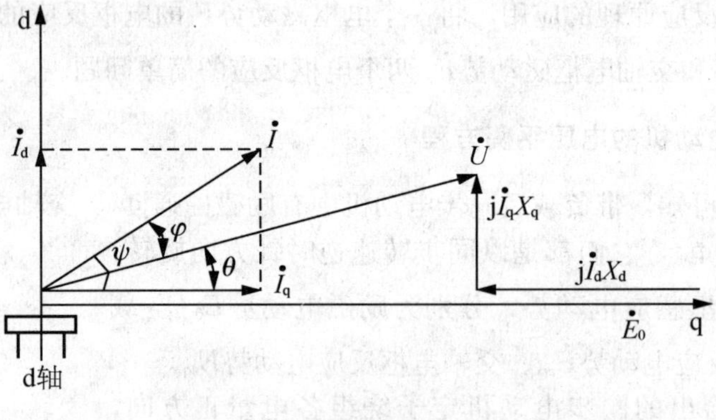

图4.13 凸极同步电动机 φ<90°相量图(忽略定子绕组，用同步电抗表示)

1. 功率因数角φ

从图4.13中可见，φ是电枢电压$\dot{U}$与电枢电流$\dot{I}$之间的夹角，称为功率因数角，用它可以表示电枢电压$\dot{U}$和电枢电流$\dot{I}$之间的相位关系。

2. 功率角 θ(也称功角)

相量图中，功率角 θ 是电枢电压 $\dot{U}$ 和空载电势 $\dot{E}_0$ 之间的夹角，称为功率角。

3. 内功率因数角 ψ

ψ 是电枢电流 $\dot{I}$ 与 $\dot{E}_0$ 之间的夹角，称为内功率因数角。同时有

$$\left.\begin{aligned} I_d &= I\sin\psi \\ I_q &= I\cos\psi \end{aligned}\right\} \qquad (4-9)$$

上述3个角度：功率因数角 φ、内功率因数角 ψ 和功率角 θ 在分析凸极同步电动机时非常有用。

4.2.5　隐极同步电动机

对于隐极式同步电动机，电动机的气隙是均匀的。这时同步电动机的直轴同步电抗和交轴同步电抗在数值上相等，即

$$X_q = X_d = X_c \qquad (4-10)$$

式中：X_c 为隐极同步电动机的同步电抗。

由此可得隐极同步电动机的电势方程可写为

$$\begin{aligned} \dot{U} &= \dot{E}_0 + \mathrm{j}\dot{I}_d X_d + \mathrm{j}\dot{I}_q X_q = \dot{E}_0 + \mathrm{j}(\dot{I}_d + \dot{I}_q)X_c \\ &= \dot{E}_0 + \mathrm{j}\dot{I}X_c \end{aligned} \qquad (4-11)$$

根据式(4-11)可以绘出隐极式同步电动机电动势相量图如4.14所示。

例4-1　一台2kV星形联接的三相隐极式同步电动机，同步阻抗为0.2+j10Ω，当电动机从额定电压的电网吸收80kW的功率时，求功率因数为 $\cos\varphi=0.8$(滞后)、$\cos\varphi=0.8$(超前)两种情况时的空载电势和功率角。

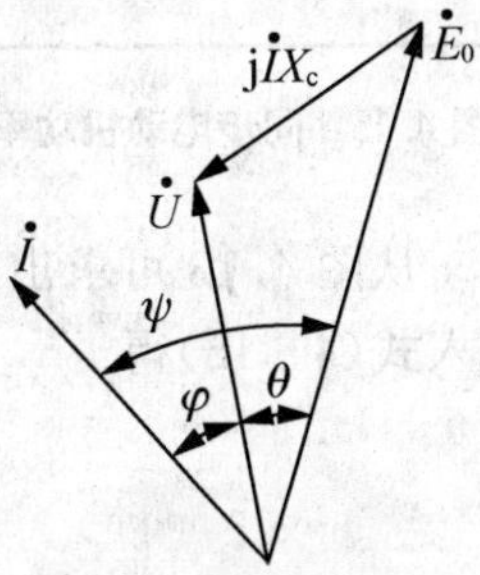

图4.14　隐极式同步电动机电动势相量图

解：相电压 $U=\dfrac{U_N}{\sqrt{3}}=\dfrac{2000}{\sqrt{3}}=1154.7(\mathrm{V})$

相电流 $I=\dfrac{P_1}{\sqrt{3}U_N\cos\varphi}=\dfrac{80\times10^3}{\sqrt{3}\times2000\times0.8}=28.7(\mathrm{A})$

$|\varphi|=\arccos0.8=36.87°$

取 $\dot{U}=1154.7\angle0°(\mathrm{V})$

(1) $\cos\varphi=0.8$ 滞后时，$\dot{I}=28.87\angle-36.87°(\mathrm{A})$

按电动机惯例，有 $\dot{E}_0=\dot{U}-\dot{I}(R+\mathrm{j}X_c)=1154.7-28.87\angle-36.87°(0.2+\mathrm{j}10)$

$$=1003\angle-13.1°(\mathrm{V})$$

即 $E_0=1003\mathrm{V}$，$\theta=13.1°$($\dot{E}_0$ 滞于后 $\dot{U}$)。

(2) $\cos\varphi=0.8$ 超前时，$\dot{I}=28.87\angle36.87°(\mathrm{A})$

按电动机惯例，有

$$\begin{aligned} \dot{E}_0 &= \dot{U}-\dot{I}(R+\mathrm{j}X_c)=1154.7-28.87\angle36.87°(0.2+\mathrm{j}10) \\ &=1344\angle10°(\mathrm{V}) \end{aligned}$$

即 $E_0=1003(\text{V})$，$\theta=10°$（$\dot{E}_0$滞于后$\dot{U}$）。

4.3 同步电动机的功率关系与矩角特性

4.3.1 同步电动机的功率关系方程及转矩方程

1. *功率关系*

同步电动机带负载运行时，若转子励磁损耗 $P_f=I_f^2R_f$ 由另外的直流电源供给，同步电动机从电网吸收的有功功率为 $P_1=3UI\cos\varphi$，扣除定子的铜损耗 $P_{Cu}=3I^2R_1$，其余部分为电磁功率 P_{em}，即

$$P_{em}=P_1-P_{Cu}=3UI\cos\varphi-P_{Cu} \tag{4-12}$$

从电磁功率中扣除定子铁损耗 P_{Fe}和机械损耗 P_m 后，其余部分转变为机械功率输出给负载，即

$$P_{em}-P_{Fe}-P_m=P_2 \tag{4-13}$$

其中铁损耗 P_{Fe}与机械摩擦损耗 P_m 之和称为空载损耗 P_0，即

$$P_0=P_{Fe}+P_m \tag{4-14}$$

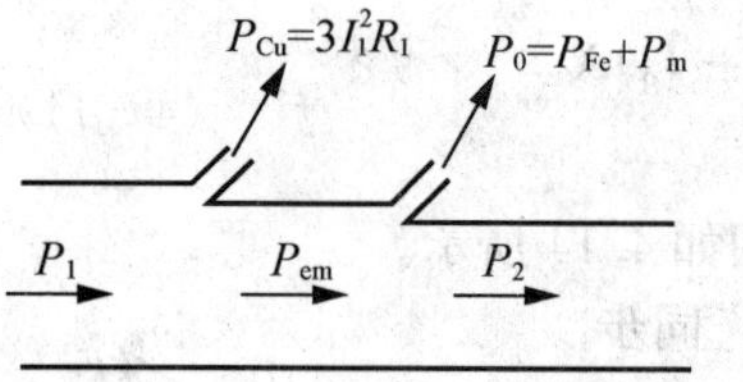

图 4.15 同步电动机功率流程图

式(4－12)和式(4－13)表明了电动机的功率传递关系，称为功率方程。通常同步电动机的转子直流励磁功率也应计入总损耗之中。图 4.15 是同步电动机的功率流程图。

2. *电磁功率*

当忽略同步电动机的定子电阻 R_1 时，电磁功率 P_{em}为

$$P_{em}=P_1=3UI\cos\varphi \tag{4-15}$$

从图 4.13 可求出 I_d、I_q 与 ψ 及 I_dX_d、I_qX_q 与 θ 间的关系，考虑到 $\varphi=\psi-\theta$，将它们代入式(4－15)得

$$P_{em}=3\frac{E_0U}{X_d}\sin\theta+\frac{3U^2(X_d-X_q)}{2X_qX_d}\sin2\theta \tag{4-16}$$

3. *转矩方程*

根据电磁功率，可以比较方便地计算同步电动机的电磁转矩，即

$$T_{em}=\frac{P_{em}}{\Omega} \tag{4-17}$$

式中：$\Omega=\frac{2\pi n}{60}$为同步电动机的同步角速度。

根据功率方程式(4－13)可得同步电动机的转矩方程为

$$\frac{P_2}{\Omega}=\frac{P_{em}}{\Omega}-\frac{P_0}{\Omega}$$

$$T_2=T_{em}-T_0 \tag{4-18}$$

式中：T_0 为空载转矩。

例 4－2 已知一台三相同步电动机，额定功率 $P_N=2000\text{kW}$，额定电压 $U_N=3000\text{V}$

(星形联接)，额定功率因数 $\cos\varphi_N=0.85$(超前)，额定效率 $\eta_N=0.95$，极对数 $P=3$，定子每相电阻 $R_1=0.1\Omega$，求

①额定运行时定子输入的电功率 P_1；②额定电流 I_N；

③额定电磁功率。　　　　　　　④额定电磁转矩 T_N。

解：①额定运行时定子输入的电功率 P_1

$$P_1=\frac{P_N}{\eta_N}=\frac{2000}{0.95}=2105.3(\text{kW})$$

②额定电流 I_N

$$I_N=\frac{P_1}{\sqrt{3}U_N\cos\varphi_N}=476.7(\text{A})$$

③额定电磁功率 P_{emN}

$$P_{emN}=P_1-3I_N^2R=2037.1(\text{kW})$$

④额定电磁转矩 T_N

$$\Omega_N=\frac{2\pi f}{P}=104.72(\text{rad/s})$$

$$T_N=\frac{P_{MN}}{\Omega_N}=19453(\text{N}\cdot\text{m})$$

4.3.2　同步电动机的功角特性

当定子加额定电压，励磁电流 I_f 不变，Φ_0 和 E_0 均为常数时，同步电动机的电磁功率 P_{em} 与功率角 θ 的关系，通常把 $P_{em}=f(\theta)$ 的关系称为同步电动机的功角特性，它是同步电动机的重要特性之一。

从式(4-16)可见，P_{em} 由两部分组成，右边第一部分与励磁电动势 E_0 成正比，即与励磁电流 I_f 大小有关，称为励磁电功率。第二项是由于 $X_d\neq X_q$ 引起的，也就是因电动机转子是凸极引起的，因此称为凸极电磁功率。当电动机气隙均匀时，例如隐极式同步电动机，$X_d=X_q$，不存在凸极电磁功率。可见，在电磁功率 P_{em} 中，励磁电功率是主要的，第二项的数值比第一项小得多。

根据前面分析可知，励磁电磁功率 P'_{em} 为

$$P'_{em}=3\frac{E_0U}{X_d}\sin\theta=P'_{max}\sin\theta \tag{4-19}$$

当 $\theta=90°$ 时，$P'_{em}=P'_{max}=3\dfrac{E_0U}{X_d}$。

凸极电磁功率 P''_{em} 为

$$P''_{em}=\frac{3U^2(X_d-X_q)}{2X_qX_d}\sin 2\theta=P''_{max}\sin 2\theta \tag{4-20}$$

当 $\theta=45°$ 时，$P''_{em}=P''_{max}=\dfrac{3U^2(X_d-X_q)}{2X_qX_d}$。根据式(4-19)、式(4-20)绘出凸极同步电动机的功角特性曲线，如图 4.16 所示。图中曲线 1 为励磁电磁功率 P'_{em} 与 θ 的关系曲线 $P'_{em}=f(\theta)$，曲线 2 为凸极电磁功率 P''_{em} 与 θ 的关系曲线 $P''_{em}=f(\theta)$，曲线 3 为合成的总电磁功率 P_{em} 与 θ 的关系曲线 $P_{em}=f(\theta)$，可见 P_{em} 的最大电磁功率 P_{max} 对应于 θ 小于 90°的地方。

对于隐极式同步电动机，没有凸极电磁功率这一项，且 $X_q=X_d=X_c$，于是其最大电磁功率为

$$P_{max}=3\frac{E_0U}{X_c} \tag{4-21}$$

4.3.3 同步电动机的矩角特性

当定子加额定电压，励磁电流 I_f 不变，Φ_0 和 E_0 均为常数时，把式(4-16)等式两边同除以机械角速度 Ω，得电磁转矩为

$$T_{em}=3\frac{E_0U}{\Omega X_d}\sin\theta+\frac{3U^2(X_d-X_q)}{2\Omega X_qX_d}\sin2\theta \tag{4-22}$$

同步电动机的电磁转矩 T_{em} 与功率角 θ 的关系 $T_{em}=f(\theta)$，称为同步电动机的矩角特性。凸极同步电动机的电磁转矩 T_{em} 与功率角 θ 的关系也可画出来，其形状如图 4.16 所示。对于隐极式同步电动机，在某固定励磁电流条件下，其电磁转矩 T_{em} 与功率角 θ 的关系为

$$T_{em}=3\frac{E_0U}{\Omega X_c}\sin\theta \tag{4-23}$$

根据式(4-23)，可以绘出隐极式同步电动机的矩角特性，如图 4.17 所示。

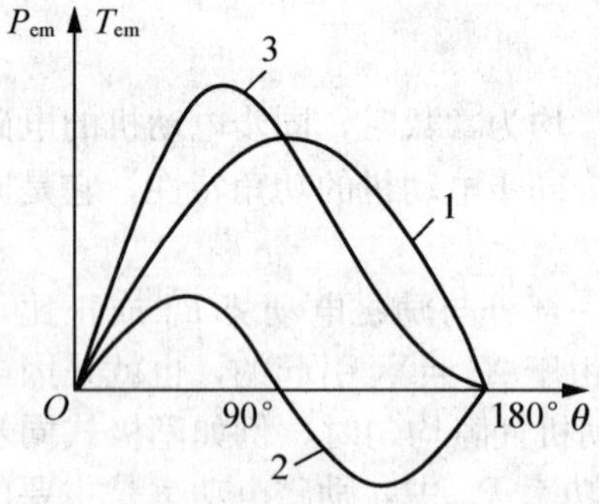

图 4.16 凸极同步电动机的功角特性曲线

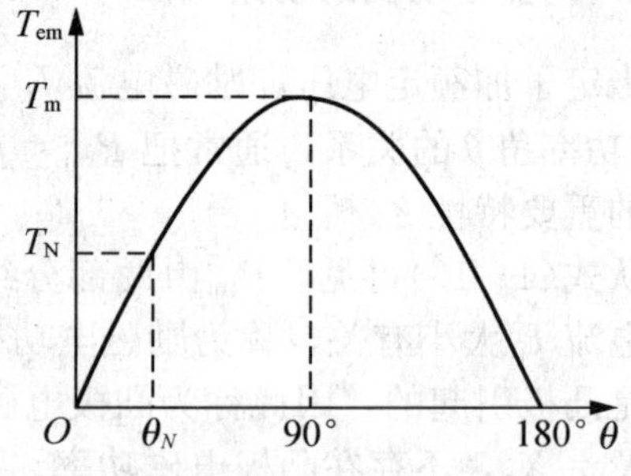

图 4.17 隐极式同步电动机的矩角特性

4.3.4 同步电动机的运行

下面以隐极式同步电动机为例，简单分析同步电动机稳定运行的问题。

1. 同步电动机的稳定运行范围 $\theta=0°\sim90°$

当同步电动机拖动机械负载运行在 $\theta=0°\sim90°$的范围内某一点，如图 4.18 中的 θ_1 时，电磁转矩 T_{em} 与负载转矩 T_L 相等，拖动系统稳定运行。如果由于某种原因，负载转矩突然由 T_L 增大为 T_L'，同步电动机的电磁转矩同时也必须增加至 T_{em}'。根据式(4-23)可分析出，电动机继续同步运行，不过这时运行在 θ_2 角度上。

2. 同步电动机的不稳定运行范围 $\theta=90°\sim180°$

当同步电动机拖动机械负载运行在 $\theta=90°\sim180°$的范围内某一点，如图 4.19 中的 θ_3 时，电磁转矩 T_{em} 与负载转矩 T_L 相平衡。如果由于某种原因，负载转矩突然由 T_L 增大为 T_L'，当励磁电流不变时，θ 角必将增大至 θ_4。根据式(4-23)可分析出，由于 $\theta_4>90°>\theta_3$，

使得 θ_4 处的电磁转矩 T'_{em} 小于 θ_3 处的电磁转矩 T_{em}。电动机的转子转速会偏离同步速，即失去同步(也称失步)而无法工作。可见，在 $\theta=90°\sim180°$ 范围内，电动机不能稳定运行。

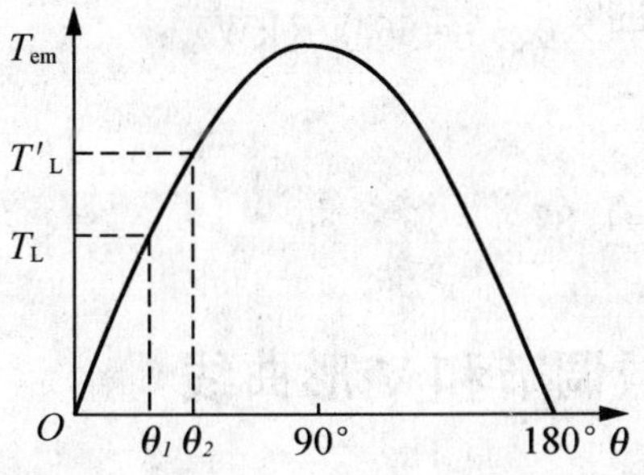

图 4.18　同步电动机的运行稳定性

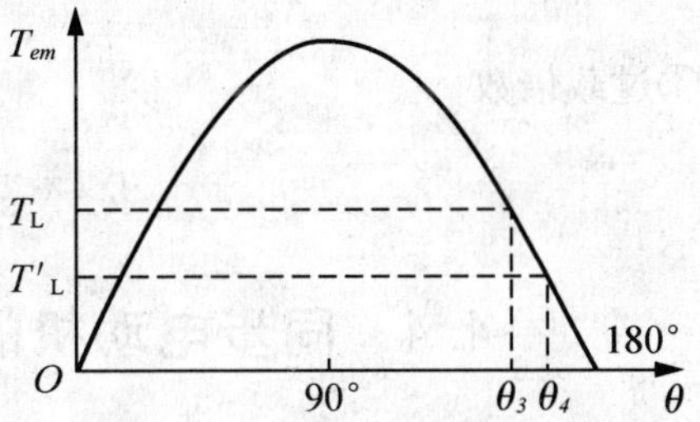

图 4.19　同步电动机非稳定性运行

综合以上分析可见：和异步电动机一样，同步电动机的电磁转矩也不能超过其最大转矩，否则同步电动机将进入不稳定运行范围。

同步电动机的最大电磁转矩 T_m 与额定转矩 T_N 之比，称为过载倍数，用 K_T 表示。即

$$K_T=\frac{T_m}{T_N}\approx\frac{\sin 90°}{\sin\theta_N}=2\sim3.5 \tag{4-24}$$

根据式(4-24)可知，隐极式同步电动机额定运行时，$\theta_N\approx16.5°\sim30°$。对凸极式同步电动机额定运行的功率角 θ 还要小些。

例 4-3　一台隐式同步电动机，额定电压 $U_N=6000$V，额定电流 $I_N=71.5$A，额定功率因数 $\cos\varphi_N=0.9$(超前性)，定子绕组为 Y 接，同步电抗 $X_C=48.5\Omega$，忽略定子电阻 R_1。电动机额定运行时，求

①空载电动势(励磁电动势)E_0；　②功率角 θ_N；

③电磁功率 P_{em}。　④过载倍数 K_T。

解： 先求 φ_N

$$\varphi_N=\arccos 0.9=25.8°$$

①求 E_0

$$E_0=\sqrt{\left(\frac{U_N}{\sqrt{3}}\sin\varphi_N+I_NX_t\right)^2+\left(\frac{U_N}{\sqrt{3}}\cos\varphi_N\right)^2}$$

$$=\sqrt{\left(\frac{6000}{\sqrt{3}}\times0.4359+71.5\times48.5\right)^2+\left(\frac{6000}{\sqrt{3}}\times0.9\right)^2}$$

$$=5854.3(\text{V})$$

②先求 ψ 角

$$\psi=\arctan\frac{\frac{U_N}{\sqrt{3}}\sin\varphi_N+I_NX_t}{\frac{U_N}{\sqrt{3}}\cos\varphi_N}=\arctan\frac{\frac{6000}{\sqrt{3}}\times0.4359+71.5\times48.5}{\frac{6000}{\sqrt{3}}\times0.9}$$

$$=\arctan\frac{1510+3467.75}{3117.7}=58°$$

$$\therefore\theta=\psi-\varphi_N=58°-25.8°=32.2°$$

③电磁功率 P_{em}

$$P_{em}=\frac{3\dfrac{U_N}{\sqrt{3}}E_0}{X_t}\sin\theta_N=\frac{3\times 6000\times 5854.3}{\sqrt{3}\times 48.5}\times 0.53=664.9(\text{kW})$$

④过载倍数

$$K_T=\frac{1}{\sin\theta_N}=\frac{1}{0.53}=1.87$$

4.4　同步电动机的功率因数调节和V形曲线

4.4.1　同步电动机的功率因数调节

在同步电动机的定子电压 U、频率 f 和输出功率不变的情况下，改变它的励磁电流 I_f，就能调节它的功率因数。为了简单起见，在分析过程中忽略电动机的各种损耗，并采用隐极式同步电动机电动势相量图来进行分析，所得结论完全可以用在凸极式同步电动机上。

同步电动机输出功率不变时，转轴输出的转矩 T_2 不变，由于忽略了空载损耗，同步电动机的电磁转矩也为常数，即

$$T_{em}=3\frac{E_0U}{\Omega X_c}\sin\theta=常数 \tag{4-25}$$

从式(4-25)可见，定子电压 U、频率 f 以及 X_c 均为常数时，$E_0\sin\theta$ 必为常数。当负载转矩不变时，在忽略电动机的各种损耗的情况下，电动机的输入功率 P_1 不变，即 $P_1=3UI\cos\varphi=$常数，由于电压 U 不变，必有 $E_0\sin\theta=$常数，$I\cos\varphi=$常数。

根据隐极式同步电动机的电压方程 $\dot{U}=\dot{E}_0+\mathrm{j}I_cX_c$(忽略定子电阻)，画出不同励磁电流 I_{f1}、I_{f2}、I_{f3}时的相量图，如图4.20所示。从图4.20可看出同步电动机功率因数 $\cos\varphi$ 随励磁电流 I_f 而变化的规律。其中 $E_{02}<E_{01}<E_{03}$ 为不同励磁电流时的空载电势，对应 $I_{f2}<I_{f1}<I_{f3}$。

1. *正常励磁状态*

当励磁电流 I_f 的大小使定子电流 $\dot{I}$ 与 $\dot{U}$ 同相位时，称为正常励磁状态，如图4.20中的$\dot{E}_{01}$和$\dot{I}_1$相量($\varphi=0$)。这时，同步电动机只从电网吸收有功功率，不吸收无功功率。这种情况下运行的同步电动机像纯电阻负载，功率因数 $\cos\varphi=1$。

2. *欠励磁状态*

当励磁电流 I_f 比正常励磁电流小时，称为欠励磁状态。如图4.20中的$\dot{E}_{02}$和$\dot{I}_2$。这时 $E_{02}<U$，定子电流$\dot{I}_2$落后 $\dot{U}\varphi_2$ 角。同步电动机除了从电网吸收有功功率外，还要从电网吸收滞后的无功功率。这种情况下运行的同步电动机像是个电阻电感负载。同步电动机很少采用这种运行方式。

3. *过励磁状态*

当励磁电流 I_f 比正常励磁电流大时，称为过励磁状态，如图4.20中的$\dot{E}_{03}$和$\dot{I}_3$，这时

$E_{02}>U$，定子电流 $\dot{I}_3$ 领先 $\dot{U}\varphi_3$ 角。同步电动机除了从电网吸收有功功率外，还要从电网吸收超前的无功功率。这种情况下运行的同步电动机，像是个电阻电容负载。可见，过励磁状态下的同步电动机对改善电网的功率因数有很大的好处。

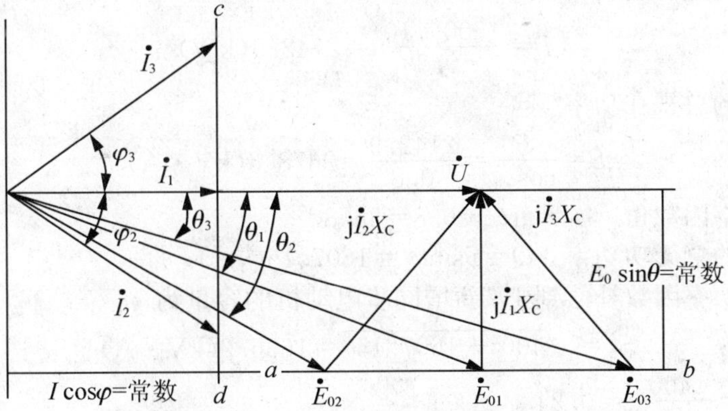

图 4.20　同步电动机调节励磁电流相量图

总之，同步电动机拖动负载运行时，一般要过励，至少要运行在正常励磁状态下，不能运行在欠励磁状态。

4.4.2　同步电动机的V形曲线

同步电动机的V形曲线是指在电网电压、频率和电动机输出功率为常数的情况下，定子电流 I 和励磁电流 I_f 之间的关系曲线，即 $I=f(I_f)$ 曲线。由于励磁电流变化时，定子电流变化规律像V字形状，故称V形曲线。

根据V形曲线的定义在3种励磁电流情况下，只有正常励磁时，定子电流为最小，过励磁或欠励磁时，定子电流都会增大。把定子电流 I 的大小与励磁电流 I_f 大小的关系，用曲线表示，如图 4.21 所示。

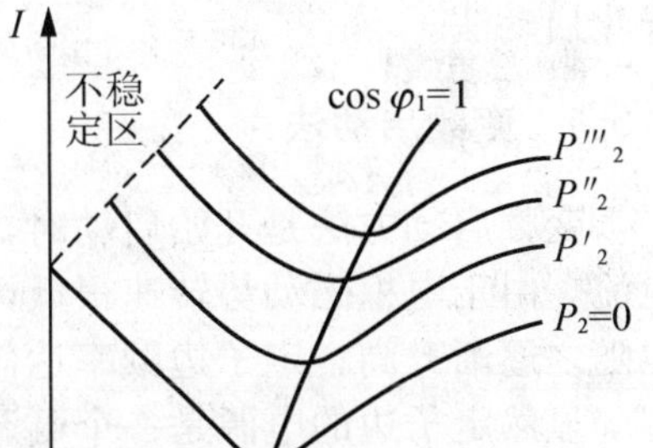

图 4.21　同步电动机的V形曲线

当电动机输出某一个恒定功率时，对应有一条V形曲线，如图 4.21 所示。从V形曲线可以直观地看出同步电动机的定子电流 I、励磁电流 I_f 和输出功率 P_2 之间的关系。输出功率越大，在相同的励磁电流条件下，定子电流增大，所得V形曲线往右上方移。因此图 4.21 中各条V形曲线对应的功率为 $P_2'<P_2''<P_2'''$。

对每条V形曲线，定子电流都有一个最小值，这时定子仅从电网吸收有功功率，功率因数 $\cos\varphi=1$。把这些点连起来，称为 $\cos\varphi=1$ 线。$\cos\varphi=1$ 线向右倾斜，说明同步电动机输出为纯有功功率时，随输出功率增大，励磁电流必须相应增加。$\cos\varphi=1$ 线的左边是欠励区；右边是过励区。图 4.21 中虚线以左为不稳定区。同步电动机最好也不要运行在欠励磁状态。

例 4－4　某企业电源电压为 6000V，内部使用了多台异步电动机，其总输出功率为 1500kW，平均效率为 70%，功率因数为 $\cos\varphi_1=0.8$(滞后)。企业新增一台 400kW 设备，计划采用运行于过励状态的同步电动机拖动，补偿企业的功率因数到1。(不计发电动机本身损耗)试求：

①同步电动机的容量；②同步电动机的功率因数。

解：①输入的总有功功率

$$P=\frac{1500\times 10^3}{0.7}=2142.9(\text{kW})$$

输入的总视在功率

$$S=\frac{P}{\cos\varphi_1}=\frac{2142.9}{0.8}=2678.6(\text{kV}\cdot\text{A})$$

原功率因数角　$\varphi_1=\arccos 0.8=36.87°$

输入的总无功功率　$Q=S\sin\varphi_1=1607.15(\text{var})$

总的功率因数补偿到1，新增同步电动机的容量为

$$S_N=\sqrt{400^2+1607.15^2}=1656.2(\text{kV}\cdot\text{A})$$

②$\cos\varphi=\frac{400}{1656.2}=0.24$

4.5　同步电动机的启动

同步电动机只有处在同步速度时，定子、转子磁场才相对静止，才能产生单一方向的电磁转矩。如将同步电动机加励磁后直接投入电网，由于定子电流产生的磁场为同步转速，而转子磁场为静止不动，定子、转子磁场间具有相对运动，它们相互作用产生的正负值迅速交变的脉振转矩，其平均转矩为零，故同步电动机不能自行启动。因此，要启动同步电动机必须借助于其他方法。目前同步电动机常用的启动方法有两种，即变频启动法和异步启动法。

4.5.1　变频启动法

变频启动方法是开始启动时，转子先加上励磁电流，定子边通入频率很低的三相交流电流，由于电枢磁动势转速很低，转子便开始旋转。定子边电源频率逐渐升高，转子转速也随之逐渐升高；定子边频率达额定值后，转子也达额定转速，启动完毕。

显然定子边的电源是一个可调频率的变频电源，一般是采用变频器。大型同步电动机采用变频启动方法的日渐增多。

小知识：变频技术与变频器

变频就是改变供电频率。变频技术的核心是变频器，它通过对供电频率的转换来实现电动机运转速度率的自动调节，把50Hz的固定电网频率改为30～130Hz的变化频率。同时，还使电源电压适应范围达到142～270V，解决了由于电网电压的不稳定而影响电器工作的难题。通过改变交流电频的方式实现交流电控制的技术就叫变频技术。

变频器一般是利用电力半导体器件的通断作用将工频电源变换为另一个频率的电能控制装置。

4.5.2　异步启动法

异步启动法即在凸极式同步电动机的转子上装置阻尼绕组而获得启动转矩，是一种常

用的异步启动法。阻尼绕组和异步电动机的笼型绕组很相似，只是它装在转子磁极的极靴上，如图 4.22 所示，所以有时也把这种阻尼绕组称为启动绕组。

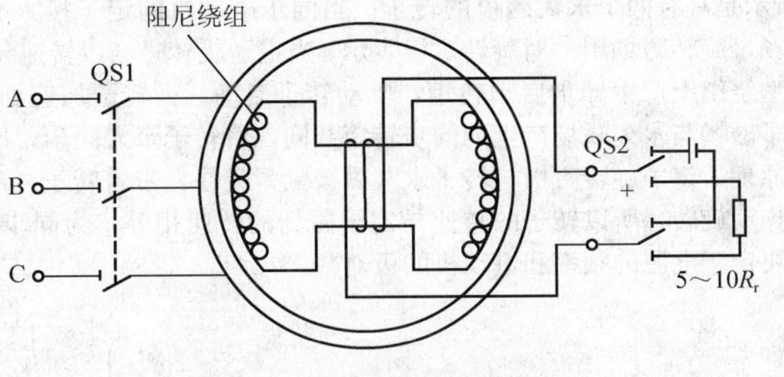

图 4.22　异步启动法原理接线图

同步电动机的异步启动与三相异步电动机的启动运行类似。同步电动机可采用在额定电压下直接启动，也可用降压启动，如Y-△启动、自耦变压器降压启动或串电抗器启动等。启动电路如图 4.22 所示。启动时，先把 QS2 与电阻闭合，再把开关 QS1 闭合将同步电动机的定子绕组接通三相交流电源，这时定子旋转磁场在阻尼绕组中感应出电流，此电流与定子旋转磁场相互作用而产生异步电磁转矩，同步电动机便作为异步电动机而启动。当同步电动机的转速达到同步转速的 95%左右(又称准同步转速)时，再将双刀双抛开关 QS2 合向直流电源，励磁绕组与直流电源接通，转子产生恒定磁场。由于这时转差很小，只要磁场足够大，转子磁场与定子磁场之间的相互吸引力便能使转子提高到同步转速，跟着定子旋转磁场以同步转速旋转，从而将同步电动机牵入同步运行。

值得注意的是，启动时先把同步电动机的励磁绕组通过一个电阻短接，这是因为启动时，励磁绕组不能开路。否则，在大转差时，气隙旋转磁场在励磁绕组里感应出较高的电动势，有可能损坏它的绝缘。但是，也不能把励磁绕组短路，否则，励磁绕组中感应的电流产生的转矩，有可能使电动机启动不到接近同步速的转速。因此，在同步电动机启动过程中，在它的励磁电路中必须串入大约 5～10 倍励磁绕组电阻 R_r 的附加电阻，这样就可以克服上述的缺点，达到启动的目的。等启动到接近同步转速时，再把所串的电阻去除，通以直流电流，完成启动的过程。

4.6　微型同步电动机

在自动控制系统中，往往需要恒转速传动装置，要求电动机具有恒定不变的转速，即要求电动机的转速不随负载或电源电压的变化而改变。而微型同步电动机就是具有这种特性的电动机。根据其转子的结构型式不同，微型同步电动机主要分为永磁式微型同步电动机、反应式微型同步电动机和磁滞式微型同步电动机。

4.6.1　永磁式同步电动机

永磁式微型同步电动机的转子是由永久磁钢制成的，可以是两极，也可以是多极的，N、S 极沿圆周方向交替排列，其工作原理比较简单，图 4.23(a)所示为四极转子，(b)为二极转子。转子上装有鼠笼绕组，作为启动绕组。转子极数必须与定子绕组产生的旋转磁场的极数相等。

图 4.24 所示是具有两个永久磁极的转子。当同步电动机的定子接入交流电源后，产生一个旋转磁场，旋转磁场用一对旋转磁极表示。当定子旋转磁场以转速 n_1 沿图示方向旋转时，转子笼型绕组上产生异步启动转矩，驱动转子启动。当转子加速到接近同步之后，异步转矩同定子磁场与永久磁场产生的同步转矩共同，将转子牵入同步，即根据 N 极与 S 极相互吸引的原理，定子旋转磁极与转子永久磁极紧紧吸住，带着转子一起旋转。由于转子靠旋转磁场拖动旋转，所以转子的转速与定子磁场的转速相等，为同步转速 n_1。可见，转子的转速只决定于电源的频率和电动机的极对数。

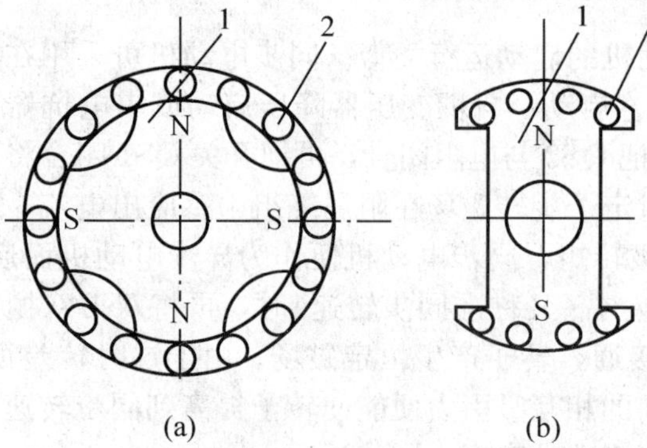

图 4.23　永磁式微型同步电动机转子形式

1—永久磁铁；2—鼠笼启动绕组

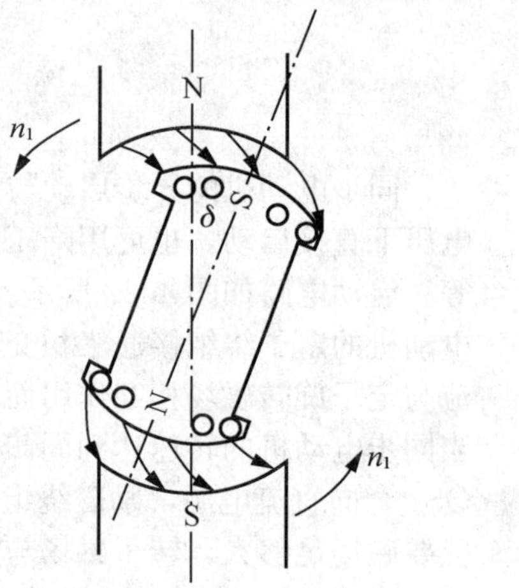

图 4.24　永磁式微型同步电动机工作原理图

永磁式电动机不能自行启动，一般采用异步启动，即在转子上装上鼠笼启动绕组，在启动过程中产生异步启动转矩启动。等到转子转速上升到接近同步转速时，定子旋转磁场就与转子永久磁钢相互吸引把转子拉入同步，以同步转速旋转。在同步电动机正常运行时，鼠笼绕组不再起作用。

4.6.2　反应式同步电动机

反应式同步电动机就是没有直流励磁的凸极式同步电动机。其定子与一般同步电动机或异步电动机相同，转子结构型式多种多样。

反应式微型同步电动机的转子本身是没有磁性的，主极磁通为零，只能依靠转子上两个正交方向磁阻的不同而产生电磁感应转矩，所以又称磁阻电动机。

现以简单模型说明反应式同步电动机的工作原理，定子旋转磁场用一对磁极来表示，如图 4.25 所示。

反应式同步电动机空载时，定子旋转磁场的轴线与转子直轴轴线重合，磁力线不发生扭斜，电磁转矩 $T_{em}\approx 0$。当电动机转轴上加上机械负载时，由于转矩不平衡，转子发生瞬时减速，转子的直轴将落后旋转磁场的磁极轴线一个 θ 角，如 $\theta=45°$。引起磁场发生扭斜，磁力线被拉长。被拉长的磁力线，力图使转子转动，从而使磁路的磁阻降低，由此产生与定子磁场转向相同方向的电磁力，形成电磁转矩，即反应式转矩，与负载转矩相平衡，转子直轴与旋转磁场轴线保持这一角度，以和定子旋转磁场相同的同步转速同向旋转。

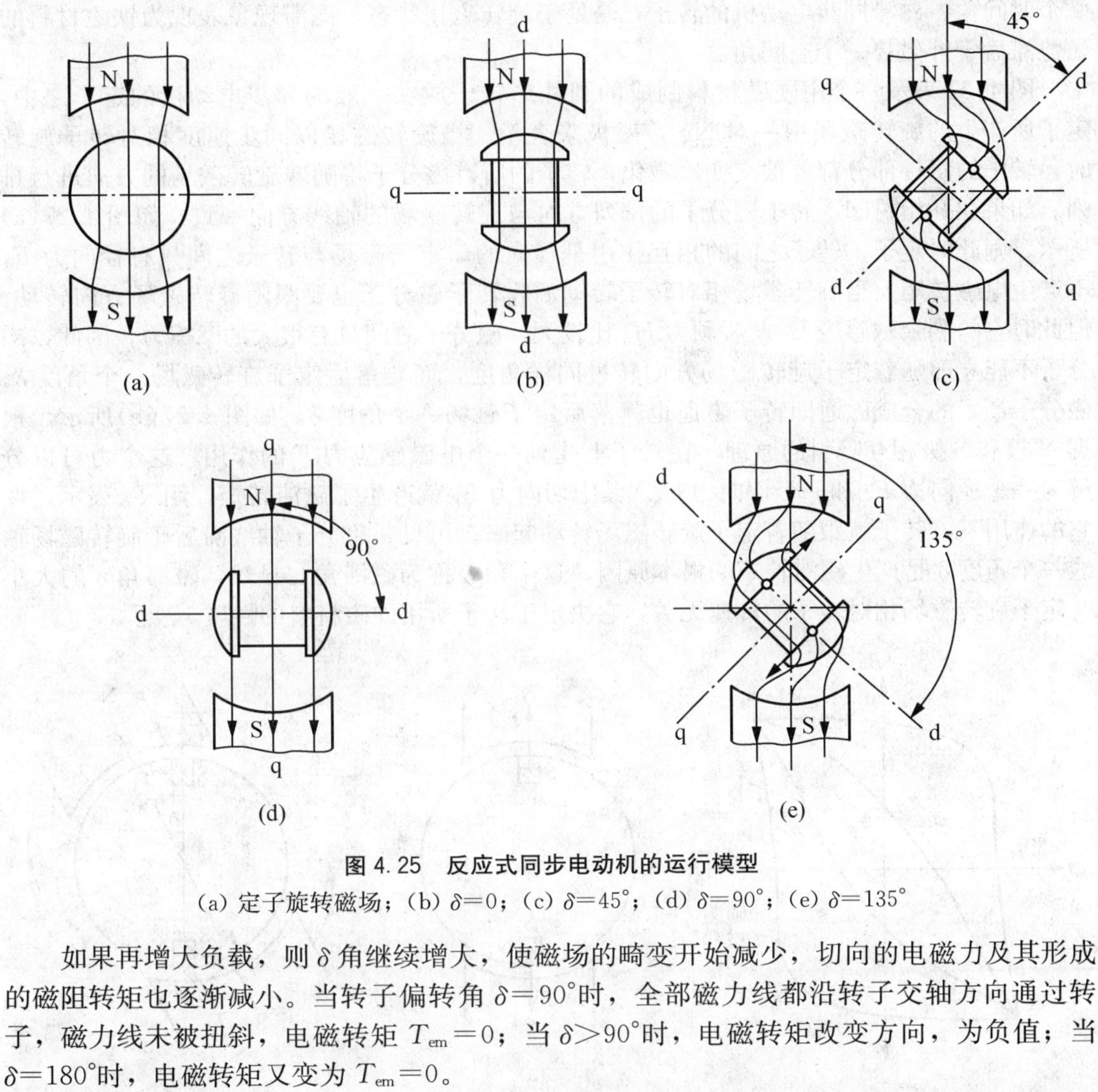

图 4.25　反应式同步电动机的运行模型

(a) 定子旋转磁场；(b) $\delta=0$；(c) $\delta=45°$；(d) $\delta=90°$；(e) $\delta=135°$

如果再增大负载，则 δ 角继续增大，使磁场的畸变开始减少，切向的电磁力及其形成的磁阻转矩也逐渐减小。当转子偏转角 $\delta=90°$时，全部磁力线都沿转子交轴方向通过转子，磁力线未被扭斜，电磁转矩 $T_{em}=0$；当 $\delta>90°$时，电磁转矩改变方向，为负值；当 $\delta=180°$时，电磁转矩又变为 $T_{em}=0$。

反应式同步电动机只能用于牵入，不能用来启动。与永磁式同步电动机一样，反应式同步电动机的启动也是比较困难的，需有启动措施，通常也在转子上装有供异步启动的笼型绕组作为启动绕组，同时也起到抑制同步电动机振荡的作用。

4.6.3　磁滞式同步电动机

磁滞式同步电动机的转子由硬磁材料制成，一般由磁滞层、轴套、挡板和转轴 4 部分组成，其结构有叠片式和整块式。叠片式转子是用硬磁材料冲片叠压而成的，磁滞层较薄。整块式可由棒料或管状料车削而成，再套在轴套(套筒)上，两边加上挡板固紧。

磁滞式同步电动机结构上的主要特点是它的转子是用硬磁材料制成的，结构型式为隐极式。硬磁材料具有比较宽的磁滞回线，如图 4.26 所示，剩余磁感应 B_r 和矫顽力 H_c 比软磁材料大，反映出硬磁材料磁化时阻碍磁分子运动的相互摩擦力较大，单位场强的磁滞损耗比较大。铁磁材料在交变磁化时，磁滞现象表现为磁感应强度 B 滞后于磁场强度 H 一个时间角。磁滞同步电动机的转子，是处于旋转磁化状态，磁滞现象表现为铁磁材料的磁势滞后于外磁势一个空间角。

图 4.27 表示一个用硬磁材料制成的圆柱形转子放在一般的异步电动机的定子之中，定子所产生的旋转磁场用一对 N、S 磁极来表示。当旋转磁场以同步速度相对转子旋转时，转子的每一部分都要被交变地磁化，转子的所有磁分子将随着旋转磁场的方向进行排列。如果在开始瞬间，转子磁分子的排列方向与旋转磁场的轴线方向一致，如图 4.27(a)所示，则此时定子、转子之间的相互作用是径向的，定子磁场与转子之间只有径向力 F，不产生电磁转矩。当旋转磁场相对转子转动后，转子磁分子也要跟随旋转磁场方向转动。但此时它的剩余磁感应 B_r 及矫顽力 H_c 比较大，磁分子之间具有很大的摩擦力，因此，磁分子不能立即随着定子旋转磁场方向转过同样角度，而要落后定子旋转磁场一个角度 δ。磁分子产生的合成磁通即转子磁通也就落后定子磁场一个角度 δ，如图 4.27(b)所示。根据 N 极和 S 极相互吸引的原理，在转子上受到一个电磁感应力 F 的作用。这个力可以分解为一个径向力 F_n 和一个切向力 F_t。其中切向力 F_t 就产生了磁滞转矩，用 T_Z 表示，在它的作用下，转子就跟随着定子旋转磁场转动起来。可见，磁分子轴线滞后于旋转磁场轴线一个角度 δ 是产生磁滞转矩的根本原因，这个角 δ 称为磁滞角，显然，磁滞角 δ 的大小与定子旋转磁场相对转子的转速无关，它决定于转子所用硬磁材料的性质。

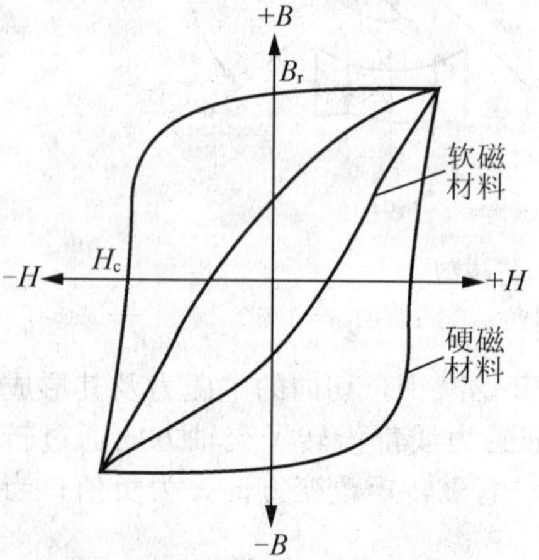

图 4.26　铁磁材料的磁滞回线

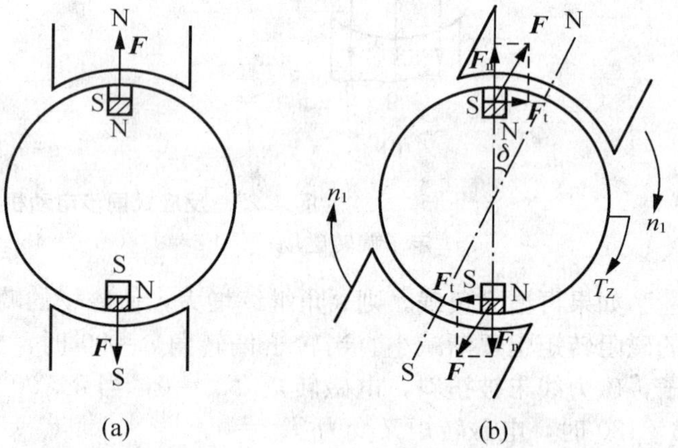

图 4.27　磁滞式同步电动机的工作原理

磁滞式同步电动机最可贵的特点是具有很大的启动转矩，因而它不需要附设任何启动绕组就能很快自己启动，这是磁滞式同步电动机与其他类同步电动机相比具有的最大优点。

4.6.4　微型同步电动机的应用

微型同步电动机的转子速度不随负载和电压的变化而变化，因此广泛应用在恒速运转的自动控制装置中。根据系统的使用情况不同，各种微型同步电动机的特点和应用范围也不同。

1. 反应式(磁阻式)微型同步电动机

反应式微型同步电动机的主要特点是结构简单、运行可靠、启动特性较好，转子采用凸极结构，使直轴与交轴磁阻不同。但励磁电流大、功率因数低、效率低，适合于大容量转速恒定的系统中。

2. 永磁式微型同步电动机

永磁式微型同步电动机的主要特点是结构简单、运行可靠、效率高，但启动性能不好，体积比较大，适合于要求转速恒定的系统或装置中，如自动记录仪等，主要作为驱动元件。

3. 磁滞式微型同步电动机

磁滞式微型同步电动机的主要特点是不需要启动绕组能自行启动，能将负载平稳地拉入同步。此外，结构简单、运行可靠、运行噪音低，但是功率因数和效率都很低。适合于恒速传动的自动装置和自动控制系统中，如精确的自动计时装置等，主要用作驱动元件，它在异步状态运行时，还可用作伺服系统驱动元件用。

世界之最：世界上最小、最快和最大的同步电动机

意大利博洛尼亚大学的温森托·巴利扎尼博士与西班牙及美国同事研制成世界上最小和最快的纳米级电动机，它由一个分子组成。取名为 rotaxane 的单分子电动机的直径仅为 5nm，它具有环形结构(图 4.28)，能向前或向后移动 1.3nm，这一环形结构可与经典内燃机活塞相比拟，因为纳米电动机能以 4 冲程方式工作。

新型纳米电动机可用来研制纳米机器和“化学计算机”，能在细胞内部运送药物，并能应用到其他类似领域。

现运行于美国弗吉尼亚州国立超音速研究所风洞实验室的 100MW 交-直-交变频调速同步电动机，是当今世界最大的无级调速同步电动机，是瑞士 ABB 公司于 1997 年底制造成功的。

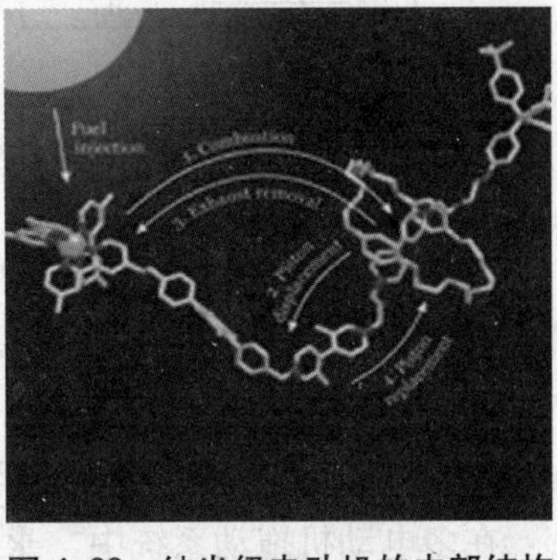

图 4.28　纳米级电动机的内部结构

4.7　同步电动机的控制原理

同步电动机使用电力半导体变流装置供电时，既可以进行开环控制也可进行闭环控制。开环控制时使用电压型变频器(或交交变频器)，通过独立的频率振荡器控制变频器的频率。当变频器的频率恒定时，同步电动机的运行方式和常规电动机相同，电动机的转速为同步转速，转矩角随着负载的增加而增加，直至牵出同步，突加负载时会发生不规则的振荡。

对于自控式同步电动机系统，在电动机的轴上装有位置传感器，变频器的触发信号或通断信号由位置传感器决定，从而使变频器的频率追随电动机的速度。这种同步电动机的性能类似于直流电动机，所不同的是这里采用电子换向器，而不是机械换向器。它具有直流电动机的良好的传动性能，又克服了直流电动机需要机械换向器的缺点。其转矩角可控制为恒定，与负载转矩无关。当负载变化时，电动机的转速和直流电动机一样也会发生变化，但由于变频器的频率随着转速的变化而变化，因此电动机不会被牵出同步。

4.7.1 同步电动机使用电压型变频器的开环控制

图 4.29 所示是电压型变频器供电的同步电动机开环控制的系统方框图。该系统适合多台同步电动机的驱动，只用一台变频器供电。多电动传动常用于各电动机的转速要求相同的场合。如果变频器的频率设定使用高稳定性的频率振荡器，可以得到所期望同步电动机的转速，且与负载无关。当然，变频器的输出电压应该是可以控制的。电压控制可以采用开环控制，也可采用闭环控制。使用 PWM 控制时可以开环控制变频器的输出电压。进行闭环控制时可以检测变频器的输出作为反馈电压，使用晶闸管相控整流时可检测变频器直流侧的电压作为反馈电压，经过电压调节器控制晶闸管的触发角。

对于恒转矩控制，同步电动机的电压和频率应成比例控制，即在恒定 U/f 控制条件下运行。在轻载和低速时，可能会出现振荡。振荡时同步电动机特别是反应式同步电动机的转速在某一转速上下摇摆。如果变频器的电压控制器能够进行快速调节，则同步电动机的速度振荡可以得到抑制。加大励磁即提高 U/f 的比值也可减少振荡。

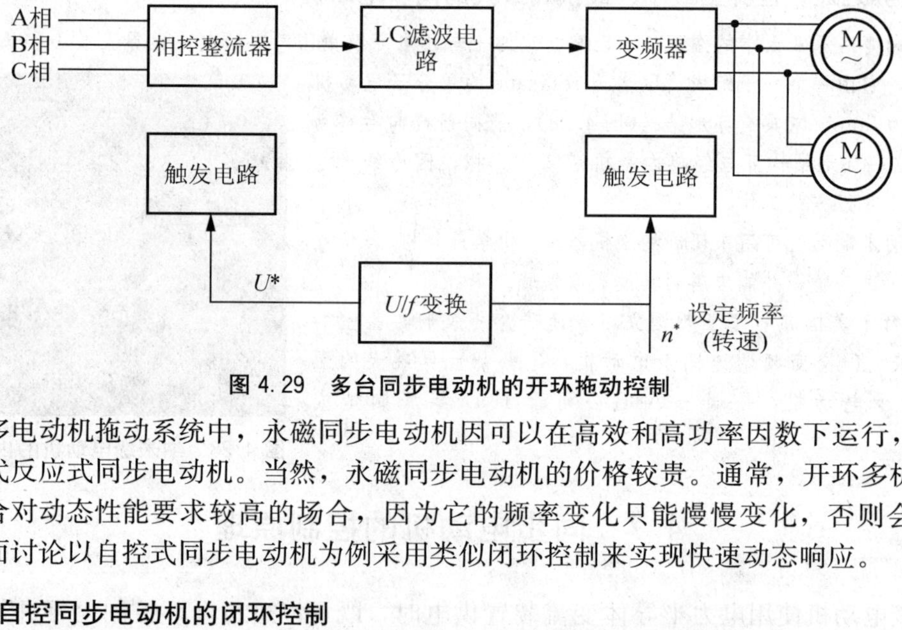

图 4.29 多台同步电动机的开环拖动控制

在多电动机拖动系统中，永磁同步电动机因可以在高效和高功率因数下运行，所以在逐步取代反应式同步电动机。当然，永磁同步电动机的价格较贵。通常，开环多机控制系统不适合对动态性能要求较高的场合，因为它的频率变化只能慢慢变化，否则会失去同步。下面讨论以自控式同步电动机为例采用类似闭环控制来实现快速动态响应。

4.7.2 自控同步电动机的闭环控制

自控同步电动机就是通常所说的直流无换向器电动机，其结构是同步电动机，而运行方式和直流电动机相同，因采用电子换向器，故被称为电子换向器电动机。

按运行方式来分，无换向器电动机可分为以下两种。

一是交直交无换向器电动机，又称无换向器电动机交-直-交系统。它是由交流电经整流变成直流电，再由晶闸管或晶体管组成的逆变器变成频率可调的交流电供给同步电动机，实质上这是一个频率自控同步电动机的调速系统。这个系统主要由同步电动机、可控整流器、晶闸管或晶体管所组成的逆变器、位置检测器以及控制线路等所组成。

图 4.30 所示是一个典型的无换向器同步电动机电流型交-直-交系统主电路。其中整流器和逆变器均采用晶闸管桥式电路。

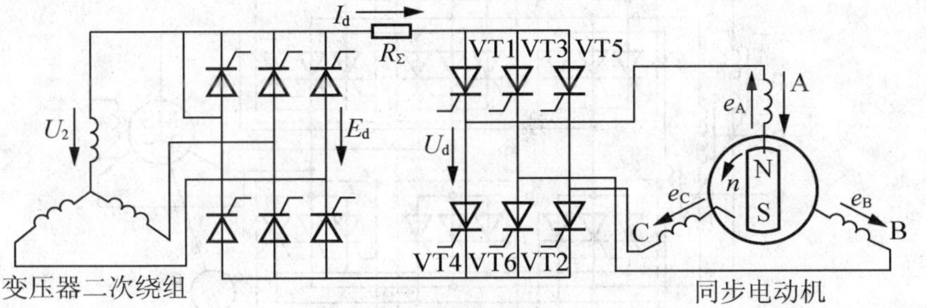

图 4.30　三相无换向器同步电动机主电路

图 4.30 中，R_Σ 为主电路等效电阻，包括平波电抗器的电阻、电枢绕组两相的电阻以及晶闸管正向压降的等效电阻；E_d 为直流电源电动势或整流晶闸管空载输出电压的平均值；U_d、I_d 分别为逆变器直流输入电压及电流的平均值；U 为电动机定子绕组相电压的有效值；u_A、u_B、u_C 分别为电动机定子电枢绕组 A、B 和 C 相电压的瞬时值；ε_0 为晶闸管逆变器的换流超前角；γ 为换流重叠角，不同相晶闸管同时导通的重叠时间；U_2 为三相变压器二次绕组相电压有效值(整流器的输入交流电源电压)；e_A、e_B、e_C 分别为电动机定子电枢绕组 A、B 和 C 相的反电动势瞬时值，当不考虑绕组的阻抗时，e_A、e_B、e_C 分别等于 u_A、u_B、u_C。考虑到逆变器的换流超前角 ε_0 和重叠角 γ 后，电动机的相电势如图 4.31 所示。

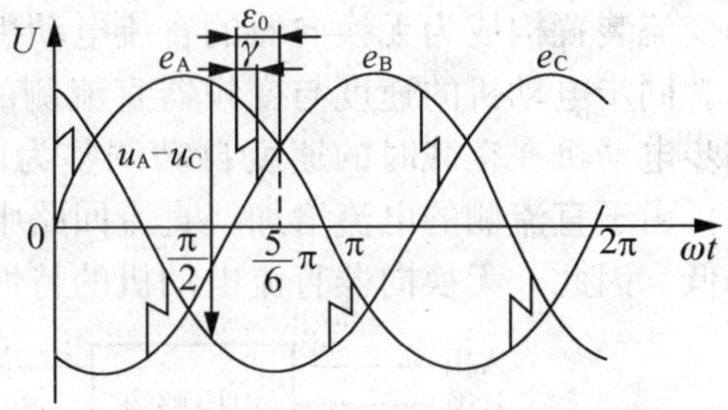

图 4.31　同步电动机绕组电势波形

换向器电动机交-直-交系统有以下特点：逆变桥可采用可关断器件，结构简单、控制灵活；调速范围宽，可达 3000∶1 或更高；使用永磁体励磁转子，制成无刷结构，转子无损耗，效率高。这种电动机适合于高性能的伺服拖动系统，如高档数控机床的给进拖动系统。

二是交-交无换向器电动机，又称无换向器电动机交-交系统。它是利用晶闸管或晶体管组成的变频器，直接把 50Hz 的交流电转换成可变频率的交流电供电的同步电动机，是另一种频率自控同步电动机的调速系统。该系统也是由同步电动机、变频器、位置检测器以及控制线路等所组成，其示意图如图 4.32 所示。

这种电路有以下特点：变流器输出频率在 $\left(\frac{1}{2}\sim\frac{1}{3}\right)$ 电源频率以下，因此只能在 $\left(\frac{1}{2}\sim\frac{1}{3}\right)$ 同步转速以下调速；变流器结构复杂，控制也复杂；电动机功率因数可接近于 1，过载能力大。

而对于无换向器同步电动机的调速，不管是无换向器电动机交-直-交系统还是无换向器电动机交-交系统，其主要调速方法都是采用他励直流电动机改变电枢电压的方法来实现，即通过改变晶闸管导通控制角 α 来改变整流电压 U_d 而实现调速。另外改变转子励磁

电流 I_0，可以改变磁通 Φ 来调速。但对于永磁转子，磁通不能改变，无法进行调磁调速。

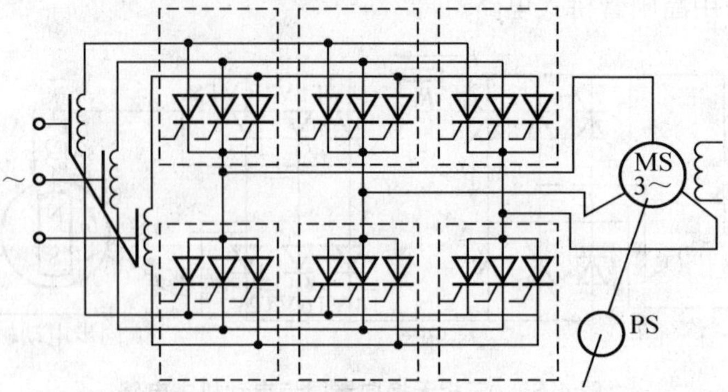

图 4.32　交交无换向器电动机示意图

综上分析，自控式同步电动机的特性似直流电动机，但没有直流电动机机械换向器的缺点。它的缺点是启动和低速时不能采用负载换向，需要一套强迫换流电路。图 4.33 是无换向器直流电动机的系统构成图。事实上，任何同步电动机均可使用一台具有直流环节的变流装置构成为无换向器的直流电动机，用同步电动机轴上位置传感器控制变频器的频率。同步电动机的速度与变频器直流侧的直流电压成比例，改变相控整流器的直流电压，同步电动机在空载时的速度自动调整为电枢感应电势等于整流桥的直流电压。负载运行时，由于直流侧的电流增加，直流回路中的电阻压降随着增加，电动机的速度会出现一些降低。因此，无换向器直流电动机的特性类似并励直流电动机的特性。

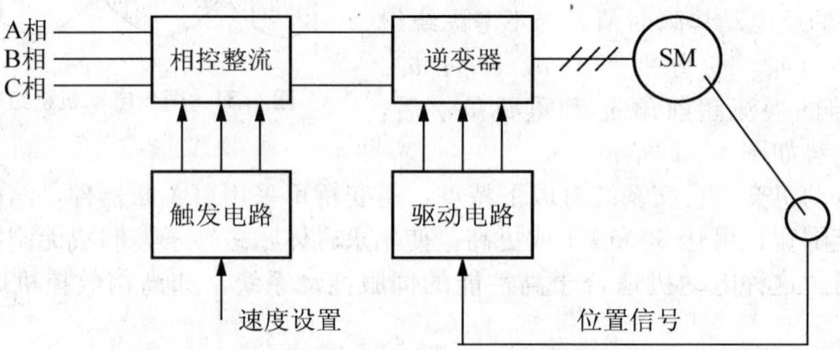

图 4.33　使用相控整流桥的无换向器直流电动机

小知识：换向器

换向器：(英文：commutator)俗称整流子，是直流永磁串激电动机上为了能够让电动机持续转动下去的一个部件，如图 4.34 所示。

换向器包括机械换向器、半塑换向器、全塑换向器。汽车用启动机上采用的换向器主要用机械拱形换向器、塑料换向器。

结构上，换向器是几个接触片围成的圆形，分别连接转子上的每个触头，外边连接的两个电极称为电刷与之接触，同时只接触其中的两个。

图 4.34　换向器

习　题　四

一、填空题

1. 同步电动机和________一样是一种常用的交流电动机，它与________无关，但它的________可调节。

2. 同步电动机是由________和________两个基本部分组成的。定子、转子之间是________。

3. 同步电动机要想作为电动机运行，电源必须向电动机的定子绕组传输________功率，$\dot{U}$ 与 $\dot{I}$ 之间的功率因数角 φ 必须________，才能使电动机运行于电动机状态。

4. 隐极式同步电动机，电动机的气隙是________，而凸极式同步电动机沿定子内圆的圆周方向气隙________。

5. 和异步电动机一样，同步电动机的电磁转矩也不能________，否则同步电动机将进入不稳定运行范围。

6. 同步电动机的机械特性为________，是硬特性。

7. 当励磁电流 I_f 的大小使定子电流 $\dot{I}$ 与 $\dot{U}$ ________时，称为正常励磁状态，在这种情况下运行的同步电动机像________负载，功率因数 $\cos\varphi=1$。

8. 同步电动机拖动负载运行时，一般要________，至少要运行在________状态下，不能让其运行在________状态。

9. 目前，同步电动机常用的启动方法有两种，即________和________。

10. 根据转子的结构型式不同，微型同步电动机主要分为________同步电动机、________同步电动机和________同步电动机。

11. 一台同步电动机拖动一恒转矩负载，额定运行时功率因数为 0.8(超前)。在其他条件不变的情况下增大励磁电流，则会带来以下变化：电动机的电枢电流________，电磁功率________，电磁转矩________，激磁电势________，功率角________，率因数________。

12. 按运行方式来分，无换向器电动机可分为________电动机和________电动机两种。

二、选择题

1. 交流同步电动机的最主要特点是(　　)。

A. $s\geqslant 1$　　　　B. $n_0\neq n$　　　　C. $n_0=n$　　　　D. $s\leqslant 1$

其中 n_0(≥0)代表旋转磁场的转速，n(≥0)代表转子转速，s 代表转差率。

2. 找出关于交流同步电动机正确的论述：(　　)。

A. 交流同步电动机的气隙极小　　B. 交流同步电动机单边励磁

C. 交流同步电动机的功率因数可以调节　　D. 交流同步电动机不能用作电动机

3. 同步电动机的 V 形曲线特性正确表示了如下含义：(　　)。

A. 定子电流与转子电流之间的相互关系

B. 同步电动机的励磁特性

C. 同步电动机的负载特性

D. 同步电动机的功率因数调节特性

4. 假如同步电动机工作于其 V 形曲线特性的极小值处(定子工作电流极小)，则(　　)。

A. 同步电动机呈现容性　　B. 同步电动机呈现阻性

C. 同步电动机呈现感性　　D. 同步电动机空载运行

5. 以下唯一正确的论述是：(　　)。

A. 同步电动机的转子结构只有凸极一种

B. 隐极同步电动机产生附加有功功率分量

C. 同步电动机的转子结构只有隐极一种

D. 凸极同步电动机产生附加有功功率分量

6. 以下唯一错误的论述是：(　　)。

A. 同步电动机无法自启动

B. 同步电动机的启动一般借助于异步启动笼

C. 为增强启动能力，同步电动机启动时转子必须加励磁

D. 同步电动机的启动笼也用于阻尼振荡

7. 一同步电动机带某一负载运行时功率因数为 1，在不改变励磁电流的情况下撤去负载，则此时该电动机的电枢电流为(　　)。

A. 0　　B. 容性电流　　C. 感性电流　　D. 纯有功电流

三、问答题

1. 同步电动机电源频率为 50Hz 时，10 极同步电动机转速是多少？18 极同步电动机转速又是多少？

2. 直流电动机中，可以根据 E_a 和 U 之间的关系判断电动机是发电机还是电动机运行状态，同步电动机中这个结论还正确吗？为什么？决定同步电动机运行于发电机还是电动机状态的条件是什么？

3. 一台凸极同步电动机空载运行时，如果突然失去励磁电流，电动机转速怎样？

4. 同步电动机的工作原理是什么？它与异步电动机有何不同？

5. 同步电动机欠励和过励运行时，分别从电网吸收什么性质的无功功率？

6. 一台同步电动机，按电动机惯例定向，定子电流滞后电压，今不断增加其励磁电流，则电动机的功率因数将怎样变化？

7. 什么是同步电动机的双反应理论？

8. 什么是同步电动机的功角特性？

9. 若将同步电动机转子绕组换为三相对称绕组，并在定子、转子绕组中通入三相对称正弦交流电流时，转子的转动情况如何？

10. 同步电动机启动时，其转子绕组为什么既不能立刻投入励磁电流又不能开路？

四、计算题

1. 已知一台三相同步电动机，额定功率 $P_N=250kW$，额定电压 $U_N=380V$（星形联接），额定功率因数 $\cos\varphi_N=0.8$（超前），额定效率 $\eta_N=0.88$，极对数 $p=3$，定子每相电阻 $R_1=0.03\Omega$，求

(1) 额定运行时定子输入的电功率 P_1。

(2) 额定电流 I_N。

(3) 额定电磁功率。

(4) 额定电磁转矩 T_N。

2. 某工厂使用多台异步电动机，总输出功率 3000kW，平均效率为 80%，功率因数为 0.75（滞后），该厂电源电压为 6000V，由于生产需要增加一台同步电动机，当这台同步电动机的功率因数为 0.8 超前时，已将全厂的功率因数调整到 1，求此时同步电动机承担多少视在功率和有功功率？

3. 有一台同步电动机在额定电压、额定频率、额定负载下（功率因数为超前）运行时，功率角 $\delta=25°$，现因电网发生故障，电网频率下降 5%，负载转矩不变，问功率角有何变化？

4. 一台隐极式同步电动机，最大转矩与额定转矩之比为 2。励磁电流不变，不计电枢电阻，满载运行时外施电压下降到额定电压的 70%时，同步电动机能否稳定运行？外施电压下降到多少时，同步电动机不能稳定运行？

5. 某工厂电力设备的总功率是 4500kW，$\cos\varphi=0.7$（滞后），由于生产发展，欲新添一台 1000kW 的同步电动机并使工厂的总功率因数提高到 0.8（滞后），问此电动机的容量及功率因数是多少（电动机的损耗忽略不计）？

第5章

直流电动机及其拖动控制

直流电动机是最早发明的电动机，虽然其具有结构较复杂、维护不便等缺点，但同时也具有其独有的优点。一方面它具有优良的调速特性、超强的过载能力、快速启动、制动和逆向运转性能，所以其在冶金工业、交通运输、航空、国防中得到了极为广泛的应用。另一方面它可以采用便携的干电池或蓄电池供电，因此在一些家用小电器以及电动玩具中具有广泛的应用。本章主要内容包括直流电动机的结构与工作原理、机械特性、启动、制动、调速、驱动控制电路。

教学目标

- 了解直流电动机的结构、铭牌数据与励磁方式；
- 理解直流电动机的工作原理；
- 掌握直流电动机的基本方程、机械特性、启动、调速与制动；
- 掌握直流电动机的常用驱动控制方法。

教学要求

知识要点	能力要求	相关知识
直流电动机结构与工作原理	(1) 了解直流电动机的结构 (2) 理解直流电动机的工作原理	直流电动机的物理模型
直流电动机的励磁与基本方程式	(1) 了解直流电动机主磁场的几种励磁方式 (2) 掌握直流电动机有关物理的3个基本方程式	直流电动机电路模型
直流电动机的机械特性	(1) 掌握直流电动机机械特性方程 (2) 理解直流电动机的固有和人为机械特性	
直流电动机的启动	(1) 了解直流电动机启动存在的问题 (2) 掌握直流电动机的电枢回路串电阻和降低电枢电压的启动方法	直流电动机转动方向的控制
直流电动机的调速	掌握直流电动机的电枢回路串电阻、降低电枢电压、减弱磁通的调速方法	直流电动机的转速公式

续表

知识要点	能力要求	相关知识
直流电动机的制动	了解直流电动机的能耗、反接、反馈制动	
直流电动机常用驱动控制电路	(1) 掌握微型直流电动机的几种驱动控制电路的工作原理 (2) 了解利用 FPGA 实现对微型直流电动机控制的方法	单片机系统硬件软件设计方法以及 FPGA 系统开发方法

推荐阅读资料

1. 曹承志．电动机、拖动与控制．2008(7)：91－115.
2. 唐介．电动机与拖动．2009(11)：168－215.
3. 潘再平．电动机学．2008(8)：11－61.

基本概念

励磁方式：指直流电动机励磁绕组如何连接、供电从而建立主磁场的问题。

机械特性：指当直流电动机的 U_a、I_a、I_f 保持不变时，转速 n 与电磁转矩 T 的关系，即 $n=f(T)$。

启动：指当电动机接通电源后，转速由零开始逐渐上升到额定值的过程。

调速：指当电动机所带机械负载不变时，通过改变电动机的电气参数的方法来达到调节电动机转轴转速的方法。

制动：指为了加快电动机停车过程，而在电动机转轴上施加一个与旋转方向相反的制动转矩的方法。

控制：指电力拖动系统中，为了满足生产机械的工作要求，而对电动机的启动、调速、制动、转向等运行状态进行的相应控制。

引例：直流电动机从发明到应用

1821 年英国科学家法拉第首先证明可以把电力转变为旋转运动。而后据说是德国的雅可比(图 5.1)最先将之付诸实践，制造出了第一台电动机，如图 5.2 所示。电动机最初的样子是在两个 U 型磁铁中间安装了一个六臂轮，并在每个臂上带两根棒型磁铁，通电后磁铁的吸引力和排斥力推动轮轴转动。

图 5.1　雅可比

图 5.2　雅可比发明的世界第一台电动机

1838 年，雅可比做了一具大型的电动机装置将其安装在小艇上，用 320 个丹尼尔电池供电，小艇在易北河上首次航行，时速只有 2.2km/h。电动机的另一个发展者美国的达文波特，在几乎相同的时间里，也成功地制造了驱动印刷机的电动机，但在当时这两种电动机都没有多大商业价值，用电池作电源，成本太大、不实用。

1870年比利时工程师格拉姆发明了直流电动机，如图5.3所示，但是他发明直流电动机的经过却非常有趣。据说，在1873年奥地利维也纳世博会上，格拉姆送展的本是直流发电机，但是在布展中他偶然接错了线，把别的发电机发出的电接在自己发电机的电流输出端，这时，他惊奇地发现，第一台发电机发出的电流进入第二台发电机电枢线圈里，使得这台发电机迅速转动起来，这是在参展世博会中线路意外搭错造就的“偶然发明”，发电机变成了电动机。在场的工程师、发明家欣喜若狂，因为一件让人们省力的新发明产生了。于是，这种格拉姆型电动机大量制造出来，效率也不断提高。

直流电动机的另一个研究单位德国西门子，几乎也是在格拉姆成功的同一时间，1879年，在柏林工业展览会上，西门子公司不冒烟的电车赢得观众的一片喝彩，西门子电动机车当时只有3马力。后来美国发明大王爱迪生试验的电动机车已达12～15马力，如图5.4所示。

图5.3　格拉姆展示他的直流电动机

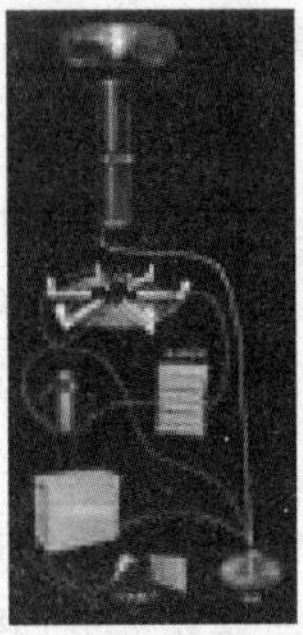

图5.4　爱迪生发明的直流电动机

直流电动机通常可分为有换向器和无换向器两大类。虽然直流电动机在结构、价格、维护方面都不如交流电动机，但是由于交流电动机的调速控制问题一直未得到很好的解决，而直流电动机具有较好的控制特性、调速性能好、启动容易、能够载重启动等优点，所以目前直流电动机的应用仍然很广泛，如电车(图5.5)、索道、起重设备等工业领域。另外，小型直流电动机的应用也很广泛，例如，家电中的录像机和收录机以及遥控电动小车都用到了小型直流电动机(图5.6)。

图5.5　有轨电车

图5.6　遥控小车

5.1　直流电动机的工作原理及结构

5.1.1　直流电动机的工作原理

为了说明直流电动机的工作原理，本节把复杂的直流电动机结构简化为最简物理模型，如图5.7所示。N和S是一对固定不动的磁极，电刷A和B也是固定不动的，A与外接直流电源的正极相连，B与负极相连，外电流总是经电刷A及与之相接触的换向片流入线圈，而从与B相接触的换向片以及B流向外电源负极。图5.7(a)瞬间线圈abcd中电流方向为a→b→c→d，根据电磁力定律，通电导线在磁场中会受到电磁力的作用，依据左手定则，ab边和cd边所受电磁力F的方向如图，作用于线圈切线方向的这一对电磁力F将产生逆时针方向电磁转矩T，使线圈逆时针方向转动。必须注意，换向片是随线圈转动的。根据电磁感应定律，当线圈逆时针方向转动时，ab边和cd边具有切割磁力线的运动，因此将在其中产生感应电动势，依据右手定则，感应电动势e的方向如图，可以看出e的方向与线圈中电流的方向相反，故称反电动势。

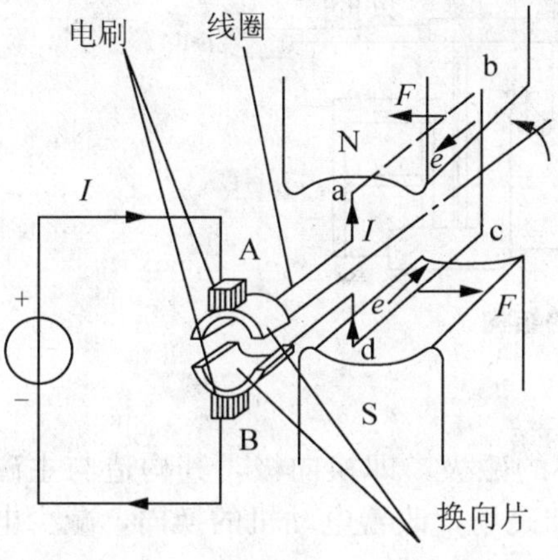

(a)

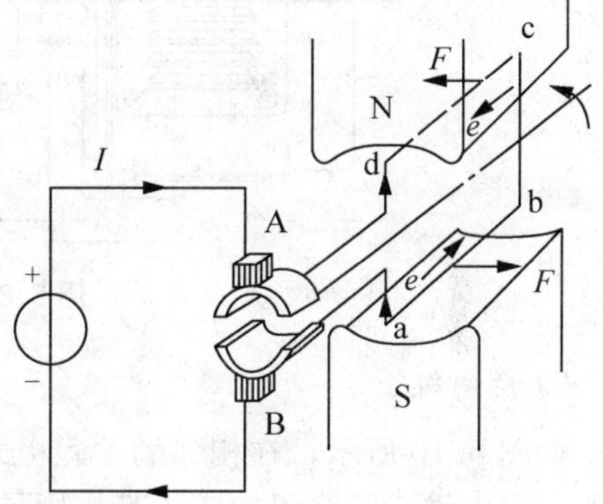

(b)

图5.7 直流电动机的物理模型

(a) ab边在N极下；(b) ab边在S极下

当线圈逆时针方向转过180°后，ab边处于S极下，cd边处于N极下如图5.7(b)所示，此时线圈abcd中电流方向为d→c→b→a，可以看出，线圈中的电流方向发生了变化，ab边和cd边所受电磁力F的方向如图，线圈仍受到逆时针方向电磁转矩作用，维持逆时针方向转动。同理可以得出此时感应电动势e的方向如图，可以看出ab边和cd边中感应电动势e的方向都发生了变化。

以上就是直流电动机的工作原理，必须强调，线圈中的电流是交变的，感应电动势e也是交变的，但线圈所受的电磁转矩T方向是不变的。

5.1.2 直流电动机的基本结构

实际直流电动机的结构分为定子和转子两部分，如图5.8所示，定子顾名思义是静止部分，主要包括机座、主磁极、电刷装置、端盖等；转子为可动部分，主要包括电枢铁心、电枢绕组、换向器、转轴等。

1. *主磁极*

主磁极即物理模型中的固定磁极，实际电动机中由励磁绕组和主磁极铁心组成，其作用是产生主磁场，如图5.9所示。主磁极铁心一般由1～1.5mm厚的钢片叠成，固定在机座上，机座也是磁路的一部分；当励磁绕组按照一定的连接方式通入一定大小的电流，就建立起主磁场；改变励磁电流的方向，就可改变主磁极的极性，也就改变了主磁场的方向。小型直流电动机中，也有用永久磁铁作为主磁极的称为永磁直流电动机，广泛应用于家用小电器、电动玩具中。

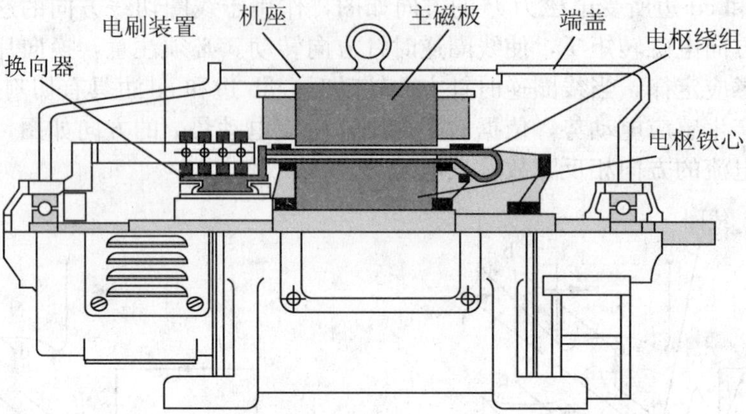

图 5.8　直流电动机的结构

2. 换向极

如图 5.10 所示，在相邻的主磁极之间有一个小的磁极，即换向极，其构造与主磁极相似，也由铁心和绕组构成；其作用是通过产生附加磁场，改善电动机的换向，减少电刷与换向片之间的火花。

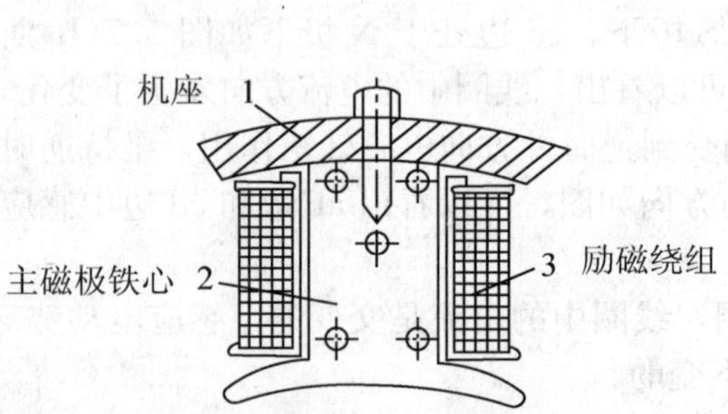

图 5.9　直流电动机的主磁极

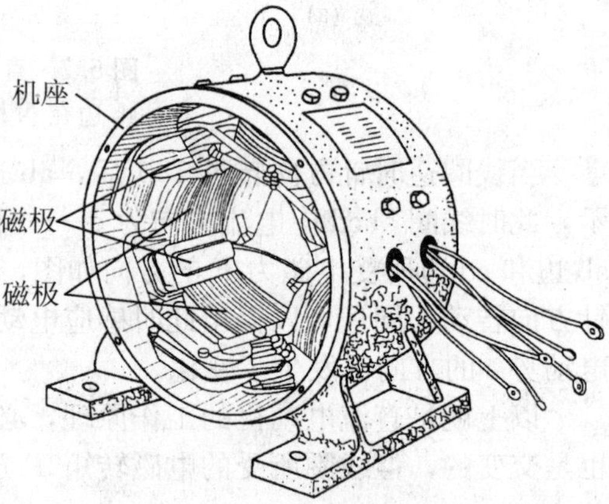

图 5.10　直流电动机的定子

3. 电枢铁心

如图 5.11 所示，电枢铁心是电动机的转子部分，也是主磁路的一部分，由于其中通过的是交变的磁通，为了减少磁滞损耗和涡流损耗，通常采用表面涂有绝缘漆的 0.5mm 的硅钢片叠成圆筒形铁心，铁心表面均匀分布的槽是用来放置电枢绕组的。

4. 电枢绕组

电枢绕组即物理模型中的线圈 abcd，实际电动机中，电枢绕组是由许多按一定规律连接的线圈组成，均匀放置在电枢铁心槽内，如图 5.11 所示。它是电动机的主要电路部分，是实现机电能量转换的枢纽，所以称为电枢绕组。

5. 换向器

如图 5.12 所示，换向器由许多换向片组成，换向片之间用云母绝缘，电枢绕组的每一个线圈两端分别接在两个换向片上，它的作用是将电刷上的直流电流转换为绕组中的交流电流。

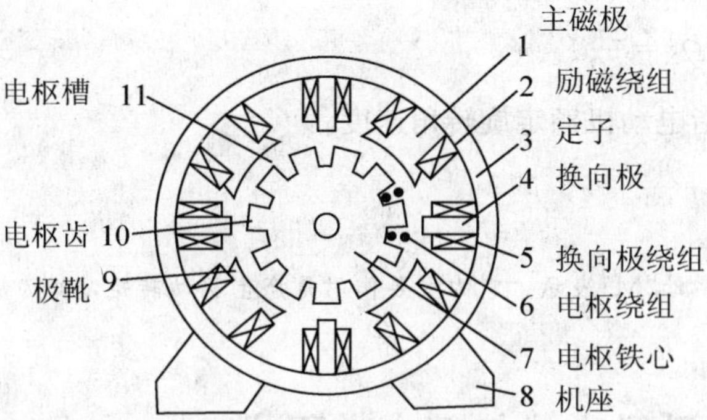

图 5.11 直流电动机剖面图

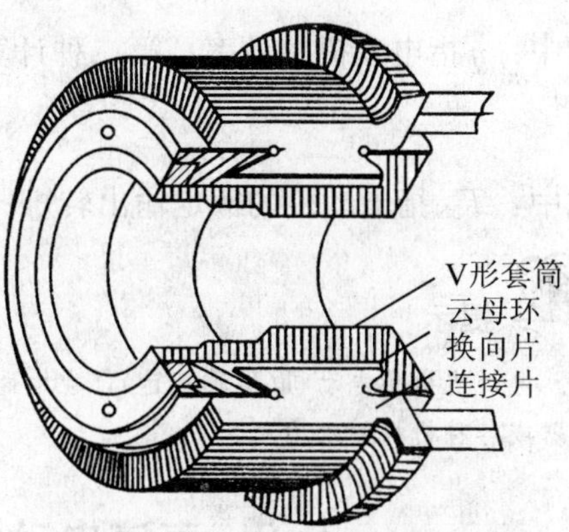

图 5.12 直流电动机的换向器

小知识：有刷和无刷直流电动机

无刷直流电动机和一般的永磁有刷直流电动机相比，在结构上有很多相似之处，用装有永磁体的转子取代有刷直流电动机的定子磁极，用具有三相绕组的定子取代电枢，用逆变器和转子位置检测器组成的电子换向器取代有刷电动机的机械换向器和电刷，就得到了三相永磁无刷直流电动机。和有刷电动机相比，无刷电动机由于革除了滑动接触机构，因而消除了故障的主要根源，主要特点是转速精度高、运行噪音小、电磁噪音低、电源利用率高、故障率低。家用电器中的空调器、电冰箱、风扇、洗衣机、跑步机等应用无刷电动机已经十分普遍。

5.1.3 直流电动机的铭牌数据

铭牌数据即电动机的额定值，是电动机制造厂家对电动机正常运行时，对有关的电量或机械量所规定的数据。

1. 额定电压 U_N

指电动机在额定运行状态下，电枢绕组上输入电压的额定值。

2. 额定励磁电压 U_{fN}

指电动机额定运行状态下，励磁绕组上输入电压的额定值。

3. 额定电流 I_N

指电动机额定运行状态下，电枢绕组输入电流的额定值。

4. 额定电流 I_{fN}

指电动机额定运行状态下，励磁绕组上输入电流的额定值。

5. 额定转速 n_N

指电动机在额定运行状态下转子的转速。

6. 额定功率 P_N

指电动机转轴上输出的机械功率，单位为 W 或 kW，可通过两种方法计算，第一种计算方法是

$$P_N = U_N I_N \eta \tag{5-1}$$

式中：η 指电动机的效率；第二种计算方法是

$$P_N = T_{2N}\Omega_N = \frac{2\pi}{60} T_{2N} n_N \tag{5-2}$$

式中：T_{2N} 指电动机的额定输出转矩；Ω_N 指电动机额定旋转角速度。

提示

电动机也称电动机(俗称马达)，在电路中用字母“M”表示。它的主要作用是产生驱动转矩，作为用电器或各种机械的动力源。

5.2 直流电动机的励磁方式与基本方程式

直流电动机可分为特种电动机、电磁式电动机和永磁式电动机。特种电动机一般无绕组，驱动较为复杂，作为电动机的一种已自成体系。永磁直流电动机是用永磁体建立磁场的一种直流电动机，广泛应用于各种便携式的电子设备或器具中，如录音机、VCD 机、电唱机、电动按摩器及各种玩具。本节主要介绍电磁式电动机的励磁方式以及相关物理量的基本方程式。

5.2.1 直流电动机的励磁方式

励磁方式是指直流电动机励磁绕组如何联接、如何供电以产生励磁磁动势而建立主磁场的问题，按照励磁方式的不同，直流电动机可分为他励、并励、串励、复励等几种，如图 5.13 所示。他励指电枢绕组和励磁绕组无联接关系，分别由不同直流电源供电；并励

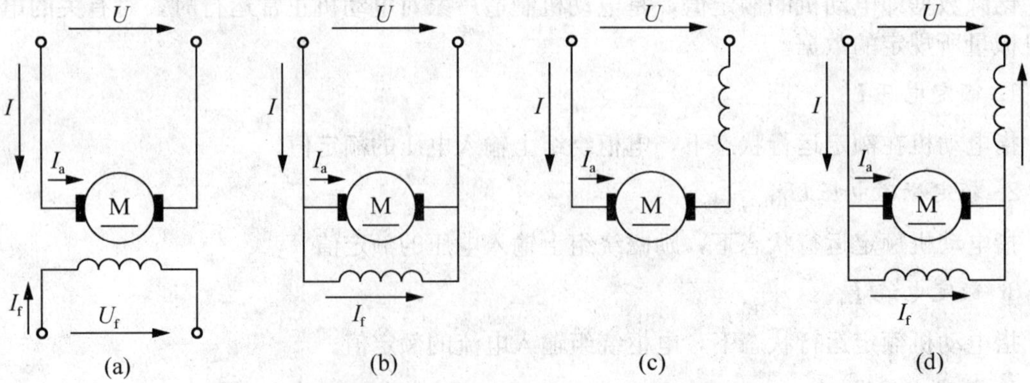

图 5.13 直流电动机的 4 种励磁方式

(a) 他励；(b) 并励；(c) 串励；(d) 复励

指电枢绕组和励磁绕组并联接到同一直流电源上；串励指电枢绕组和励磁绕组串联后接到直流电源上；复励指励磁绕组分为两个部分，一部分与电枢绕组并联然后再与另一部分励磁绕组串联接到直流电源上。

5.2.2　直流电动机的基本方程式

他励直流电动机工作时，首先应该接通励磁电源，使励磁绕组中通过励磁电流 I_f 建立主磁场，然后接通电枢电源使电枢绕组中通过电枢电流 I_a，I_a 与主磁场相互作用产生电磁转矩 T 使电动机以转速 n 旋转，转子旋转时又会产生切割磁场的运动，从而在电枢绕组中产生反电动势 E_a。根据电磁感应定律，E_a 的大小与线圈旋转速度 n(r/min)成正比，单位为 V，计算公式如式(5-3)：

$$E_a = C_e \Phi n \tag{5-3}$$

根据电磁力定律，T 的大小与线圈中的电流 I_a(A)成正比，单位为 N·m，计算公式如式(5-4)：

$$T = C_T \Phi I_a \tag{5-4}$$

式中：Φ 是与电动机结构有关的参数每极磁通，单位为 Wb；C_e 是电动势常数；C_T 是转矩常数。

综上所述，直流电动机稳定运行时，内部物理量多，各物理量之间的关系较复杂；下面以他励直流电动机为例通过 3 个基本方程式说明电动机内部的电磁转换过程，所得结论原则上也适用于其他直流电动机。

1. 电动势平衡方程式

图 5.14 是电枢绕组回路，根据基尔霍夫电压定律回路 KVL 方程为

$$U = I_a R_a + E_a \tag{5-5}$$

式中：R_a 是电枢回路总电阻，包括电枢绕组电阻、电刷和换向器之间的接触电阻；该式反映了外加电源电压一部分降落在电阻上，另外一部分由反电动势平衡，因此称为电动势平衡方程式。

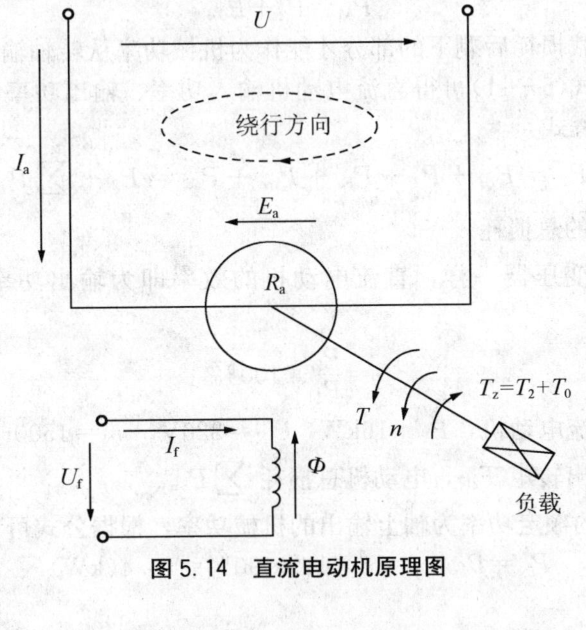

图 5.14　直流电动机原理图

2. 转矩平衡方程式

直流电动机工作时，作用在转轴上的转矩有驱动性质的电磁转矩 T，以及阻力性质的负载转矩(即电动机轴上的输出转矩 T_2)和空载损耗转矩 T_0，当电动机稳定运行时，驱动转矩和阻转矩相平衡，即满足式(5-6)：

$$T=T_2+T_0 \tag{5-6}$$

应该说明，在电力拖动系统中，一般空载损耗转矩较小，通常可以忽略不计。

3. 功率平衡方程式

将式(5-5)两边同时乘以 I_a，可得

$$UI_a=I_a^2R_a+E_aI_a \tag{5-7}$$

式中：UI_a 为电动机从电源获得的输入电功率；$I_a^2R_a$ 为电枢回路的铜耗；E_aI_a 则称为电动机的电磁功率 P_M，其计算公式如下：

$$P_M=E_aI_a=C_e\Phi nI_a=\frac{pN}{2\pi a}\Phi I_a\frac{2\pi n}{60}=T\Omega \tag{5-8}$$

式中：Ω 为电动机的机械角速度(rad/s)，$P_M=E_aI_a$ 说明电磁功率具有电功率的性质，$P_M=T\Omega$ 说明电磁功率具有机械功率的性质，实质上电磁功率是电动机由电能通过电磁感应转换为机械能的那一部分功率；所以式(5-7)可以写成

$$P_1=P_{cu}+P_M \tag{5-9}$$

即电动机输入功率减去电枢回路铜耗剩下即为电磁功率。那么，电磁功率能不能全部转化为机械功率从转轴输出驱动负载呢?

将转矩平衡方程式式(5-6)两边同时乘以 Ω，可得

$$T\Omega=T_2\Omega+T_0\Omega \tag{5-10}$$

式中：$T\Omega=P_M$ 即电磁功率；$T_2\Omega=P_2$ 为电动机转轴输出的机械功率；$T_0\Omega=P_0$ 即电动机的空载损耗功率，空载损耗包括铁耗 P_{Fe}、机械损耗 P_{me} 以及附加损耗 P_{ad}，因此式(5-10)可以写成

$$P_M=P_2+P_0 \tag{5-11}$$

即电磁功率要扣除空载损耗后剩下的部分才能作为机械功率从转轴输出。

根据式(5-9)和式(5-11)可得直流电动机输入功率、输出功率和总损耗功率之间必须满足的功率平衡方程式：

$$P_1=P_{cu}+P_2+P_{Fe}+P_{me}+P_{ad}=P_2+\sum P \tag{5-12}$$

式中：$\sum P$ 为电动机的总损耗。

跟交流电动机和变压器一样，直流电动机的效率即为输出功率与输入功率的百分比，即

$$\eta=\frac{P_2}{P_1}\times 100\% \tag{5-13}$$

例 5-1 一台直流电动机，$P_1=16\text{kW}$，$U_N=220\text{V}$，$n_N=1500\text{r/min}$，$\eta_N=90\%$，求额定电流 I_N，额定输出转矩 T_{2N}，电动机总损耗 $\sum P$。

解：因为电动机的额定功率为轴上输出的机械功率，根据公式可计算出

$$P_N=P_1\times\eta=16\times10^3\times90\%=14.4(\text{kW})$$

$$I_N=\frac{P_N}{U_N\eta_N}=\frac{14.4\times10^3}{220\times90\%}=72.72(\text{A})$$

$$T_{2N}=\frac{P_N\times60}{2\pi\times n_N}=\frac{14.4\times10^3\times60}{2\times3.14\times1500}=91.72(\text{N}\cdot\text{m})$$

$$\sum P=P_1-P_2=16-14.4=1.6(\text{kW})$$

世界之最：发展历史

1835 年，美国一位铁匠达文波(Thomas Davenport)制作了世界上第一台能驱动小电车的应用电动机。

1870 年代初期，世界上最早可商品化的电动机由比利时电动机工程师 Zenobe Theophile Gamme 所发明。

1888 年，美国著名发明家尼古拉·特斯拉应用法拉第的电磁感应原理，发明交流电动机，即为感应电动机。

1845 年，英国物理学家惠斯顿(Wheatstone)申请线性电动机的专利，但原理于 1960 年代才被重视，而设计的实用性的线性电动机，目前已被广泛在工业上应用。

1902 年，瑞典工程师丹尼尔森利用特斯拉感应电动机的旋转磁场观念，发明了同步电动机。

1923 年，苏格兰人 James Weir French 发明三相可变磁阻型(Variable reluctance)步进电动机。

1962 年，借霍尔元件之助，实用的 DC 无刷电动机终于问世。

1980 年代，实用的超音波电动机开始问世。

5.3　他励直流电动机的机械特性

直流电动机的机械特性是指，当 U_a、I_a、I_f 保持不变时，电动机转速 n 与电磁转矩 T 的关系，即 $n=f(T)$。必须指出，电磁转矩和电动机轴上输出转矩 T_2 是不同的，其间差一个空载损耗转矩，但一般情况下，空载损耗转矩很小，可以忽略不考虑。机械特性分为固有特性和人为特性，因在电力拖动系统中，他励电动机应用比较广泛，故本节以他励电动机为例讨论其机械特性。

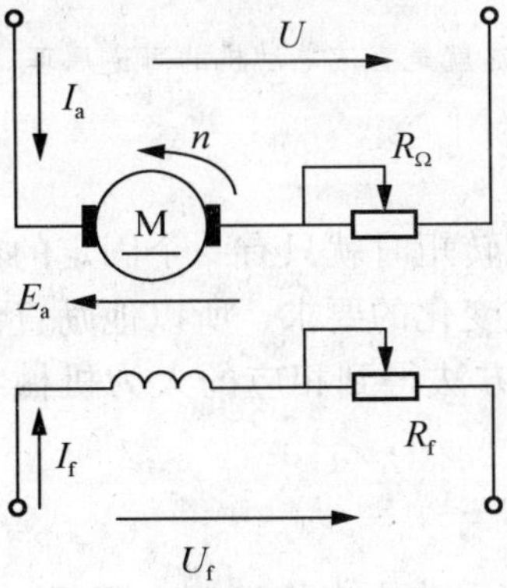

图 5.15　他励直流电动机电路原理图

5.3.1　直流电动机的机械特性

他励直流电动机的电路原理图如图 5.15 所示，图中励磁回路电阻 R_f 用来调整励磁电流 I_f 从而调整主磁通 Φ，电枢回路电阻 R_Ω 用来调整电枢电流 I_a。

根据电动机的电动势平衡方程式和感应电动势计算公式

$$U=I_aR+E_a$$

$$E_a=C_e\Phi n$$

可得电动机转速特性方程式如下：

$$n=\frac{U-I_aR}{C_e\Phi} \tag{5-14}$$

将电磁转矩方程式

$$T=C_T\Phi I_a$$

代入转速特性方程式，可得电动机转速与电磁转矩之间的关系即机械特性方程式：

$$n=\frac{U}{C_e\Phi}-\frac{R}{C_eC_T\Phi^2}T=n_0-\beta T \tag{5-15}$$

式中：R 为电枢回路总电阻，包括 R_a 以及电枢回路外接电阻 R_Ω；n_0 称为理想空载转速，对应电动机电磁转矩 $T=0$(空载状态)时的转速；β 为机械特性的斜率，其越大说明随着转矩 T 的增大转速下降得越厉害，机械特性越软，其越小说明随着转矩 T 的增大转速下降得越平缓，机械特性越硬。

5.3.2 固有机械特性

当他励电动机的电源电压、励磁磁通均为额定值，电枢回路没有串接外电阻时的机械特性称为固有机械特性，其方程式为

$$n=\frac{U_N}{C_e\Phi_N}-\frac{R_a}{C_eC_T\Phi_N^2}T \tag{5-16}$$

固有机械特性曲线是一条向下倾斜的直线，如图 5.16 所示。

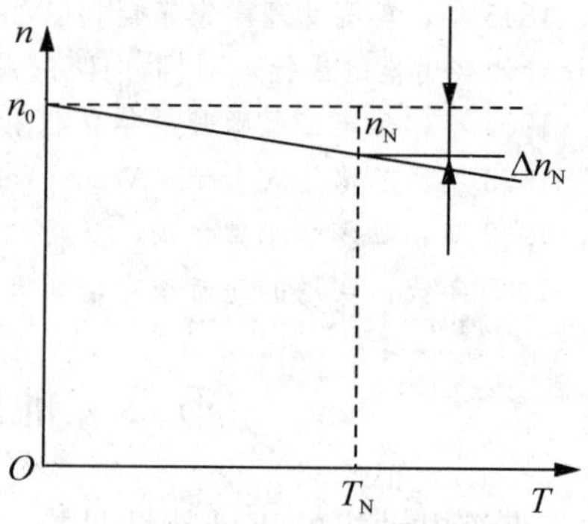

图 5.16 他励直流电动机固有机械特性曲线

可以看出，随着电动机所带负载转矩 T_2($T_2\approx T$)的增大，电动机转速下降，当他励电动机在电枢回路没有外接电阻时，β 较小，机械特性比较硬；当 $T=T_N$ 时，$n=n_N$，此时电动机工作于额定状态，额定转速变化率如下：

$$\Delta n_N=\frac{n_0-n_N}{n_N}\times 100\% \tag{5-17}$$

对于国产 Z_2 系列他励直流电动机，按规定 $\Delta n_N=10\%\sim18\%$，也就是说，他励直流电动机在额定工作状态时转速比较接近理想空载转速，转速下降较小。

小知识

一台直流电动机既可以作为发电机运行，又可以作为电动机运行，这就是直流电动机的可逆原理。

5.3.3 人为机械特性

如果电动机只有一个固有机械特性，那么在拖动某一负载转矩时就只有一个固定的额定转速，这显然无法满足实际电力拖动系统中生产机械对转速变化的要求，所以他励直流电动机还可通过改变电枢电压、电枢回路电阻和励磁电流的方法得到相应的人为机械特性，以满足生产机械启动、调速、制动等工作状态下的要求。

1. 电枢回路串接电阻的人为机械特性

当电动机电源电压、励磁磁通均保持为额定值，但在电枢回路中串接可调电阻 R_Ω 如图 5.15 所示，此时机械特性方程式为

$$n=\frac{U_N}{C_e\Phi_N}-\frac{R_a+R_\Omega}{C_eC_T\Phi_N^2}T \tag{5-18}$$

对应的人为机械特性曲线如图 5.17 所示。

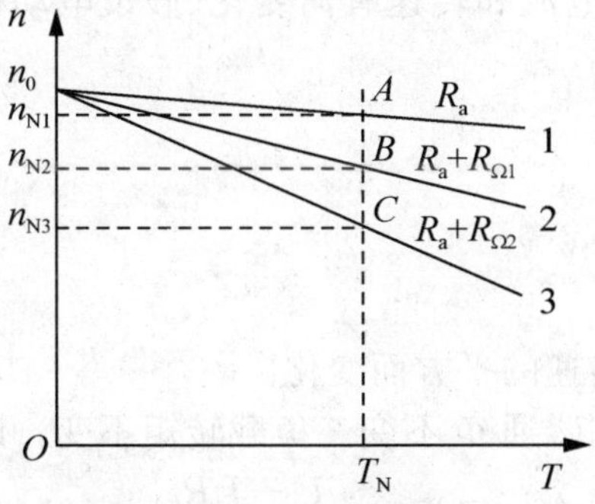

图 5.17　电枢回路串电阻人为机械特性曲线

此时，人为特性与固有特性具有相同的理想空载转速 n_0，而特性曲线的斜率 β 却随着串接电阻的增大而加大，人为特性的硬度降低。当电动机带额定负载转矩 T_N 时，随着电枢回路串接电阻的接入以及不断增大，工作点从 $A \to B \to C$ 移动，转速由高往低($n_{N1} \to n_{N2} \to n_{N3}$)变化，从而实现电动机带一定大小负载转矩下的转速调节。

2. 降低电枢电压的人为机械特性

当电动机电枢回路不外接电阻，且保持励磁磁通为额定值，而降低电枢电压 U，此时机械特性方程为

$$n=\frac{U}{C_e\Phi_N}-\frac{R_a}{C_eC_T\Phi_N^2}T \qquad (5-19)$$

对应的人为机械特性曲线如图 5.18 所示。

很明显，此时的人为特性与固有特性相比理想空载转速 n_0 降低了，而其斜率 β 却与固有特性斜率相同、硬度相同，所以随着电枢电压的降低得到的人为特性是一簇与固有特性平行的直线。

3. 降低励磁电流的人为机械特性

当电动机电枢回路不外接电阻，且电枢电压保持为额定值，而在励磁回路中串接一定大小的可调电阻 R_f 以减少励磁电流，从而使磁通 Φ 减弱，如图 5.18 所示，此时机械特性方程为

$$n=\frac{U_N}{C_e\Phi}-\frac{R_a}{C_eC_T\Phi^2}T \qquad (5-20)$$

对应的人为特性曲线如图 5.19 所示。

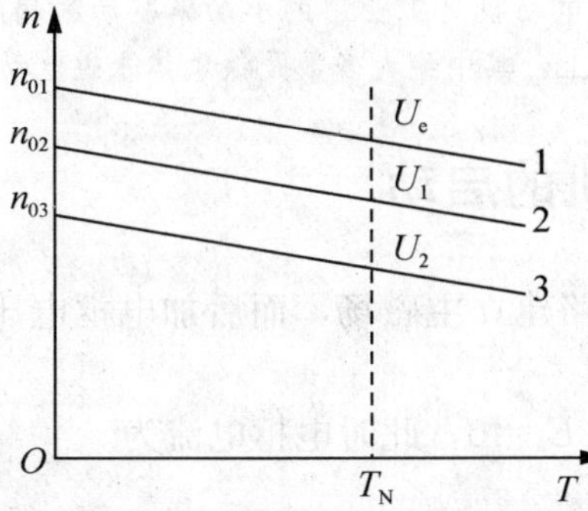

图 5.18　降低电枢电压的人为机械特性曲线

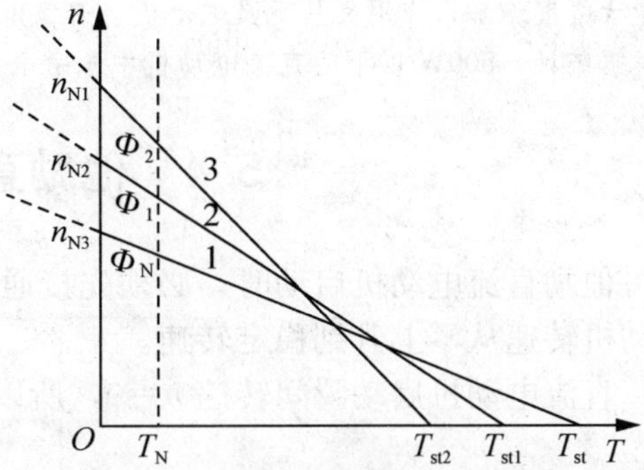

图 5.19　降低励磁电流的人为机械特性曲线

由机械特性方程和机械特性曲线可知，当磁通 Φ 减少(Φ_N 减少到 Φ_1，再减少到 Φ_2 时)，理想空载转速 $n_0\left(n_0=\frac{U_N}{C_e\Phi}\right)$增大；斜率 $\beta\left(\beta=\frac{R_a}{C_eC_T\Phi^2}\right)$亦增大；所以一般情况下，当电动机带额定负载转矩 T_N 工作时，降低励磁磁通将使电动机工作点从 1→2→3 移动，将

使电动机转速升高。

例 5-2 试分析在下列情况下，直流电动机的电枢电流和转速有何变化(假设电动机不饱和)。

(1) 电枢端电压减半，励磁电流和负载转矩不变。

(2) 电枢端电压减半，励磁电流和输出功率不变。

(3) 励磁电流加倍，电枢端电压和负载转矩不变。

(4) 励磁电流和电枢端电压减半，输出功率不变。

(5) 电枢端电压减半，励磁电流不变，负载转矩随转速的平方而变化。

解：(1)因为磁路不饱和且励磁电流 I_f 不变，因此主磁通 Φ 不变。负载转矩不变，即电磁转矩 T_N 不变，由于 $T_N=C_T\Phi I_a$，故电枢电流 I_a 不变。根据 $n=\dfrac{U-I_aR_a}{C_e\Phi}$，$U$ 减半，故转速 n 下降，且 n 小于原来的一半。

(2) U 减半，输出功率 P_2 不变，I_a 必然上升，否则，由于输入功率 $P_1=UI_a$(假设为他励)，若 I_a 不变或减小，则 P_1 减小，P_2 必然不能保持不变。I_a 上升，n 必然下降。

(3) I_f 加倍，则 Φ 加倍。T_2 不变，即 T_N 不变，故 I_a 减半。由于 $I_aR_a \ll U$，从 n 的表达式可知，此时 n 下降。

(4) U 减半而 P_2 不变，由(2)分析知 I_a 上升。I_f 减半，则 Φ 减半，$(U-I_aR_a)$ 较 $C_e\Phi$ 减小得多，故 n 下降。

(5) I_f 不变，则 Φ 不变。由于 $T_2 \propto n^2$，T_N 近似与 n^2 成正比，亦即 I_a 近似与 n^2 成正比。当 U 减半时，假设 n 上升，则 I_a 上升，$(U-I_aR_a)$下降，由 $n=(U-I_aR_a)/C_e\Phi$ 得 n 下降，这与假设相矛盾。故 n 必然下降，I_a 下降。

世界之最：微型永磁直流电动机

永磁直流电动机是用永磁体建立磁场的一种直流电动机。世界上最早的电动机原型就是永磁电动机，只是当时永磁材料性能不良，而被电磁式电动机占了主流。自从廉价铁氧体的出现才使永磁电动机的应用量大幅度增加，应用面从玩具电动机、音像电动机、汽车微电动机到工业用的小功率驱动和伺服驱动等。据统计，500W 以下的直流电动机中永磁电动机占 92%以上，其中绝大多数是铁氧体永磁电动机。

5.4 他励直流电动机的启动

他励直流电动机启动时，必须先接通励磁绕组回路建立主磁场，而后加电枢电压，使电动机转速从零上升到稳定转速。

直流电动机启动瞬间转速 $n=0$，所以电枢电动势 $E_a=0$，此时电枢电流为

$$I_{st}=\frac{U-E_a}{R_a}=\frac{U}{R_a} \tag{5-21}$$

因 R_a 很小，如直接加额定电压 U_N 启动，I_{st} 可能增大到额定值的十几倍。过大的电枢启动电流将使电动机换向时产生严重火花；而且使启动转矩($T=C_T\Phi I_a$)增大对生产机械产生过大的冲击力；还将引起供电电源电压波动，影响其他邻近用电设备的正常工作；也有可能使电枢绕组绝缘破坏，甚至烧坏绕组。一般国产 Z_2 直流电动机的瞬时电枢电流不能超过额定值的 1.5～2 倍。必须说明，启动电流也不能太小，因为启动转矩与启动电流

成正比，过小的启动转矩将导致电动机无法带一定大小的负载启动(启动条件：启动转矩大于负载转矩)。

综上所述，除了额定功率在数百瓦以下的微型直流电动机(R_a 大)可以采用直接启动外，一般的直流电动机为了限制启动电流，常采用的启动方法有降压启动和电枢回路串电阻启动。

5.4.1　电枢回路串电阻启动

1. *无级启动*

他励电动机电枢回路串电阻无级启动是指，启动时先把启动电阻调到最大值，再接通电源，电动机开始启动，随着转速的升高，逐渐减少启动变阻器的值，直到全部切除启动电阻。那么，电枢回路串入多大的电阻合适？一般情况下，为了充分利用电动机的过载能力，使电动机获得适当的启动转矩，最大启动电流 I_{stm} 取为额定电流的 1.8～2.5 倍，根据

$$I_{stm}=\frac{U_N}{R_a+R_\Omega} \tag{5-22}$$

可以计算出应该串入的启动电阻为

$$R_\Omega=\frac{U_N}{I_{stm}}-R_a \tag{5-23}$$

应该说明，无级启动适用于功率较小的电动机的启动。

2. *有级启动*

对于功率较大的电动机，为了保证启动过程既有较大的启动转矩，又使启动电流不超过允许值，一般采用有级启动。

以他励直流电动机采用三级启动为例，将启动电阻 R_Ω 分为 r_1、r_2、r_3 这 3 部分接入电枢回路，电路如图 5.20(a)所示。

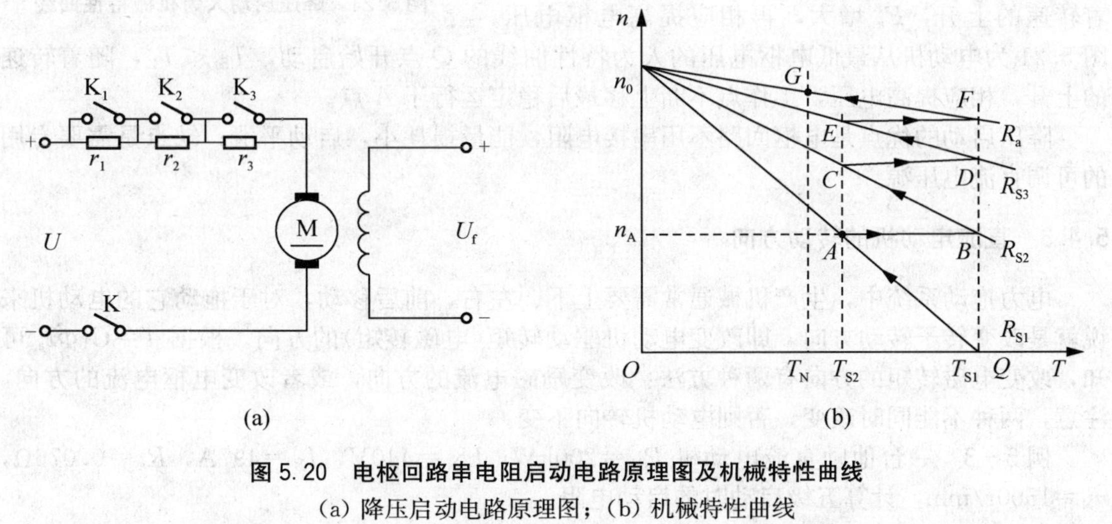

图 5.20　电枢回路串电阻启动电路原理图及机械特性曲线

(a) 降压启动电路原理图；(b) 机械特性曲线

当 K 闭合后，为启动做好了准备，开始 K_1、K_2、K_3 全断开实现全电阻启动，此时启动电流为

$$I_{st1}=\frac{U_N}{R_a+r_1+r_2+r_3} \tag{5-24}$$

启动转矩为 T_{S1}，电枢回路总电阻为

$$R_{S1}=R_a+r_1+r_2+r_3 \tag{5-25}$$

电动机按 R_{S1} 所对应的人为机械特性曲线启动，工作点从转速为零的 Q 点开始往上移动，电路如图 5.20(b)所示，随着 n 的上升，E_a 增大，电枢电流将减小。为了保持启动过程中电流和转矩有较大值，达到加速启动过程的目的，当转速升到一定值时，如图 5.20(b)中 A 点，此时电枢电流为切换电流：

$$I_{st2}=\frac{U_N-E_a}{R_a+r_1+r_2+r_3} \tag{5-26}$$

式中：$E_a=C_e\Phi n_A$，切换转矩为 T_{S2}，将 K_1 闭合，切除启动电阻 r_1，电枢回路总电阻为

$$R_{S2}=R_a+r_2+r_3 \tag{5-27}$$

由于机械惯性，转速和电枢电动势都不能突变，所以电动机工作点将从 R_{S1} 所对应的人为机械特性曲线 A 点平移到 R_{S2} 所对应的人为机械特性曲线 B 点。然后再依次切除 r_2、r_3，使电动机的工作点从 $B\to C\to D\to E\to F$ 移动，最后稳定运行在 G 点。

必须指出，为了使电动机启动时有较均匀的加速度，改善电动机的换向，并缓和转矩对传动机构与工作机构的有害冲击，分级启动时每一级的 $I_{st1}(T_{S1})$与 $I_{st2}(T_{S2})$应取得大小一致。

5.4.2 降压启动

直流电动机的降压启动是指，降低启动时加在电枢绕组上的电压，从而使启动电流减小；随着转速的上升，E_a 增大，再相应提高电枢电压。

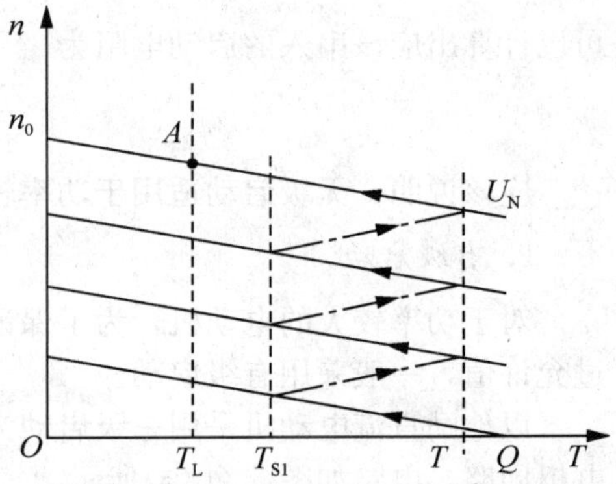

图 5.21 降压启动人为机械特性曲线

图 5.21 为电动机从最低电枢电压的人为特性曲线的 Q 点开始启动，$T_{S1}<T_L$，随着转速的上升，相应提高电压，工作点不断上移最后稳定运行于 A 点。

降压启动的优点是电枢回路不用串接电阻，能量损耗小，启动平滑；缺点是需要专用的可调直流电压源。

5.4.3 直流电动机的转动方向

电力拖动系统中，生产机械通常需要上下、左右、前后移动，对于拖动它的电动机来说就是改变转子转动方向，即改变电动机驱动转矩(电磁转矩)的方向。根据 $T=C_T\Phi I_a$ 可知，改变电磁转矩的方向有两种方法：改变励磁电流的方向，或者改变电枢电流的方向。注意，两种不能同时改变，否则电动机转向不变。

例 5-3 一台他励直流电动机 $P_N=200$kW，$U_N=440$V，$I_N=497$A，$R_a=0.076\Omega$，$n_N=1500$r/min，计算五级启动时的启动电阻。

解： 采用解析法来计算启动电阻

选取启动电流 $I_1=(1.5\sim2.0)I_N=(1.5\sim2.0)\times497=(745.5\sim994)$A

取 $I_1=840$A。

则启动时电枢回路总电阻为

$$R=\frac{U_N}{I_{stm}}=\frac{440}{840}=0.524(\Omega)$$

计算启动电流比 β 的公式为

$$\beta=\sqrt[m]{\frac{R}{R_a}} \tag{5-28}$$

式中：m 为启动级数，本题采用五级启动，所以 $m=5$，可以求得

$$\beta=\sqrt[5]{\frac{R}{R_a}}=\sqrt[5]{\frac{0.524}{0.076}}=1.47$$

检验切换电流 I_2，根据

$$I_2=\frac{I_1}{\beta}=\frac{840}{1.47}=571(\mathrm{A})$$

在其规定的范围 $I_2=(1.1\sim1.2)I_N=(1.1\sim1.2)\times497=(546.7\sim596.4)\mathrm{A}$ 之内。

则各级启动总电阻如下：

$$r_{s1}=(\beta-1)R_a=(1.47-1)\times0.076=0.036(\Omega)$$
$$r_{s2}=(\beta^2-\beta)R_a=(1.47^2-1.47)\times0.076=0.0525(\Omega)$$
$$r_{s3}=(\beta^3-\beta^2)R_a=(1.47^3-1.47^2)\times0.076=0.0772(\Omega)$$
$$r_{s4}=(\beta^4-\beta^3)R_a=(1.47^4-1.47^3)\times0.076=0.1135(\Omega)$$
$$r_{s5}=(\beta^5-\beta^4)R_a=(1.47^5-1.47^4)\times0.076=0.1668(\Omega)$$

趣闻：最小的电动马达

2011 年 6 月《自然·纳米科技》杂志上刊载的一篇论文详细介绍了科学家近期成功制成有史以来最小的电动马达。这一电动马达仅由一个单分子构建，其直径约为 1nm，即 1 米的十亿分之一。这种微型马达将在纳米技术和医学研究中有广阔的应用前景，极大地提升了效率。

5.5　他励直流电动机的调速

直流电动机调速是指，当电动机所带机械负载不变时，通过改变电动机的电气参数的方法来达到调节电动机转轴转速的方法。根据转速公式

$$n=\frac{U}{C_e\Phi}-\frac{R}{C_eC_T\Phi^2}T$$

可知，改变 U、Φ、R 中的任何一个都可以使电动机转速发生变化，因此他励电动机的调速方法相应有 3 种。

5.5.1　降低电枢电压调速

在保持励磁磁通 Φ、电枢总电阻 R、负载转矩不变的条件下，改变电枢电压可实现调速，但因为电枢电压不能高于额定值，所以只能由额定值往下调节。

当他励直流电动机带恒转矩负载 T_L（例如，机床的平移机构、起重类型负载中的重物）时，采用降低电枢电压调速所得的人为机械特性曲线如图 5.22 所示，当电枢电压为额定值 U_N 时，电动机工作点为对应于 U_N 的机械特性曲线和恒负载转矩 T_L 直线的交点 a

点，此时电动机电磁转矩等于负载转矩，转速为 n_N。将电枢电压降低为 U' 时，电动机机械特性曲线往下平移，硬度不变，由于机械惯性作用，电动机转速不能突变，所以工作点从 a 点平移到 b 点；此时由于电枢电压降低，所以电枢电流减小，所以电磁转矩减小，使得电动机电磁转矩 T 小于负载转矩 T_L，所以转速下降，工作点从 b 点沿着特性曲线下移，电枢电动势减少，电枢电流增大，电磁转矩增大，当移动到对应于 U' 的机械特性曲线和恒负载转矩 T_L 直线的交点 b 点时，电动机电磁转矩 T 等于负载转矩 T_L，电动机又稳定低速 n' 运行于该点。这就是电动机通过降低电枢电压，实现转速由额定值 n_N 往下调节的过程。

降低电枢电压的调速方法是一种很有效的调速方法，调速范围宽，当电压可以连续调节时，可实现无级调速，调速平滑性好。这种调速方法一般用于对调速性能要求较高的电气设备。

5.5.2 电枢串电阻调速

在保持励磁磁通 Φ、电枢电压 U_N、负载转矩不变的条件下，在电枢回路中串入可调电阻可实现调速。当他励直流电动机带恒转矩负载 T_L 时，采用电枢回路串电阻方法所得的人为机械特性曲线如图 5.23 所示。

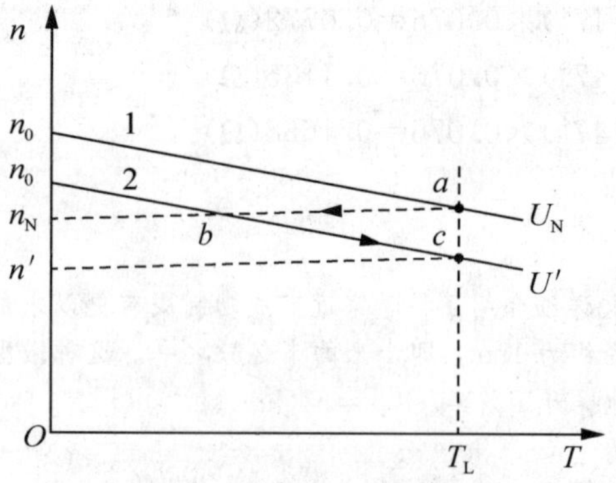

图 5.22 降低电枢电压调速

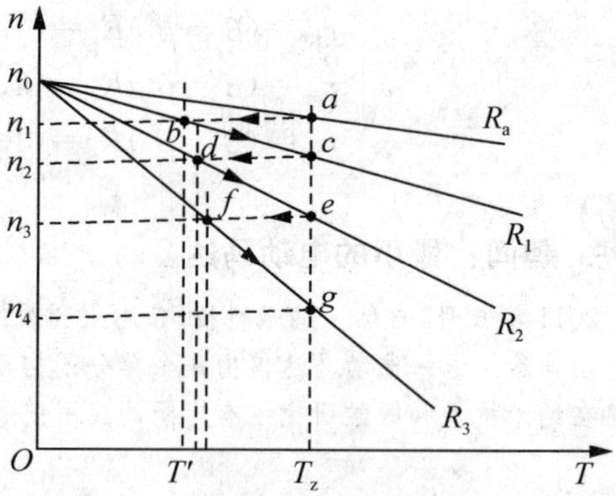

图 5.23 电枢串电阻调速

各条机械特性曲线具有相同的理想空载转速 n_0，但是特性曲线的斜率 β 却随着电枢回路总电阻的增大而加大($R_3>R_2>R_1>R_a$)；当电枢未串接电阻时，电动机稳定运行于工作点 a 点，随着电枢回路串接电阻的增大，工作点沿着箭头方向往下移动，转速相应从 n_1 往下调节，最低可稳定运行于 f 点，相应转速低至 n_4，这种调速的工作过程分析与降低电枢电压的调速方法相同，在此不再赘述。

由于在电枢回路串接的电阻要消耗能量，使得这种调速方法经济效益差，并且调速范围也不大，为有级调速，平滑性不高；优点是方法简单，控制设备不复杂。

必须指出，以上两种调速方法，从高速到低速时，电动机容许输出转矩为常数，称为恒转矩调速方式。为了实现电动机调速方式与负载类型的最佳配合来考虑，恒转矩调速方式适用于恒转矩负载，两者配合，电动机能得到充分利用。

5.5.3 弱磁调速

在保持电枢电压 U_N、电枢总电阻 R、负载转矩不变的条件下，改变励磁磁通 Φ 可实现调速。但一般情况下，电动机额定工作状态时铁心磁通已经达到饱和，因为磁通不能高于额定值，所以磁通只能由额定值往下调节即弱磁调速。

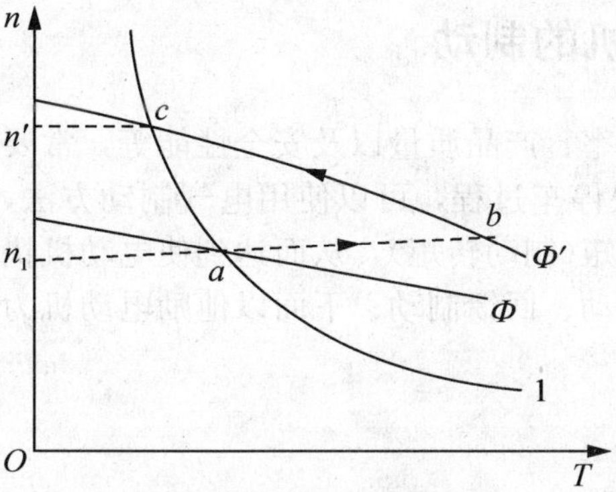

图 5.24　弱磁调速

当他励直流电动机带恒功率负载时，采用弱磁调速所得的人为机械特性曲线如图 5.24 所示。曲线 1 为恒功率负载特性曲线，负载转矩基本上与转速成反比，负载功率基本不变；例如，车床就是一种恒功率负载，粗加工时，切削量大，需要转矩大，开低速，精加工时，切削量小，需要转矩小，开高速。调速前，励磁电流为额定值，磁通也为额定值 Φ_N，电动机稳定运行于固有特性曲线和恒功率负载特性曲线的交点 a 点，转速为 n_1。励磁电流减少，磁通减少，由于机械惯性作用，转速不能突变，工作点移动 b 点；转速开始上升，工作点沿着人为特性曲线上移，最后稳定运行于人为特性曲线和负载特性曲线的交点 c 点，转速增至 n'。

弱磁调速由于励磁电流只有额定电流的 1%～3%，所以能量损耗小、控制方便；但是转速只能由额定值往上调节，受电动机温度不能过高的限制，转速上限不能太高。

必须指出，弱磁调速从低速到高速时，电动机容许输出功率矩为常数，而输出转矩与转速成反比，称为恒功率调速。恒功率调速适用于恒功率负载，两者配合，电动机能得到充分利用。

例 5-4　他励直流电动机磁通减少对机械特性的影响是什么？

(A) 理想空载转速下降，机械特性变硬

(B) 理想空载转速下降，机械特性变软

(C) 理想空载转速上升，机械特性变硬

(D) 理想空载转速上升，机械特性变软

解： 根据 $n_0=\dfrac{U_N}{C_e\Phi}$ 可知，磁通减少，理想空载转速升高；又因机械特性斜率 $\beta=\dfrac{R_a}{C_eC_T\Phi^2}$ 也增大，所以机械特性变软，答案为 D。

例 5-5　直流电动机采用恒转矩或恒功率调速时，其转子发热与以下物理量的关系是什么？

(A) 与电动机转速和转矩的乘积成正比

(B) 与电动机输出功率成正比

(C) 与电动机电枢电压与电流的乘积成正比

(D) 与电动机转子电流平方成正比

解： A、B、C 中的计算都是电动机功率，与电动机发热没有直接联系；而 D 中的计算是电动机损耗，损耗与电动机发热成正比，所以答案为 D。

小知识：永磁式换向器直流电动机

Z2 系列小型直流电动机为中华人民共和国机械工业部 JB1104—68 部颁标准所规定的标准系列小型直流电

动机，型号含义：Z表示“直”流，2表示第二次全国定型设计，横线后数字表示机座号与铁心长短，例如Z2-11前一个1代表1号机座，后一个1代表短铁心，而Z2-112中11代表11号机座，2代表长铁心。

5.6 他励直流电动机的制动

电力拖动系统中的许多生产机械为了提高生产效率、产品质量以及安全性能等，常要求电动机能迅速、准确地停车或者是反转；为了加快停车过程，可以使用电气制动方法，即在电动机转轴上施加一个与旋转方向相反的电磁转矩(制动转矩)，从而达到使电动机快速停车的目的，具体有3种方法：能耗制动、反接制动、回馈制动；下面以他励电动机为例来介绍3种制动方法。

5.6.1 能耗制动

将电动机电枢绕组与电源断开的同时，立刻接通一制动电阻。电路如图5.25所示，制动前，开关合在1位置，电枢绕组接到额定电压源上，此时电动机处于电动状态，电枢电流大小为

$$I_a=\frac{U_N-E_a}{R_a}$$

电磁转矩方向与电动机旋转方向一致，为驱动转矩，电动机稳定运行于图5.26机械特性1和负载特性3的交点a点。

制动时，开关合在2位置，电枢与制动电阻R_b接通，此时外加电压为零，电枢回路总电阻为R_b+R_a，电动机机械特性变为2曲线；由于机械惯性，电动机转速n_N不能突变，所以工作点从A平移到B。此时，电枢电流为

$$I_a=\frac{U_N-E_a}{R_a+R_b}=\frac{-E_a}{R_a+R_b}$$

负号表明电枢电流方向改变了；电磁转矩($T=C_T\Phi I_a$)的方向将随电流方向的变化而改变，变成与电动机旋转方向相反，成为阻力性质的转矩，即制动转矩如图5.26所示；在制动转矩的作用下，电动机转速迅速下降，电动势E_a也迅速减少，制动转矩也成比例减少，当工作点下移到O点，转速变为零，制动转矩也为零。

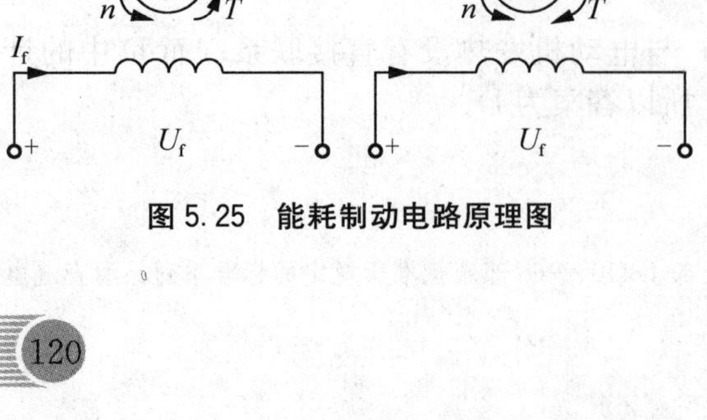

图5.25 能耗制动电路原理图

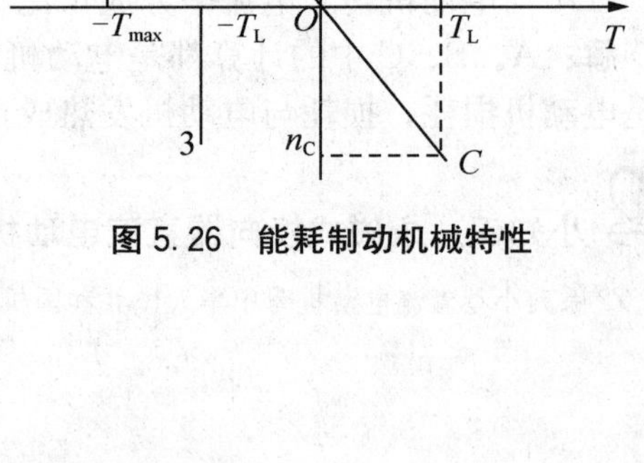

图5.26 能耗制动机械特性

如果电动机拖动的负载为反抗性恒转矩负载，其转矩大小与转速无关，但是方向总是反对运动方向，如图 5.26 中的负载特性 3 分为第一象限(对应转速为正部分)和第三象限(对应转速为负部分)两段来描述这种反抗性；那么工作点运行到 O 点，转速变为零，负载的转矩也变为零，所以电动机立刻停车。

如电动机拖动的负载为位能性恒转矩负载，其转矩大小和方向都与转速无关(例如起重机所带重物)，负载特性 3 为第一象限以及其延伸到第四象限的虚线来描述；那么工作点到 O 点后，电动机转速变为零，但是负载转矩不为零，电动机将在负载转矩的拖动下反方向运转，此时，电动势 E_a 方向与电动状态相反(转速方向改变)，电动机处于发电运行状态，当工作点移动 C 点时，电磁转矩等于负载转矩，电动机稳定下放重物。

必须指出，能耗制动产生的制动转矩较小，制动作用不大，一般与机械制动配合使用效果更好。

5.6.2　反接制动

他励电动机反接制动状态的特点：电动势 E_a 与电枢电压 U_N 方向变为一致，能量转换关系亦发生变化，由动能转换而来的电功率 E_aI_a 和电源输入的电功率 U_NI_a 一起消耗在电枢总电阻上。反接制动有两种：电枢反接和转速反向；后者应用场合是指电动机下放重物时，由于重物的拖动作用使电动机反转，使 E_a 随着反向，从而使 E_a 和 U_N 由电动状态时的方向相反变成方向一致，工作状态变成制动状态。本小节主要介绍带位能性恒转矩负载的电动机，电枢反接的反接制动的工作原理，如图 5.27 所示。

电路如图 5.27 所示，当开关 K_1 闭合、K_2 断开时，电枢绕组正接到外电源上，此时电动机处于电动状态，电动机工作点为机械特性 1 和负载特性 3 的交点 a 点，如图 5.28 所示。制动时，将开关 K_1 断开、K_2 闭合，电枢绕组反接到外电源上，此时电枢电压变为 $-U_N$，电动机机械特性变为曲线 2，由于机械惯性，转速 n_N 不能突变，E_a(大小和方向不变)和 U_N 方向变成一致，所以电动机工作点从 a 点平移到 b 点。此时，电枢电流为

$$I_a=\frac{-U_N-E_a}{R_a+R_Z}=-\frac{U_N+E_a}{R_a+R_Z}$$

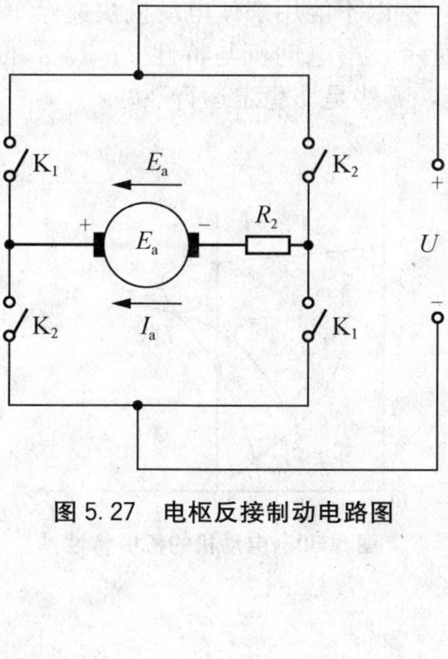

图 5.27　电枢反接制动电路图

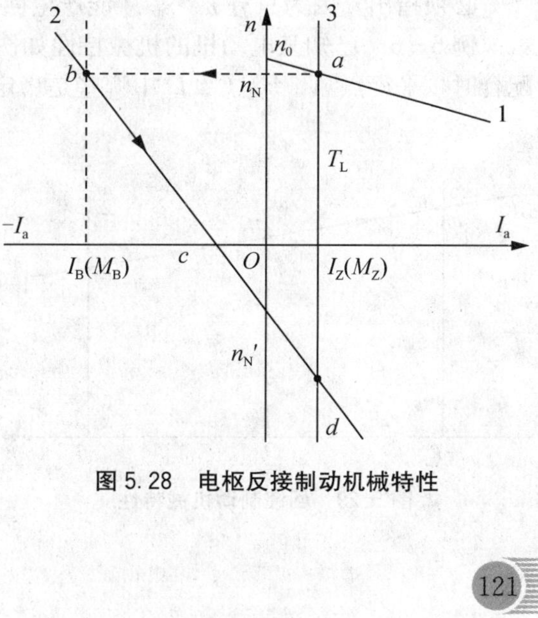

图 5.28　电枢反接制动机械特性

式中 R_Z 是为限制电枢电流的制动电阻，负号说明电枢电流方向发生了变化，因此电磁转矩方向也随之变化，变成与旋转方向相反，由电动状态的驱动转矩变为制动状态的阻转矩，电动机转速迅速下降；当工作点下移 c 点，转速变为零，此时如果不立刻切断反接电源，电动机将在反方向电磁转矩的作用下反转，直至工作点 e 点稳定运行。

电枢反接制动产生的制动转矩大、制动快，但冲击电流较大，需串入电阻限制电流，能量损耗大；当转速接近零时，若不及时切断电源，容易引起反转，所以要求准确停车的场合不宜使用；一般用于要求正反转的系统。

5.6.3 回馈制动

他励电动机回馈制动状态是指，当电动机转轴受到外加转矩的作用，使电动机转速超过理想空载转速，即 $n>n_0$，因为 $E_a=C_e\Phi n>U=C_e\Phi n_0$，电动机处于发电状态，能量转换关系为系统动能转换为电能反馈给电网。

图 5.29 为电车下坡时的回馈制动机械特性。当电车在平地或上坡时，电磁转矩为驱动转矩，负载转矩为阻转矩，此时转速低于理想空载转速时，即 $n<n_0$，工作点为机械特性 1 和负载特性 2 的交点，电动机处于电动状态。当电车下坡时，负载特性反向(自重使车加速下行)变成驱动转矩，转速不断上升，工作点不断上移，出现 $n>n_0$ 的现象，此时电枢电流

$$I_a=\frac{U_N-E_a}{R_a}\leqslant 0$$

电枢电流小于零说明方向发生了改变，因此电磁转矩方向亦改变，变成阻转矩；当工作点上移到机械特性 1 和负载特性 3 的交点 b 点时，电磁转矩等于负载转矩，电动机稳定运行于该点。

从电动状态过渡到回馈制动状态不需要改变电动机电路接线方式，也不需要改变电动机的参数；转速、电动势、电枢电压方向均未发生改变，但因为 $E_a>U$，使得电枢电流和电磁转矩反向；电流方向的改变说明了能量转换方向的改变，电动状态下由电网电能转换为机械能驱动电动机工作，制动状态下由电动机轴上的机械功率变成电动率送回电网。

必须指出，因为只有 $n>n_0$ 才能产生回馈制动，所以不能用来使电动机快速停车。

例 5-6 已知某电动机的机械特性如图 5.30 所示，当电动机与特性 2、3、4 的负载配合时，平衡点 A、B、C、D 中哪些是稳定运行点，哪些是非稳定运行点？

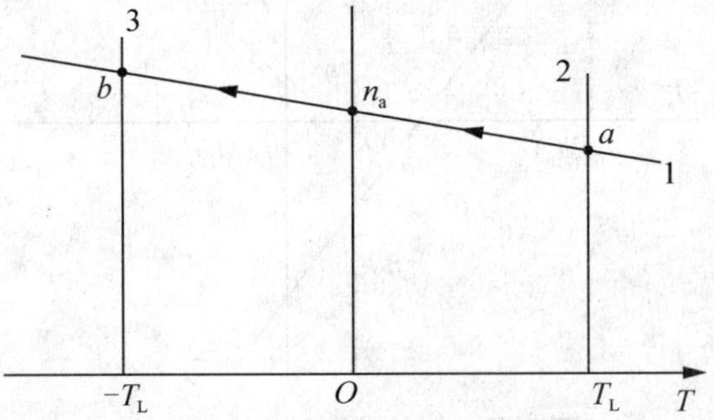

图 5.29 回馈制动机械特性

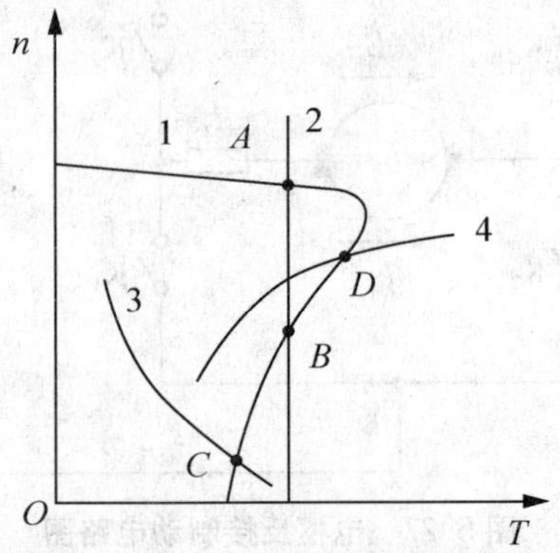

图 5.30 电动机的机械特性

答：稳定点 A、D，非稳定点 B、C。

例 5-7 他励直流电动机 $P=30\text{kW}$，$U_N=220\text{V}$，$I_N=158.8\text{A}$，$n_N=1000\text{r/min}$，$R_a=0.1\Omega$，试求：① $C_e\Phi_N$、T_N，n_0；② 负载转矩 $T_L=0.8T_N$ 时，电动机在固有特性上(图 5.31)稳定运行的转速；③负载转矩 $T_L=0.8T_N$ 时，电动机在电枢回路串入 0.3Ω 电阻时的稳定运行转速；④负载转矩 $T_L=0.8T_N$ 时，电动机在固有特性上稳定运行时进行能耗制动，制动初始电流限制为额定电流的两倍时，制动电阻应为多大？⑤直接启动时启动电流为额定电流的几倍？

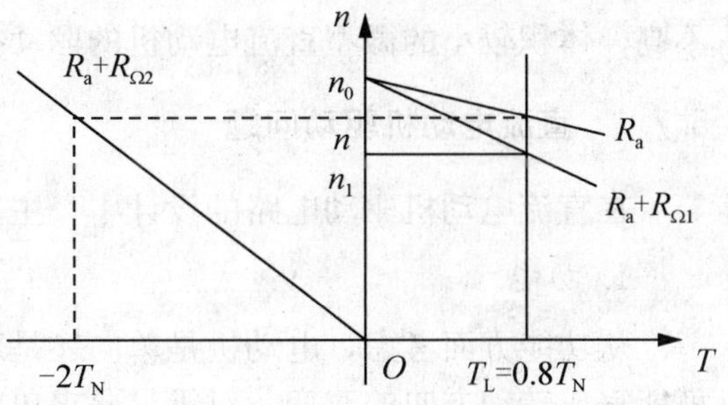

图 5.31 他励直流电动机机械特性

解：

$$①C_e\Phi_N=\frac{U_N-I_NR_a}{n_N}=\frac{220-158.8\times 0.1}{1000}=0.20412$$

$$T_N=9550\frac{P_N}{n_N}=9550\times\frac{30}{1000}=286.5(\text{N}\cdot\text{m})$$

$$n_0=\frac{U_N}{C_e\Phi_N}=\frac{220}{0.20412}=1077.8(\text{r/min})$$

$$T_L=0.8T_N\rightarrow I_a=0.8I_{aN}$$

$$②n=\frac{U_N-I_aR_a}{C_e\Phi_N}=\frac{220-0.8\times 158.8\times 0.1}{0.20412}=1015.56(\text{r/min})$$

$$③n=\frac{U_N-I_a(R_a+R_{\Omega 1})}{C_e\Phi_N}=\frac{220-0.8\times 158.8\times(0.1+0.3)}{0.20412}=828.85(\text{r/min})$$

$$④R_{\Omega 2}=\frac{U-C_e\Phi_N}{I_a}-R_a=\frac{0-0.20412\times 1015.56}{-2\times 158.8}-0.1=0.5527(\Omega)$$

$$⑤I_{st}=\frac{U_N}{R_a}=\frac{220}{0.1}=2200(\text{A})$$

$$K_{ist}=\frac{I_{st}}{I_N}=\frac{2200}{158.8}=13.854$$

小知识：永磁式换向器直流电动机

永磁式换向器直流电动机，工作原理简单，只要在它上面加适当电压电动机就转动。广泛应用于医疗器械、小型机床、电子仪器、计算机、气象探空仪、探矿测井、电动工具、家用电器及电子玩具等各个方面。其特点主要有：当电动机负载固定时，电动机转速正比于所加的电源电压。当电动机直流电源固定时，电动机的工作电流正比于转子负载的大小。对这种永磁式电动机的控制，主要有电动机的启停控制、方向控制、可变速度控制和速度的稳定控制。

5.7 直流电动机的驱动控制电路

前面几节所介绍的电磁式电动机因励磁方式不同，其特性各有千秋。而适用于小功率直流驱动的永磁式电动机性能与电磁式并励电动机相近，但启动转矩较大、机械特性硬、负载变化时转速变化不大，广泛应用于便携式电子设备以及仪器设备中，如电动工具、电子玩具、按摩器、音响设备、汽车电器、仪器仪表等。本节主要讨论此类功率不大、电压不高、体积较小的微型直流电动机的驱动控制。

5.7.1 直流电动机驱动问题

在直流电动机驱动电路的设计中，主要考虑的是系统功能和性能。

1. 功能

从功能方面考虑，电动机是单向还是双向转动？永磁式电动机只需改变电枢电压极性就能完成转动方向的改变。对于只要求单向转动的电动机，因为工作过程中不需要改变电枢电压极性，所以驱动电路非常简单，只要用一个大功率三极管或场效应管或继电器直接驱动电动机即可。对于需要双向转动的电动机驱动，因为工作过程中要改变电枢电压极性，常采用 4 个功率元件组成的 H 桥电路来驱动电动机。

另外需不需要调速？永磁式电动机调节电枢电压大小就可实现转速控制。如果电动机不需要调速，那么工作过程中电枢电压大小不变，只要接通或断开电源，因此驱动电路很简单，只要使用继电器即可。如果电动机需要调速，为了获得可调的直流电压，现在广泛采用 PWM 脉宽调制技术，实现电动机平滑调速。

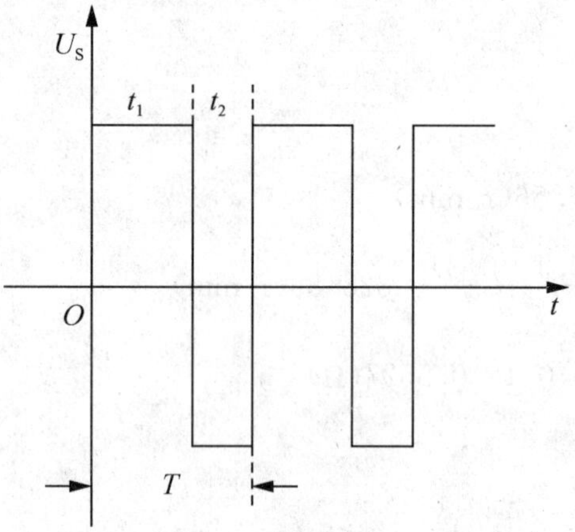

图 5.32 PWM 调速波形图

PWM 调速控制的基本原理是按一个固定频率(周期)来接通和断开电源，并根据需要改变一个周期内接通和断开的时间比(占空比)，因为电动机实际上是一个大电感，它有阻碍输入电流和电压突变的能力，因此脉冲信号被平均分配到作用时间上，即电枢绕组上得到的平均电压，这样改变供电电压的占空比就改变了加在电枢两端电压的平均值，从而控制电动机转速。采用 PWM 技术构成的无级调速系统，启停时对直流系统无冲击，并且具有启动功耗小、运行稳定的特点。

如图 5.32 所示，电源电压 U_S 恒定，脉冲电压平均值为

$$U_{av}=\frac{t_1}{t_1+t_2}U_S=\frac{t_1}{T}U_S=\alpha U_S \tag{5-29}$$

改变占空比 α，电动机可得到不同的平均电压，一般应用中，电动机平均转速与平均电压近似成正比

$$V_d=V_{max}\times\alpha \tag{5-30}$$

式中：V_{max} 指电动机始终接通 U_S 时的速度(最大)。

在直流电动机驱动控制电路中，PWM 信号一般可由 555 电路或单片机提供，其经高速光电隔离电路、电动机驱动逻辑与放大电路后，驱动 H 桥电路来改变直流电动机电枢上平均电压，从而控制电动机的转速，实现直流电动机 PWM 调速。H 桥驱动电路可采用分立元件连接而成也可以采用集成芯片来实现。

2. 性能

对于 PWM 调速的电动机驱动电路，主要有以下性能指标。①输出电流和电压范围。它决定着电路能驱动多大功率的电动机。②效率。高的效率不仅意味着节省电源，也会减少驱动电路的发热。要提高电路的效率，可以从保证功率器件的开关工作状态和防止共态导通(H 桥或推挽电路可能出现的一个问题，即两个功率器件同时导通使电源短路)入手。③对控制输入端的影响。功率电路对其输入端应有良好的信号隔离，防止有高电压大电流进入主控电路，这可以用高的输入阻抗或者光电耦合器实现隔离。④对电源的影响。共态导通可以引起电源电压的瞬间下降造成高频电源污染；大的电流可能导致地线电位浮动。⑤可靠性。电动机驱动电路应该尽可能做到，无论加上何种控制信号、何种无源负载，电路都是安全的。

5.7.2　直流电动机单向启停驱动电路

直流电动机的单向启停控制，现在比较流行的方法是用晶体管代替机械开关，其无触点、无火花干扰、开关速度快，控制电路如图 5.33(a)所示。当输入端所加控制信号 V_1 为低电平时，晶体管 Q_1 截止，电动机无电流通过而处于停止状态。如果输入端所加控制信号 V_1 为高电平时，Q_1 饱和导通，电动机中有电流通过，因此电动机启动运转。图中二极管 D_1 为续流二极管，D_2 是保护二极管防止反电动势损坏晶体管。电容 C_1 是消除射频干扰而外加的。R_1 是基极限流电阻，限制 Q_1 的基极电流。电路可在 3～12V 供电的微型直流电动机驱动中通用，Q_1 提供电动机的最大电流为 1.5A 左右。如果再增加一级缓冲放大，如图 5.33(b)的电路，基极驱动电流可进一步减少。R_3 限制 Q_1 的基极电流到安全值。其他元件作用与(a)图中相同。

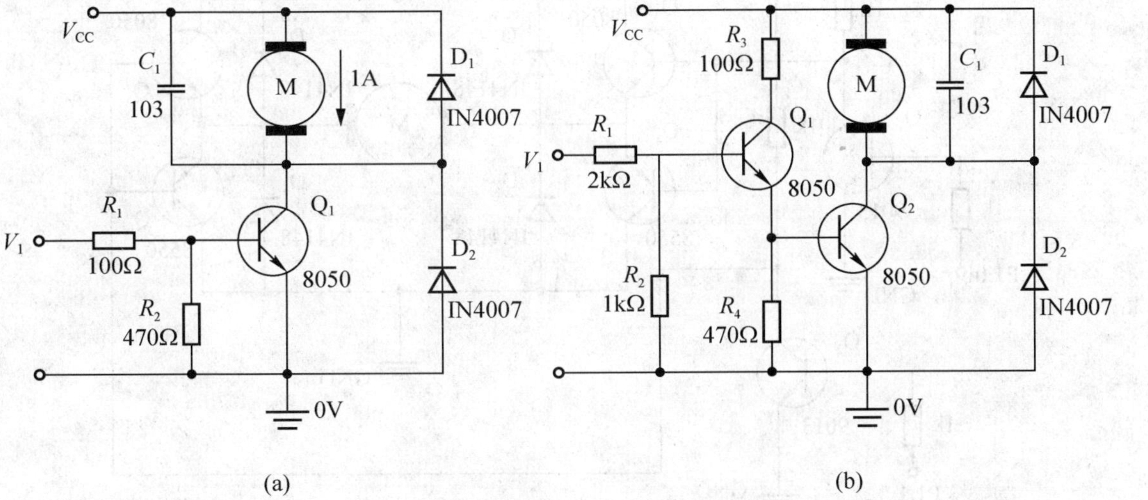

图 5.33　直流电动机单向启停控制电路

5.7.3　直流电动机双向运转 H 桥驱动电路

直流电动机双向运转驱动电路使用最广泛的就是 H 型全桥式电路，这种驱动电路可以很方便实现直流电动机的四象限运行，分别对应正转、正转制动、反转、反转制动。它的基本原理图如图 5.34 所示，全桥式驱动电路的 4 只开关管都工作在斩波状态，S_1、S_2为一组，S_3、S_4为另一组，两组的状态互补，一组导通则另一组必须关断。当 S_1、S_2 导通时，S_3、S_4 关断，电动机两端加正向电压，可以实现电动机的正转或反转制动；当 S_3、S_4 导通时，S_1、S_2 关断，电动机两端为反向电压，电动机反转或正转制动。

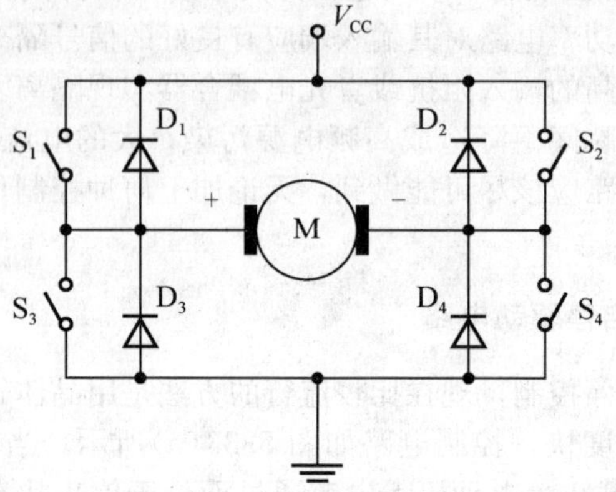

图 5.34　直流电动机 H 型全桥控制电路原理图

图 5.35 为分立元件构成的 H 桥驱动电路，当 $P_{1.0}=0$ 且 $P_{1.1}=1$ 时，Q_3 和 Q_6 导通，而 Q_4 和 Q_5 关断，电动机正转；当 $P_{1.0}=1$ 且 $P_{1.1}=0$ 时，Q_3 和 Q_6 关断，而 Q_4 和 Q_5 导通，电动机反转。

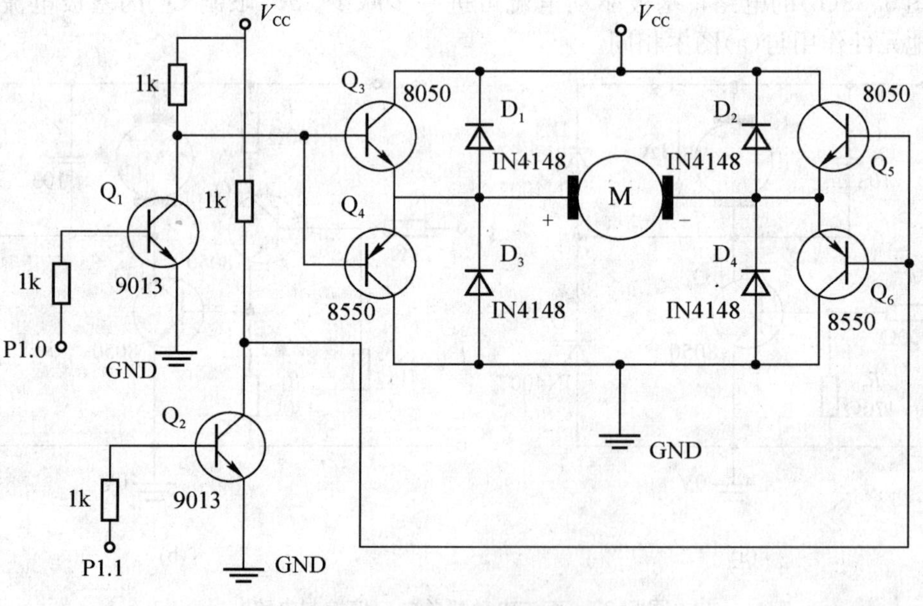

图 5.35　分立元件 H 桥驱动电路

H 桥性能指标测试主要有 3 点：①直流电动机两端的电压与电源电压相比，不应该降低太多。②直流电动机通过的电流与电动机直接接电源相比，也不应该降低太多。③三极管或场效应管的工作温度长时间满负荷工作时，元件不应该烫手。

实际使用时，用分立元件构成 H 桥电路比较麻烦，而且容易发生故障，现在市场上有很多封装好的 H 桥集成驱动电路，只要接上电源、电动机、控制信号就可以在额定电压和额定电流范围内正常使用，非常方便，常用的有 L293D、L298N、TA7257P、SN754410。

5.7.4　直流电动机单向运转 PWM 调速驱动电路

如果系统需要电动机具有调速和单向运转功能，较为简单的控制电路如图 5.36 所示，电路采用 555 构成多谐振荡器产生方波信号，方波频率固定为

$$f=\frac{1.43}{R_{\mathrm{p}}+R_2}$$

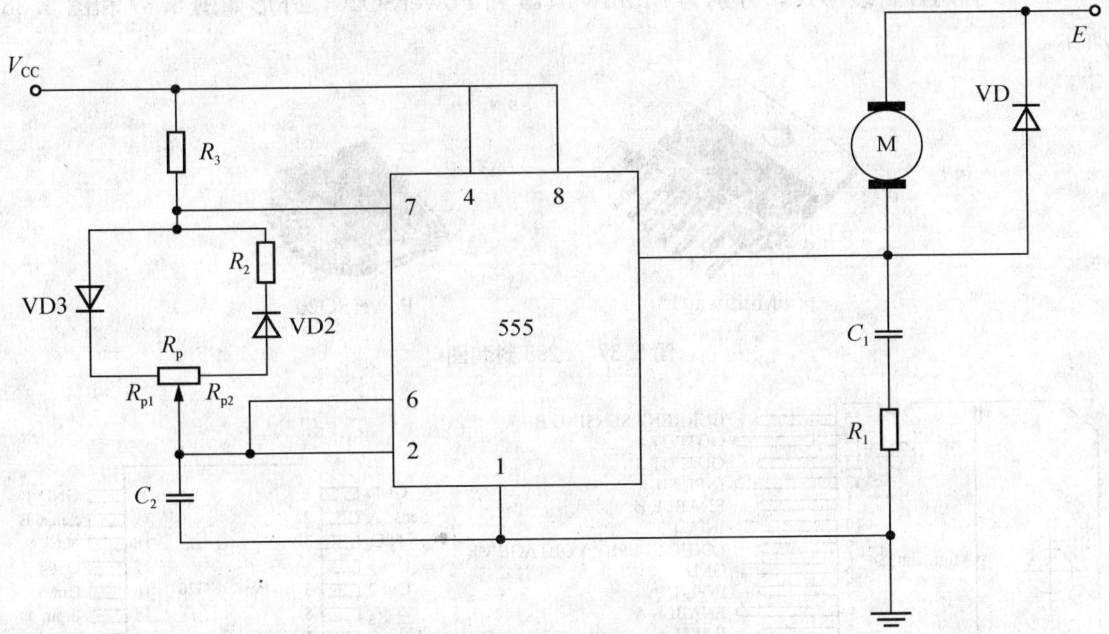

图 5.36　直流电动机单向启停控制电路

方波占空比可通过滑线变阻器 R_P 调节，计算公式为

$$q(\%)=\frac{R_{P1}}{R_P+R_2}\times 100\%$$

当 555 输出高电平时，电动机电枢绕组不能得到有效电压驱动，而当 555 输出低电平时，电动机电枢绕组可以得到有效电压驱动，通过调节 555 输出方波信号的占空比即可调节电动机转速。方波占空比越小，低电平时间越长，驱动电流越大，转速加快，反之亦然。若电动机驱动电流小于等于 200mA 时，可用 555 直接驱动；通过增加驱动和功放控制使电流大于 200mA 电动机速率。

图中 VD 是续流二极管，在功放管截止期间为驱动电流提供通路，可保证电动机具有连续驱动电流，防止功放管的损坏。电容 C_1 和电阻 R_1 组成补偿网络，可使其负载呈电阻性。电路的脉冲频率选在 4～5kHz 之间。频率太低会导致电动机抖动，频率太高会因占空比范围小而导致电动机调速范围减少。

5.7.5 基于单片机的直流电动机双向运转 PWM 调速控制电路

L298N 是 SGS－THOMSON Microelectronics 所生产的高电压、大电流的 15 个管脚的单块集成电动机驱动芯片，可以接收 DTL 或者 TTL 逻辑电平用来驱动直流电动机、步进电动机、继电器线圈等电感性负载。内置两个 H 桥，其控制信号为直流 5V，能驱动3～46V 直流电动机，每个桥提供 1A 的额定工作电流和最大 3A 的峰值电流，额定功率 25W。L298N 可直接对电动机进行控制，无须隔离电路，它能驱动的马达大小不超过可乐罐。

L298 有两种封装形式，分别为 Multiwatt15 和 PowerSO20，外形如图 5.37 和图 5.38 所示。

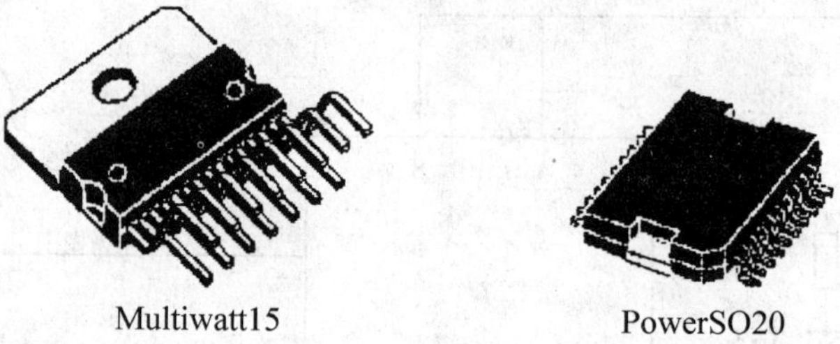

图 5.37 L298 封装图

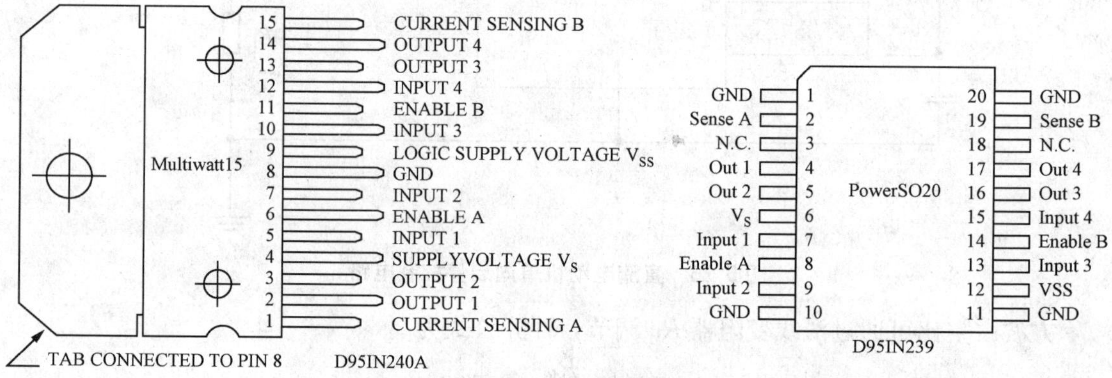

图 5.38 L298 引脚图

Multiwatt15 封装中，Pin1 和 Pin15 可与电流侦测用电阻连接来控制负载的电路；OUTPUT1、OUTPUT2 和 OUTPUT3、OUTPUT4 之间分别接 2 个电动机；INPUT1～INPUT4 输入控制信号来控制电动机的正反转；ENABLE 则控制电动机停转。

图 5.39 是采用 L298 对两台电动机进行双向调速控制的电路原理图。IN1～IN4 和 ENA、ENB 的输入信号来自于单片机，IN1、IN2、ENA 用来控制电动机 M1，IN3、IN4、ENB 用来控制电动机 M2。当 IN1、IN2 同样电平时，电动机停止；不同电平时，两种组合对应电动机正反转；ENA 占空比调节电动机转速。二极管 D1～D8 可以采用 IN5819 用来消除电动机反电动势。

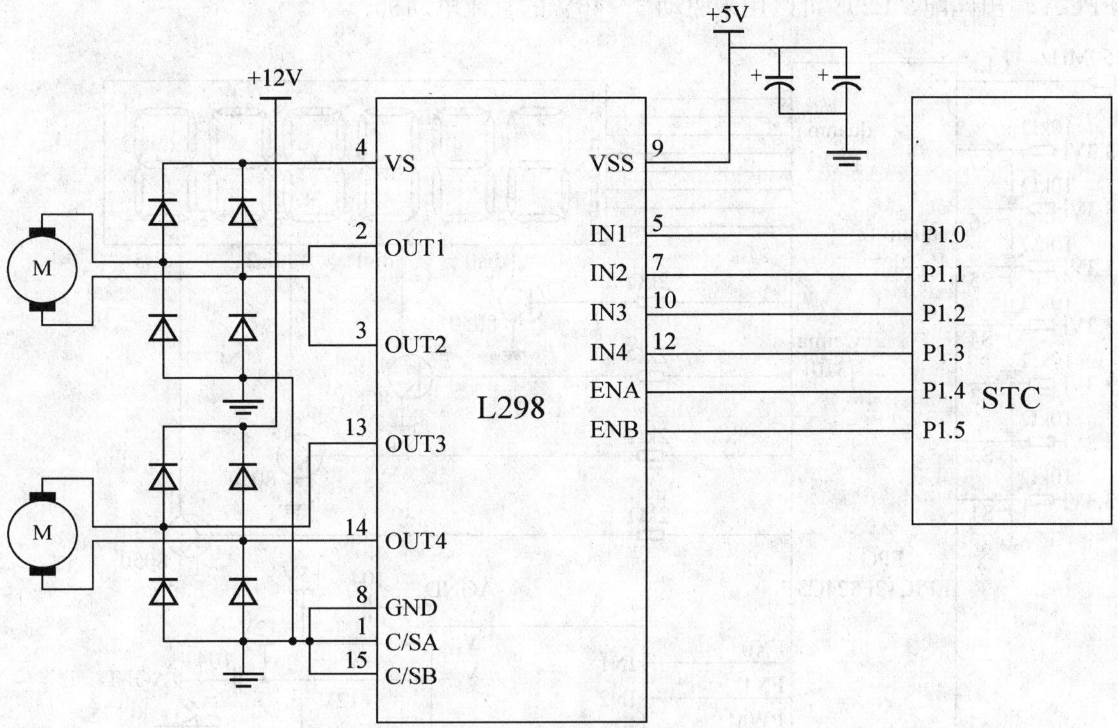

图 5.39　直流电动机双向运转 PWM 调速控制电路

5.7.6　基于可编程器件的直流电动机控制电路

现场可编程门阵列(FPGA)器件是一种由用户根据自己要求来构造逻辑功能的数字集成电路，具有体积小、速度快、集成度高等许多优点。用户可在相应计算机开发平台支持下，利用原理图或者硬件描述语言编程表达设计思想，编程文件经一系列编译后生成目标文件，通过下载电缆将目标文件下载到 FPGA 目标芯片，这时目标芯片就成为能满足用户要求的专用集成电路了。

基于 FPGA 的电子系统作为一种有效的数字化控制方法必将广泛地为人们所接受和使用。使用 FPGA 控制电动机，实践证明它能够保证控制的实时性和可靠性，提高电动机的调速精度，而且可以使电路更加简单，更便于控制电动机的运行。

图 5.40 为基于 FPGA 的直流电动机脉宽调速控制电路，电路主要由 4 个模块组成：按键电路、显示电路、驱动电路以及 FPGA。FPGA 采用 Altera 公司的 Cyclone 系列 EP-IC12，其为 324 管脚，逻辑单元 12060 个，用户可用 IO 口 249，可以满足电动机正反转、调速控制要求。按键电路用来设置电动机转速和运转方向，4 个按键分别为复位、加、减、方向切换键，加、减键用来设置电动机转速，方向切换键用来转换正反转运转方向。显示电路用三位数码管显示设定的电动机转速等级和运转方向，采用共阴极数码管，FPGA 输出位选信号为高电平选中对应数码管。FPGA 供电电源为 3.3V，无法直接驱动电动机，所以利用 L298 作为电动机驱动电路，L298 输入高电平最小值为 2.3V 刚好与

FPGA 输出匹配，L298 可以用来驱动 3～46V 的直流电动机。

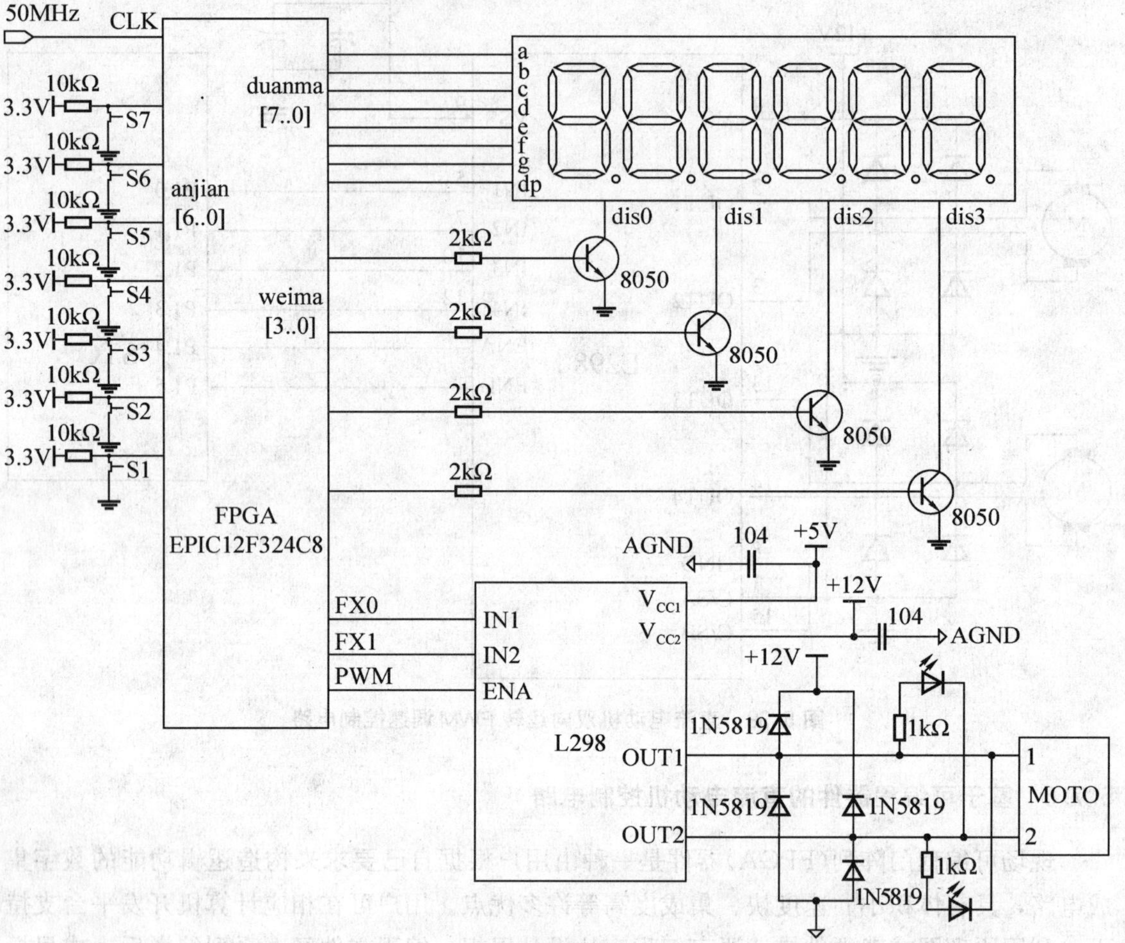

图 5.40　FPGA 控制的直流电动机 PWM 调速电路

电路工作原理简单，FPGA 通过采集按键信号得到电动机转速和方向控制信号设定值，经过 FPGA 处理产生 2 位方向控制信号和 PWM 脉宽调制信号，方向控制信号送到 L298 的电动机方向控制信号输入端 IN1 和 IN2，PWM 信号送到 L298 的 ENA 端控制电动机转速。

如图 5.41 所示，FPGA 顶层电路分 4 个模块：PWM 脉宽调制信号产生电路、工作/停止控制和正/反转方向控制电路、分频电路、显示控制电路。

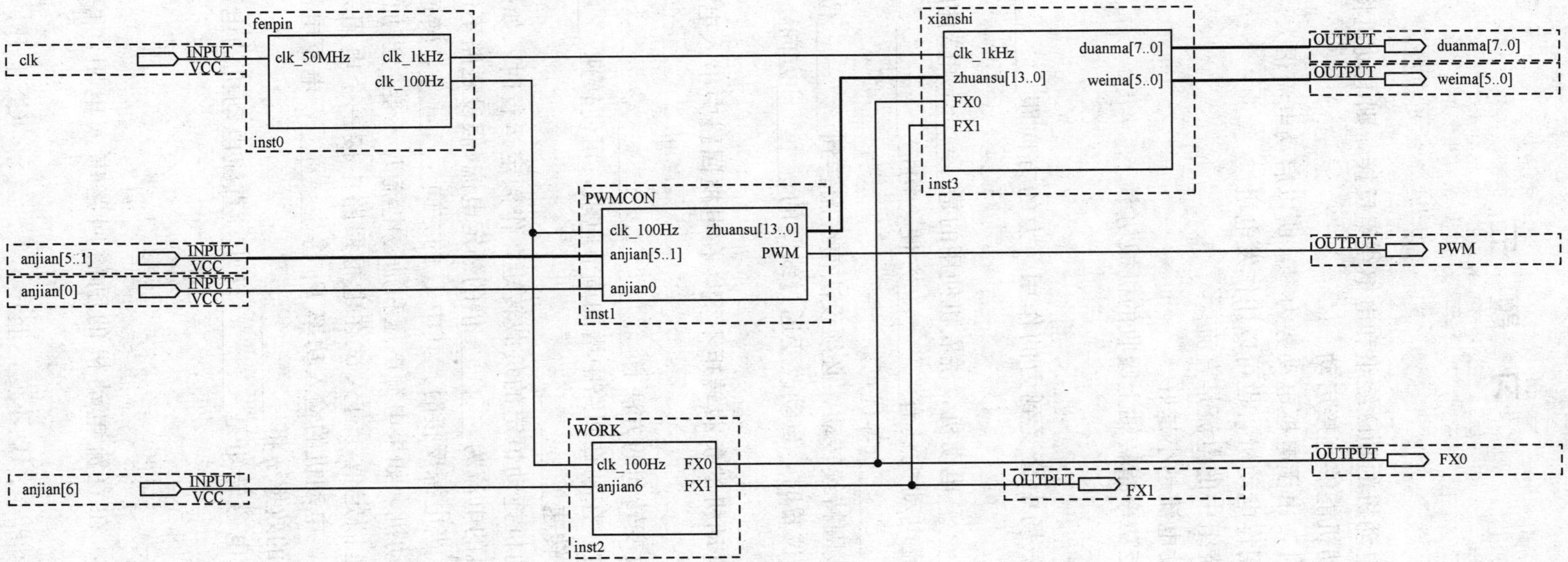

图5.41 FPGA控制的直流电动机顶层电路

习 题 五

一、判断题

1. 如果同时将直流电动机的励磁绕组和电枢绕组反接，则电动机将反转。（ ）
2. 中小容量直流电动机能够直接启动。（ ）
3. 直流电动机启动时，由于电枢电动势为零，所以启动电流很大。（ ）
4. 直流电动机可以用作电动机，也可以用作发电机。（ ）
5. 直流电动机电枢绕组中的电流是直流。（ ）
6. 直流电动机的启动电流越小越好。（ ）
7. 直流电动机的额定功率指转轴上吸收的机械功率。（ ）

二、填空题

1. ________导体在磁场中会受到力的作用，力的方向跟________的方向有关，还与________的极性有关。

2. 电车使用的是________电动机，洗衣机使用的是________电动机。

3. 跟热机相比，直流电动机具有________方便、构造________、体积________、效率________和对环境污染________等优点。

4. 要使直流电动机线圈持续转动，必须设法使线圈转到________位置时，即线圈平面与磁感线相互________的位置时，自动改变通过线圈的________方向，实现这个作用的装置叫________。

5. 当保持并励直流电动机的负载转矩不变，在电枢回路中串入电阻后，则电动机的转速将________。

6. 并励直流电动机改变转向的方法有________，________。

7. 直流电动机调速时，在励磁回路中增加调节电阻，可使转速________，而在电枢回路中增加调节电阻，可使转速________。

8. 一台并励直流电动机拖动恒定的负载转矩，作额定运行时，如果将电源电压降低了20%，则稳定后电动机的电流为________倍的额定电流(假设磁路不饱和)。

9. 并励直流电动机，当电源反接时，其中 I_a 的方向________，转速方向________。

10. 一台并励直流电动机，如果电源电压和励磁电流 I_f 不变，当加上一恒定转矩的负载后，发现电枢电流超过额定值，有人试在电枢回路中接一个电阻来限制电流，此方法________。串入电阻后，电动机的输入功率 P_1 将________，电枢电流 I_a ________，转速 n 将________，电动机的效率 η 将________。

11. 直流发电动机的电磁转矩是________转矩，直流电动机的电磁转矩是________转矩。

三、选择题

1. 负载转矩不变时，在直流电动机的励磁回路串入电阻，稳定后，电枢电流将( )，转速将( )。

A. 上升，下降　　B. 不变，上升　　C. 上升，上升

2. 直流电动机的额定功率指(　　)。

A. 转轴上吸收的机械功率　　B. 转轴上输出的机械功率

C. 电枢端口吸收的电功率　　D. 电枢端口输出的电功率

3. 启动直流电动机时，励磁回路应(　)电源。

A. 与电枢回路同时接入　　B. 比电枢回路先接入　　C. 比电枢回路后接入

4. 直流电动机在串电阻调速过程中，若负载转矩保持不变，则(　　)保持不变。

A. 输入功率　　B. 输出功率

C. 电磁功率　　D. 电动机的效率

5. 在直流电动机中，公式 $E_a = C_e\Phi n$ 和 $T = C_T\Phi I_a$ 中的 Φ 指的是(　　)。

A. 每极合成磁通　　B. 所有磁极的总磁通

C. 主磁通每极磁通　　D. 以上都不是

6. 一台并励直流电动机，在保持转矩不变时，如果电源电压 U 降为 $0.5U_N$，忽略电枢反应和磁路饱和的影响，此时电动机的转速(　　)。

A. 不变　　B. 转速降低到原来转速的0.5倍

C. 转速下降　　D. 无法判定

7. 直流电动机中线圈中的电流方向和外部电路中的电流方向说法中，正确的是(　　)。

A. 线圈中的电流方向和外部电路中的电流方向都不变化

B. 线圈中的电流方向和外部电路中的电流方向都变化

C. 线圈中的电流方向变化，外部电路中的电流方向不变化

D. 线圈中的电流方向不变化，外部电路中的电流方向变化

8. 一台组装齐全的直流电动机模型，接通电源后，电动机不转，但是用手拨动一下线圈转子，线圈转子就开始正常转动，它开始不转动的原因可能是(　　)。

A. 电刷与换向器接触不良　　B. 线圈短路

C. 线圈电流不够大或磁铁磁性不够强　　D. 线圈开始处于平衡位置

9. 直流电动机的电磁转矩与(　　)成正比。

A. 电动机转速　　B. 每极磁通和电枢电流

C. 每极磁通和转速　　D. 电枢电压和电动机转速

10. 为了改变电动机的转动方向，下述可采取的措施正确的是(　　)。

A. 改变电源电压的大小

B. 改变通过线圈的电流的大小

C. 改变通过线圈的电流的方向

D. 对调N、S两磁极的位置，同时对调电源的正、负极

11. 关于电动机的工作原理，下列说法正确的是(　　)。

A. 电动机是根据电磁感应原理工作的

B. 电动机是根据通电线圈在磁场中受力而转动的工作原理工作的

C. 电动机是根据电流的磁效应工作的

D. 电动机是根据电流的热效应工作的

12. 直流电动机的额定功率指(　　)。

A. 转轴上吸收的机械功率　　B. 转轴上输出的机械功率

C. 电枢端口吸收的电功率　　　　　　D. 电枢端口输出的电功率

四、计算题

1. 一台他励直流电动机 $P_N=40kW$，$U_N=220V$，$I_N=210A$，$n_N=1000r/min$，$R_a=0.078\Omega$，求额定时 P_1、$\sum p$、P_{Cu}、P_M、P_0、T_M、T_2、T_0。

2. 人类登月已经实现，宇航员操纵蓄电池驱动的小车探测月球表面，若小车电动机线圈绕组为 0.6Ω，电动机端电压为 110V，通过线圈电流为 10A，求在十分钟内电动机大约做了多少机械功？

3. 已知某直流电动机铭牌数据如下：额定功率 $P_N=75kW$，额定电压 $U_N=220V$，额定转速 $n_N=1500r/min$，额定效率 $\eta_N=88.5\%$，试求该电动机的额定电流。

4. 一台并励直流电动机的额定数据如下：$P_N=17kW$，$U_N=220V$，$n=3000r/min$，$I_N=88.9A$，电枢回路电阻 $R_a=0.0896\Omega$，励磁回路电阻 $R_f=181.5\Omega$，若忽略电枢反应的影响，试求：①电动机的额定输出转矩；②在额定负载时的电磁转矩；③额定负载时的效率；④在理想空载($I_a=0$)时的转速；⑤当电枢回路串入电阻 $R=0.15\Omega$ 时，在额定转矩时的转速。

5. 一台并励直流电动机，$P_N=100kW$，$U_N=220V$，$n=550r/min$ 在 750C 时电枢回路电阻 $R_a=0.022\Omega$，励磁回路电阻 $R_f=27.5\Omega$，$2\Delta u=2V$，额定负载时的效率为 88%，试求电动机空载时的电流。

6. 一台并励直流电动机，如果电源电压 U 和励磁电流 I_f 保持不变，加上恒定转矩 T_2 的负载以后，发现电枢电流 I_a 超过额定电流，有人企图在电枢回路中串接一个电阻来限制电枢电流，试问是否可行？

7. 对于一台并励直流电动机，如果电源电压和励磁电流保持不变，制动转矩为恒定值。试分析在电枢回路串入电阻 R_1 后，对电动机的电枢电流、转速、输入功率、铜耗、铁耗及效率有何影响？为什么？

8. 一台并励直流电动机原运行于某一 I_a、n、E 和 T_e 值下，设负载转矩 T_2 增大，试分析电动机将发生怎样的过渡过程，并将最后稳定的 I_a、n、E 和 T_e 的数值和原值进行比较。

第6章

控制电动机及其控制系统

控制电动机是在普通旋转电动机的基础上发展起来的，其基本原理与普通旋转电动机并无本质区别。不过，普通电动机的主要任务是完成能量的转换，对它们的要求主要着重于提高效率等经济指标以及启动和调速等性能。而控制电动机的主要任务是完成控制信号的传递和转换，因此，现代控制系统对它的基本要求是高精确度、高灵敏度和高可靠性。

根据在自动控制系统中所起的作用，控制电动机基本上可分为以下两大类。

一类用作执行元件。主要包括交直流伺服电动机、无刷直流电动机、步进电动机和直线电动机等。这些控制电动机的任务就是将输入的电信号转换为转子的角位移或角速度，或者动子的线位移或线速度，并带动控制对象运动，所以又称为功率元件。

一类用作测量元件。主要包括旋转变压器、自整角机和交直流测速发电动机等。这些控制电动机的任务就是测量自动控制系统中的角位移、转差角或转速，其输出一般为电压信号，可以驱动执行电动机完成矫正或测量任务，所以又称为信号元件。

教学目标

- 了解伺服电动机的工作原理与基本结构；
- 了解旋转变压器的工作原理与基本结构；
- 了解自整角机的工作原理与基本结构；
- 了解步进电动机的工作原理与基本结构；
- 掌握步进电动机的特性、驱动电源和控制方法。

教学要求

知识要点	能力要求	相关知识
伺服电动机	(1) 了解伺服电动机的结构 (2) 理解伺服电动机的工作原理	伺服电动机的机械特性、调节特性
旋转变压器	(1) 了解旋转变压器的结构 (2) 理解旋转变压器的工作原理	旋转变压器的一次侧补偿、二次侧补偿
自整角机	(1) 了解自整角机的结构 (2) 理解自整角机的工作原理	

续表

知识要点	能力要求	相关知识
步进电动机	(1) 了解步进电动机的结构 (2) 理解步进电动机的工作原理	
步进电动机的运行特性	(1) 了解步进电动机的运行方式 (2) 了解步进电动机的静态特性、动态特性	
步进电动机驱动电源	掌握步进电动机的几种驱动电源的工作原理	单极性、双极性、集成芯片驱动
步进电动机控制方法	(1) 了解步进电动机的几种控制方法 (2) 掌握利用专用集成芯片控制步进电动机	并行控制、串行控制、转速控制、加减速定位控制

推荐阅读资料

1. 曹承志．电动机、拖动与控制．2008(7)：132－135.
2. 巫传专．控制电动机及其应用．2008：119－148.

基本概念

伺服电动机(Servo motor)：是指在伺服系统中控制机械元件运转的发动机，是一种补助马达间接变速装置。伺服电动机可使控制速度，位置精度非常准确，可以将电压信号转化为转矩和转速以驱动控制对象。伺服电动机转子转速受输入信号控制，并能快速反应，在自动控制系统中，用作执行元件，且具有机电时间常数小、线性度高、始动电压等特性，可把所收到的电信号转换成电动机轴上的角位移或角速度输出。分为直流和交流伺服电动机两大类，其主要特点是，当信号电压为零时无自转现象，转速随着转矩的增加而匀速下降。

旋转变压器(Rotary transformer)：是一种电磁式传感器，又称同步分解器。它是一种测量角度用的小型交流电动机，用来测量旋转物体的转轴角位移和角速度，由定子和转子组成。其中定子绕组作为变压器的原边，接受励磁电压，励磁频率通常用400、3000及5000Hz等。转子绕组作为变压器的副边，通过电磁耦合得到感应电压。

自整角机(Selsyn)：是利用自整步特性将转角变为交流电压或由转角变为转角的感应式微型电动机，在伺服系统中被用作测量角度的位移传感器。自整角机还可用以实现角度信号的远距离传输、变换、接收和指示。两台或多台电动机通过电路的联系，使机械上互不相连的两根或多根转轴自动地保持相同的转角变化，或同步旋转。电动机的这种性能称为自整步特性。在伺服系统中，产生信号一方所用的自整角机称为发送机，接收信号一方所用自整角机称为接收机。自整角机广泛应用于冶金、航海等位置和方位同步指示系统和火炮、雷达等伺服系统中。

测速发电机(Tachogenerator)：是一种输出电动势与转速成比例的微特电动机。测速发电机的绕组和磁路经精确设计，其输出电动势E和转速n呈线性关系，即$E=Kn$，K是常数。改变旋转方向时输出电动势的极性即相应改变。在被测机构与测速发电动机同轴连接时，只要检测出输出电动势，就能获得被测机构的转速，故又称速度传感器。

步进电动机(Stepper motor)：是将电脉冲信号转变为角位移或线位移的开环控制元步进电动机件。在非超载的情况下，电动机的转速、停止的位置只取决于脉冲信号的频率和脉冲数，而不受负载变化的影响，当步进驱动器接收到一个脉冲信号，它就驱动步进电动机按设定的方向转动一个固定的角度，称为“步距角”，它的旋转是以固定的角度一步一步运行的。可以通过控制脉冲个数来控制角位移量，从而达到准确定位的目的；同时可以通过控制脉冲频率来控制电动机转动的速度和加速度，从而达到调速的目的。

引例：控制电动机发展史

在控制电动机的发展史上，同步传输系统中使用的自整角机可称得上是控制电动机的“祖师爷”。早在19世纪80年代，俄国及其许多国家创造出许多军事用同步联络系统，并把自整角机用于这些系统中，随着科学技术的进步和自动控制技术发展的需要，出现了旋转变压器、感应移相器、测速发电机等控制电动机，20世纪50年代相继形成系列，20世纪60—70年代得到迅速发展。西方各国在二次世界大战结束到1966年期间，针对二次世界大战中武器装备系统及机电元件在实践中所获得的经验和教训，进行了大量的分析和研究。在设计、工艺、选材、试验等方面取得了突破性的进展，如图6.1和图6.2所示。

图6.1 采用了大量控制电动机的军用雷达图

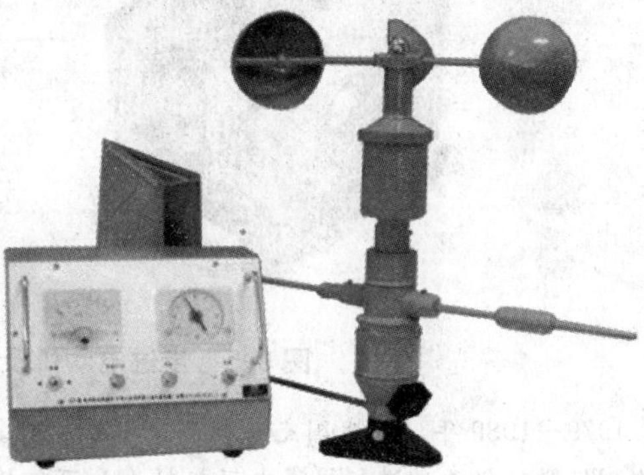

图6.2 含电位计式自整角机的电传风向风速仪

在我国，1949年之前控制电动机工业一片空白，建国后随着国防建设、军事装备配套发展和工业建设急速发展的需要，从20世纪50年代初期开始单个产品仿制，随后建立了微电动机研究单位和专业生产厂，逐步形成了我国微电动机工业体系，自整角机、旋转变压器、电感移相器、测速发电机等控制电动机伴随着微电动机工业的发展不断壮大，大体经历了仿制、自行研究、充实提高上水平、稳步发展4个阶段。

1950—1965年，是我国的仿制阶段。1951年由中南电工厂(湘潭电动机厂)首先研制生产了三相自整角机，随后1954年上海福光电动机厂(上海微型电动机厂)为雷达系统配套生产了3种仿美自整角机。从20世纪50年代中期开始，我国政府引进前苏联的技术资料和样机，到20世纪50年代末期开始仿制自整角机、旋转变压器、直流测速发电机，1963年开始试制交流测速发电机。到20世纪60年代中期基本仿制成功并小批生产自整角机、旋转变压器、测速发电机等系列产品，如图6.3和图6.4所示。

1966—1978年，是我国自行设计新系列阶段。20世纪60年代初期，由于苏联单方面终止了对我国的技术援助，我国在仿制阶段积累的技术基础上，打破仿苏模式束缚，以美国MIL标准为指导，结合我国发展实际，发展具有体积小、精度高、适应恶劣环境要求的新一代微机电产品，如图6.5所示。编制了控制微电动机设计手册(自整角机、旋转变压器)，制定了国家内部标准，自行设计开发了(KF、KB、KCF、LF、LJ、LCF)系列自整角机、(XZ、XB、XX)系列旋转变压器、多极和双通道旋转变压器系列、YG系列电感移相器、CK系列交流测速发电机、(ZCF、CY、CYD、ZYS、CYB)系列直流测速发电机。

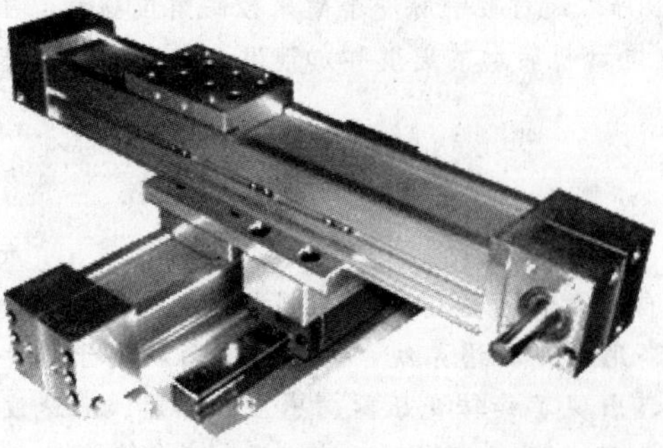

图 6.3　汽车变速箱检测用含伺服电动机的两轴滑台

图 6.4　工业用旋转变压器及伺服系统

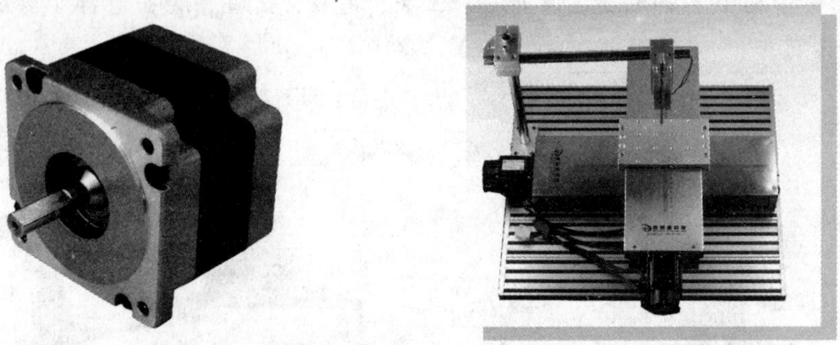

图 6.5　步进电动机及含有步进电动机的实验装置

1979—1989 年，是我国充实提高上水平阶段。在这一阶段，我国先后引进了一批国外先进生产设备和检测仪器、仪表，进行提高电动机精度和可靠性、降低电动机剩余电压、高精度测试装置等课题研究。产品品质向国际先进标准靠拢，自整角机、旋转变压器、直流测速发电机、电感移相器成果喜人，产品技术水平和国外 20 世纪 80 年代同类产品相当。

1990 年至今，随着现代化新型武器装备以及现代自动化技术的飞速发展，要求与其配套的检测元件体积小、重量轻、精度高、可靠性高、工作寿命长并能承受恶劣环境，因此控制电动机产品品种不断扩大，高精度、高可靠性的无刷自、旋、移、测信号电动机，多极和双通道自、旋、移，磁阻式自、旋、移类等特殊原理及特殊要求的信号电动机市场日益扩大，控制电动机向工业自动控制领域的拓宽，更加促进了其市场容量的扩大。

6.1　伺服电动机

常用的伺服电动机有两大类，以交流电源工作的称交流伺服电动机；以直流电源工作的称为直流伺服电动机。

6.1.1　交流伺服电动机

交流伺服电动机的定子绕组和单相异步电动机相似，它的定子上装有两个在空间相差 90°电角度的绕组，即励磁绕组和控制绕组如图 6.6 所示。运行时励磁绕组 f 始终加上一定的交流励磁电压 U_f，控制绕组 C 上则加大小或相位随信号变化的控制电压 U_c。

转子的结构型式有笼型转子和空心杯型转子两种。笼型转子的结构与一般笼型异步电动机的转子相同，但转子做的细长，转子导体用高电阻率的材料做成。其目的是为了减小转子的转动惯量，增加启动转矩对输入信号的快速反应和克服自转现象。空心杯型转子交流伺服电动机如图 6.7 所示的定子分为外定子和内定子两部分。外定子的结构与笼型交流伺服电动机的定子相同，铁心槽内放有两相绕组。空心杯型转子由导电的非磁性材料(如铝)做成薄壁筒型，放在内、外定子之间。杯子底部固定于转轴上，杯壁薄而轻，厚度一般在 0.2～0.8mm，因而转动惯量小，动作快且灵敏。

交流伺服电动机的工作原理和单相异步电动机相似，f 是有固定电压励磁的励磁绕组，C 是有伺服放大器供电的控制绕组，两相绕组在空间相差 90°电角度。如果 f 与 C 的相位差为 90°，而两相绕组的磁动势幅值又相等，这种状态称为对称状态。与单相异步电动机一样，这时在气隙中产生的合成磁场为一旋转磁场，其转速称为同步转速。旋转磁场与转子导体相对切割，在转子中产生感应电流。转子电流与旋转磁场相互作用产生转矩，使转子旋转。如果改变加在控制绕组上的电流的大小或相位差，就破坏了对称状态，使旋转磁场减弱，电动机的转速下降。电动机的工作状态越不对称，总电磁转矩就越小，当除去控制绕组上信号电压以后，电动机立即停止转动。这是交流伺服电动机在运行上与普通异步电动机的区别。

交流伺服电动机在没有控制电压时，定子内只有励磁绕组产生的脉动磁场，转子静止不动。当有控制电压时，定子内便产生一个旋转磁场，转子沿旋转磁场的方向旋转，在负载恒定的情况下，电动机的转速随控制电压的大小而变化，当控制电压的相位相反时，伺服电动机将反转。

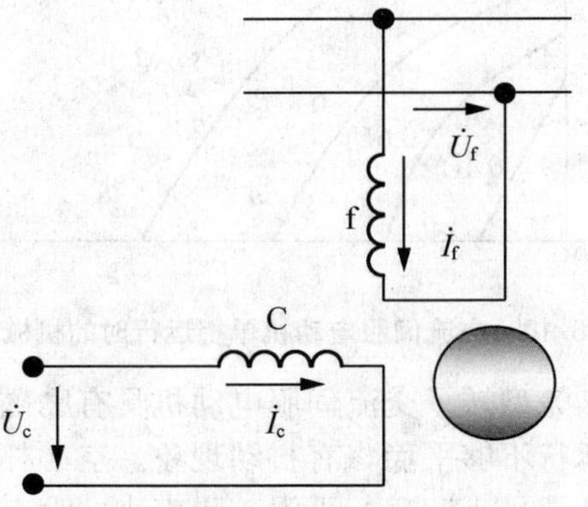

图 6.6 交流伺服电动机的原理图

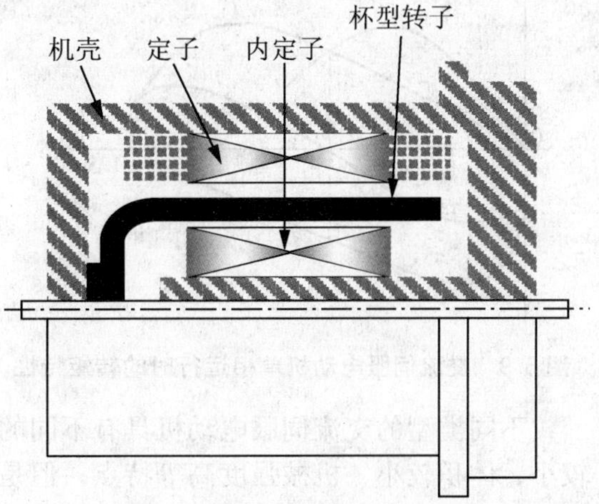

图 6.7 杯型转子交流伺服电动机

交流伺服电动机有以下 3 种转速控制方式。

(1) 幅值控制控制电流与励磁电流的相位差保持 90°不变，改变控制电压的大小。

(2) 相位控制控制电压与励磁电压的大小，保持额定值不变，改变控制电压的相位。

(3) 幅值-相位控制同时改变控制电压幅值和相位。交流伺服电动机转轴的转向随控制电压相位的反相而改变。

交流伺服电动机的工作特性是以机械特性和调节特性为表征。在控制电压一定时，负载增加，转速下降；它的调节特性是在负载一定时，控制电压越高，转速也越高。交流伺服电动机有以下3个显著特点。

(1) 启动转矩大。由于转子电阻大，其转矩特性曲线如图6.8中曲线1所示，与普通异步电动机的转矩特性曲线2相比，有明显的区别。它可使临界转差率$S_0>1$，这样不仅使转矩特性(机械特性)更接近于线性，而且具有较大的启动转矩。因此，当定子一有控制电压，转子立即转动，即具有启动快、灵敏度高的特点。

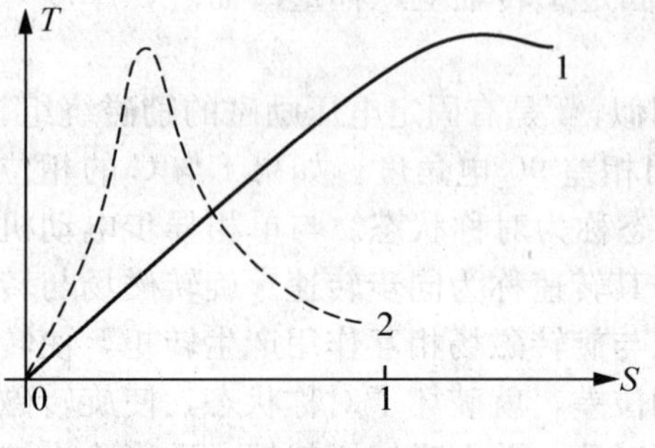

图6.8 交流伺服电动机的转矩特性

(2) 运行范围较宽如图6.8所示，转差率S在0到1的范围内伺服电动机都能稳定运转。

(3) 无自转现象。正常运转的伺服电动机，只要失去控制电压，电动机立即停止运转。当伺服电动机失去控制电压后，它处于单相运行状态，由于转子电阻大，定子中两个相反方向旋转的旋转磁场与转子作用所产生的两个转矩特性(T_1-S_1、T_2-S_2曲线)以及合成转矩特性($T-S$曲线)如图6.9所示，与普通的单相异步电动机的转矩特性(图中T'-S曲线)不同。这时的合成转矩T是制动转矩，从而使电动机迅速停止运转。

当负载一定时，控制电压U_c越高，转速也越高，在控制电压一定时，负载增加，转速下降，如图6.10所示。

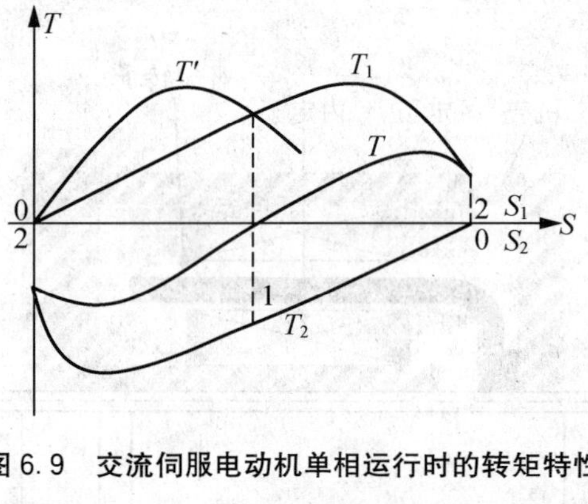

图6.9 交流伺服电动机单相运行时的转矩特性

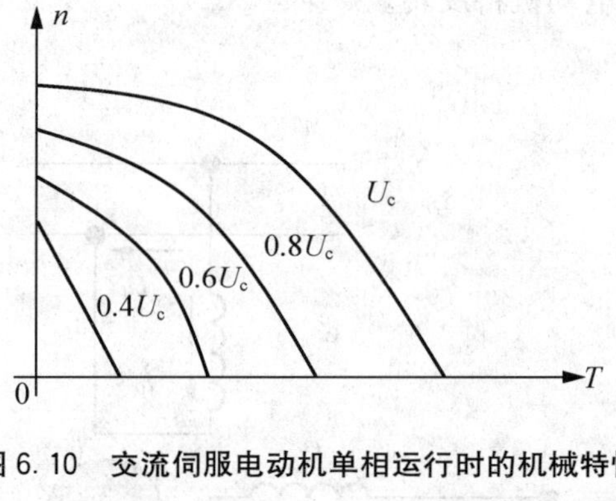

图6.10 交流伺服电动机单相运行时的机械特性

不同类型的交流伺服电动机具有不同的特点。笼型转子交流伺服电动机具有励磁电流较小、体积较小、机械强度高等特点；但是低速运行不够平稳，有抖动现象。空心杯型转子交流伺服电动机具有结构简单、维护方便、转动惯量小、运行平滑、噪声小、没有无线电干扰、无抖动现象等优点；但是励磁电流较大，体积也较大，转子易变形，性能上不及直流伺服电动机。

交流伺服电动机的输出功率一般是0.1～100W。当电源频率为50Hz时，电压有36、110、220、380V；当电源频率为400Hz时，电压有20、26、36、115V等多种。

交流伺服电动机运行平稳、噪音小。但控制特性是非线性，并且由于转子电阻大、损耗大、效率低，因此与同容量直流伺服电动机相比，体积大、重量重，所以只适用于0.5～100W的小功率控制系统。

例6-1 为什么交流伺服电动机有时能称为两相异步电动机？如果有一台电动机，技术数据上标明空载转速是 1200r/min，电源频率为 50Hz，请问这是几级电动机？空载转差率是多少？

答： 因为交流伺服电动机的定子绕组有励磁绕组和控制绕组两相组成，交流伺服电动机转速总是低于旋转磁场的同步速，而且随着负载阻转矩值的变化而变化，因此交流伺服电动机又称为两相异步伺服电动机。空载转速是 1200r/min，电源频率为 50Hz 的电动机是 4 级电动机，空载转差率是 20%。

小知识：交流伺服电动机控制方式

随着全数字式交流伺服系统的出现，交流伺服电动机也越来越多地应用于数字控制系统中。为了适应数字控制的发展趋势，运动控制系统中大多采用全数字式交流伺服电动机作为执行电动机。在控制方式上用脉冲串和方向信号实现 3 种控制方式：速度控制方式、转矩控制方式、位置控制方式。

6.1.2 直流伺服电动机

直流伺服电动机实质上就是一台他励式直流电动机，其控制方式同他励式直流电动机一样，可分为两类：对磁通进行控制的励磁控制法和对电枢电压控制的电枢控制法。其中励磁控制法在低速时受磁饱和的限制，在高速时受换向火花和换向结构强度的限制，并且励磁线圈电感较大，动态响应较差，所以这种方法应用较少。电枢控制法是以电枢绕组为控制绕组，在负载转矩一定时，保持励磁电压 U_f 为恒定，通过改变电枢电压 U_a 来改变电动机的转速；即 U_a 增加转速增大，U_a 减小转速降低，若电枢电压为零，则电动机停转。当电枢电压的极性改变后，电动机的旋转方向也随之改变。因此，把电枢电压作为控制信号就可以实现对电动机的转速控制。对于电磁式直流伺服电动机采用电枢控制时，其励磁绕组需由外施恒压的直流电源励磁，而永磁式直流伺服电动机则由永磁磁极励磁。

电枢控制时直流伺服电动机的工作原理如图 6.11 所示。为了分析方便，先进行如下假设：①电动机磁路不饱和；②电刷位于几何中性线。根据此两项假设，可认为负载时电枢反应磁势的影响可以略去，电动机的每个电极气隙磁通将保持恒定。

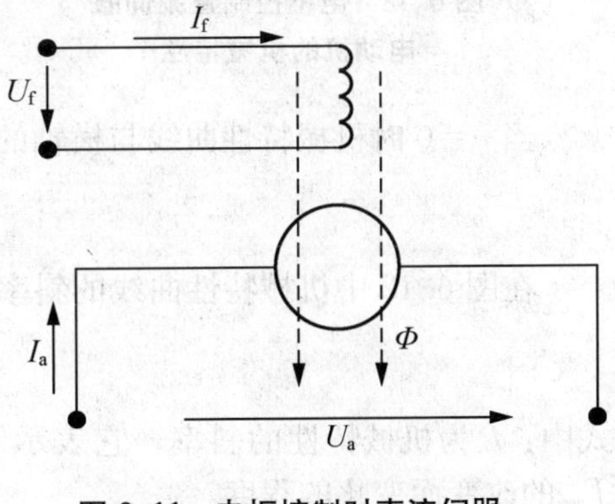

图 6.11 电枢控制时直流伺服电动机的工作原理图

这样，直流电动机电枢回路的电压平衡方程式为

$$U_a = E_a + I_a R_a \quad (6-1)$$

式中：U_a 为电动机电枢绕组两端的电压；E_a 为电动机电枢回路电动势；I_a 为电动机电枢回路的电流；R_a 为电动机电枢回路的总电阻(包括电刷的接触电阻)。

当磁通 Φ 恒定时，电枢绕组的感应电动势将正比于转速，则

$$E_a = C_e \Phi n = K_e n \quad (6-2)$$

式中：K_e 为电动势常数，表示单位转速时所产生的电动势；n 为电动机转速。

另外，电动机的电磁转矩为

$$T_{em} = C_t \Phi I_a = K_t I_a \quad (6-3)$$

式中：K_t 为转矩常数，表示单位电枢电流所产生的转矩。

若忽略电动机的空载损耗和转轴机械损耗等，则电磁转矩等于负载转矩。

将式(6-1)、式(6-2)和式(6-3)联立求解得

$$n=\frac{U_a}{K_e}-\frac{R_a}{K_tK_e}T_{em} \tag{6-4}$$

根据式(6-4)可画出直流伺服电动机的机械特性和调节特性。

1. 机械特性

机械特性是指控制电压恒定时，电动机的转速与转矩的关系，即 $U_a=C$ 为常数时，$n=f(T_{em})|_{U_a}=C$。

根据式(6-4)得

$$n=\frac{U_a}{K_e}-\frac{R_a}{K_tK_e}T_{em}=n_0-kT_{em} \tag{6-5}$$

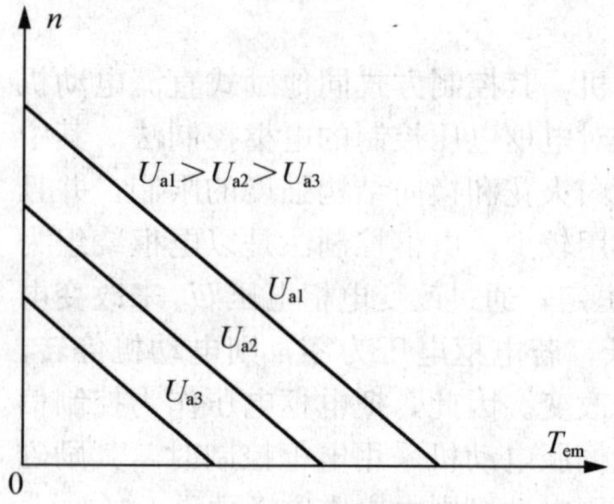

图 6.12　电枢控制直流伺服电动机的机械特性

由式(6-5)可得出直流伺服电动机的机械特性如图 6.12 所示。

从图中可以看出，机械特性是以 U_a 为参变量的一簇平行直线。这些特性曲线与纵轴的交点为电磁转矩等于零时的电动机的理想空载转速 n_0，即

$$n=\frac{U_a}{K_e} \tag{6-6}$$

由于直流伺服电动机本身存在空载损耗和转轴的机械损耗等，即使负载转矩为零，电磁转矩也并不为零。只有在理想的情况下 T_{em} 才可能为零。为此，转速 n_0 是指在理想空载(即 $T_{em}=0$)时的电动机转速，故称理想空载转速。

当 $n=0$ 时机械特性曲线与横轴的交点对应的转矩成为电动机堵转时的转矩 T_k：

$$T_k=\frac{U_aK_t}{R_a} \tag{6-7}$$

在图 6.12 中机械特性曲线的斜率为

$$k=\frac{n_0}{T_k}=\frac{R_a}{K_tK_e} \tag{6-8}$$

式中：k 为机械特性的斜率，它表示了电动机机械特性的硬度，即电动机的转速随转矩 T_{em} 的改变而变化的程度。

由式(6-5)或图 6.12 中都可以看出，随着电枢控制电压 U_a 的增大，空载转速 n_0 与堵转转矩 T_k 同时增大，但曲线斜率保持不变，电动机的机械特性曲线平行地向转速和转矩增加的方向移动。斜率 k 的大小只与电枢电阻 R_a 成正比而与 U_a 无关。电枢电阻越大，斜率 k 越大，机械特性就变软；反之，电枢电阻 R_a 小，斜率 k 也小，机械特性就越硬。

在实际应用中，电动机的电枢电压 U_a 通常由系统的放大器提供，所以还要考虑放大器的内阻，此时式(6-8)中的 R_a 应为电动机电枢电阻与放大器内阻之和。

2. 调节特性

调节特性是指在电磁转矩恒定时，电动机的转速与控制电压的关系，即 $n=f(U_a)|_{T_{tm}}=C$。调节特性曲线如图 6.13 所示，他们是以 T_{em} 为参变量的一簇平行直线。

当 $n=0$ 时调节特性曲线与横轴的交点，表示在某一电磁转矩(若略去电动机的空载损耗和机械损耗等，则为负载转矩值)时电动机的始动电压 U_{a0}。

$$U_{a0}=\frac{R_a}{K_t}T_{em} \tag{6-9}$$

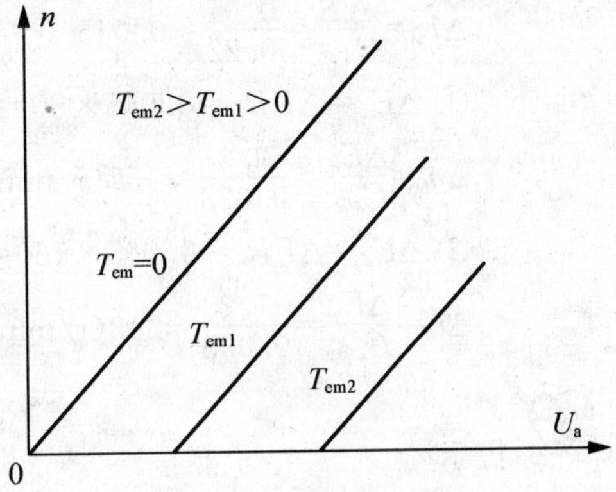

图 6.13 电枢控制直流伺服电动机的调节特性

当电磁转矩一定时，只有电动机的控制电压大于相应的始动电压，电动机才能启动起来并达到某一需要的转速；反之，当控制电压小于相应的始动电压时，电动机所能产生的最大电磁转矩仍小于所要求的负载转矩值，电动机就不能启动。所以，在调节特性曲线上从原点到始动电压点的这一段横坐标所示的范围，称为在某一电磁转矩值时伺服电动机的失灵区(有时称为“死区”)。显然，失灵区的大小与负载转矩的大小成正比，负载转矩越大，要想使直流伺服电动机运动起来，电枢绕组需要加的控制电压也要相应地增大。

由此可知，电枢控制时直流伺服电动机的机械特性和调节特性都是一簇平行的直线，这是直流伺服电动机很可贵的优点，也是交流伺服电动机所不及的。需要注意的是，上述结论是在开始时所做的两条假设的前提下才得到的，若考虑实际因素的影响，直流伺服电动机的特性曲线仅是一组接近直线的曲线。

例 6-2 已知一台直流伺服电动机的电枢电压 $U_a=110$V，空载电流 $I_{a0}=0.055$A，空载转速 $n_0'=4600$r/min，电枢电阻 $R_a=80\Omega$。试求：

(1) 当电枢电压 $U_a=67.5$V 时的理想空载转速 n_0 及堵转转矩 T_d。

(2) 该电动机若用放大器控制，放大器内阻 $R_i=80\Omega$，开路电压 $U_i=67.5$V，求这时的理想空载转速 n_0 及堵转转矩 T_d。

(3) 当阻转矩 T_L+T_0 由 30×10^{-3}N·m 增至 40×10^{-3}N·m 时，试求上述两种情况下转速的变化 Δn。

答：

(1) $U_{a0}=I_{a0}R_a=0.055\times80=4.4$(V)

$$\frac{E_a}{n_0}=\frac{U_a}{n_0}\Rightarrow n_0=\frac{U_a n_0}{E_a}=\frac{67.5\times4600}{110-4.4}\approx2940(\text{r/min})$$

$$T_d=C_T\phi\frac{U_a}{R_a}=\frac{60E_a}{2\pi n_0}\frac{U_a}{R_a}=\frac{60\times105.6\times67.5}{2\times3.14\times4600\times80}\approx185(\text{N}\cdot\text{m})$$

(2) $n_0=\dfrac{E_i}{C_\delta\phi}=\dfrac{67.5}{C_\delta\phi}\approx2940(\text{r/min})$

$$T_d=C_T\phi\frac{U_a}{R_a+R_i}=92.5(\text{N}\cdot\text{m})$$

(3) $C_\delta\phi=\frac{E_a}{n}=\frac{110-4.4}{4600}\approx 0.023$

$C_T\phi=\frac{60}{2\pi}C_\delta\phi=\frac{60\times 0.023}{2\times 3.14}\approx 0.22$

$\Delta I_a=\frac{\Delta T}{C_T\phi}=\frac{0.01}{0.22}\approx 0.045$

① $\Delta E_a=\Delta I_a R_a=0.045\times 80=3.6(\mathrm{V})$

$\Delta n=\frac{\Delta E_a}{C_\delta\phi}=\frac{3.6}{0.023}\approx 157(\mathrm{r/min})$

② $\Delta E_a=\Delta I_a R_a=0.045\times 160=7.2(\mathrm{V})$

$\Delta n=\frac{\Delta E_a}{C_\delta\phi}=\frac{7.2}{0.023}\approx 313(\mathrm{r/min})$

提示

直流伺服电动机在轴端安装高性能的速度和位置检测器，并用脉冲宽度调制(PWM)大功率电力电子器件(IGBT)的放大器驱动，可以使直流伺服系统具有优良的控制性能，所以在20世纪70年代曾获得了广泛应用。但由于直流伺服电动机存在机械换向器，需要较多的维护，运行火花使应用环境受到了某些限制，转子容易发热，影响与其相连接的丝杠精度，高速运行和大容量设计都受到机械换向器的限制。这些缺点和限制都是由变流机构-机械换向器所造成的。所以，革除机械换向器而保留直流伺服电动机的优良控制性能，是人们长期以来一直在追求的目标。

6.2 旋转变压器

旋转变压器是测量机械转角的控制电动机。旋转变压器的输出电压与转子转角具有一定的函数关系，根据具体的设计方法，可以获得正弦关系、余弦关系或线性关系等函数关系。在控制系统中可以用作检测元件、左边变换、三角运算等。

6.2.1 旋转变压器的结构和原理

旋转变压器的结构可以分为定子和转子两大部分，每一部分分别有自己的电磁部分和机械部分。电刷固定在后盖上和滑环摩擦接触。这样转子绕组引出线就经过滑环和电刷而接到固定的接线柱上。转子的电磁部分由绕组和铁心组成。转子绕组有两个，分别为正弦输出绕组(其引线端常标示为Z_1、Z_2，字母Z表示转子)和余弦输出绕组(其引线端常标示为Z_3、Z_4)。它们均布置在转子槽中，正弦输出绕组和余弦输出绕组轴线在空间相隔90°，如图6.14所示。转子铁心由硅钢片叠压而成，外圆处冲有均匀分布的槽，以便嵌放转子正、余弦绕组。转轴采用不锈钢材料，轴承两端的轴承档和端盖的轴承室之间装有轴承，以达到转子能自由旋转的目的。转子绕组引出线和滑环相接，滑环应有4个，均固定在转轴的一端，分别与转子绕组的Z_1、Z_2、Z_3、Z_4端通过电刷滑动接触。滑环本身引出导线，导线末端与接线盒的固定端子相连。可见，接线盒中应有4个与转子相关的接线端。

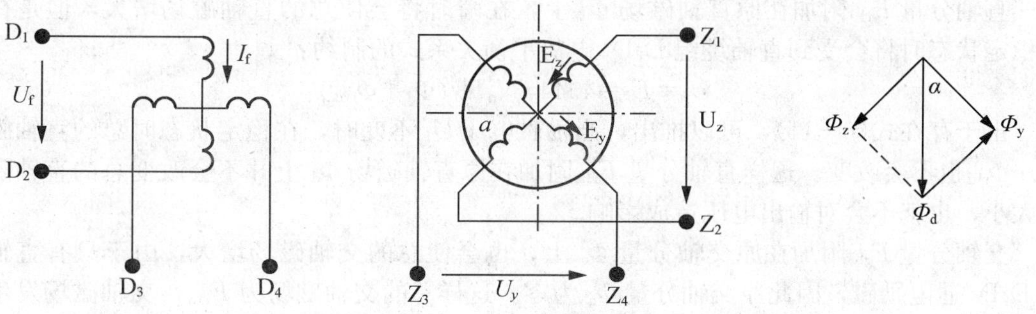

图 6.14 旋转变压器原理图

定子的电磁部分由绕组和铁心组成。定子绕组有两个，分别称为定子励磁绕组(其引线端常标示为 D_1、D_2，字母 D 表示定子)和定子交轴绕组(其引线端常标示为 D_3、D_4)。两个绕组均匀布置在定子槽中，结构上完全相同，而且两绕组的轴线在空间互成 90°。定子铁心由导磁性能良好的硅钢片叠压而成，定子硅钢片内圆处冲有一定数量的槽，用以嵌放定子绕组。定子铁心外圆要和机壳内圆配合，机壳、端盖等部件起支撑作用，是旋转电动机的机械部分，采用经阳极氧化处理的铝合金材料。定子绕组 D_1、D_2、D_3、D_4 端使用导线直接联接到接线盒的固定端子上。接线盒中共有 4 个与定子相关的接线端，加上 4 个与转子相关的接线端，因此在接线盒中共有 8 个接线端与外界相连。

6.2.2 旋转变压器的负载运行

当旋转变压器转子的正弦输出绕组中接入负载阻抗后，便有电流流过正弦输出绕组，这种状态称为旋转变压器的负载运行，如图 6.15 所示。

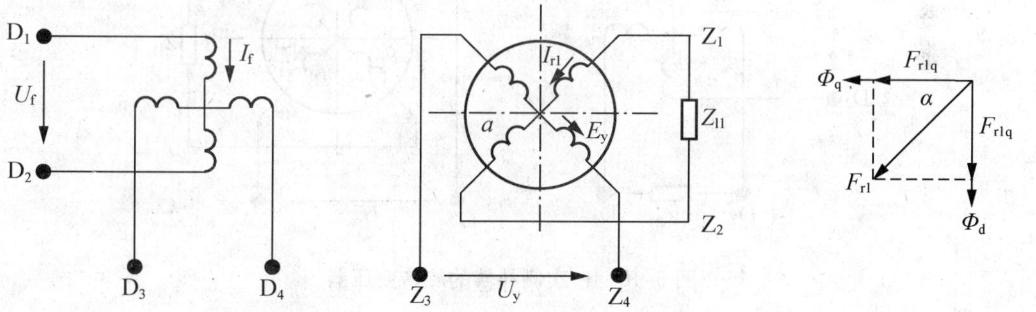

图 6.15 旋转变压器的负载运行

在图 6.15 中，正弦输出绕组中接入负载阻抗 Z_{l1}，正弦输出绕组构成回路，感应电流 I_{r1} 由感应电动势产生，该电流 I_{r1} 将会产生新的感应磁场。假定在分析的时刻，电流的方向从右上角流向左下角，假定正弦输出绕组 Z_1Z_2 的绕线方向可以使正弦输出绕组产生从右上角沿轴线指向左下角的磁场。磁场的大小可以用磁势 F_{r1} 表示。磁势和磁通的关系为

$$\Phi_{r1}=F_{r1}A_{r1} \tag{6-10}$$

正弦输出绕组产生的感应磁场对于原磁场是一种干扰，即电枢反应。它会影响正弦输出绕组的输出电压。为了便于分析，可以将这个磁场按直轴方向和交轴方向进行分解，得到其直轴分量 F_{r1d} 和交轴分量 F_{r1q}。

直轴分量 F_{r1d}附加在原直轴磁场 Φ_d 上，在瞬时将会使总的直轴磁场增大，但是在最终稳定状态时将会受到直轴绕组 D_1D_2 电势平衡关系式的制约：

$$U_f=E_f=4.44fN_dK_d(\Phi_d+\Phi_{r1d}) \tag{6-11}$$

由于存在式(6-11)，可以推出，当励磁电压 U_f 不变时，在稳定状态时总的直轴磁场 $\Phi_d+\Phi_{r1d}$也不会改变。这样直轴分量 F_{r1d}附加在原直轴磁场 Φ_d 上并不会改变总的直轴磁场的大小，也就不会对输出电压造成影响。

交轴分量 F_{r1q}附加在原交轴分量 Φ_q 上，也会使总的交轴磁场增大，由于只有直轴绕组 D_1D_2 通电励磁，因此原交轴分量 Φ_q 为零。这样总的交轴磁场为 F_{r1q}，交轴磁场发生了从零到 F_{r1q}的改变。总的交轴磁场与正弦输出绕组和余弦输出绕组均以一定角度匝链，将会在正弦输出绕组和余弦输出绕组产生附加的感应电动势，破坏了正弦输出绕组和余弦输出绕组的输出电压与转角所成的正弦和余弦关系，称为输出电压发生畸变。

由此可知，正余弦旋转变压器在负载时输出电压发生畸变，根本原因在于负载电流产生的交轴磁场。为了消除输出电压的畸变，就必须在负载时对电动机中的交轴磁场予以补偿。通常可以采用一次侧补偿和二次侧补偿两种方法。

6.2.3 一次侧补偿的旋转变压器

在旋转变压器中，由于负载电流产生的交轴磁场，将使输出电压发生畸变。可以在定子的交轴绕组中接入合适的负载阻抗，以达到消除交轴磁场影响的目的。旋转变压器的定子通常被看成是原边，或称为一次侧，所以这种方法称为一次侧补偿。其接线图如图 6.16 所示。

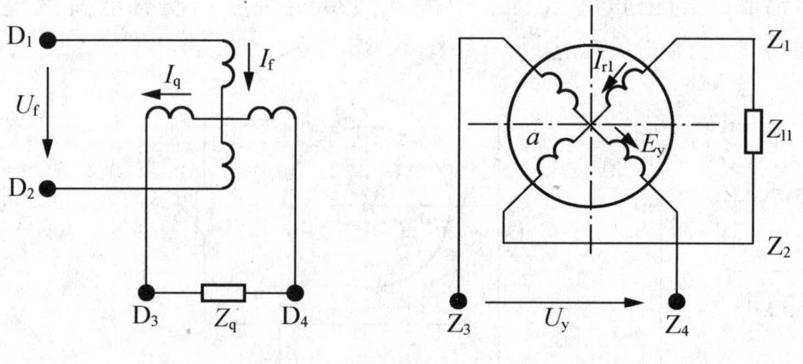

图 6.16 一次侧补偿的旋转变压器

在图 6.16 中，D_1D_2 为定子励磁绕组，加在定子励磁绕组上的励磁电压为单相交流电压，交流电压有效值设为 U_f。交轴绕组中接入阻抗 Z_q。正弦输出绕组中接入负载阻抗 Z_{l1}，正弦输出绕组构成回路，电流 I_{l1}由感应电动势产生，电流 I_{l1}将会产生感应磁场。另一个余弦输出绕组为开路。

同样，正弦输出绕组中负载电流 I_{l1}所产生的磁势可以分解为直轴分量 F_{r1d}和交轴分量 F_{r1q}。直轴分量 F_{r1d}附加在原直轴磁场 Φ_d 上并不会改变总的直轴磁场的大小，也就不会对输出电压造成影响。交轴分量 F_{r1q}和定子交轴绕组的轴线方向一致，它将在交轴绕组中感应电势。

不同的是，此时交轴绕组形成了闭合回路，交轴绕组感应电势将会产生交轴绕组感应电流，进而产生交轴绕组感应磁场。根据电磁感应法则，感应磁场总是抵触产生它的原磁场。也就是说，感应磁场总是与原磁场方向相反，起抵消作用。交轴绕组阻抗的大小将影响到交轴绕组感应磁场的大小。通常交轴绕组阻抗选择为很小的值，它使交轴绕组接近于短路状态，这样交轴绕组感应电势将会产生较大的交轴绕组感应电流，进而产生较大的交轴绕组感应磁场。较大的交轴绕组感应磁场产生较大的抵消作用，因而有很强的去磁作用，致使总的交轴磁场趋于零，从而消除了输出电压的影响。

6.2.4　二次侧补偿的旋转变压器

在转子余弦输出绕组中接入合适的负载阻抗，也可以达到消除交轴磁场影响的目的。旋转变压器的转子通常被看成是副边，或者称为二次侧，所以这种方法称为二次侧补偿，其接线图如图 6.17 所示。

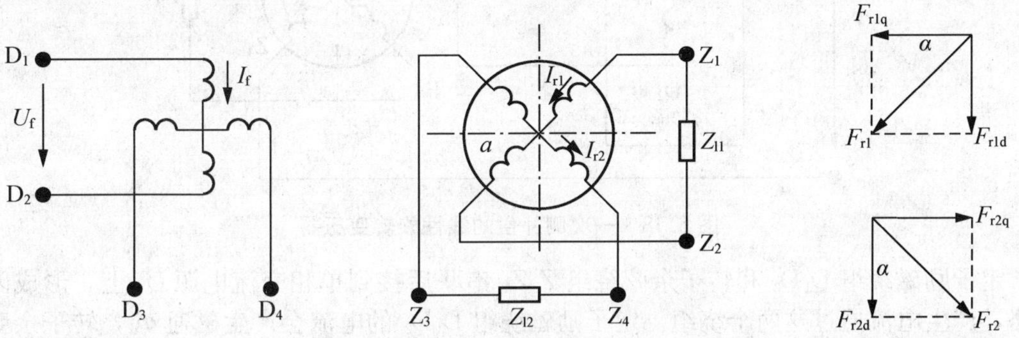

图 6.17　二次侧补偿的旋转变压器

在图 6.17 中，D_1D_2 为定子励磁绕组，加在定子励磁绕组上的励磁电压为单相交流电压，交流电压有效值设为 U_f。交轴绕组保持开路。正弦输出绕组中接入负载阻抗 Z_{l1}，正弦输出绕组构成回路，电流 I_{l1} 由感应电动势产生，电流 I_{l1} 将会产生感应磁场。余弦输出绕组中接入负载阻抗 Z_{l2}，余弦输出绕组构成回路，电流 I_{l2} 由感应电动势产生，电流 I_{l2} 将会产生感应磁场。

同理，正弦输出绕组中负载电流 I_{l1} 所产生的磁势可以分解为直轴分量 F_{r1d} 和交轴分量 F_{r1q}。直轴分量 F_{r1d} 附加在原直轴磁场 Φ_d 上并不会改变总的直轴磁场的大小，也就不会对输出电压造成影响。余弦输出绕组中负载电流 I_{l2} 所产生的磁势也可以分解为直轴分量 F_{r2d} 和交轴分量 F_{r2q}。直轴分量 F_{r2d} 也不会对输出电压造成影响。

由于正弦输出绕组和余弦输出绕组的位置关系，正弦输出绕组的交轴分量 F_{r1q} 和余弦输出绕组的交轴分量 F_{r2q} 方向相反，具有抵消的作用。若选取合适的负载阻抗，就可以做到交轴分量完全抵消，从而消除了输出电压的畸变。经理论推导可知，所谓合适的负载阻抗，即要满足以下关系式：

$$Z_{l1}=Z_{l2} \tag{6-12}$$

6.2.5　线性旋转变压器

线性旋转变压器是指其输出电压的大小与转子转角 α 成正比关系的旋转变压器。正、余弦旋转变压器就可作为线性旋转变压器来使用，因为当转子转角 α 用弧度作单位，且 α

在很小的范围内，有 $\sin\alpha \approx \alpha$。线性的范围取决于所要求的精度。若要求输出电压和理想直线关系的误差不超过±0.1%，可以计算出线性的转角范围仅为±4.5°，显然，这么小的线性转角范围不能满足实际使用的要求。为了扩大线性转角的范围，必须采用其他措施。在旋转变压器结构保持不变的情况下，可以通过改变接线的方式达到这个目的。

为了使旋转变压器的输出电压和转子转角能满足线性函数关系，可将正、余弦旋转变压器按图 6.18 所示的方式联接。将定子励磁绕组 D_1D_2 和转子余弦绕组 Z_3Z_4 串联使用，串联后再接到单相交流电源 U_f 上，且交轴绕组两端直接短接作为一次侧补偿。正弦输出绕组中可以外接负载阻抗 Z_{l1}，也可以空载。

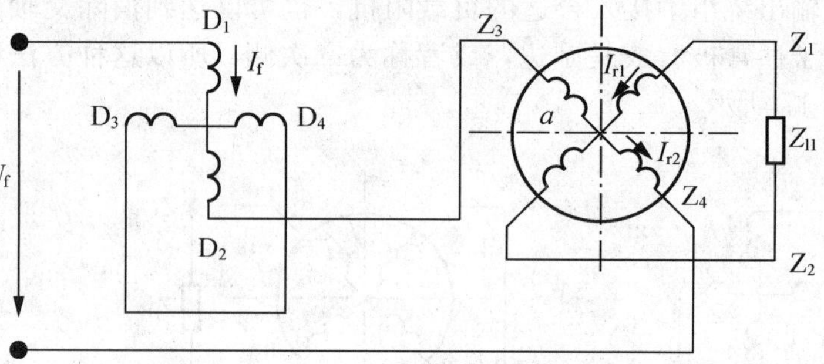

图 6.18　一次侧补偿的线性旋转变压器

定子励磁绕组 D_1D_2 和转子余弦绕组 Z_3Z_4 串联后接到单相交流电源 U_f 上，形成闭合回路，产生电流通过这两个绕组。定子励磁绕组 D_1D_2 的电流会产生磁通 Φ_d，转子余弦绕组 Z_3Z_4 的电流会产生磁通 Φ_y。

采用同样的分析手段，对转子余弦绕组 Z_3Z_4 的电流会产生的磁通 Φ_y 分为两个分量：直轴分量 Φ_{yd} 和交轴分量 Φ_{yq}。因交轴绕组短接作为一次侧补偿，又忽略定子、转子绕组的漏阻抗压降，即可认为交轴分量 Φ_{yq} 被完全抵消，电动机中不再存在交轴磁场。这样，在旋转变压器中只存在直轴磁场。余弦输出绕组的直轴分量 Φ_{yd} 附加在原直轴磁场 Φ_d 上并不会改变总的直轴磁场的大小，总的直轴磁场大小仍为 Φ_d。

直轴磁场 Φ_d，或者称为直轴脉振磁通 Φ_d，分别与励磁绕组、正弦输出绕组、余弦输出绕组相匝链，并在其中分别产生感应电势 E_f、E_z、E_y。这些感应电势由同一个脉振磁通 Φ_d 感应产生，因此它们在时间上同相位。

根据之前的推导，感应电势 E_f、E_z、E_y 的大小由以下公式决定：

$$E_f = 4.44 f N_d K_d \Phi_d$$

$$E_z = 4.44 f N_z K_z \Phi_d \sin\alpha$$

$$E_y = 4.44 f N_y K_y \Phi_d \cos\alpha$$

再根据 $D_1D_2Z_3Z_4$ 闭合回路的电势平衡关系，可以得到

$$U_f = E_f + E_y$$

将 E_f 和 E_y 代入，化简得到

$$U_f = 4.44 f N_d K_d \Phi_d (1 + K_u \cos\alpha)$$

因此，可以得到直轴磁通 Φ_d 的表达式：

$$\Phi_d = \frac{U_f}{4.44 f N_d K_d (1 + K_u \cos\alpha)} \tag{6-13}$$

当转子正弦输出绕组空载时，转子正弦输出绕组的感应电压 E_z 就是输出电压 U_z，将 Φ_d 用式(6-13)替代，化简后得到转子正弦输出绕组的输出电压：

$$U_z=\frac{K_u U_f \sin\alpha}{1+K_u \cos\alpha} \tag{6-14}$$

上式中，若取 $K_u=0.5$，则 $\alpha=\pm 37.4°$的范围内，U_z 与 U_f 可以认为是线性关系，误差不超过±0.1%。若取 $K_u=0.56$，则 $\alpha=\pm 60°$的范围内，U_z 与 U_f 可以认为是线性关系，误差不超过±0.1%。若采取适当的偏置措施后，可以得到 0°～120°的线性工作区域。

6.2.6 数字式旋转变压器

随着微电子技术的进步和现代工业技术的发展，现代伺服系统已经迅速地从模拟控制转向数字控制，对转角传感器提出了数字化、高分辨率的要求。

旋转变压器用于计算机控制的数字伺服系统中，需要一定的接口电路，通常把应用数字芯片接口的旋转变压器称为数字式旋转变压器。

常用的转角传感器有光电编码器和旋转变压器。光电编码器分增量式和绝对式两种。增量式光电编码器结构简单，但无法输出绝对位置信息，易产生累积误差；绝对式光电编码器虽能得到绝对转角，但结构复杂、成本高。光电编码器内含有电子线路和光栅，对使用环境有一定的要求。旋转变压器是利用电磁感应原理的一种模拟式测角器件，其特点包括坚固、耐热、耐冲击、抗干扰、成本低，本身不含电子线路，使用环境不受限制，因而广泛用于许多自动控制系统中。

旋转变压器的接口电路，或者称为分解器数字变换器，实现了模拟量信号到控制系统数字量的转换。分解器是旋转变压器的另一种叫法，因为旋转变压器输出正弦信号和余弦信号，其实就是一种信号的正交分解形式。分解器数字变换器，英文名称是 Resolver-to-Digital Converter，简称 RDC。随着电子技术的飞速发展，RDC 发展成为一系列的单片集成电路，从而弥补了过去由分立元件搭成的 RDC 体积大、可靠性低的不足，给工程应用带来了极大的方便。由旋转变压器和 RDC 单片集成电路就可以构成高精度的转角位置检测系统，可以直接输出数字化的转角位置信息，配合主控芯片使用十分方便。

RDC 单片集成电路系列有 AD2S1200、AD2S1205、AD2S44、AD2S80A、AD2S83、AD2S90、RDC174 等芯片。其中 AD2S83、AD2S90 两种芯片的应用范围比较广。

例 6-3 线性旋转变压器是如何从正余弦旋转变压器演变过来的？线性旋转变压器的转子绕组输出电压 U_{R2} 和转角 θ 的关系式是什么？改进后的线性旋变，当误差小于 0.1%时，转角 θ 的角度范围是什么？

答： 将正余弦旋转变压器的定子励磁绕组和转子余弦输出绕组串联，并作为励磁的原边。定子交轴绕组短接作为原边补偿，转子正弦输出绕组作为输出绕组，即可将正余弦旋转变压器变为线性旋转变压器。线性旋转变压器的转子绕组输出电压 U_{R2} 和转角 θ 的关系式是

$$U_{R2}=\frac{K_u U_{f1} \sin\theta}{1+K_u \cos\theta}$$

改进后的线性旋变，当误差小于 0.1%时，转角 θ 的角度范围是±60°。

小知识：旋转变压器的应用

旋转变压器是一种精密度、位置、速度检测装置，适用于所有使用旋转编码器的场合，特别是高温、

严寒、潮湿、高速、高震动等旋转编码器无法正常工作的场合。由于旋转变压器的以上特点，可完全替代光电编码器，被广泛应用在伺服控制系统、机器人系统、机械工具、汽车、电力、冶金、纺织、印刷、航空航天、船舶、兵器、矿山、油田、建筑等领域的角度、位置检测系统中。也可用于坐标变换、三角算法和角度数据传输，作为两相移相器用在角度-数字转换装置中。

6.3 自整角机

自整角机用于同步联接系统中，是自动装置中广泛应用的元件。最简单的同步连接系统由一台发送机和一台接收机组成，两机之间用导线联接起来。当发送机的转子转动任意一个角度，则接收机的转子也将跟着转过同一个角度，故称自整角机。

6.3.1 三相自整角机

将两台相同的三相绕线式异步电动机 I 和 II 按图 6.19(a)连接，两电动机的定子绕组接到同一电网，转子绕组也对应地联接在一起，便得到一个三相的同步联接系统，其工作原理如下。

当两电动机的转子具有相同的空间位置，如图 6.19(a)所示时，他们的转子电动势 $\dot{E}_{2\mathrm{I}}$ 和 $\dot{E}_{2\mathrm{II}}$ 互相平衡。若取两电动机转子的电动势、电流正方向如图中箭头所示，则得 $\dot{E}_{2\mathrm{I}}+\dot{E}_{2\mathrm{II}}=0$(如图 6.19(b)所示)，随之 $I_2=0$，故两电动机转子中没有电流，从而没有电磁转矩，两电动机处于静止状态。

现设电动机 II 的转子被堵住不动，而用外力将电动机 I 的转子顺着旋转磁场 Φ_I 的转向转过一定角度 θ，如图 6.19(c)所示。这时，相量 $\dot{E}_{2\mathrm{II}}$ 的位置应比图 6.19(b)中所画的滞后一个 θ 角，因为旋转磁场 Φ_I 的波幅到达转子绕组轴线的时刻要比图 6.19(a)延迟相当于转 θ 角度所需要的时间。这样就得到图 6.19(d)所示的相量图，由图可见，这时两电动机转子绕组构成的回路存在着合成电动势 $\Delta\dot{E}_2=\dot{E}_{2\mathrm{I}}+\dot{E}_{2\mathrm{II}}$，而产生转子电流

$$\dot{I}_2=\frac{\Delta\dot{E}_2}{Z_{2\mathrm{I}}+Z_{2\mathrm{II}}}=\frac{\Delta\dot{E}_2}{(r_{2\mathrm{I}}+\mathrm{j}x_{2\sigma\mathrm{I}})+(r_{2\mathrm{II}}+\mathrm{j}x_{2\sigma\mathrm{II}})} \tag{6-15}$$

并且 $\dot{I}_2$ 滞后于 $\Delta\dot{E}_2$ 一个 φ_2 角

$$\tan\varphi_2=\frac{x_{2\sigma\mathrm{I}}+x_{2\sigma\mathrm{II}}}{r_{2\mathrm{I}}+r_{2\mathrm{II}}} \tag{6-16}$$

由于两电动机的转子漏抗$(x_{2\sigma\mathrm{I}}+x_{2\sigma\mathrm{II}})$远大于他们的电阻$(r_{2\mathrm{I}}+r_{2\mathrm{II}})$，故 $\varphi_2\approx90°$。于是可画出相量 I_2 如图 6.19(d)所示，从图可见，这时 $\dot{I}_2$ 与 $\dot{E}_{2\mathrm{II}}$ 间的夹角 $\varphi_{2\mathrm{II}}<90°$，但 $\dot{I}_2$ 与 $\dot{E}_{2\mathrm{I}}$ 间的夹角 $\varphi_{2\mathrm{I}}>90°$。

从图 6.19(d)和电磁转矩公式可得此时两电动机的转子所受到的电磁转矩为

$$M_\mathrm{I}=C_\mathrm{M}\Phi_\mathrm{m}I_2\cos\varphi_{2\mathrm{I}}=-C_\mathrm{M}\Phi_\mathrm{m}I_{2\mathrm{aI}} \tag{6-17}$$

$$M_\mathrm{II}=C_\mathrm{M}\Phi_\mathrm{m}I_2\cos\varphi_{2\mathrm{II}}=+C_\mathrm{M}\Phi_\mathrm{m}I_{2\mathrm{aII}} \tag{6-18}$$

M_I 为负值说明电动机 I 的转子受到的电磁转矩的实际方向与旋转磁场 Φ_I 的转向相反，如图 6.19(c)所示。这时如果将使转子转过 θ 角的外力除去，则在 M_I 的作用下，转子将自动地沿 M_I 方向转过一个 θ 角而回到原来的位置，即使 $\theta=0$，以保持其位置和电动机 II 的转子一样。

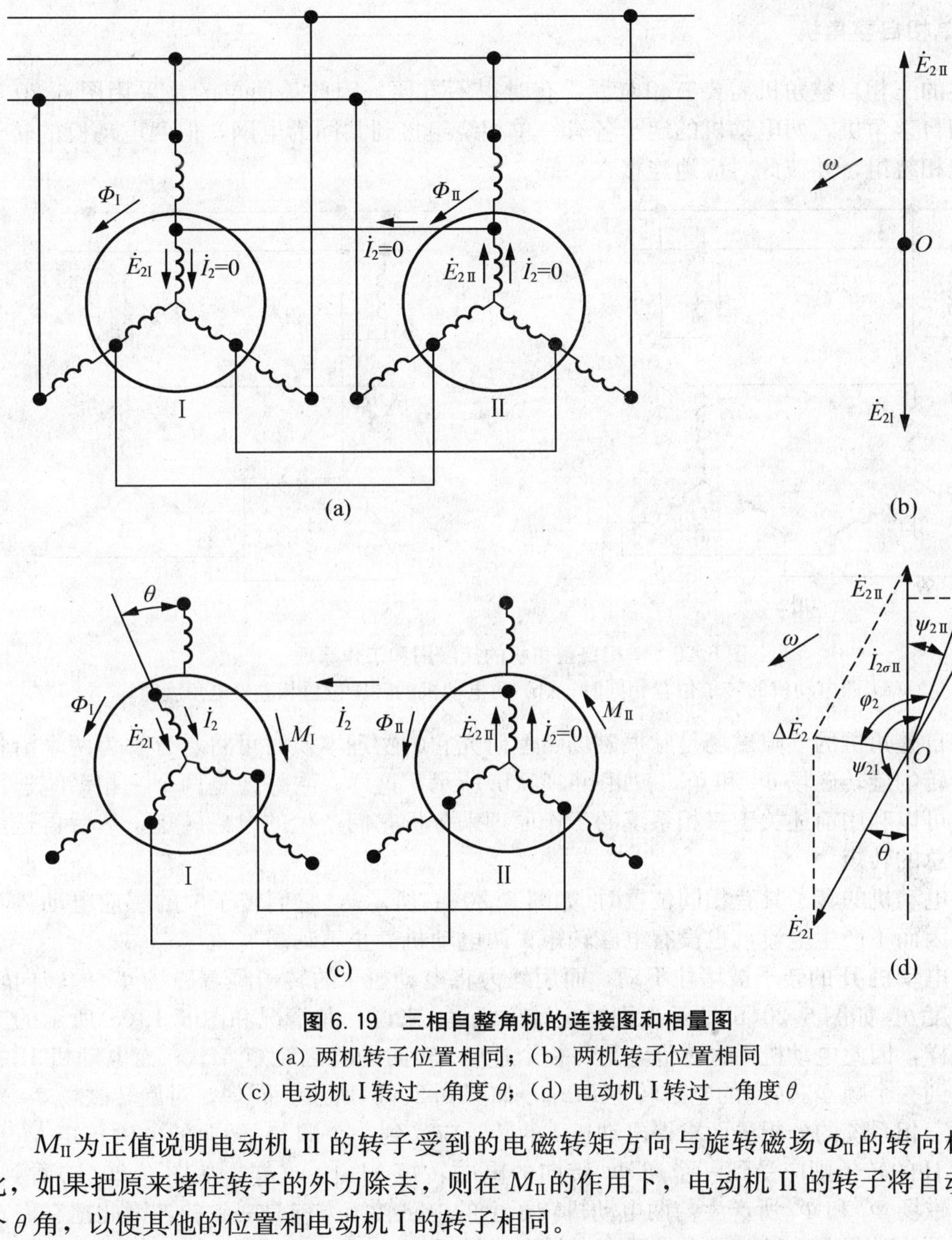

图 6.19　三相自整角机的连接图和相量图

(a) 两机转子位置相同；(b) 两机转子位置相同

(c) 电动机 I 转过一角度 θ；(d) 电动机 I 转过一角度 θ

M_{II}为正值说明电动机 II 的转子受到的电磁转矩方向与旋转磁场 Φ_{II} 的转向相同。因此，如果把原来堵住转子的外力除去，则在 M_{II}的作用下，电动机 II 的转子将自动转过一个 θ 角，以使其他的位置和电动机 I 的转子相同。

同理，如果电动机 II 被堵住，而电动机 I 的转子逆旋转磁场的转向而转过一个 θ 角，则仿前分析可得 M_{I} 为正值，而 M_{II} 为负值，它们的作用仍然是企图保持两电动机转子具有同样的空间相对位置。

综上可见，如果两电动机的转子都不受外力制动，则将任意一台的转子沿任一方向转动一角度时，另一台的转子必将自动地立刻沿同一方向(相对于旋转磁场转向而言)转过同一角度，以保证两电动机转子的位置总是相同或相对应。因此把这样连接的电动机称为自整角机或同步联接系统。

6.3.2 单相自整角机

前述的三相自整角机需要三相电源，有时很不方便。因此最简单的是采用图 6.20 所示的单相自整角机，两电动机的定子各有一单相绕组接到共同的电网，但两电动机的转子则仍为三相绕组，并彼此对应地连接在一起。

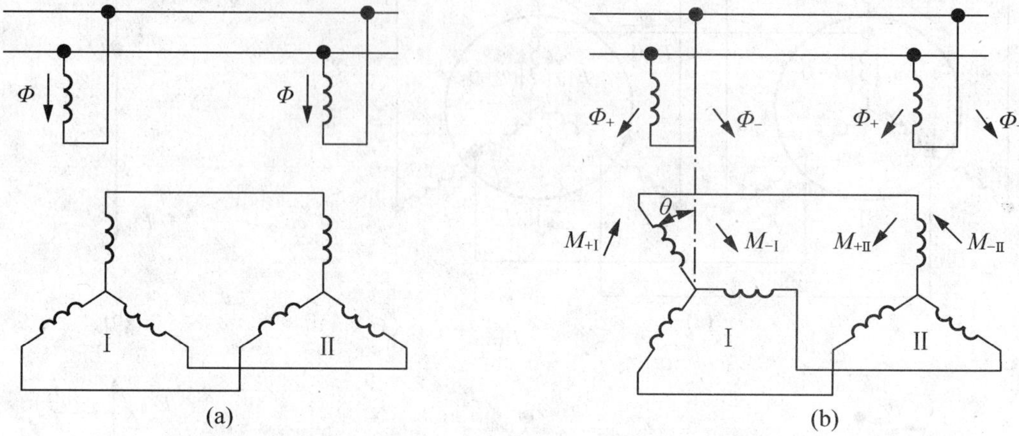

图 6.20 单相自整角机的接线图和工作原理

(a) 两电动机的转子位置相同时；(b) 两电动机的转子位置相差 θ 电角度时

单相自整角机的气隙磁场是脉振磁场，但研究它的物理本质时可将它分解为两个沿相反方向旋转的旋转磁场 Φ_+ 和 Φ_-，如图 6.20(b)所示。这样，它好像是两个三相系统迭加在一起，可以利用前述关于三相系统的工作原理来分析它们产生的电磁转矩，然后再迭加起来得到总的转矩。

当两电动机的转子具有相同位置时(如图 6.20(a)所示)，它们转子中的感应电动势互相平衡，因而不产生电流，也没有电磁转矩，两电动机静止不动。

现设电动机 II 的转子被堵住不动，而用外力将电动机 I 的转子顺着磁场 Φ_+ 的转向转过一电角度 θ，如图 6.20(b)所示。则对旋转磁场 Φ_+ 来说，其情况和图 6.19(c)所示的三相系统一样，因此电动机 I 的转子应受到一个逆 Φ_+ 转向的电磁转矩 $M_{+\mathrm{I}}$，而电动机 II 的转子应受到一个顺 Φ_+ 转向的电磁转矩 $M_{+\mathrm{II}}$，如图 6.20(b)所示。同理，对旋转磁场 Φ_- 来说，可按三相系统的分析法而求得电动机 I 的转子应受到一个顺 Φ_- 转向的电磁转矩 $M_{-\mathrm{I}}$，而电动机 II 的转子则应受到一个逆 Φ_- 转向的电磁转矩 $M_{-\mathrm{II}}$。这样，从图 6.20(b)看到，两个旋转磁场 Φ_+ 和 Φ_+ 所产生与两电动机转子上的电磁转矩方向是一致的，因此把它们直接相加便是此时两电动机转子上实际存在的电磁转矩。

由此可见，在两电动机转子不受外力阻碍的情况下，将任意一台的转子沿任一方向转过一角度，则另一台的转子也必自动地立刻沿同一方向转过同一角度，而构成单相自整角机。

实际使用中，单相自整角机的单相绕组常装置在转子上，并且往往做成凸极式，而三相二次侧绕组则装在定子上。这是因为转子上只有两个滑环，可以减小摩擦的影响。

自整角机在各种自动控制装置里，尤其是在遥远指示装置和随动系统中得到广泛应用。

例6-4　各种自整角机的国内代号分别是什么？自整角机的型号中各量含义是什么？

答： 常见自整角机的国内代号：力矩式发送机：ZLF；力矩式接收机：ZLJ；控制式发送机：ZKF；控制式变压器：ZKB；差动发送机：ZCF；差动接收机：ZCJ；控制式差动发送机：ZKC。型号中前两位数字(由左向右排列)表示机座号，中间3个字母表示产品名称代号，后两位数字表示性能参数序号。

例6-5　自整角变压器的转子绕组能否产生磁势？如果能，请说明有何性质？

答： 若自整角变压器的转子绕组电路闭合，则会有输出电流产生，该电流也为单相正弦交流电，则该电流通过自整角变压器的转子绕组(单相绕组)必然产生两极脉振磁场。该磁场具备脉振磁场的以下两个性质。

(1) 对某瞬时来说，磁场的大小沿定子内圆周长方向作余弦分布。

(2) 对气隙中某一点而言，磁场的大小随时间作正弦变化。

6.4　步进电动机

步进电动机是一种数字电动机，它受脉冲信号控制，并将电脉冲信号转换成相应的角位移或线位移来控制电动机。它由专用电源供给电脉冲，每输入一个脉冲，步进电动机就移进一步，所以称为步进电动机。又因其绕组上所加的电源是脉冲电压，有时也称为脉冲电动机。

步进电动机受脉冲信号控制。它的直线位移量或角位移量与电脉冲数成正比，所以电动机的直线速度或转速也与脉冲频率成正比，通过改变脉冲频率的高低就可以在很大的范围内调节电动机的转速，并能快速启动、制动和反转。由于步进电动机受脉冲控制，电动机的步距角和转速大小不受电压波动和负载变化的影响，也不受环境条件如温度、气压、冲击和振动等影响，它仅与脉冲频率有关。它每转一周都有固定的步数，在不失步的情况下运行，其步距误差不会长期累积。这些特点使它完全适用于数字控制的开环系统中作为伺服元件，并使整个系统大为简化而又可靠运行。当采用了速度和位置检测装置后，它也可以用于闭环系统中。

步进电动机种类繁多，按其运动形式分，有旋转式步进电动机和直线步进电动机两大类。按其工作原理又可分为反应式、永磁式和永磁感应式3大类。

6.4.1　步进电动机的工作原理和基本结构

步进电动机不像传统交直流电动机那样依靠定子、转子绕组电流所产生的磁场间的相互作用形成转矩与转速，它遵循磁通总是沿磁阻最小的路径闭合的原理，产生磁拉力形成转矩，即磁阻性质的转矩。图6.21所示为一台三相反应式步进电动机的工作原理图。它的定子上有6个极，每个极上都装有控制绕组，每相对的两极组成一相。转子由4个均匀分布的齿组成，其上没有绕组。当A相控制绕组通电时，因磁通要沿着磁阻最小的路径闭合，将使转子齿1、3和定子极AX对齐，如图6.21(a)所示。当A相断电、B相控制绕组通电时，转子将在空间逆时针转过30°，即步距角$\theta_S=30°$。转子齿2、4与定子极BY对齐，如图6.21(b)所示。如再将B相断电、C相控制绕组通电，转子又在空间逆时针转过$\theta_S=30°$，使转子齿1、3与定子极CZ对齐，如图6.21(c)所示。如此循环往复，按A→

B→C→A 顺序通电，电动机便按一定的方向转动。电动机的转速取决于控制绕组与电源或断开的变化频率。若按 A→C→B→A 的顺序通电，则电动机反相转动。控制绕组与电源的接通或断开，通常由电子逻辑线路或微处理器来控制完成。

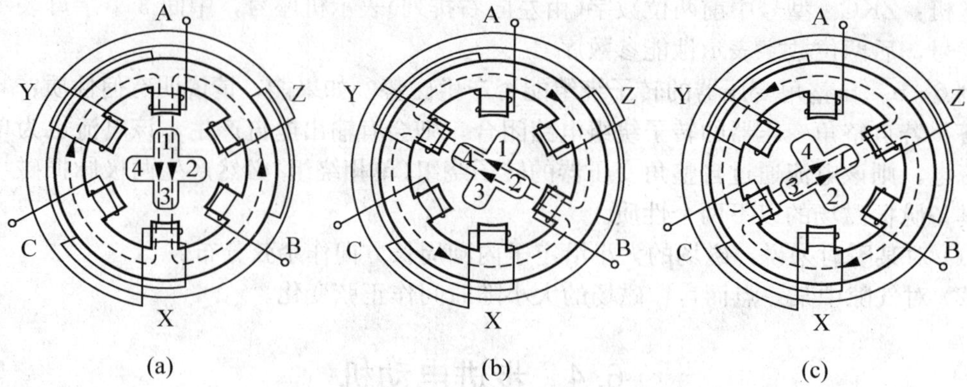

图 6.21　三相反应式步进电动机的工作原理图

1. 单拍通电运行方式

定子控制绕组每改变一次通电方式，称为一拍。每一拍转过的机械角度称为步距角，通常用 θ_S 表示。即使同一台步进电动机，如果运行方式不同其步距角也不相同。

图 6.21 中按 A→B→C→A 顺序通电的通电方式称为三相单三拍。“单”是指每次只有一相控制绕组通电，“三拍”是指经过 3 次切换后控制绕组回到了原来的通电状态，完成了一个循环。对于图 6.21 的步进电动机，在三相单三拍通电运行方式中，步进电动机的步进角 $\theta_S=30°$。

2. 双拍通电运行方式

在实际使用中，单三拍通电运行方式由于在切换时一相控制绕组断电后另一相控制绕组才开始通电，这种情况容易造成失步。此外，由单一控制绕组通电吸引转子，也容易使转子在平衡位置附近产生振荡，故运行的稳定性较差，所以很少采用。通常将它改为“双三拍”通电运行方式，即按 AB→BC→CA→AB 的通电顺序，即每拍都有两个绕组同时通电，假设此时电动机为正转，那么按 AC→CB→BA→AC 的通电顺序运行时电动机则反转。在双三拍通电方式下步进电动机的转子位置如图 6.22 所示，当 A、B 两相同时通电时，转子齿的位置同时受到两个定子极的作用，只有 A 相极和 B 相极对转子齿所产生的磁拉力相等时转子才平衡，如图 6.22(a)所示；当 B、C 两相同时通电时，转子齿的位置同时受到两个定子极的作用，只有在 B 相极和 C 相极对转子齿所产生的磁拉力相等时转子才平衡，如图 6.22(b)所示；当 C、A 两相同时通电时，原理同上，如图 6.22(c)所示。从上述分析可以看出双拍运行时，同样三拍为一循环，所以，按双三拍通电方式运行时，它的步距角与单三拍通电方式相同，也是 30°。

3. 单、双六拍通电运行方式

若控制绕组的通电顺序为：A→AB→B→BC→C→CA→A，或是 A→AC→C→CB→B→BA→A，称步进电动机工作在三相单、双六拍通电方式。即先 A 相绕组通电；之后

A、B相绕组同时通电；然后断开A相控制绕组，由B相控制绕组单独通电；再使B、C相控制绕组同时通电，以此进行。在这种通电方式下，定子三相控制绕组需经过6次切换通电状态才能完成一个循环，故称“六拍”。在通电时，有时是单个控制绕组通电，有时又为两个控制绕组同时通电，因此称为“单、双六拍”。在这种通电方式时，步距角也有所不同。当A相控制绕组通电时和单三拍运行的情况相同，转子齿1、3和定子极A-X分别对齐，如图6.23(a)所示。当A、B相控制绕组同时通电时，转子齿2、4在定子极B-Y的吸引下使转子沿逆时针方向转动，直至转子齿1、3和定子极A、X之间的作用力与转子齿2、4和定子极B、Y之间的作用力相平衡为止，如图6.23(b)所示。A、B两相同时通电时和双拍运行方式相同。当断开A相控制绕组而由B相控制绕组通电时，转子将继续沿逆时针方向转过一个角度使转子齿2、4和定子极B、Y对齐，如图6.23(c)所示。在这种通电方式下，$\theta_S=30°/2=15°$。若继续按BC→C→CA→A的顺序通电，不经电动机就按逆时针方向连续转动。如通电顺序变为A→AC→C→CB→B→BA→A时，电动机将按顺时针方向反向转动。

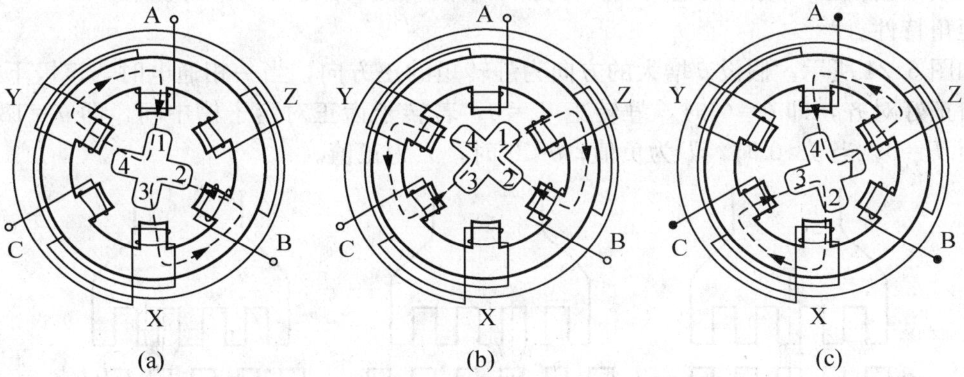

图6.22　双拍运行时的三相反应式步进电动机

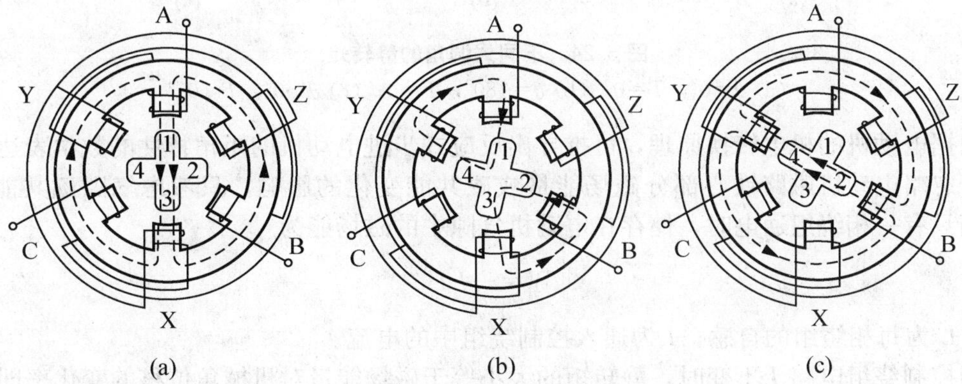

图6.23　单、双六拍运行时的三相反应式步进电动机

从上可知，即使同一台步进电动机，若通电运行方式不同，其步距角也不相同。所以一般步进电动机会给出两个步距角，如3°/1.5°、1.5°/0.75°等。

最早的步进电动机

1920年英国人开发出了世界上第一台步进电动机。1950年后期，伴随着晶体管的发明，并将其应用在步进电动机上，使步进电动机的数字化控制变得更加容易。

6.4.2 步进电动机的运行特性

1. 静态特性

步进电动机的静态特性是指控制绕组的一相或几相通入直流电流，且通电状态保持不变，电动机处于稳定状态下，电动机的矩角特性、最大静转矩及矩角特性簇。在实际工作时，虽然步进电动机总在动态情况下运行，但静态特性是分析步进电动机运行性能的基础。

通电状态保持不变且步进电动机在空载情况下，转子最后稳定平衡的位置称为初始稳定平衡位置。从理论上讲，此时电动机的静转矩(电磁转矩)为零。如有扰动作用时，转子偏离初始平衡位置，偏离的电角度θ称为失调角。静转矩与失调角的关系，即$T=f(\theta)$，称为矩角特性。

如图6.24所示，假设θ增大的方向为静转矩的正方向，当一相通电时，该极下定子、转子齿正好对齐，即$\theta=0°$时，静转矩$T=0$；若转子齿正对定子槽中间，即$\theta=180°$时，静转矩$T=0$；当$\theta>0°$时，T为负值；$\theta<0°$时，T为正值。

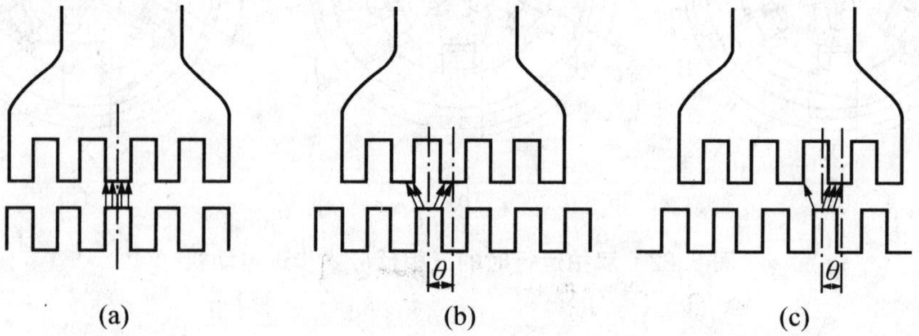

图6.24 不同失调角的静转矩

(a) $\theta=0°$，$T=0$；(b) $\theta=180°$，$T=0$；(c) $\theta>0°$，$T<0$

根据电动机的机电转换原理，可推导出反应式步进电动机的矩角特性的数学表达式。

若忽略电动机磁路铁心部分磁场能量或磁共能变化的影响，只考虑气隙磁共能的变化。当只有一相绕组通电时，储存在电动机气隙中的磁场能为

$$W=\frac{1}{2}LI^2 \tag{6-19}$$

式中：L为每相绕组的自感；I为通入控制绕组中的电流。

当控制绕组电路I不变时，静转矩的大小等于磁场能量对机械角位移的变化率即

$$T=\frac{dW_m}{d\beta} \tag{6-20}$$

式中：β为电动机转子的机械偏转角，即定子、转子齿中心线之间的夹角，也可以用失调角来表示，即$\beta=Z_r\theta$。

每相的电感：

$$L=\frac{N\Phi}{I}=N^2\Lambda \tag{6-21}$$

式中：N 为每极控制绕组的匝数；Λ 为定子每极气隙的磁导。

步进电动机中气隙磁导 Λ 可用气隙比磁导 λ 来表示。λ 是指电动机单位铁心长度上一个齿距内定子、转子之间的气隙磁导，则

$$\Lambda=Z_s l\lambda \tag{6-22}$$

式中：Z_S 为定子每极的齿数；l 为电动机铁心长度。

根据相关文献可知，气隙比磁导 λ 的大小和齿形、齿宽与齿距的比值、气隙与齿距的比值，以及齿部的饱和度有关。通常将气隙比磁导 λ 以傅里叶级数来表示：

$$\lambda=\lambda_{av}+\sum_{n=1}^{\infty}\lambda_m\cos\theta \tag{6-23}$$

式中：λ_{av}为气隙比磁导的平均值；λ_m 为气隙比磁导中 n 次谐波的幅值。

考虑到每相控制绕组安放在相对的连个定子磁极下时

$$T=2\times\frac{dW_m}{d\beta}=2\times\frac{d\left(\frac{1}{2}LI^2\right)}{d\left(\frac{\theta}{Z_r}\right)}=Z_rI^2\frac{dL}{d\theta}=Z_rI^2\frac{d(N^2\Lambda)}{d\theta}=Z_rI^2N^2\frac{d\Lambda}{d\theta} \tag{6-24}$$

而 $F_\delta=IN$，$\Lambda=Z_s l\lambda$ 代入上式得

$$T=Z_sZ_rlF_\delta^2\frac{d\lambda}{d\theta} \tag{6-25}$$

将式(6-23)代入式(6-25)则

$$T=-Z_sZ_rlF_\delta^2\lambda_1\sin\theta \tag{6-26}$$

它表示了步进电动机的静转矩 T 与失调角 θ 的关系，即矩角特性，如图 6.25 所示。理想的矩角特性是一个正弦波形。

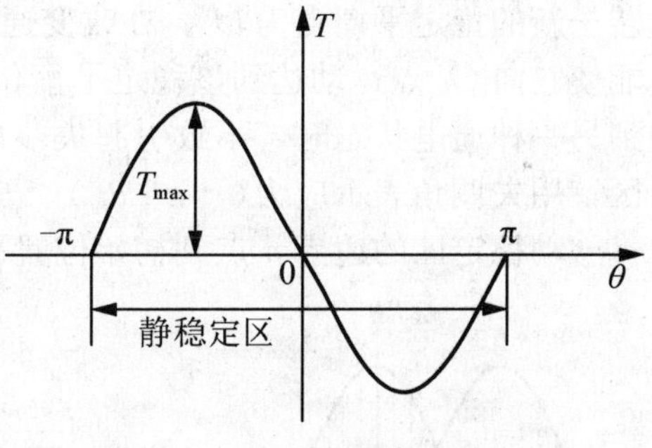

图 6.25　步进电动机的矩角特性

由上述分析可知，在静转矩的作用下，转子有一定的稳定平衡位置。当电动机处于空载时，其稳定平衡位置对应于 $\theta=0°$处。而 $\theta=\pm\pi$ 处则为不稳定平衡位置。在静态情况下，如转子受外力矩的作用使其偏离它的稳定平衡位置，但没有超出相邻的不稳定平衡点，则在外力矩消除后，电动机转子在静转矩作用下仍可以回到原来的稳定平衡位置。所以两个不稳定平衡点之间的区域称为静稳定区，即 $-\pi<\theta<+\pi$，如图 6.25 所示。在这一区域，当转子上有负载转矩，并且与静转矩相平衡时，转子能稳定在某一位置，当负载转矩消失时，转子又能回到初始平衡位置。

矩角特性上静转矩的最大值称为最大静转矩。由式(6-26)可知，当一相控制绕组通电时，在 $\theta=\pm90°$时有最大静转矩为

$$T_{max}=Z_sZ_rlF_\delta^2\lambda_1 \tag{6-27}$$

若为多相控制绕组同时通电时，最大静转矩为

$$T_{max}=KZ_sZ_rlF_\delta^2\lambda_1 \quad (6-28)$$

式中：K 为转矩增大系数。

当两相控制绕组同时通电时，如图 6.26 所示，$K=2\cos(\pi/m)$。

同理可求，当三相控制绕组同时通电时，$K=1+2\cos(2\pi/m)$。

在一定通电状态下，最大静转矩与控制绕组内电流的关系，即 $T_{max}=f(I)$称为最大静转矩特性，如图 6.27 所示。

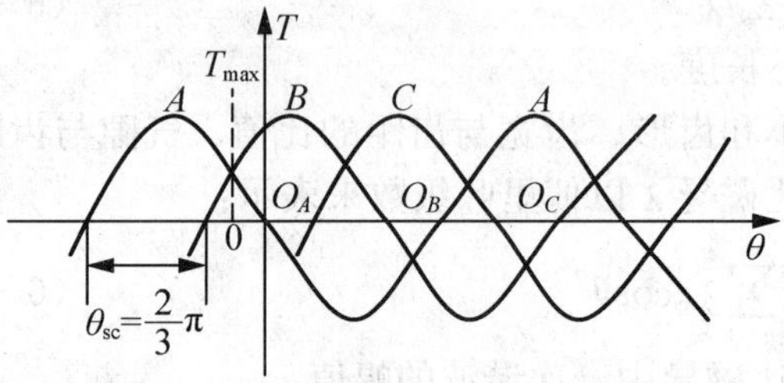

图 6.26　两相控制绕组同时通电时的最大转矩

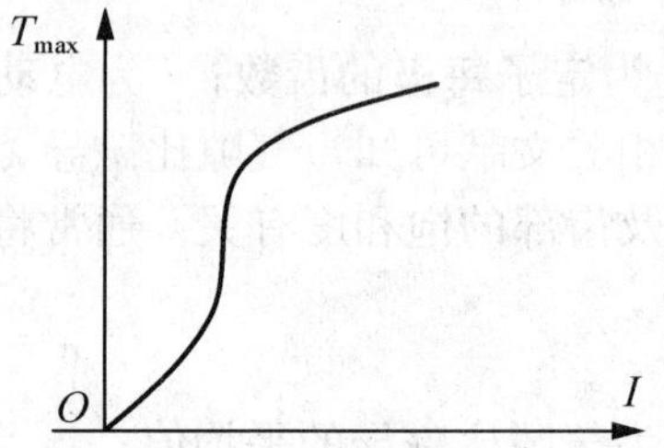

图 6.27　最大静转矩特性

由式(6-28)可以看出，当电动机的磁路不饱和时，最大静转矩 T_{max}与控制绕组的电流 I 的平方成正比。电流增大时，由于受磁路饱和的影响，气隙磁势 F_δ 的增加变慢，最大静转矩 T_{max}的上升就低于电流的平方关系。

2. 动态特性

动态特性是指步进电动机在脉冲作用下，连续运行的特性。

1) 单脉冲运行

步进电动机的单脉冲运行是指电动机仅仅改变一次通电状态时的运行方式。

设步进电动机初始状态时的矩角特性如图 6.28 中曲线“0”所示。若电动机空载，则转子处于稳定平衡点 O_0 处。输入一个脉冲，通电状态改变后，矩角特性变为曲线“1”，转子新的稳定平衡点为 O_1。在改变通电状态时，只有当转子起始位置位于 ab 之间时，才能使它向 O_1 点运动达到该稳定平衡位置。步进电动机动稳定区是指从一种通电状态切换到另一种通电状态时，不致引起失步的区域。因此，区间 ab 称为电动机空载时的动稳定区，用失调角表示应为$(-\pi+\theta_{se})<\theta<(\pi+\theta_{se})$。

动稳定区的边界 a 点到初始位置平衡点 O_0 的区域 θ_r 称为裕量角。裕量角越大，从一个动稳定区到达另一个动稳定区的时间就越短。电动机运行越稳定。若其值趋于零，则电动机就不能稳定工作，也就没有带负载的能力。裕量角 θ_r 表示为

$$\theta_r=\pi-\theta_{se}=\pi-\frac{2\pi}{mZ_rC}\times Z_r \quad (6-29)$$
$$=\frac{\pi}{mC}(mC-2)$$

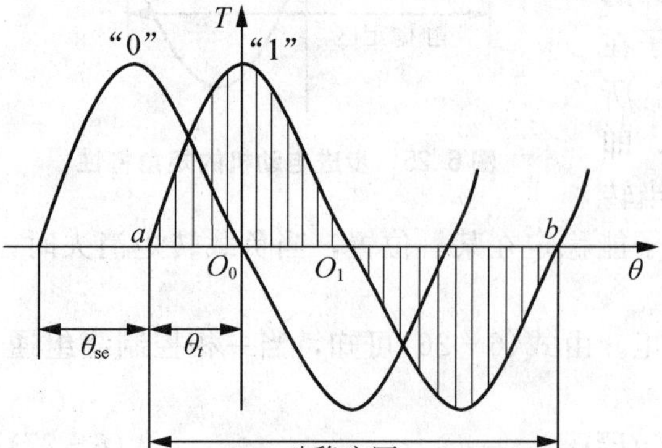

图 6.28　动稳定区

由式(6-29)可知，电动机的相数越多，步距角就越小，相应的裕量角也就越大，运行的稳定性也越好。当采用单拍通电运行或

双拍通电运行时 $C=1$，正常结构的反应式步进电动机最少相数不应小于3。

步进电动机在负载情况下，假设负载转矩为 $T_{l1}<T_{st}$，若A相绕组通电，则电动机的稳定平衡位置在图6.29(a)曲线“0”上的 O'_a 点。当通电状态由A变为B相，转子仍位于位置 a 处还来不及改变，这时可看到 a 对应于新的矩角特性曲线“1”上 b' 点的电磁转矩值大于 T_{l1}，将使转子加速并向 θ 增大的方向运动。电动机最后达到新的稳定平衡位置 O'_b 点。

若负载转矩 $T_{l2}>T_{st}$，A相绕组通电时，电动机的稳定平衡位置对应于图6.29(b)曲线“0”上的 O''_a 点。当输入一个脉冲，通电状态由A变为B相，转子仍位于位置 a 处还来不及改变，这时可看到 a 对应于新的矩角特性曲线“1”上 b'' 点的电磁转矩值小于 T_{l2}。这样，转子便不能达到新的稳定平衡位置，而是向失调角 θ 减小的方向滑动。也就是说，尽管此时电动机的最大静转矩 T_{max}，比负载转矩 T_{l2} 要大，电动机能在静态情况下保持稳定，但它却不能带动负载转矩 T_{l2} 作步进运动。此时的步进电动机处于失步状态。

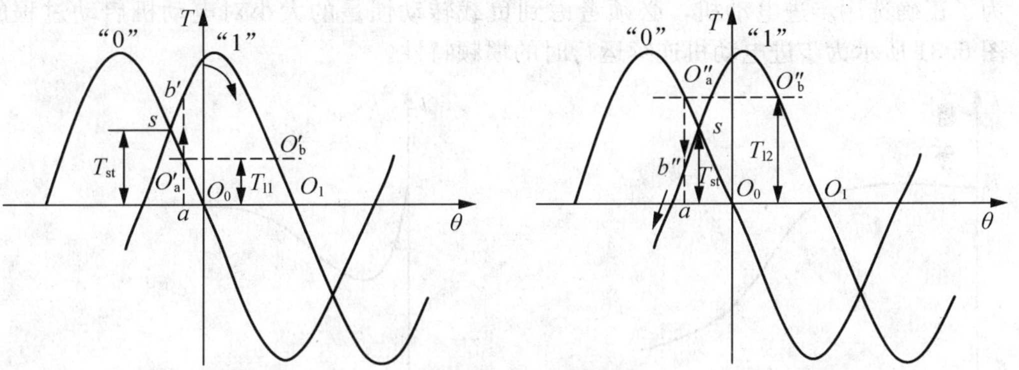

图6.29　最大负载转矩

由上述分析可知，步进电动机能带动的最大负载转矩要比最大静转矩小。电动机能带动的最大负载转矩值可由矩角特性簇上相邻的两条矩角特性的交点所决定，即图6.29中的 s 点。T_{st} 就是最大负载转矩值，当负载转矩大于该值时，步进电动机就不能启动，所以也称它为步进电动机的启动转矩。

若矩角特性曲线为幅值相同的正弦波时，可得出

$$T_{st}=T_{max}\sin\frac{\pi-\theta_{se}}{2}=T_{max}\cos\frac{\theta_{se}}{2}=T_{max}\cos\frac{\pi}{mC} \tag{6-30}$$

同样，由上式可知，当通电状态常数 $C=1$ 时，正常结构的反应式步进电动机最少的相数必须是3。如果电动机的相数增多，通电状态系数较大时，它的最大负载转矩值也随之增大。

此外，矩角特性曲线的波形对电动机带动负载的能力也有较大的影响。矩角特性是平顶波形时 T_{st} 值接近于 T_{max} 值，电动机带负载的能力就较大。因此，步进电动机理想的矩角特性应是矩形波形。T_{st} 是步进电动机能带动负载转矩的极限值。在实际运行时，电动机具有一定的转速，因此最大负载转矩值比 T_{st} 将有所减小。通常应使折合到电动机轴上的负载转矩 $T_1=(0.3\sim0.5)T_{max}$。

2) 连续脉冲运行

在实际运行中步进电动机一般处于连续转动状态。在运行过程中具有良好的动态性能

是保证控制系统可靠工作的前提。例如，在控制系统的控制下，步进电动机经常做启动、制动、正转、反转等动作，并在各种频率下(对应于各种转速)运行，这就要求电动机的步数与脉冲数严格相等，即不失步也不越步，而且转子的运动应是平稳的。但这些要求常常并不都能满足，例如，由于步进电动机的动态性能不好或使用不当，会造成运行中的失步，这样，由步进电动机的“步进”所保证的系统精度就失去了意义。此外，当提高使用频率时，步进电动机的快速性也是动态性能的重要内容之一。所以，有必要对步进电动机的动态特性做一定的分析。

假设步进电动机作单步运行时的最大允许负载转矩为 T_1，但当控制脉冲频率逐步增加，电动机转速逐步升高时，步进电动机所能带动的最大负载转矩将逐步下降。这就是说，电动机连续转动所产生的最大输出转矩 T 是随着脉冲频率 f 的升高而减小的。T 与 f 两者间的关系曲线称为步进电动机运行的矩频特性，它是一条如图 6.30 所示的下降曲线。

为了正确选用步进电动机，必须考虑到负载转动惯量的大小对电动机启动过程的影响。图 6.31 所示为步进电动机连续运行时的惯频特性。

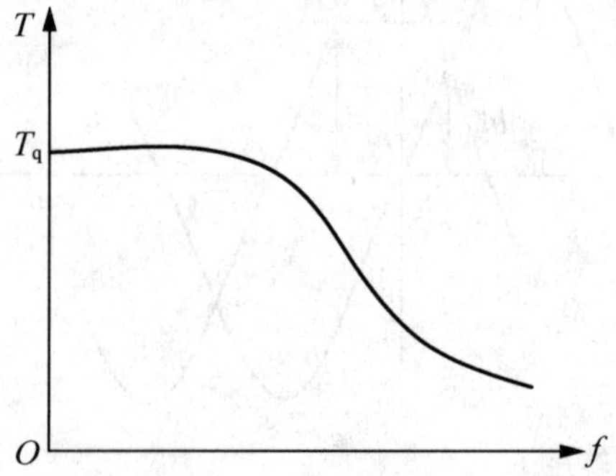

图 6.30　矩频特性

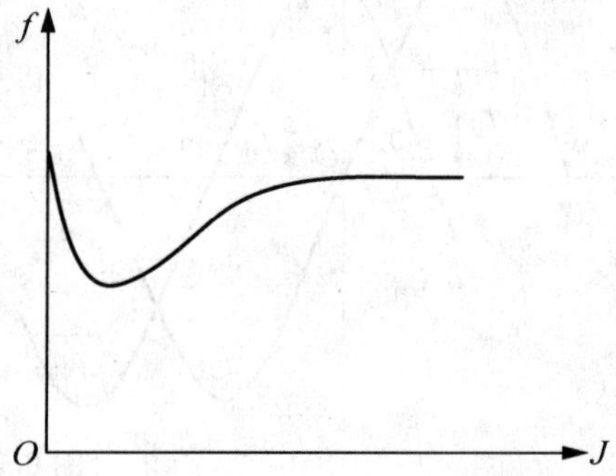

图 6.31　连续运行时的惯频特性

当频率增高以后步进电动机的负载能力就要下降，主要原因就是定子绕组电感的影响。因为步进电动机每相绕组是一个电感线圈，它具有一定的电感 L，而电感有延缓电流变化的特性。

此外，随着频率上升，转子转速升高，在定子绕组中产生的附加旋转电动势使电动机受到更大的阻尼转矩，电动机铁心中的涡流损耗也将很快增加。这些都是使步进电动机输出功率和输出转矩下降的因素。所以，输入脉冲频率增高后，步进电动机的负载能力逐步下降，到某一频率以后，步进电动机已带不动任何负载，只要受到很小的扰动，就会振荡、失步以至停转。

提示：步进电动机的精度

一般步进电动机的精度为步进角的 3%～5%，且不累积。

提示：力矩与转速成反比

当步进电动机转动时，电动机各相绕组的电感将形成一个反向电动势；频率越高，反向电动势越大。在它的作用下，电动机随频率(或速度)的增大而相电流减小，从而导致力矩下降。

小知识：外表温度允许值

步进电动机温度过高首先会使电动机的磁性材料退磁，从而导致力矩下降乃至失步，因此电动机外表允许的最高温度取决于不同电动机磁性材料的退磁点；一般磁性材料的退磁点都在130℃以上，有的甚至高达200℃以上，所以步进电动机外表温度在80～90℃是完全正常的。

6.4.3　步进电动机的驱动电源

与普通电动机相比，步进电动机需由专门的驱动电源供电，驱动电源和步进电动机是一个有机整体，步进电动机的运行性能是步进电动机及其驱动电源两者配合的综合表现。

驱动电源的基本部分包括变频信号源、脉冲分配器和脉冲功率放大器3个部分，如图6.32所示。

图6.32　步进电动机驱动电源的方框图

变频信号源是一个脉冲频率由几赫兹到几万赫兹可连续变化的信号发生器。变频信号源可以采用多种线路，最常见的有多谐振动器和单结晶体管构成的弛张振荡器两种。他们都是通过调节电阻R和电容C值的大小来改变电容充放电的时间常数，以达到选取脉冲信号频率的目的。

脉冲分配器是由门电路和双稳态触发器组成的逻辑电路，其作用是将单路脉冲转换成多相循环变化的脉冲信号。它有一路输入、多路输出。随着连续脉冲信号的输入，各路输出电压轮流变高和变低。

从环形分配器或微处理器输出的电流只有几毫安，不能直接驱动步进电动机。因为一般步进电动机需要几到几十安培的电流，因此在环形分配器后面应装有功率放大电路，用放大后的信号去驱动步进电动机。

步进电动机的驱动电源有多种形式，相应的分类方法也很多。若按配套的步进电动机容量大小来分，有功率步进电动机驱动电源和伺服步进电动机驱动电源两类。按电源输出脉冲的极性来分，有单向脉冲电源和正、负双极性脉冲电源两种，后者是作为永磁步进电动机或永磁感应子式步进电动机的驱动电源。按功率元件来分，有晶体管驱动电源、高频晶闸管驱动电源和可关断晶闸管驱动电源3种。按脉冲的供电方式来分，有单一电压型电源，高、低压切换型电源，电流控制高、低压切换型电源，细分电路电源等。

1. 单极性驱动电路

1）单一电压型电源

单一电压型电源如图6.33所示，为一相控制驱动电路。当信号脉冲输入时，晶体管VT_1导通，电容C在起始充电瞬间相当于将电阻R短接，使控制绕组电流迅速上升。当电流达到稳定状态后，利用串联电阻R来限流。当晶体管VT_1关断时，R_{f2}与VD_2组成续流回路，防止过电压击穿功率管。在整个工作过程中只有一种电源供电。步进电动机的每一相控制绕组只需要由一只功率元件提供电脉冲。这种线路的特点是：结构简单，电阻R和控制绕组串联后可减小回路的时间常数。但由于电阻 R 上要消耗功率，所以电源的效率降低，用这种电源供电的步进电动机启动和运行频率都比较低。

2）高、低压切换型电源

高、低压切换型电源的原理如图 6.34 所示。步进电动机的每一相控制绕组需要有两个功率元件串联，它们分别由高压和低压两种不同的电源供电。在通电起始阶段 VT_1、VT_2同时导通，高压控制回路使高压供电，此时 VD_1截止阻断低压电源，加速电流的上升速率，改善电流波形的前沿，提高转矩。高压供电停止 VT_1截止，VD_1导通低压电源供电。低压电源中串联一个数值较小的电阻 R_1，其目的是为了调节控制绕组的电流值，使各相电流平衡。VD_2和 R_2组成续流回路。这种电源效率较高，启动和运行频率也比单一电压型电源要高，但需高、低压两种电源。

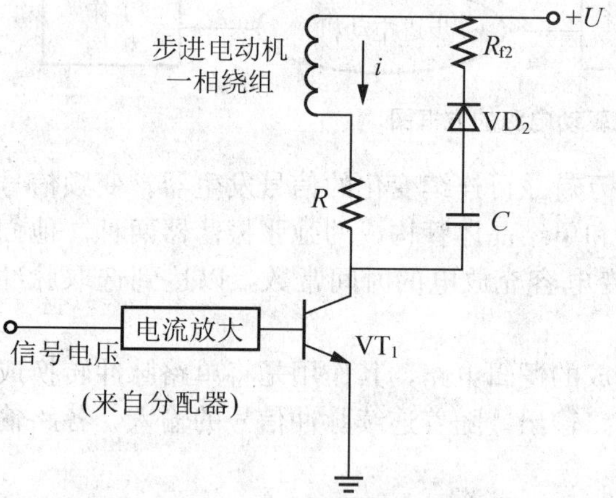

图 6.33　单一电压型驱动电源原理图

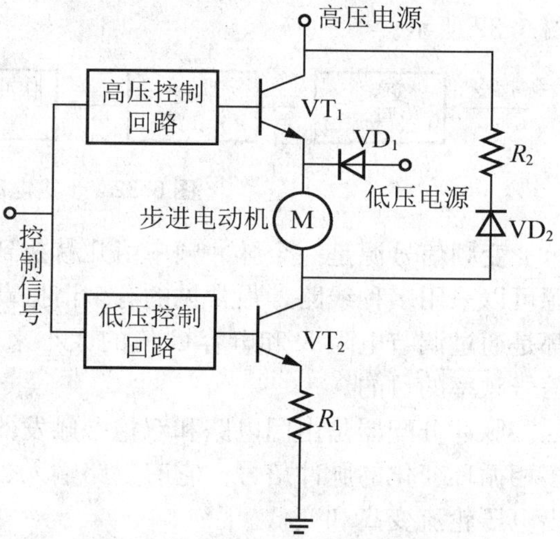

图 6.34　高、低压切换型驱动电源原理图

3）电流控制高、低压切换型电源

这两种电源均属于开环类型，控制精度相对较低。电流控制的高、低压切换型电源，其原理如图 6.35 所示，与开环高、低压切换型电源电路类似，只是在线路中增加了电流反馈环节。它是在高、低压切换型电源的基础上使高压部分的电流断续加入，以补偿因步进电动机控制绕组中旋转电势所引起的电流波形顶部下凹造成的转矩下降。它是根据主回路电流的变化情况，反复地接通和关断高压电源，使电流波形顶部维持在要求的范围内，步进电动机的运行性能得到了显著的提高，相应使启动和运行频率升高。但因在线路中增加了电流反馈环节，使其结构较为复杂，成本提高。它属于闭环类型。

4）细分电路电源

为提高加工精度往往要求步进电动机具有很小的步距角，单从电动机本身来解决是有限度的，特别是小机座号的电动机。而细分电路电源是可使步进电动机的步距角减小，从而使步进运动变成近似的匀速运动的一种驱动电源。这样，步进电动机就能像伺服电动机一样平滑运转。细分电路电源的原理是将原来供电的矩形脉冲电流波改为阶梯波形电流，如图 6.36 所示。这样在输入电流的每一个阶梯时，电动机的步距角减小，从而提高其运行的平滑性。这种供电方式就是细分电路驱动。从图 6.36 中可以看到，供给电动机的电流是由零经过 5 个均匀宽度和幅度的阶梯上升到稳定值。下降时，又是经过同样的阶梯从稳定值降至零。这可以使电动机内形成一个基本上连续的旋转磁场，使电动机能基本上接近于平滑运转。

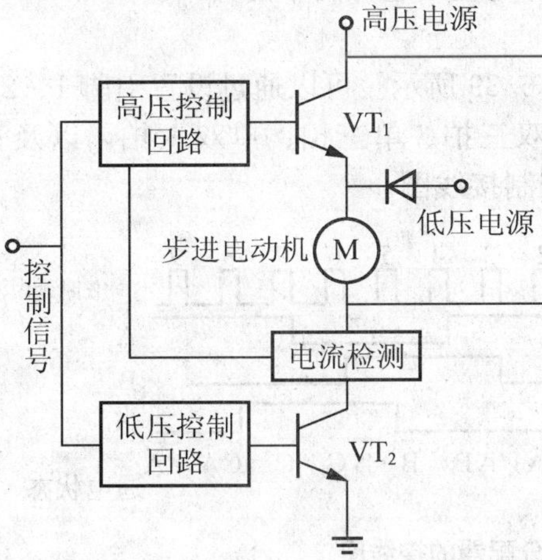

图 6.35 电流控制的高、低压切换型驱动电源的原理图

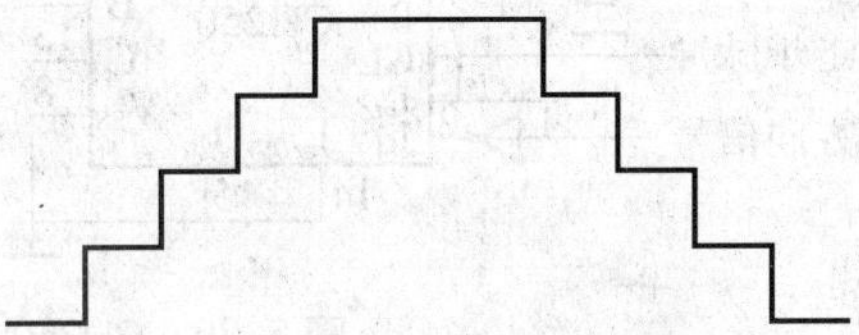

图 6.36 阶梯波形电流图

细分电路电源，是先通过顺序脉冲形成器将各顺序脉冲依次放大，将这些脉冲电流在电动机的控制绕组中进行叠加而形成阶梯波形电流，顺序脉冲形成器通常可以用移位形式的环形脉冲分配器来实现。

目前已有专用的微步距驱动芯片供应，例如，SGS-THOMSON 公司生产的 L6217A，它适合于双极性两相步进电动机微步距驱动的集成电路。

2. 双极性驱动电路

上述电路电流只向一个方向流动，属于单极性驱动电路，它适用于反应式步进电动机。而永磁式和永磁感应子式步进电动机工作时则要求绕组有双极性电路驱动，即绕组电流能正、反向流动。若利用单极性电路驱动永磁式和永磁感应子式步进电动机只能采用中间抽头的方法，将两相双极性的步进电动机做成四相单极性的驱动结构，这样绕组得不到充分的利用，要达到同样的性能，电动机的成本和体积都要增大。对于永磁式和永磁感应子式步进电动机宜采用双极性驱动电路，双极性驱动的原理如图 6.37 所示。大多数没有双极电源，这时一般采用 H 桥式驱动，如图 6.38 所示。

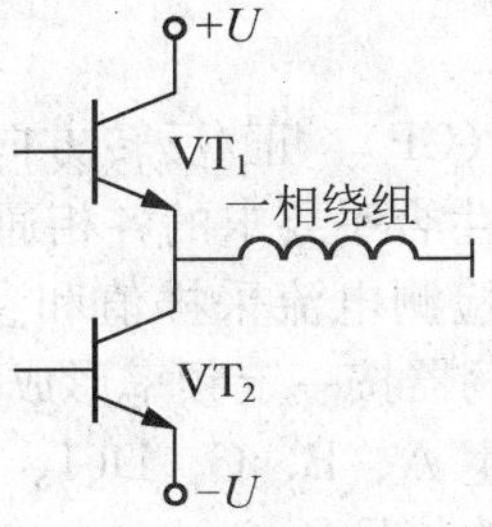

图 6.37 利用正、负电源的双极性驱动电路

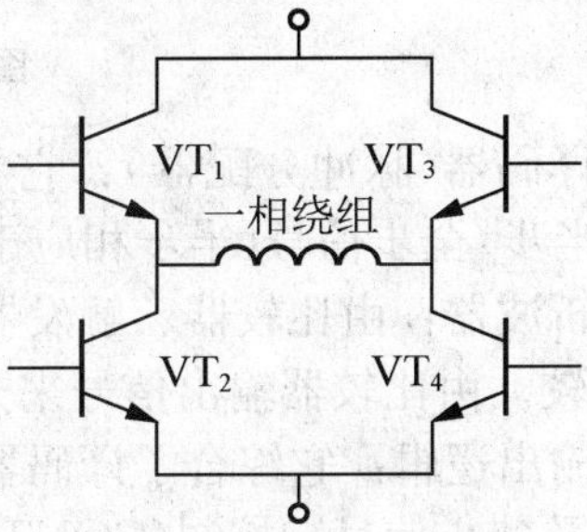

图 6.38 利用 H 桥式的双极性驱动电路

3. 专用集成芯片简介

随着集成电路迅速发展，已有众多用于步进电动机的集成芯片出现，使步进电动机驱动电源的设计变得简单而高效，下面就几种常用芯片的应用进行简单的介绍。

1) CH250

CH250 是三相步进电动机专用芯片，引脚如图 6.39 所示。可以通过设置引脚 1、2 和引脚 14、15 电平的高低，完成对三相步进电动机双三拍、单三拍、单双六拍，以及正、反转的控制。图 6.39 为实现三相六拍运行状态的控制接线图。

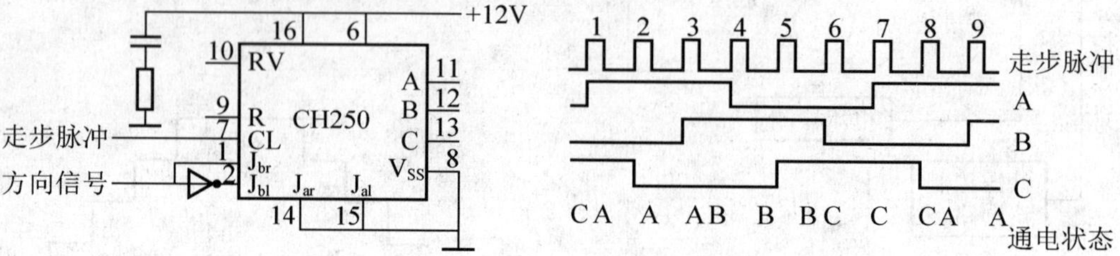

图 6.39 CH250 三相六拍脉冲分配器的接线图

2) L297

L297 是两相或四相步进电动机专用芯片。图 6.40 是 L297 的原理框图。它主要包含下列 3 部分。

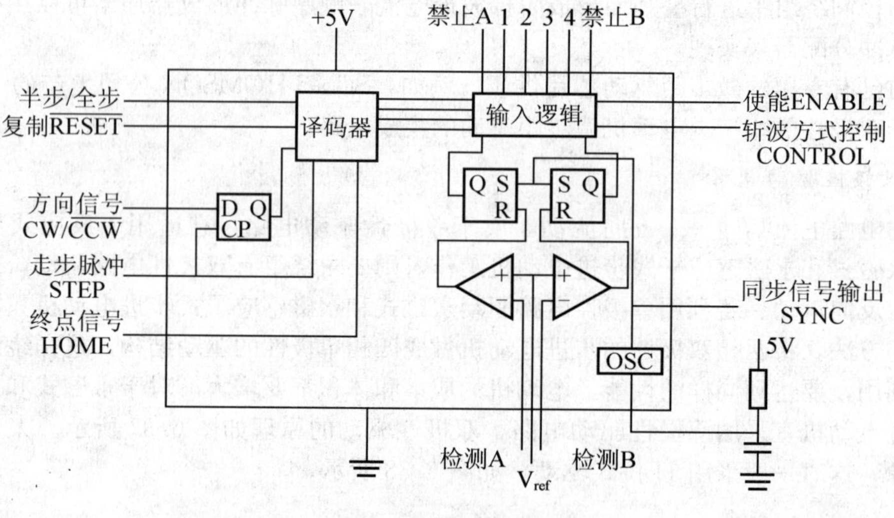

图 6.40 L297 的原理框图

(1) 译码器(脉冲分配器)：它将输入的走步时钟脉冲(CP)、正/反转方向信号(CW/CCW)、半步/全步信号(半步相应于单双拍)综合以后，产生合乎要求的各相通断信号。

(2) 斩波器：由比较器、触发器和振荡器组成。用于检测电流采样值和参考电压值，并进行比较。由比较器输出信号来开通触发器，再通过振荡器按一定频率形成斩波信号。

(3) 输出逻辑：它综合了译码器信号与斩波信号，产生 A、B、C、D(1、2、3、4)四相信号以及禁止信号。控制(CONTROL)信号用来选择斩波信号的控制方式。当它是低电平时，斩波信号作用于禁止信号；而当它是高电平时，斩波信号作用于 A、B、C、D 信号。使能(ENABLE)信号为低电平时，禁止信号及 A、B、C、D 信号均被强制为低电平。

3) L6217A

L6217A 是适合于双极性两相步进电动机微步距驱动的集成电路，其原理框图如图 6.41 所示。L6217A 以脉宽调制(PWM)方式控制各相平均电流的绝对值和方向。电流的方向指令通过引脚 PH 输入芯片，高电平时，平均电流为正方向；低电平时，平均电流为反方向。电流绝对值指令则是由微机输入其并行数据口 D/A 的 7 位二进制数，经内部两个 D/A 转换电路得到。芯片内 A、B 两个 H 桥的输出接步进电动机的两相绕组。H 桥经外接的电流采样电阻接地，从而得到相电流反馈信号。引脚 STROBE 上的信号用以将输入数据送入 A 或 B 锁存器，低电平有效。运行时，该芯片让 H 桥按电流方向指令开通相应的桥臂，电动机绕组电流上升。同时，芯片内的比较器将指令电流信号和反馈电流信号进行比较，当电动机绕组电流到达预定数值时，比较器翻转，触发芯片内的单稳电路，使单稳电路翻转一段时间，时间由引脚 PTA、PTB 外接的 R、C 值决定。在此单稳延时时间内，H 桥的上桥臂关断，而下桥臂仍然导通，绕组电流通过续流二极管续流，绕组电流下降。过了这段单稳延时时间，单稳电路恢复到原状态，H 桥中相应的桥臂重新开通，电动机绕组电流又开始上升。如此反复，实现 PWM 电流闭环斩波调节，使绕组电流维持在指令值附近。使用单片 L617A 可实现最大达 26V、0.4A 的两相混合式步进电动机双极性电流斩波微步距控制，要驱动更大功率的步进电动机时，可外接大功率 H 桥电路。例如，外接 L6202，可提供每相 1.5A 电流；若外接 L6203，则每相电流可达 3A。也可外接分立功率器件以得到更高电压、更大电流的驱动能力。

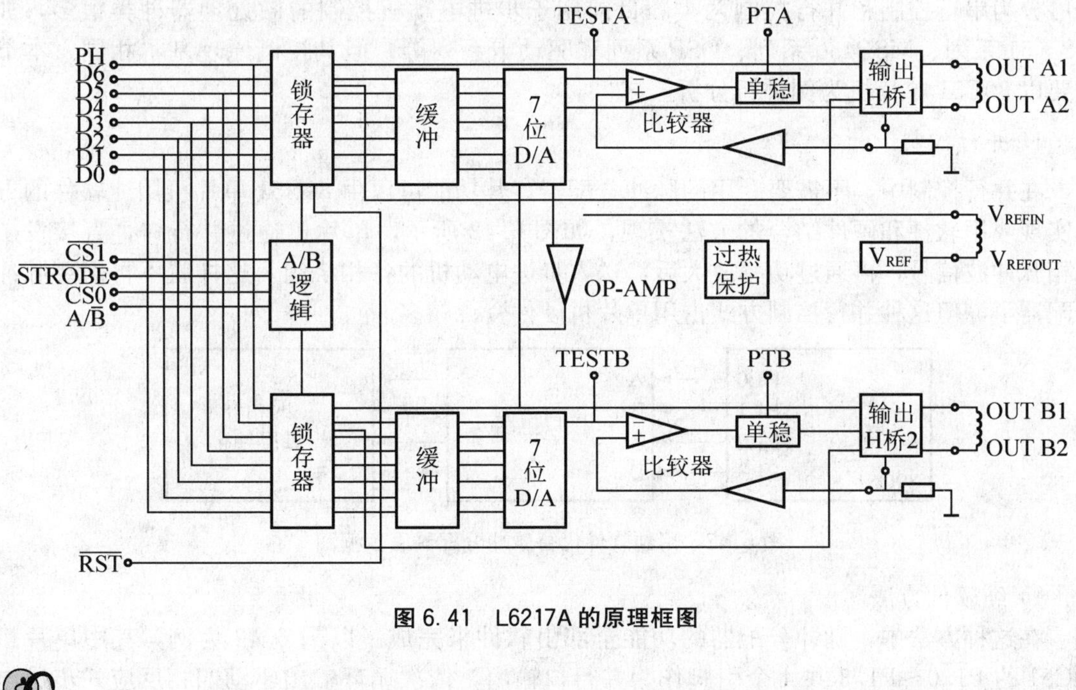

图 6.41 L6217A 的原理框图

小知识：步进电动机驱动器电源的确定

步进电动机电压的确定：供电电源电压一般是一个较宽的范围，通常根据电动机的工作转速和响应要求来选择。如果电动机工作转速较高或响应要求较快，那么电压取值也高，但注意电源电压的纹波不能超过驱动器的最大输入电压，否则可能损坏驱动器。

步进电动机电流的确定：供电电流一般根据驱动器的输出相电流来确定。如果采用线性电源，电源电流一般可取输出相电流的1.1～1.3倍；如果采用开关电源，电源电流一般可取输出相电流的1.5～2.0倍。

6.4.4 步进电动机的控制

随着电子技术的发展，利用微处理器对步进电动机进行控制在实际中已得到广泛的应用。对步进电动机进行定位控制，有开环控制和闭环控制两类。

开环控制因没有位置反馈，不需要光电编码器之类的位置传感器，因此控制系统的价格低。在开环控制时为了保证定位不出错，步进电动机的驱动脉冲频率不能设计得太高，电动机的机械负载不能太重，所以系统设计时要留出足够的裕度，否则会因为负载短时超重而导致步进电动机失步，致使定位出错。

闭环控制时因为采用了光电编码器之类的位置传感器将电动机的实际位置反馈给微处理器，微处理器发现电动机的实际位置没有达到给定值，即出现了步进电动机的失步现象，微处理器就会补发脉冲，直到电动机的实际位置和给定值一致或相当接近为止。

从理论上讲，闭环控制比开环控制可靠，但是步进电动机闭环控制系统的价格比较贵，还容易引起持续的机械振荡。如果要保证动态性能优良，不如选用直流或交流位置伺服系统。因此，步进电动机主要用于开环控制系统中。

但是不论是开环控制还是闭环控制，使用微处理器对步进电动机进行控制时，控制方法可分为串行控制和并行控制两类。目前用于步进电动机控制的微处理器种类很多，如MS－51系列、MSP430系列、DSP系列和驱动卡系列等，但其控制原理基本相同，本节主要以89C51单片机为例进行分析。

1. 并行控制

在并行控制中，不需要专用的脉冲分配器，其功能可以由89C51单片机用纯软件的方法实现或用软件和硬件结合的方法实现，如图6.42所示，单片机通过并行口，直接发出多相脉冲波信号，再通过功率放大后，送入步进电动机的各相绕组。这样就不再需要脉冲分配器了，但这种并行控制方式占用单片机硬件资源较多。

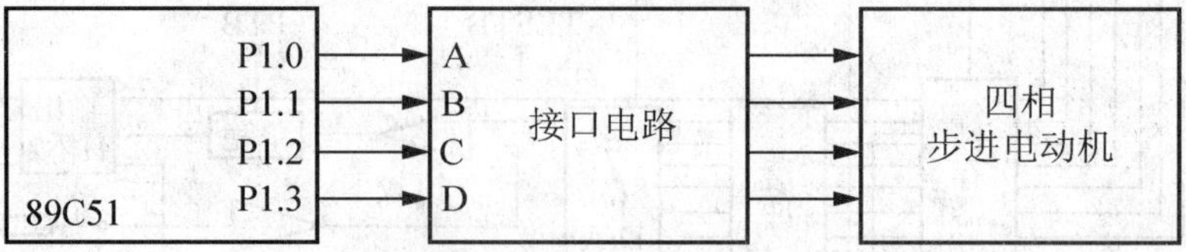

图6.42 用纯软件代替脉冲分配器原理框图

1）纯软件方法

在这种方法中，脉冲分配器的功能全部由软件来完成。以图6.42为例，其中单片机89C51的P1.0～P1.3共4个引脚作为并行口输出，依次循环输出驱动四相反应式步进电动机所需的8个状态为：A→AB→B→BC→C→CD→D→DA→A，即单、双八拍通电运行方式。

采用这种纯软件方法，需要在单片机的程序存储器中开辟一个存储空间以存放这8种状态，形成一张状态表。控制系统的应用程序按照电动机正、反转的要求，顺序将状态表的内容取出来送至 89C51 的 P1 口。现假定从程序存储器的地址 0F00H 处开始，用 8 个字节存储四相八拍正转工作状态表；从程序存储器的地址 0FFAH 处开始，用 8 个字节存储四相八拍反转工作状态表。再假定功率驱动接口设计成反相放大，P1 口线为低电平时绕组通电，高电平时绕组断电，存放状态表的 ROM 区有关单元的内容见表 6-1。

表 6-1　四相单、双八拍运行状态表

地址	存储内容		通电状态	方向	地址	存储内容		通电状态	方向
	二进制	十六进制				二进制	十六进制		
0F00H	11111110	0FEH	A	正转	0FFAH	11110110	0F6H	DA	反转
0F01H	11111100	0FCH	AB		0FFBH	11110111	0F7H	D	
0F02H	11111101	0FDH	B		0FFCH	11110011	0F3H	CD	
0F03H	11111001	0F9H	BC		0FFDH	11111011	0FBH	C	
0F04H	11111011	0FBH	C		0FFEH	11111001	0F9H	BC	
0F05H	11110011	0F3H	CD		0FFFH	11111101	0FDH	B	
0F06H	11110111	0F7H	D		1000H	11111100	0FCH	AB	
0F07H	11110110	0F6H	DA		1001H	11111100	0FEH	A	

于是对电动机的控制可变成顺序查表以及写 P1 口的软件处理过程。若设定 R0 作为状态计数器，按每拍加一进行操作；对于八拍运行，从 0 开始，最大计数值为 7。电动机正转子程序如下：

```
CW: INC     R0;正转加一
    CJNE    R0,#08H,CW1;计数值不是 8,正常计数
    MOV     R0,#00H;计数值超过 7,则清零,回到表首
CW1:MOV     A,R0;计数值送 A
    MOV     DPTR,#0F00H;正转状态表首地址为 0F00H
    MOVC    A,@A+DPTR;取出表中状态
    MOV     P1,A;送输出口
    RET
```

反转程序与正转程序的差别，仅仅在于指针应指向反转状态表的表首地址 0FFAH。反转子程序如下：

```
CCW: INC     R0;反转加一
     CJNE    R0,#08H,CCW1;计数值不是 8,正常计数
     MOV     R0,#00H;计数值超过 7,则清零,回到表首
CCW1:MOV     A,R0;计数值送 A
     MOV     DPTR,#0FFAH;正转状态表首地址为 0FFAH
     MOVC    A,@A+DPTR;取出表中状态
     MOV     P1,A;送输出口
     RET
```

当然，若对地址为 0F07H～0F00H 的状态表，每次逆向查表，同样可以实现反转，这只

要把正转程序中的CW部分修改成CCWN如下：

```
CCWN:DEC     R0;反转减一
     CJNE    R0,#FFH,CW1;在正常范围,正常计数
     MOV     R0,#07H;计数值退出正常范围,修改指针
```

采用上述程序实现反转，可省去状态表中地址为0FFAH～1001H的部分，而且可以采用同一个计数器指针R0，在正转任意步后接着反转时，用不着为了避免乱步而调整指针的位置。用纯软件方法代替脉冲分配器是比较灵活的。例如，要求用89C51的P1口输出A、B、C、D四相脉冲，以控制四相混合式步进电动机，则可采用如下更简单的方法：假定P1口线为低电平时绕组通电，并用P1口的P1.1、P1.3、P1.5、P1.7分别驱动A、B、C、D四相功率接口，则四相单、双八拍的工作状态可安排如表6-2所示。

表6-2　四相单、双八拍运行状态表

D		C		B		A		通电状态	控制字
P1.7	P1.6	P1.5	P1.4	P1.3	P1.2	P1.1	P1.0	P1口	
1	1	1	1	1	0	0	0	A	F8H
1	1	1	1	0	0	0	1	AB	F1H
1	1	1	0	0	0	1	1	B	E3H
1	1	0	0	0	1	1	1	BC	C7H
1	0	0	0	1	1	1	1	C	8FH
0	0	0	1	1	1	1	1	CD	1FH
0	0	1	1	1	1	1	0	D	3EH
0	1	1	1	1	1	0	0	DA	7CH

观察表6-2后不难发现，要使步进电动机走步，只要对P1口的字节内容进行循环移位就可以了。设数据左移时电动机正转，则数据右移时电动机反转。只要在程序初始化时，对P1口装载表6-2中的任一数据，再通过调用下列CW或CCW子程序就可让电动机正转或反转一步。程序如下：

```
…
     MOV   P1,#0F8H;初始化P1口,A相通电;
…
CW:  MOV   A,P1;状态送A
     RL    A;左循环位移
     MOV   P1,A;送输出口,正转一步
     RET
CCW:MOV    A,P1;状态送A
     RR    A;右循环位移
     MOV   P1,A;送输出口,反转一步
     RET
```

2）软、硬件结合的方法

软、硬件结合的方法比纯软件方法减少计算机工作时间的占用。图 6.43 所示是一台四相步进电动机控制系统的示意图。

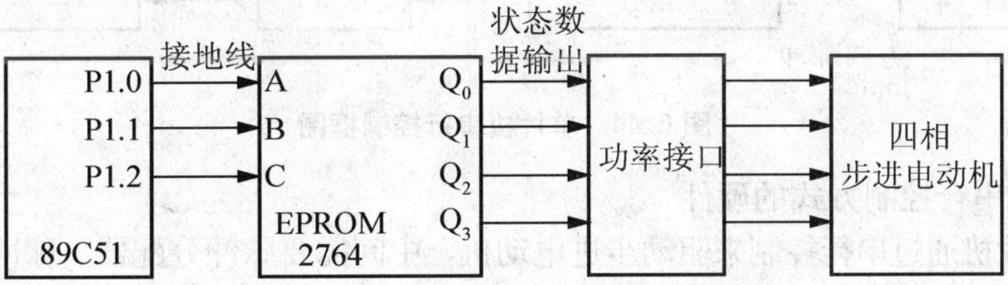

图 6.43　软、硬件结合法控制原理框图

以 89C51 的 P1 口作为信号的输出口，P1.3～P1.7 空置不用，其值可为任意，仅以 P1.0～P1.2 三条线接到一个 EPROM 的低 3 位地址线上，可选通 EPROM 的 8 个地址单元，相应于 8 种状态。EPROM 的低 4 位数据输出线作为步进电动机 ABCD 各相的控制线，硬件设计成低电平时绕组通电。在本系统中 EPROM 作为一种解码器使用，通过其输入/输出关系可以使系统设计得更便于单片机控制。因为只有 P1.0～P1.2 上的数据对步进电动机的通电状态有影响，于是 EPROM 的输入地址和输出数据可采用如下的对应关系(输出线低电平时，绕组通电)：

```
输入:XXXXX000    XXXXX001    XXXXX010  …  XXXXX111
输出:XXXX1110    XXXX1100    XXXX1101  …  XXXX0110
通电绕组:A          AB          B       …     DA
```

此处，X 表示既可为 0，也可为 1。

这样，只要把 89C51 中的某一寄存器认定为可逆计数器，每次对它进行加一或减一操作，然后送 P1 口即可。脉冲分配器的功能由软、硬件分担，减少 CPU 的负担。

初始化程序及正转或反转一步的子程序可编写如下：

```
     …;主程序开始
     MOV  R0,#00H;初始化
     MOV  P1,R0;P1 口初始化,电动机初始定位
     …;主程序中其他操作
CW:  INC  R0
     MOV  P1,R0;计数值送输出口,运行一拍
     RET
CCW:DEC  R0;反转子程序;计数器减一
     MOV  P1,R0;计数值送输出口,运行一拍
     RET
```

2. 串行控制

利用 89C51 单片机对步进电动机进行串行控制的系统组成如图 6.44 所示，89C51 单片机与步进电动机的功率接口之间只要两条控制线：一条用以发送走步脉冲信号(CP)，另一条用以发送控制旋转方向的电平信号。此时的单片机相当于前面所讲的变频信号源。同并行控制方式相比，串行控制占用单片机硬件资源较少，编程也更为简单，但需要外加脉冲分配器，增加了系统成本。

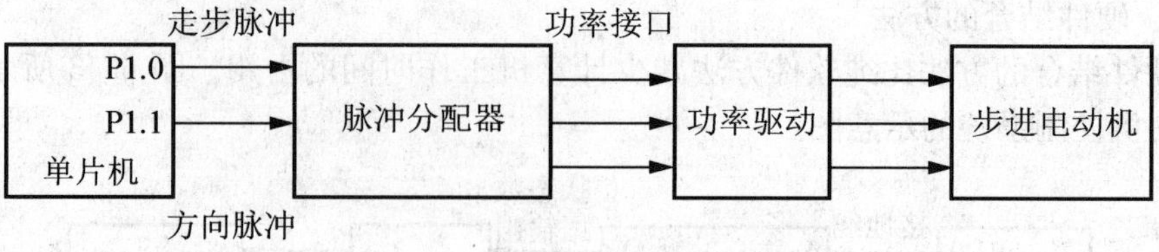

图 6.44　单片机串行控制框图

1）单片机串行控制方式的硬件

89C51 单片机通过串行控制来驱动步进电动机，中间需要脉冲分配器。脉冲分配器除可由门电路和双稳态触发器组成的逻辑电路外，还可以使用专用芯片。在单片机或其他微处理器的控制中，还可把 EPROM 和可逆计数器组合起来，构成通用型脉冲分配器，如图 6.45 所示。

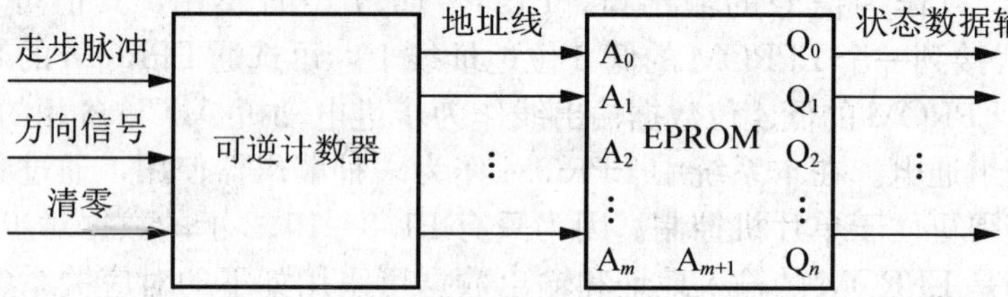

图 6.45　通用脉冲分配器

其工作原理是：设计一个二进制可逆计数器，使其计数长度(循环计数值)等于步进电动机运行的拍数(或拍数的整数倍)。计数器的输出端接到 EPROM 的几条低位地址线上，并使 EPROM 总处于读出状态。这样，计数器每一个输出状态都对应 EPROM 的一个地址。该 EPROM 地址单元中的内容就将确定 EPROM 数据输出端各条线上的电平状态。只要根据要求设计好计数器的计数长度，并按要求固化在 EPROM 中，就能完成所要求的脉冲分配器的输入/输出逻辑关系。还可考虑改变 EPROM 的高位地址线的电平以区分出几个不同的地址区域(页面)，并在不同的页面中设定不同的逻辑关系，从而实现诸如单拍、双拍和单、双拍等各种运行方式的脉冲分配功能。

2）单片机串行控制方式的软件

在图 6.44 所示的串行控制电路中，利用 89C51 单片机的 P1.1 输出方向电平控制电动机的正反转，P1.0 输出走步脉冲。走步脉冲的产生方法很简单，即使单片机从 P1.0 产生一个脉宽合适的方波信号即可。

设 P1.1 低电平时为正转驱动，脉冲分配器在走步触发脉冲发生正跳变时改变输出状态，则正转一步的驱动子程序如下：

```
CW:CLR    P1.1;发出正转电平信号
   CLR    P1.0;输出低电平,为脉冲的正跳变准备条件
   LCALL  delay;调用延时子程序
   SETB   P1.0;输出高电平,产生脉冲正跳变
   RET
```

调用该子程序一次，产生一个脉冲，电动机将正转一步。只要按一定的时间间隔调用这个子程序，就可以使电动机按一定的转速连续转动。若要电动机反方向旋转，只需将 P1.1 置为 1 即可，其余程序与正转程序相同，具体子程序如下：

```
CW:     SETB    P1.1;发出反转电平信号
        CLR     P1.0;输出低电平,为脉冲的正跳变准备条件
        LCALL   delay;调用延时子程序
        SETB    P1.0;输出高电平,产生脉冲正跳变
        RET
Delay:NOP;延时子程序
        …
        RET
```

3. 步进电动机的转速控制

控制步进电动机的转速，实际上就是控制各通电状态持续时间的长短。这可以采取两种方法：一种是软件延时法，另一种是定时器中断法。

1）软件延时法

这种方法是在每次转换通电状态后，调用一个延时子程序，待延时结束后，再次执行该换相子程序。如此反复，就可使步进电动机按某一确定的转速运转。例如，执行下列程序，将控制步进电动机正向连续旋转。要想改变转速，只需改变 data1、data2 的值即可。

```
CON:     LCALL   CW;调用正转一步子程序
         LCALL   delay;调用延时子程序
         SJMP    CON;继续循环执行
         …
Delay: MOV      R7,#data1
Delay1:MOV      R6,#data2
Delay2:DJNZ     R6,data2
         DJNZ    R7,data1
         RET
```

Delay 程序的延时时间为

$$t=[1+(1+2\times data2+2)\times data1]+2\times T$$

式中：T 为机器周期，89C51 单片机采用 6MHz 的晶振时，$T=2\mu s$。若采用 12MHz 晶振时，$T=1\mu s$。

软件延时法的特点是：改变 data1、data2 的值，或调用不同的延时子程序就可实现不同的速度控制，编程简单，且占用硬件资源较少。但它的缺点是占用 CPU 时间太多，因此通常只在简单的控制过程中采用。

2）定时器中断法

由于软件延时法占用 CPU 的时间太多，所以在复杂的控制系统中一般采用定时器延时法，即给定时器加载适当的定时初值。经过一定的时间，定时器溢出，产生中断信号，暂停主程序的执行，转而执行定时器中断服务程序，产生硬件延时。若将步进电动机换相子程序放在定时器中断服务程序之中，则定时器每中断一次，电动机就换相一次，通过改变定时器的初值可实现对电动机的速度控制。因为电动机的换相是在中断服务程序中完成的，所以对时间的占用较少，可使 CPU 有时间从事其他工作。

下面以使用 89C51 中的 T0 定时器为例，介绍速度控制子程序。设定时器以方式 1 工作，电动机的运转速度定为每秒 1000 脉冲，则换相周期为 1ms。设 89C51 使用 12MHz 的晶振，

则机器周期为 1μs。故 T0 定时器应该每 1000(03E8H)个机器周期中断一次。由于 T0 是执行加计数，到 0FFFFH 后，再加一就产生溢出中断，所以 T0 的加载初值应为 10000H～03E8H，也就是 0FC18H。在此初值下，执行加计数 1000 次，就会产生溢出。中断服务程序如下：

```
TIM:LCALL    CW;调用正转一步子程序
    CLR      TR0;停定时器
    MOV      TL0,#18H;装载低位字节
    MOV      TH0,#0FCH;装载高位字节
    SETB     TR0;开定时器
    RETI        ;中断返回
```

调试上述程序时会发现，电动机的转速低于设定值，不够精确；加载定时器，开、停定时器以及中断响应等时间，并进行修正。

下面是一个能准确定时的子程序 TIM1。其中为了提供实时改变加载值的可能性，将加载值存放在中间单元 R6、R7 中。为了考虑中断响应时间，将加载值和定时器溢出后继续加计数而形成的原始计数值相加。此外，还要考虑程序中从 CLR　TR0 到 SETB　TR0 之间的指令周期延时的 7 个机器周期 T。因此，换相周期为 1ms 时，R6、R7 中的加载值应为 0FC18H+07H，即 0FC1FH。具体程序如下：

```
TIM:LCALL    CW;调用正转一步子程序
    CLR      TR0;停定时器
    MOV      A,TL0;原始计数值低位字节送 A
    ADD      A,R6;与加载值相加
    MOV      T0,A;回送低位字节
    MOV      A,TH0;原始计数值高位字节送 A
    ADDC     A,R7;与加载值相加
    MOV      TH0,A;回高低位字节
    SETB     TR0;开定时器
    RETI        ;中断返回
```

反复执行这个中断程序时，步进电动机将按给定频率准确运行。改变 R6 和 R7 中的数值，可以改变电动机的运行速度。

4. 加减速定位控制

从之前内容可知步进电动机在启动时，转子要从静止状态加速，电动机的电磁转矩除了克服负载转矩之外，还要使转子加速。步进电动机的最高启动频率(突跳频率)一般为几百赫兹到三四千赫兹，而最高运行频率则可以达到几万赫兹。以超过最高启动频率的频率直接启动，将出现“失步”现象，有时根本就转不起来，如果使步进电动机处于低速运动状态又影响生产效率。所以一般情况下先以低于最高启动频率的某一频率启动，再逐步提高频率，使电动机逐步加速，则可以到达最高运行频率。另外，对于正在高速旋转的步进电动机，若在到达终点时，立即停发脉冲，由于惯性，电动机往往会冲过头，也会出现失步，很难实现其立即准确锁定。这就是通常对步进电动机要进行加减速控制的原因。

对步进电动机的运行控制还可根据距离的长短分如下 3 种情况处理。

(1) 短距离：由于距离较短，来不及升到最高转速，因此在这种情况下步进电动机以接近启动频率运行，运行过程没有加减速。

(2) 中、短距离：在这种距离情况下，步进电动机只有加减速过程，而没有恒速过程。

(3) 中、长距离：在中、长距离情况下，不仅要有加减速，还有恒速阶段。这种距离的加减速定位控制定位过程如图 6.46 所示，通过加速—恒定高速—减速—恒定低速—锁定，就可以既快又稳地准确定位。

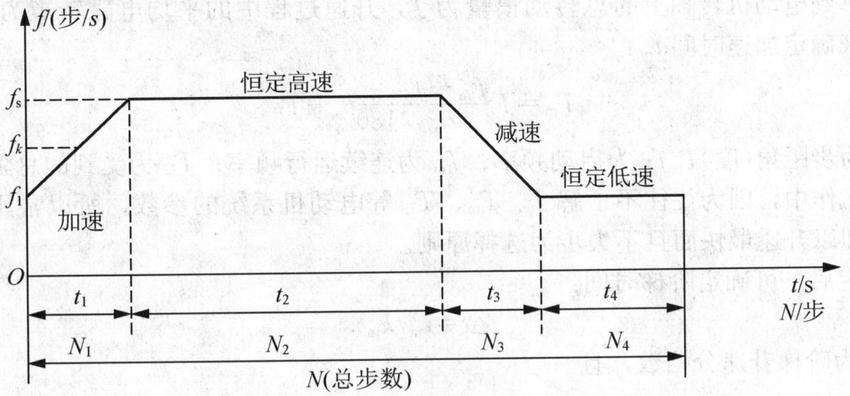

图 6.46　加减速定位控制

纵坐标是频率，它的单位是步/秒，实质上也反映了转速的高低。横坐标是时间，各段时间内走过的步数用 N_1、N_2 等表示。步数实质上也反映了距离。加速时的起始频率用 f_1 表示，由于最高启动频率和电动机的驱动方法及机械负载的性质、大小有关，所以 f_1 通常由实验来确定。

步进电动机的加减速定位控制，就是控制步进电动机拖动给定的负载，通过加速、恒定高速及减速过程，从一个位置快速运行到另一个给定位置。对步进电动机而言，就是从一个锁定位置，运行若干步，尽快到达另一个指定位置，并加以锁定。这样就有两个基本要求：第一是总步数要符合给定值，第二是总的走步时间应尽量短。为了达到上述要求，在软件上要做很多工作。首先，为了保证总步数不出错，要建立一种随时校核总步数是否达到给定值的机制。电动机每一次换相，都要校核一次。例如，在步进电动机运动前，可在 RAM 区的某些单元中存放给定的总步数。电动机转动后，软件按换相次数递减这些单元中的数值，同时校核单元中的数值是否为零。为零时，说明电动机已走完给定的正转或反转总步数，应停止转动，进入锁定状态。至于正、反转，则可以由方向标志位的情况来确定。

在利用微处理器对步进电动机进行加减速控制时，实际上就是控制每次换相的时间间隔。升速时使脉冲串逐渐加密，减速时则相反。若微处理器使用定时器中断方式来控制电动机的速度，实际上就是不断改变定时器装载的初值。为了便于编制程序，不一定每步都计算装载值，而可以用阶梯曲线来逼近图 6.46 中的升降曲线，如图 6.47 所示。对于每一档频率，软件系统可以通过查表的方法，查出所需要的装载值。

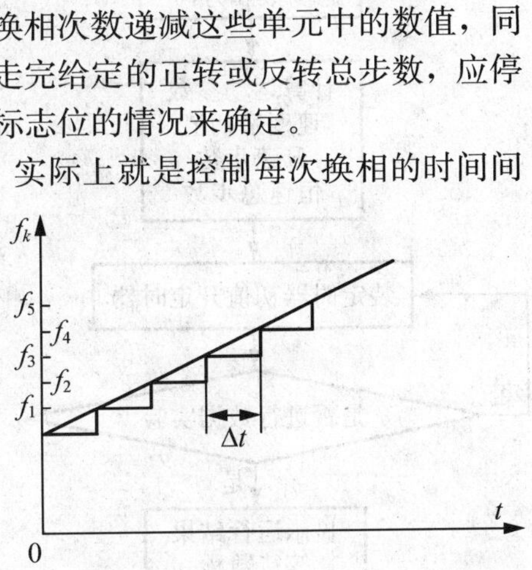

图 6.47　阶梯升降曲线

例如，假定系统的最低频率 f_1 为 100 脉冲/s，最高运行频率 f_m 为 10000 脉冲/s，相邻两档速度差

100 脉冲/s，用速度字 k 表示速度档次，则各档频率(包括最高频率)为

$$f_k = k \times 100 \text{ 脉冲/s} \qquad k=1,2,3\cdots,100$$

对于直线升速，图 6.47 中的阶梯时间 Δt 为常数，对于指数升速，Δt 为变量。Δt 越升速越快。Δt 的大小可以通过计算来确定，举例如下。

若折算到电动机转轴上的总转动惯量为 J，升速过程中的平均电磁转矩为 T_m，则近似有下式来确定加速时间 t_m：

$$T_m = J\frac{f_m - f_1}{t_m}\frac{\pi}{180}\theta_s + T_L \tag{6-31}$$

式中：θ_s 为步距角(度)；f_1 为启动频率；f_m 为连续运行频率；T_L 为受到的总阻力矩。

实际工作中，因为往往不了解 J、T_m、T_L 等电动机系统的参数，所以常用实验方法来确定，即以升速最快而且不失步为选择原则。

t_m 确定后，可确定阶梯时间：

$$\Delta t = t_m / k_m$$

式中：k_m 为阶梯升速分档数，且

$$k_m = \frac{f_m}{f_1} - 1 \tag{6-32}$$

阶梯升速过程中，各档频率(不包括最高运行频率 f_m)为

$$f_k = k f_1 \qquad k=1,2,3,\cdots,k_m$$

各档频率 f_k 内的运行步数为

$$N_k = f_k \Delta t = k f_1 \Delta t = k\Delta N \tag{6-33}$$

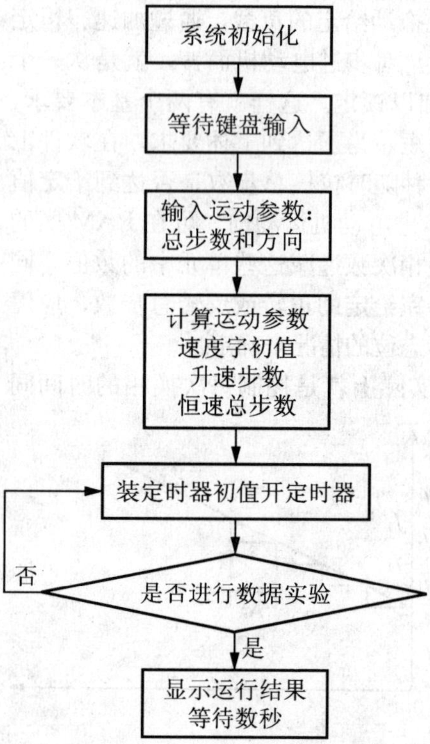

图 6.48　加减速软件主程序框图

升速过程内的总步数为

$$N_m = \sum_{k=1}^{k_m} N_k \tag{6-34}$$

程序执行过程中，对每一档速度，都要计算在这个台阶应走的步数，然后以递减方式检查。当减至零时，表示该档速度应走的步数已走完，于是速度字 k 加 1，进入下一档速度。与此同时，还要递减升速过程总步数，直到升速过程总步数走完为止。减速过程的处理方法和升速过程相似。通常，取减速时间和升速时间相同。

软件设计离不开硬件环境。现在假定采用图 6.45 所示的硬件环境。于是，对步进电动机的正向走步控制，就是对通电状态计数器进行加一运算。而速度控制，则是通过不断改变定时器装载的初值来实现。整个应用软件由主程序和定时器中断服务程序构成。

主程序的功能：对系统资源进行全面管理；处理键盘与显示；计算运行参数；加载定时中断服务程序所需的全部参数和初始值；开中断，等待走步过程的结束。主程序框图如图 6.48 所示。

定时器中断服务程序的功能：使步进电动机走一步；累计转过的步数；向定时器送下一个延时参数。

需要注意的问题：整个定时器中断服务程序的运行时间必须比走步脉冲间隔短。在电动机低速旋转的情况下，由单片机实时地计算走步脉冲间隔并向定时器送下一个延时参数是可以办到的。但当电动机高速旋转时，例如，脉冲频率在100步/s以上，运算时间就会来不及。因此需要采用查表等方法查出每一档频率所需要的装载值。

提示：步进电动机脉冲频率高于一定值将无法启动

步进电动机有一个技术参数：空载启动频率，即步进电动机在空载情况下能够正常启动的脉冲频率，如果脉冲频率高于该值，电动机不能正常启动，可能发生丢步或堵转。在有负载的情况下，启动频率应更低。如果要使电动机达到高速转动，脉冲频率应该有加速过程，即启动频率较低，然后按一定加速度升到所希望的高频(电动机转速从低速升到高速)。

小知识：步进电动机减轻振动和噪声的方法

步进电动机低速转动时振动和噪声大是其固有的缺点，一般可采用以下方案来克服：①如步进电动机正好工作在共振区，可通过改变减速比等机械传动避开共振区；②采用带有细分功能的驱动器，这是最常用的、最简便的方法；③换成步距角更小的步进电动机，如三相或五相步进电动机；④换成交流伺服电动机，几乎可以完全克服震动和噪声，但成本较高；⑤在电动机轴上加磁性阻尼器，但机械结构改变较大。

6.4.5　步进电动机的应用

下面以某课题为例，介绍步进电动机在实际当中的应用。

1. 设计系统要求

(1) 可以对步进电动机的正、反转进行设定。

(2) 可以对步进电动机的运转速度进行设定。

(3) 可以对步进电动机转动的位置进行设定。

(4) 以上参数可以由按键和显示进行操作。

2. 系统构成简介

本课题要求使用单片机为核心设计一个步进电动机的控制系统。该控制系统具有输入、显示以及控制步进电动机的功能。题目中的步进电动机的运行动作，主要以软件编程实现。系统的硬件结构如图6.49所示。系统的硬件结构比较简单，主要以单片机为核心，接收按键的信息，同时将信息处理并送去显示。由按键输入的信息经转换处理后控制步进电动机的驱动电路，控制步进电动机完成设定动作。

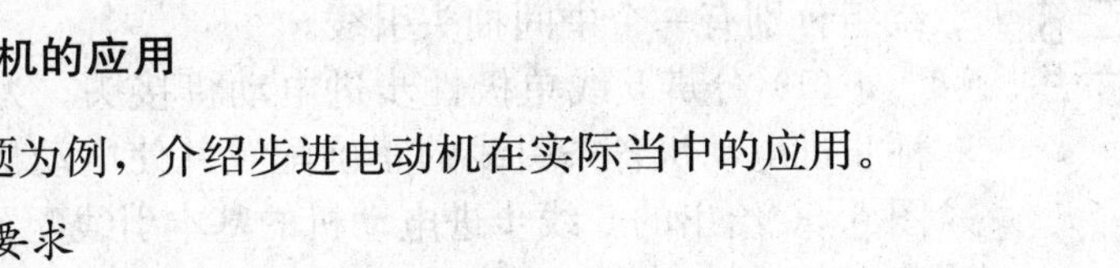

图6.49　步进电动机控制系统框图

3. 硬件电路设计

1) 步进电动机的接线方法

虽然不同类型步进电动机的原理大致相同，但是实际情况中不同类型或线圈绕组不同的步进电动机其驱动电路的设计要求是不相同的。要设计好步进电动机的驱动电路，首先必须弄清楚手中的步进电动机是什么类型，如何接线的。

通常情况下可以通过查询步进电动机的型号得到步进电动机的资料。从资料中可以得到该步进电动机的电气性能、机械性能、接线方式和外形尺寸等信息。但是有些情况下，无法查到手中的步进电动机的资料或者根本就没有型号标识可供查询的情况下，又如何知道怎么接线呢？通过下面的介绍的方法可以方便简捷地找出手中步进电动机的类型和接线方法。

现在比较容易得到的步进电动机大致有两种：单极性的(又称双线或四相)和双极性的(又称单线或两相)步进电动机。下面通过一些实用而简单的方法来判断步进电动机的接线方法。

单极性步进电动机之所以称为单极性是因为每个绕组中电流仅沿一个方向流动。它也被称为两线步进电动机，因为它只含有两个线圈。两个线圈的极性相反，卷绕在同一铁心上，具有同一个中间抽头。单极性步进电动机还被称为四相步进电动机，因为它有 4 个激励绕组。单极性步进电动机的引线有 5 或 6 根。如果步进电动机的引线是 5 根，那么其中一根是公共线(连接到 V+)，其他 4 根分别连到电动机的 4 相。如果步进电动机的引线是 6 根，那么它是多段式单极性步进电动机，有两个绕组，每个绕组分别有一个中间抽头引线。

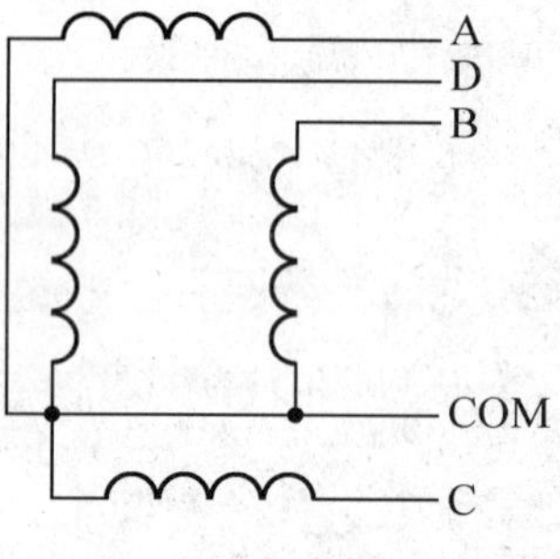

图 6.50　5 线单相步进电动机的基本引线配置图

(1) 分辨 5 线单极性步进电动机接头。为了找出 5 线单极性步进电动机各条引线的正确配置并使电动机转动，首先参看图 6.50 给出的 5 线步进电动机的基本引线配置图，另外需要准备一些材料：需要一块电池和一段胶带，备好记号笔来标注引线以便分辨它们。

接下来按以下步骤操作。

① 用数字万用表找到公共线。公共线与其他线之间的电阻相同，由此可以找出公共线。将此线连接到电池的正极，5～6V 就足够测试用了。

② 胶带粘贴到步进电动机的输出轴上，并使它垂直于轴端伸出成为一个标志。此标志的作用在于判断电动机是否转动。

③ 任意挑出一条引线称之为相 1。若将此线接地，则电动机输出轴将作轻微的转动。现在步进电动机被锁定在相 1 的位置上，如图 6.51(a)所示。

④ 取另一根引线并将其接地，仔细观察输出轴上的胶带。如果输出轴向右轻微地旋转，那么此根引线是相 2，如图 6.51(b)所示。

⑤ 取另一根引线并将其接地，仔细观察输出轴上的胶带。如果输出轴向左轻微地旋转，那么此根引线是相 4，如图 6.51(c)所示。

⑥ 再取另一根引线并将其接地，仔细观察输出轴上胶带的运动状态。如果输出轴不旋转，那么此根引线就是相 3，如图 6.51(d)所示。

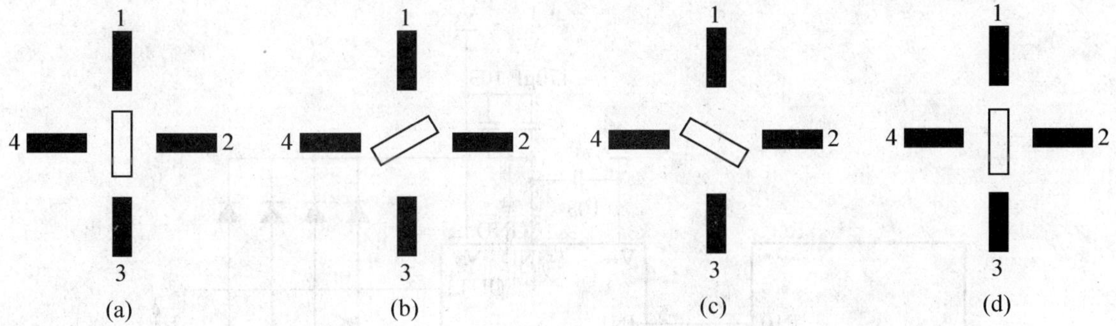

图 6.51 五线单相步进电动机转动位置图

(a) 相 1 位；(b) 相 2 位；(c) 相 4 位；(d) 相 3 位

(2) 分辨 6 线单极性步进电动机接头。6 线单极性步进电动机也是一种比较容易找到的步进电动机。6 线单极性步进电动机通常看起来像是两个单段式电动机叠放在一起，每个单段有 3 根线引出，如图 6.52 所示。这种步进电动机的引线也比较容易分辨。

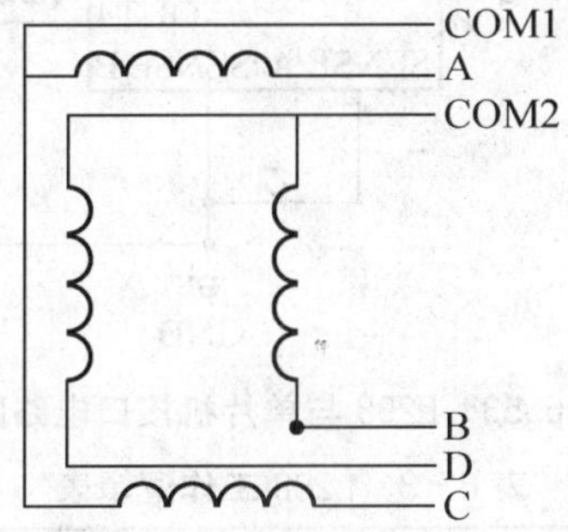

图 6.52 6 线单相步进电动机的基本引线配置图

如果它的结构形式是多段式步进电动机，那么引线的顺序实际上已经给出了，用数字万用表可以找出每对绕组的公共线。只要保持绕组对的两根引线对应一致，它们的顺序并无关紧要，仅会影响电动机的旋转方向而已。如果不是多段式的 6 线步进电动机，可以按以下步骤确定绕组对的引线。

(1) 使用数字万用表找出每对绕组的公共端。

(2) 照上述方法能找出两个绕组对，分隔它们并加以标记。请将其中一个绕组对标记为 A 和 C(也可以是 1 和 3)，另一个标记为 B 和 D(也可以是 2 和 4)。在每一对绕组中，哪条引线是何顺序并不重要，只要成对就足够了。

2) 步进电动机的驱动方法

采用芯片 L298 驱动步进电机，单片机与 L298 接口电路如图 6.53 所示。

图中的二极管是用来吸收电动机线圈感生电动势的，与前面提到的 H 桥中晶体管两端并接的二极管作用相同。该二极管最好采用快速回复二极管或是肖特基二极管(如 1N5817)等。表 6－3 给出了 L298 的一组 H 桥的工作逻辑。由表 6－3 可知 EnA 为低电平时，输入电平对电动机控制不起作用；当 EnA 为高电平，输入电平为一高一低，电动机正或反转，同为低电平电动机停止，同为高电平电动机刹停。

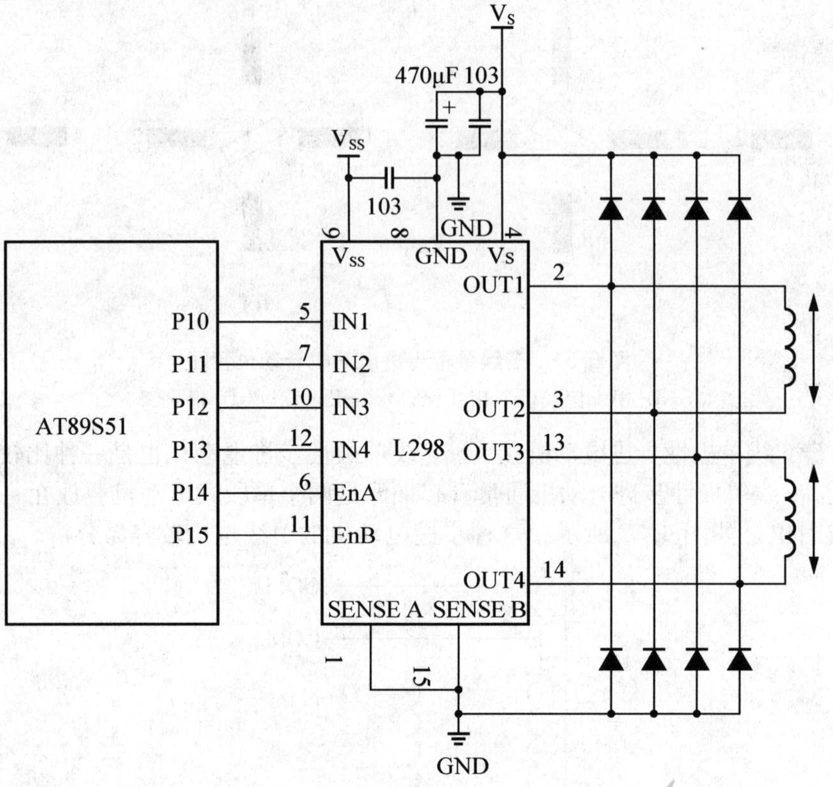

图 6.53　L298 与单片机接口电路图

表 6-3　L298 工作逻辑表

EnA	In1	In2	运转状态
0	X	X	停止
1	1	0	正转
1	0	1	反转
1	1	1	刹停
1	0	0	停止

4. 软件设计

1）正反转控制

在编程驱动步进电动机动作前，必须先要了解步进电动机的步进方式。单极性步进电动机一般有 3 种步进方式：单拍步进、双排步进、半拍半拍。单拍步进方式是指每次仅给一个绕组通电，结果导致转子旋转，并运动到转子永磁体与具有相反极性的绕组对齐的位置。双拍方式同时给两个绕组通电，这样就导致转子旋转，并在永磁体到达两个通电绕组的中间位置点时平衡。双拍方式的优点是比单拍方式多获得 41.4%的输出力矩，不过代价是需要花费后者两倍的能量，因为它有两相绕组同时通电。最后，半拍方式工作时则让两个绕组通电与单个绕组通电方式交替地进行。半拍方式的输出力矩比双拍方式小，随设计不同，在 15%～30%之间变化，不过它可以获得双拍方式两倍的步进分辨率(每周两倍的步数)。

表 6-4 给出了在这 3 种步进方式下绕组通电的过程。要使步进电动机反转，只需将通电过程反向即可。双极性步进电动机具有和单极性步进电动机相同的步进方式，仅仅由于绕组配置的不同，在实现上存在一些差别。双极性步进电动机的步进方式见表 6-5。表格中 A、B 和 C、D 分别是两组绕组的两极，+、－号表示改组绕组的通电方向。其步进的过程请读者自行分析。另外，若将表格中的+、－号全部调换，步进电动机将会反转。

表 6-4 单极性步进电动机步进方式

(a) 单拍步进方式

	A	B	C	D
1	通			
2		通		
3			通	
4				通

(b) 双拍步进方式

	A	B	C	D
1	通	通		
2		通	通	
3			通	通
4	通			通

(c) 半拍步进方式

	A	B	C	D
1	通			
2	通	通		
3		通		
4		通	通	
5			通	
6			通	通
7				通
8	通			通

表 6-5　双极性步进电动机步进方式

双极性步进电动机单拍步进方式

	A	B	C	D
1	－	＋		
2			＋	－
3	＋	－		
4			－	＋

双极性步进电动机双拍步进方式

	A	B	C	D
1	－	＋	－	＋
2	－	＋	＋	－
3	＋	－	＋	－
4	＋	－	－	＋

双极性步进电动机半拍步进方式

	A	B	C	D
1	－	＋	－	＋
2			－	＋
3	＋	－	－	＋
4	＋	－		
5	＋	－	＋	－
6			＋	－
7	－	＋	＋	－
8	－	＋		

2）程序流程图

图 6.54 给出了一个步进电动机转角位置控制的程序流程图。程序首先从按键程序中获得外部输入的目标位置。这一位置统一为绝对位置。然后通过与当前步进电动机的绝对位置进行比较来判断是正转还是反转能更快达到目标位置。判断完成后，计算出需要走的步进数。接下来执行正转或是反转程序。步进电动机每执行一步就将步数计数器减 1，然后判断步数计数器是否为 0。若为 0 则说明已经到达设定的目标位置，若不为 0 则重复上面的步骤。需要注意的是，每执行一步时不但要将步数寄存器减 1 同时还要根据正反转将绝对位置加或减 1。这样使单片机仍然知道步进电动机目前的绝对位置，从而方便计算以后的运行。

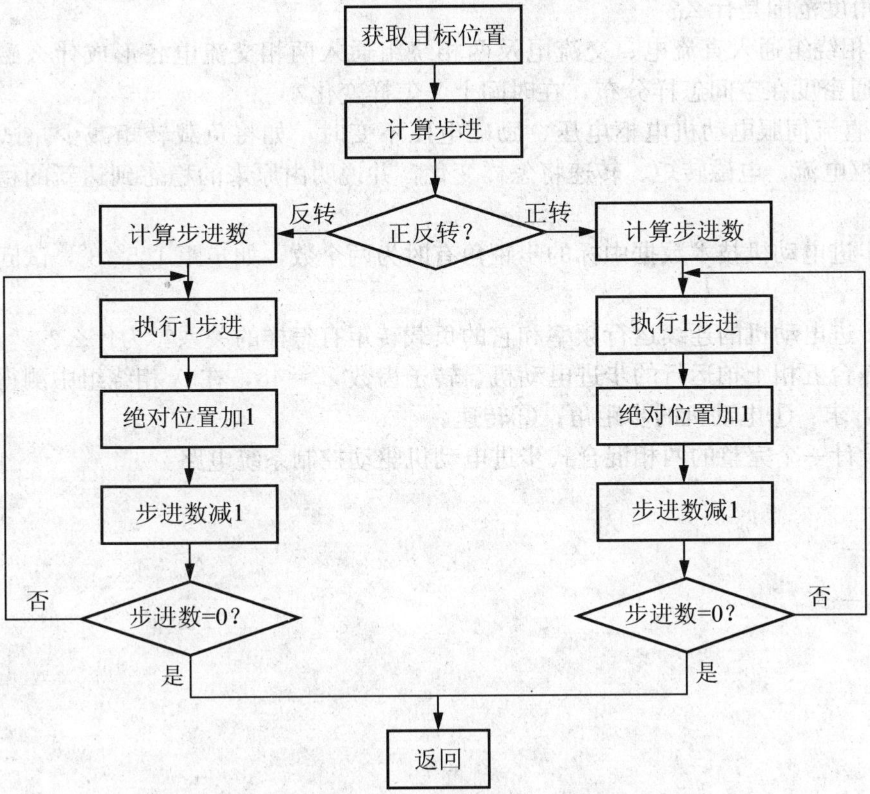

图 6.54　步进电动机转角位移控制程序流程图

习　题　六

1. 已知交流伺服电动机的极数对数为 2，使用频率为 50Hz 的交流电压供电，则旋转磁场的转速为(　　)。

A. 3000r/min　　B. 1500r/min　　C. 750r/min　　D. 1000r/min

2. 直流伺服电动机在不带负载时，其调节特性有无死区？若有，为什么？调节特性死区的大小与哪些因素有关？

3. 为什么交流伺服电动机的转子转速总是比磁铁转速低？

4. 已知一台交流伺服电动机的技术数据上标明空载转速是 1000r/min，电源频率为 50Hz，请问这是几级电动机？空载转差率是多少？

5. 自整角机按照使用要求不同，可分为________自整角机和________自整角机两大类。

6. 采用原边全补偿时，旋转变压器在工作时交轴磁通在某绕组中产生电流，该电流所产生的磁通对交轴磁通有什么作用？单独原边全补偿时，负载阻抗改变能否影响其补偿程度，与负载阻抗值的改变是否有关？

7. 线性旋转变压器是如何从正余弦旋转变压器演变过来的？线性旋转变压器的转子绕组输出电压 U_{R2} 和转角 θ 的关系式是什么？改进后的线性旋变，当误差小于 0.1%时，转角θ的角度范围是什么？

8. 单相绕组通入直流电、交流电及两相绕组通入两相交流电各形成什么磁场？它们的气隙磁通密度在空间怎样分布，在时间上又怎样变化？

9. 当直流伺服电动机电枢电压、励磁电压不变时，如将负载转矩减少，试问此时电动机的电枢电流、电磁转矩、转速将怎样变化？并说明由原来的稳态到达新的稳态的物理过程。

10. 步进电动机技术数据中标的步距角有时为两个数，如步距1.5°/3°，试问这是什么含义？

11. 步进电动机的连续运行频率和它的负载转矩有怎样的关系？为什么？

12. 一台五相十拍运行的步进电动机，转子齿数$Z_r=48$，在A相绕组中测得电流频率为600Hz，求：①电动机的步距角；②转速。

13. 设计一个完整的两相混合式步进电动机驱动控制系统电路。

第 7 章

S7 - 200PLC 控制器及其应用

可编程控制器正成为工业控制领域的主流设备，PLC 控制是电动机控制的主要手段。S7 - 200PLC 是一款具有较高性价比的小型可编程控制器，可以满足多种多样的自动化控制需求。本章主要内容包括：可编程控制器概述、S7 - 200PLC 性能介绍、基本指令用法、典型控制电路的梯形图程序设计、顺序控制指令的用法、编程软件的使用。

教学目标

- 了解可编程序控制器的特点、发展趋势、分类、S7 - 200PLC 的性能；
- 掌握可编程控制的组成、工作原理；
- 掌握 S7 - 200PLC 的基本指令的用法，了解顺序控制指令的用法；
- 掌握典型控制电路的梯形图程序设计方法；
- 掌握 STEP7 - Micro/WIN 编程软件的用法；了解 S7 - 200PLC 仿真软件的用法。

教学要求

知识要点	能力要求	相关知识
PLC 概述	(1) 掌握 PLC 的组成、分类 (2) 理解 PLC 的循环扫描的工作方式	继电器接触器控制电路
S7 - 200PLC 性能	(1) 了解 S7 - 200PLC 的构成方式 (2) 掌握 S7 - 200PLC 内部硬件资源	
S7 - 200PLC 的基本指令	(1) 掌握 S7 - 200PLC 各种基本指令的用法 (2) 理解定时器指令和计数器指令的功能	
典型控制电路的梯形图程序设计	(1) 掌握电动机启动保持、正反转、顺序启停电路的程序设计 (2) 了解一些延时控制电路的程序设计	继电器接触器控制电路
PLC 控制系统的设计	了解 PLC 控制系统设计步骤和方法	
顺序控制指令	(1) 了解功能图的概念 (2) 掌握利用顺序指令解决简单顺序控制问题的方法	
S7 - 200PLC 编程软件	掌握 STEP7 - Micro/WIN 编程软件的使用	
S7 - 200PLC 仿真软件	了解一种 S7 - 200PLC 模拟仿真软件的使用	

推荐阅读资料

1. 曹承志．电动机、拖动与控制．2008(7)：223－281.

2. 王永华．现代电气控制及PLC应用技术．2006(6)：80－170.

3. 廖常初．PLC编程及应用．2003(8)：11－63.

基本概念

PLC的组成：PLC通常由CPU模块、输入/输出模块、存储器、电源、编程设备组成。

循环扫描工作方式：PLC在系统程序的控制下按照输入采样、程序执行、输出刷新的顺序周而复始地工作。

PLC的软元件：PLC的每一个输入/输出、定时器、计算器、内部存储单元都可以称为软元件，它们实际上是由电子电路、寄存器和存储器单元组成。

常开触点动作方式：对应软元件的值为1触点闭合，为0触点断开。

常闭触点动作方式：对应软元件的值为1触点断开，为0触点闭合。

PLC的编程语言：常用梯形图、语句表、功能图等编程语言。

PLC梯形图程序设计：常采用经验法、继电器接触器控制电路转换法。

引例：世界上第一台PLC

20世纪60年代，随着汽车制造业的磅礴发展，汽车款式和型号不断更新，从而要求生产线的控制功能相应改变。为了满足控制功能的改变，继电器控制柜中的元件和接线就需要作相应的变动，这种改造工期长、费用高；另外复杂的继电器控制系统故障的查找和排出非常困难，所以复杂的继电器接触器控制系统已经不能适应控制要求。1968年，美国的汽车制造公司通用汽车公司(GM)提出了研制一种新型控制器的要求，并从用户角度提出新一代控制器应具备以下10大条件：①编程简单，可在现场修改程序。②维护方便，最好是插件式。③可靠性高于继电器控制柜。④体积小于继电器控制柜。⑤可将数据直接送入管理计算机。⑥在成本上可与继电器控制柜竞争。⑦输入可以是交流115V(即用美国的电网电压)。⑧输出为交流15V、2A以上，能直接驱动电磁阀。⑨在扩展时，原有系统只需要很小的变更。⑩用户程序存储器容量至少能扩展到4KB。条件提出后，立即引起了开发热潮。1969年，美国数字设备公司(DEC)研制出了世界第一台可编程序控制器，并应用于通用汽车公司的生产线上。当时叫可编程逻辑控制器PLC(Programmable Logic Controller)，用来取代继电器，以实现逻辑判断、计时、计数等顺序控制功能，如图7.1所示。

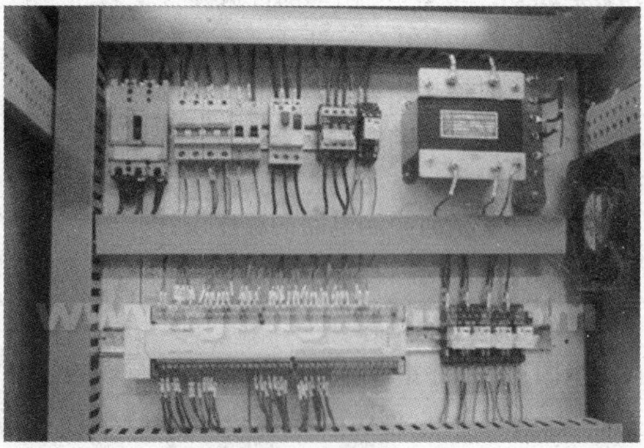

图7.1　PLC在汽车涂装生产线的应用

有意思的是，美国 MODICON 公司也声称世界上第一台可编程控制器是他们研制成功的。而迪克·莫利(Dick·Morley)则被称为“PLC之父”，因为他在贝德福德协会和 MODICON 工作时期，为第一台可编程数字控制器“MODICON084”的发明做出了开创性工作！

1971 年，日本从美国引进了这项新技术，很快研制成了日本第一台可编程控制器。1973 年，西欧国家也研制出它们的第一台可编程控制器。

目前，PLC 在国内外已广泛应用于钢铁、石油、化工、电力、建材、机械制造、汽车、轻纺、交通运输、环保及文化娱乐各行业，如图 7.2 所示。

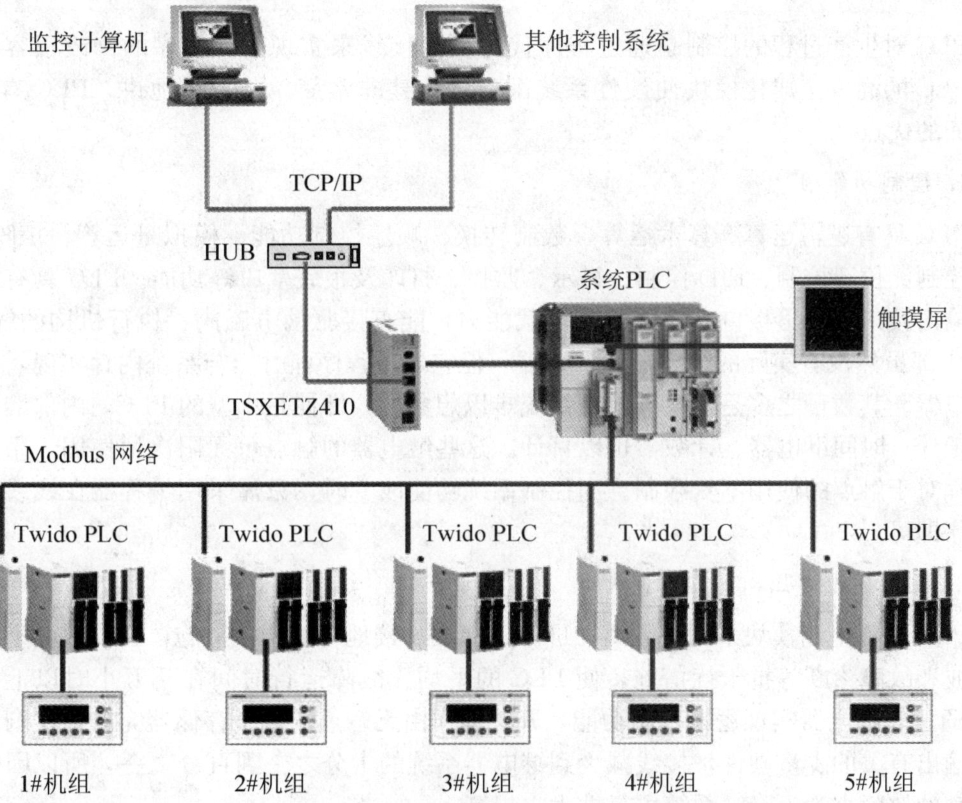

图 7.2　PLC 组成的啤酒生产线冷冻站控制系统

(图片来源 http://www.autooo.net/d/file/autooo/xianchangzongxian/jishu/)

7.1　可编程控制器概述

国际电工委员会(IEC)于 1985 年对可编程序控制器定义如下：“可编程序控制器是一种数字运算操作的电子系统，专为工业环境下应用而设计。它采用可编程序的存储器，用来在其内部存储执行逻辑运算、顺序控制、定时、计数和算术运算等操作的指令，并通过数字式、模拟式的输入和输出，控制各类机械或生产过程。可编程序控制器及其设备，都应按照易于使工业控制系统形成一个整体，易于扩充其功能的原则设计。”

进入 20 世纪 80 年代，随着微电子技术和计算机技术的发展，可编程序控制器的功能已经远远超出逻辑、顺序控制的范围，可以进行模拟量控制、位置控制，特别是远程通信功能的实现，使它易于实现柔性加工和制造系统，因此可编程序控制器(Programmable Controller)简称为PC，但为了与个人计算机(Personal Computer)的简称PC区别开来，一般将其按最初的功能含义简称为PLC(Programmable Logic Controller)。

可编程序控制器广泛应用于所有的工业部门，已经与机器人、CAD/CAM共称为自动化技术的三大支柱，是电动机控制的主要手段和重要的控制设备之一。

7.1.1 PLC的特点及主要功能

PLC对生产过程的控制是通过程序代替硬件接线来实现的，程序的修改很容易；另外，PLC的高度集成化模块使硬件系统配置和构建非常简单。具体地讲，PLC有以下4个方面的优点。

1. 控制功能强

PLC具有逻辑运算、算术运算、数制转换、顺序控制功能、模拟量运算、矩阵运算、闭环控制、位置控制、PID控制、显示、监控、打印及报表生成等功能。PLC具有完整的输入输出接口，输出接口有较强的带负载能力，能直接驱动电磁阀、执行机构的线圈等。PLC内部虽然没有实际的继电器、计数器，但它通过程序(软件)与系统内存实现，被称为软继电器。其数量之多是继电器控制系统难以想象的，即使是小型的PLC，内部继电器数都以千计，时间继电器、计数器也以百计。这些继电器的触点可无限次地使用，用户采用其编程对于触点的使用不受限制。当控制系统功能改变时，只需采用编程器在线或离线修改程序即可。

2. 抗干扰能力强，可靠性高

PLC硬件电路模块采用了隔离、屏蔽、滤波、接地等抗干扰措施；在软件上采用了数字滤波和故障诊断等抗干扰措施，使PLC的平均无故障运行时间在几万小时以上。另外PLC通过软继电器实现逻辑控制功能，开关动作由无触点的电子存储器完成，仅剩下与输入和输出有关的少量硬件，接线减少到继电器系统的十分之一到百分之一，所以因触点接触不良的故障大为下降，系统可靠性大大提高。

3. 编程简单，配置方便

PLC编程可以采用编程器完成，或者通过安装了相应软件的上位计算机完成。编程语言可以采用类似于继电器电路设计的梯形图语言，对于工程技术人员来说很容易掌握；也可以采用功能块图语言、顺序功能图、语句表语言，有的还可用BASIC语言、C语言等。

PLC系统采用模块化积木式结构构建控制系统，硬件安装和接线都很简单；内部只要做些必要的DIP开关设定或软件设定，大大缩短了施工开发周期。

4. 便于移植

用于某生产设备的PLC，若这个设备不再使用了，只要修改程序就可以移植到别的设备上实现新的控制功能。PLC的程序也便于存储、移植及再使用，某定型产品所用的PLC程序完善之后，凡这种产品都可使用。这比起继电器控制电路台台设备都要接线、调试，要省事及简单得多。

7.1.2 PLC的发展趋势

PLC发展至今已有近40年的历史，随着半导体技术、计算机技术和通信技术的发展，PLC亦在不断地发展。具体表现在以下几个方面。

1. 向小型化高性能方向发展

PLC体积越来越小，功能却越来越丰富。如三菱的FX-IS系列PLC，最小的机种，体积仅为60mm×90mm×75mm，相当于一个继电器，但却具有高速计数、斜坡、交替输出及16位四则运算等能力，还具有可调电位器时间设定功能。从功能方面来看，PLC已不再是早期那种只能进行开关量逻辑运算的产品了，而是具有越来越强的模拟量处理能力，也具有了一些过去只有在计算机上才有的高级处理能力，如浮点数运算、PID调节、温度控制、精确定位、步进驱动、报表统计等。

2. 向易于编程方向发展

PLC控制系统一般任务的编程比较简单，然而对于一些复杂的控制任务，例如，PID控制、网络通信、高速计数器、位置控制、数据记录、文本显示器等编程和应用是PLC程序设计中的难点。从长远来看，PLC的发展必然朝着简化对复杂任务的编程的方向，例如，西门子S7-200的编程软件设计了大量的编程向导，只需要在对话框中输入一些参数，就可以自动生成包括中断程序在内的用户程序，大大方便了用户的使用。另外，随着计算机的普及，编程器也逐步被基于PC的编程软件所取代，编程软件的程序调试、监控功能远远超过手持式编程器。

3. 向网络化方向发展

一方面，PLC网络系统已经不再是自成体系的封闭系统，而是迅速向开放式系统发展，各大品牌PLC除形成自己各具特色的PLC网络系统，还可以与上位计算机管理系统联网，实现信息交流，成为整个信息管理系统的一部分；另一方面，现场总线技术得到广泛的采用，PLC与其他安装在现场的智能化设备，如智能仪表、传感器、智能型电磁阀、智能型驱动执行机构等，挂接到现场总线上，通过一根传输介质(比如双绞线、同轴电缆、光缆)链接起来，并按照同一通信规约互相传输信息，由此构成一个现场工业控制网络，可编程序控制器与现场总线相结合的这种网络与单纯的PLC远程网络相比，配置更灵活、扩展更方便、造价更低、性能价格比更好，也更具开放意义。

7.1.3 PLC的组成及分类

PLC种类、系列、生产厂家很多，功能也有所不同，但其组成和工作原理基本相同。PLC一般由CPU、存储器、输入/输出接口、电源、编程器4部分构成，PLC结构示意图如图7.3所示。

1. CPU模块

CPU是PLC的核心组成部分，它的主要任务是采集输入信号，编译执行用户程序，把处理结果送到输出端，响应各种外设的请求。常用的CPU芯片有通用微处理器(如INTEL、Zilog、Motorola等)、单片机、位片式微处理器(如AMD，处理速度快)。目前小型 PLC 一般采用 8 位 CPU，如 8080、8085、Z80、6800、MCS48 和 51 系列，而大、中型 PLC 常采用位片式微处理器、16/32 位通用微处理器。

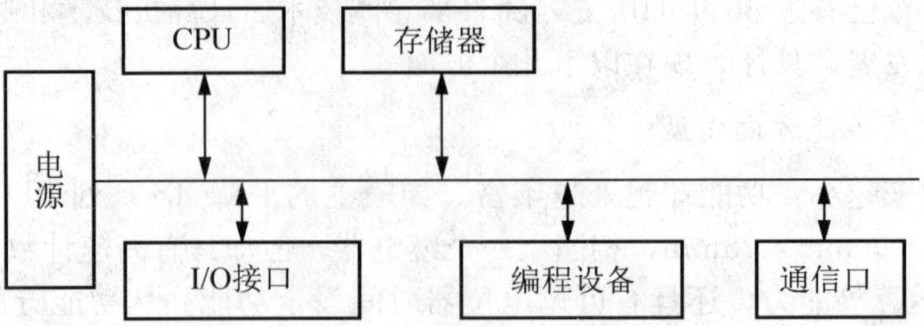

图 7.3　PLC 结构示意图

2. 存储器

存储器是保存系统程序、用户程序、中间运算结果的器件，根据其在系统中的作用，可将它们分为系统程序存储器、用户程序存储器、数据表存储器、高速暂存存储器。系统程序存储器用来存放 PLC 的监控程序，一般采用 ROM/PROM/EPROM 存储器。用户程序存储器用来存放用户编制的控制程序，用户存储器形式一般为 EPROM、E^2PROM 或带掉电保护的 RAM 等。数据表存储器用来存放开关量 I/O 状态表，定时器、计算器的预置值表，模拟量 I/O 数值等。高速暂存存储器主要存放运算的中间结果，统计数据、故障诊断的标志位等。后两类存储器常用 RAM，其中部分或全部有后备电源。

3. 输入/输出接口

输入/输出接口简称为 I/O 接口，输入接口用于接收和采集两种类型的输入信号，一类是按钮、转换开关、行程开关、继电器触点等开关量输入信号；另一类是由电位器、测速发电动机和各种变换器提供的连续变化的模拟量输入信号，然后将它们存入到 PLC 存储器中的输入映像寄存器。输入接口按照输入信号的不同分为直流、交流和交直流 3 种。直流输入接口电路如图 7.4 所示，当接在输入节点 I0.0 的按钮 SB 接通时，输入电路接通，光电耦合器 T 导通，直流输入信号被转换成 PLC 能处理的 5VTTL 电平，同时 LED 输入指示灯亮，表示信号接通。内部电路一般由寄存器、选通电路和中断请求逻辑电路组成，这些电路集成在一个芯片上。

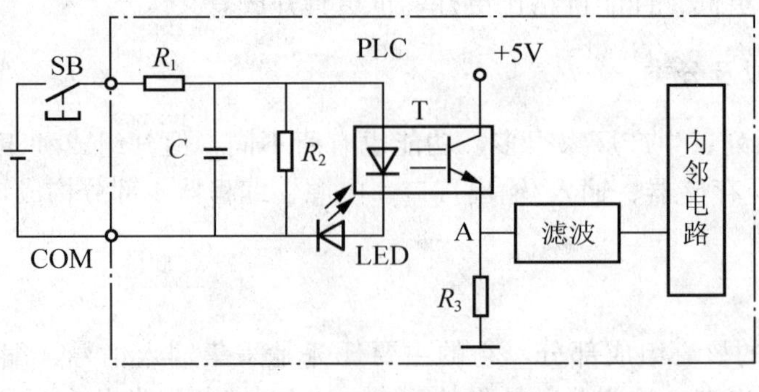

图 7.4　直流输入接口电路

R_1 是限流与分压电阻，R_2 与 C 构成滤波电路，滤波后的输入信号经光电耦合器 T 与内部电路耦合。滤波电路用以消除输入触点的抖动，光电耦合电路可防止现场的强电干扰进入 PLC。交流输入与交直流输入接口电路与直流输入接口电路类似。

输出接口用来向被控对象的各种执行元件接触器、电磁阀、调节阀(模拟量)、调速装置(模拟量)、指示灯、数字显示装置和报警装置等，输出控制信号。输出接口电路通常有 3 种类型：继电器输出型、晶体管输出型和晶闸管输出型。继电器输出接口使用电压范围广，导通压降小，承受瞬时过电压和过电流能力强，一般对于输出量变化频率不是很高的场合，优先选用继电器型输出接口。继电器输出接口电路如图 7.5 所示，根据 PLC 存储器中输出映像寄存器的内容，如果其值为 1，则继电器线圈通电，其触点闭合，输出节点 Q0.0 所接交流负载电路接通。继电器同时起隔离和功率放大作用，RC 和压敏电阻用来消除触点断开时产生的电弧，负载电源外接，输出电流典型值为 0.5～2A。

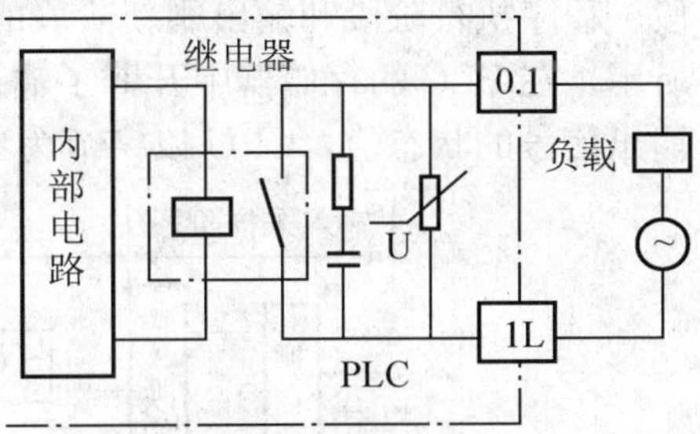

图 7.5　继电器输出接口电路

4. 电源模块

PLC 电源用来为 PLC 各模块提供工作电源，有的还为输入接口电路提供 24V 的工作电源。电源输入类型有交流电源(220VAC 或 110VAC)、直流电源(常用的为 24VDC)。

5. 其他

PLC 通信模块用来实现通信联网功能，它使 PLC 与 PLC 之间、PLC 与上位计算机以及其他智能设备之间能够交换信息。大多数模块式 PLC 使用底板或机架，其作用是在电气上实现各模块间的联系，使 CPU 能访问底板上的所有模块；机械上实现各模块间的连接，使各模块构成一个整体。

PLC 程序的编写、编译、下载一般通过个人计算机，但是对于要现场编程或修改程序的小型 PLC，可以配置便携式编程器。

6. PLC 的分类

一般按照 PLC 的 I/O 点数将其分为小型机、中型机、大型机 3 种。小型机 I/O 点数一般在 256 点以下，用户程序存储器容量为 4K 左右，功能以开关量控制为主。中型机 I/O 点数在 256～2048 点之间，用户程序存储器容量为 8K 左右，不仅有开关量和模拟量的控制功能，还有数据运算功能和较强的通信联网功能。大型机 I/O 点数在 2048 点以上，用户程序存储器容量在 16K 以上，功能强大与工业控制计算机相当。

小知识：PLC 电源小知识

PLC 控制系统，CPU 模块工作电压一般是 5V，输入/输出信号电压一般较高，如直流 24V 和交流 220V 等。PLC 一般使用 220V 交流电源或 24V 直流电源，内部的开关电源为各模块提供 DC 5V、正负 12V、24V 等直流电源。小型的 PLC 可以为输入电路和外部的电子传感器提供 24V 直流电源，但是驱动 PLC 负载的直流或交流电源一般由用户提供。

7.1.4 PLC的工作原理

PLC正常运行时大多采用循环扫描工作方式，在系统程序的控制下按照输入采样阶段、程序执行阶段和输出刷新阶段的顺序周而复始地工作。PLC工作方式原理图如图7.6所示，在PLC的存储器中开辟了输入映像寄存器和输出映像寄存器用来存放输入信号和输出信号的状态值，CPU以字节为单位来读写输入/输出映像寄存器的内容。

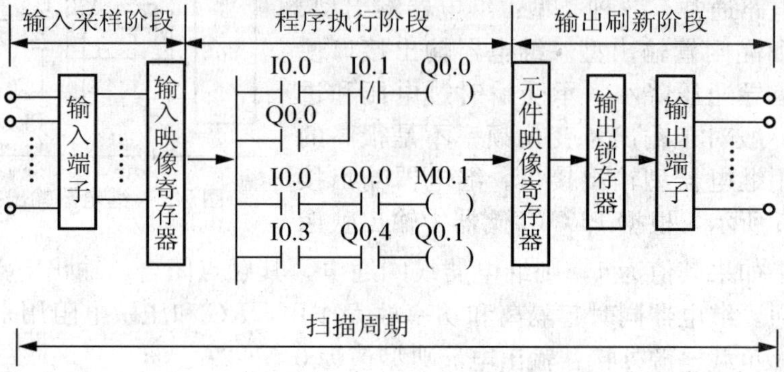

图7.6 PLC循环扫描工作方式原理图

1. 输入采样阶段

输入采样阶段PLC把接在输入节点上的按钮、开关等的接通/断开状态读入输入映像寄存器，例如，当外接在I0.0上的按钮闭合时，则对应的输入寄存器I0.0写入“1”，否则写入“0”。

2. 程序执行阶段

CPU从第一条指令开始，逐条顺序执行用户程序，直到遇到结束指令。在执行指令时，CPU从I/O映像寄存器或别的位元件映像寄存器读出其状态，并根据指令内容做相应的逻辑运算，然后将运算结果写入相应的映像寄存器。例如，在图7.6中，执行第一条取指令时，CPU从I0.0输入映像寄存器读入其内容，如内容为“1”，则I0.0常开触点闭合，如内容为“0”，则I0.0常开触点断开；然后执行第二条或指令，从Q0.0输出映像寄存器读出其内容，并根据其值确定Q0.0常开触点的状态；只要并联的I0.0触点和Q0.0触点至少有一个闭合，则从左母线流出的能流通过闭合的触点，然后执行第三条与指令，CPU从I0.1输入映像寄存器读入其内容，如内容为“1”，则I0.1常闭触点断开，如内容为“0”，则I0.1常闭触点闭合；闭合的触点能流可以通过，断开的触点则阻断能流，最后执行线圈输出指令Q0.0，如果能流到达该线圈则输出映像寄存器Q0.0写为“1”，如果能流未到达该线圈则Q0.0写为“0”。

在程序执行阶段，即使接在输入节点上的外部设备状态发生了变化，输入映像寄存器的状态也不会随之变化，必须等到下个扫描周期的输入采样阶段才会重新读入输入信号。

3. 输出刷新阶段

当所有指令执行完毕以后，进入输出刷新阶段，CPU按照I/O映像区内对应的状态和数据刷新所有的输出锁存电路，再经输出电路驱动相应的负载。

例 7-1　图 7.7 所示接在 I0.0、I0.1 输入节点的按钮为常闭，Q0.0 输出节点接指示灯，试分析梯形图程序的功能。

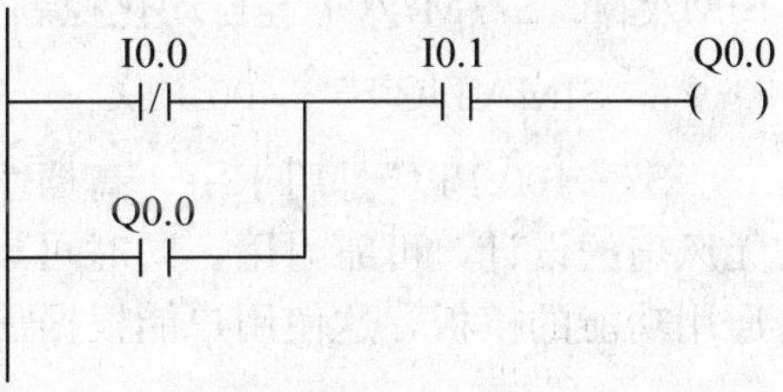

图 7.7　例 7-1 图

解： 当未对两个按钮动作时，输入采样阶段读入 I0.0、I0.1 的值都为 1，进入程序执行阶段后，梯形图中 I0.0 常闭触点断开、I0.1 常开触点闭合，Q0.0 写入 0，进入输出刷新阶段后，Q0.0 所接指示灯灭。当按下 I0.0 所接按钮，则梯形图中 I0.0 常闭触点闭合、I0.1 常开触点也闭合，Q0.0 写入 1，并且 Q0.0 常闭触点也闭合，哪怕松开 I0.0 所接按钮(I0.0 常闭触点断开)，Q0.0 也能保持为 1(指示灯亮)，所以 I0.0 所接按钮功能为启动按钮。当按下 I0.1 所接按钮，则梯形图中 I0.1 常开触点断开，Q0.0 写入 0(指示灯灭)，所以 I0.1 所接按钮功能为停止按钮。

世界之最：世界 PLC 三大流派

目前世界上 PLC 厂家有 200 多家，型号几千种，产品主要分为 3 个流派：美国、欧洲、日本。美国的 A-B 公司、通用电气(GE)公司等。欧洲的德国西门子(SIEMENS)公司、AEG 公司、法国 TE 公司等。日本的三菱、欧姆龙公司等。

7.2　S7-200 系列 PLC 性能介绍

德国西门子(SIEMENS)公司生产的可编程序控制器在冶金、化工、印刷生产线等领域都有广泛的应用，在我国的应用也相当广泛。西门子(SIEMENS)公司的 PLC 产品包括 LOGO、S7-200、S7-300、S7-400、工业网络、HMI 人机界面、工业软件等。S7 系列 PLC 产品可分为微型 PLC(如 S7-200)、小规模性能 PLC(如 S7-300)和中、高性能 PLC(如 S7-400)等。

7.2.1　S7 系列产品简介

1. SIMATIC S7-200 PLC

S7-200 PLC 是超小型化的 PLC，它适用于各行各业、各种场合中的自动检测及控制中。S7-200 PLC 单机运行就能实现强大功能，联接网络更能实现复杂的控制功能。S7-200PLC 可提供 4 个不同的基本型号与 8 种 CPU 可供选择使用。

2. SIMATIC S7-300 PLC

S7-300 是模块化小型 PLC 系统，适用于中等性能要求的应用场合。与 S7-200 PLC 比较，S7-300 PLC 采用模块化结构，具备高速(0.1～0.6μs)的指令运算速度；具备强大的通信功能，S7-300 PLC 可通过编程软件 Step 7 的用户界面提供通信组态功能，这使得组态非常容易、简单。S7-300 PLC 具有多种不同的通信接口，并通过多种通信处理器来连接 AS-I 总线接口和工业以太网总线系统；串行通信处理器用来连接点到点的通信系统；多点接口(MPI)集成在 CPU 中，用于同时连接编程器、PC 机、人机界面系统及其他 SIMATIC S7/M7/C7 等自动化控制系统。

3. SIMATIC S7－400 PLC

S7－400 PLC 是用于中、高档性能范围的可编程序控制器。S7－400 PLC 采用模块化无风扇的设计，可靠耐用，同时可以选用多种级别(功能逐步升级)的 CPU，并配有多种通用功能的模板，这使用户能根据需要组合成不同的专用系统。

7.2.2　S7－200 系列 PLC 的硬件系统

S7－200PLC 的硬件配置方式采用整体式加积木式，将一个微处理器、电源、存储器和一定数量的数字量 I/O 点集成在一个紧凑的封装中，形成一个功能强大的微型 PLC，如图 7.8 所示。另外，用户可以根据需要扩展各种类型的 I/O 模块，完善 PLC 的控制功能。

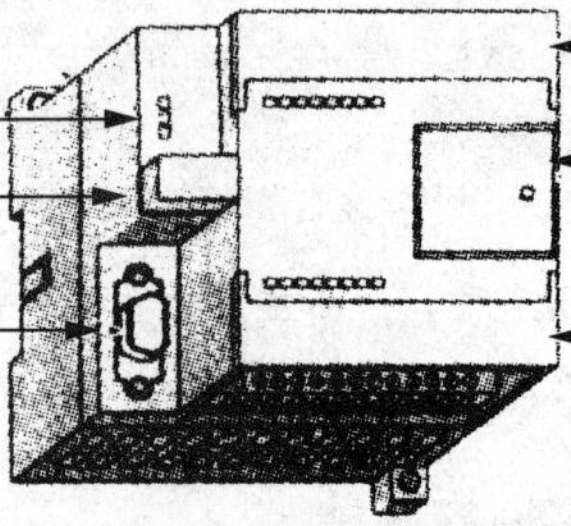

图 7.8　S7－200PLC 外形图

1. S7－200CPU 模块

SIEMENS 公司提供多种类型的 CPU 以适应各种应用，表 7－1 对各种 CPU 的特性进行了简单比较。它具有捕捉比 CPU 扫描周期更快的脉冲信号的功能，从而实现高速计数。具有 2 路最高可达 20kHz 的高脉冲输出信号，能驱动步进电动机或伺服电动机实现准确定位。可采用模拟电位器改变内部特殊寄存器的值，从而实时更改程序运行时的一些参数。实时时钟可用于对信息加注时间标记，记录机器运行时间或对过程进行时间控制。RS－485 通信接口可用于与运行编程软件的计算机通信，或与人机接口(TD200 文本显示器、OP 操作员面板)的通信，或与其他 S7－200CPU 之间的通信。

表 7－1　S7－200CPU 的技术指标

特性	CPU 221	CPU 222	CPU 224	CPU 226	CPU 226XM
外形尺寸/(mm×mm×mm)	90×80×62	90×80×62	120.5×80×62	190×80×62	190×80×62
程序存储区/字	2048	2048	4096	4096	8192
数据存储区/字	1024	1024	2560	2560	5120
掉电保持时间/h	50	50	190	190	190
本机 I/O	6 入/4 出	8 入/6 出	14 入/10 出	24 入/16 出	24 入/16 出
扩展模块数量	0	2	7	7	7

续表

特性	CPU 221	CPU 222	CPU 224	CPU 226	CPU 226XM
高数计数器					
单相/kHz	4 路 30	4 路 30	6 路 30	6 路 30	6 路 30
双相/kHz	2 路 20	2 路 20	4 路 20	4 路 20	4 路 20
脉冲输出(DC)/kHz	2 路 20	2 路 20	2 路 20	2 路 20	2 路 20
模拟电位器	1	1	2	2	2
实时时钟	配时钟卡	配时钟卡	内置	内置	内置
通讯口	1RS-485	1RS-485	1RS-485	2RS-485	2RS-485
浮点数运算	有				
I/O 映像区	256(128 入/128 出)				
布尔指令执行速度	0.37μm/指令				

2. S7-200 扩展模块

当 PLC 本机所带 I/O 点数不够或者系统需要实现特殊功能控制时，可根据表 7-2 中 S7-200PLC 可选用的扩展模块进行 I/O 扩展。S7-200PLC 的安装很灵活，可以安装在标准 DIN 导轨上，也可以安装在控制柜背板上，如果使用了扩展模块，将扩展模块的扁平电缆连接到前盖下面的扩展口即可。

表 7-2 S7-200 的可选用扩展模块

扩展模块		型号		
数字量模块	输入	8×DC 输入	8×AC 输入	
	输出	8×DC 输出	8×AC 输出	8×继电器输出
	混合	4×DC 输入/4×DC 输出	8×DC 输入/8×DC 输出	16×DC 输入/16×DC 输出
		4×DC 输入/4×继电器输出	8×DC 输入/8×继电器输出	16×DC 输入/16×继电器输出
模拟量模块	输入	4 输入	4 热电偶输入	2 热电阻输入
	输出	2 输出		
	混合	4 输入/1 输出		
智能模块		定位模块	Modem 模块	PROFIBUS-DP 模块
其他模块		ASI		

小知识：

PLC 的机器人应用

PLC 在移动机器人的运动控制方面具有运行简单、性价比高等优点，广泛应用于家庭服务机器人、深海和探测机器人、智能移动机器人领域。

7.2.3 S7-200 系列 PLC 的内部资源

S7-200PLC 中的每一个输入/输出、定时器和计数器、内部存储单元都可以称为软元件，它们实际上是由电子电路、寄存器及存储单元组成，它们具有继电器的特性，但没有机械触点，所以称为软元件或软继电器。编程时，用户只需要记住软元件的地址即可，每一个软元件都有一个地址与之对应，其地址编排采用区域号加区域内编号的方式。根据 S7-200PLC 内部软元件功能的不同，将软元件分成许多不同的区域，分别介绍如下。

1. 输入过程映像寄存器 I

在 PLC 每个扫描周期的输入采样阶段，CPU 将物理输入点的采样值写入输入过程映像寄存器中，该值在接下来的本周期各阶段不再改变。可以采用位、字节、字、双字寻址来存取寄存器中的数据。

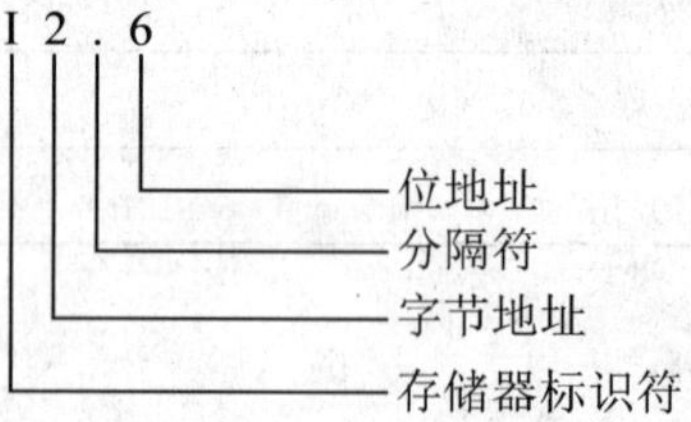

图 7.9 字节．位的寻址方式

例 7-2 图 7.9 为对输入映像寄存器的字节．位寻址的方式，I 为输入映像寄存器标识符，对于其他寄存器的存取方式也类似。

2. 输出过程映像寄存器 Q

在 PLC 每个扫描周期的程序执行阶段，并不把输出结果直接送到物理输出点，而是只送到输出映像寄存器。到了扫描周期的输出刷新阶段，CPU 才将输出映像寄存器的值送到输出锁存器，对物理输出点进行刷新。S7-200PLC 输入/输出映像寄存器的大小见表 7-3，实际的输入/输出点数(表 7-1)不能超过对应的数量，未用的映像区可以作为其他编程元件使用。

表 7-3 S7-200 的输入/输出映像寄存器大小

寄存器名称	CPU221	CPU222	CPU224	CPU226
输入映像寄存器	I0.0～I15.7	I0.0～I15.7	I0.0～I15.7	I0.0～I15.7
输出映像寄存器	Q0.0～Q15.7	Q0.0～Q15.7	Q0.0～Q15.7	Q0.0～Q15.7
模拟量输入(只读)	—	AIW0～AIW30	AIW0～AIW62	AIW0～AIW62
模拟量输出(只写)	—	AQW0～AQW30	AQW0～AQW62	AQW0～AQW62

3. 变量存储区 V

变量存储区用来存储程序执行过程中控制逻辑的中间结果，也可以用来保存与工序或任务相关的其他数据。

4. 位存储区 M

位存储区用来作为控制继电器存储中间操作状态和控制信息，它在 PLC 中没有输入/输出端与之对应，因此它的触点不能驱动外部负载。

5. 定时器存储区 T

定时器用于时间控制，其工作过程与继电器接触器控制系统中的时间继电器相同，但它没有瞬动触点，使用时必须提前输入时间预设值。定时器数据有两种类型：当前值和定时器位。

6. 计算器存储区 C

计算器用来累计输入脉冲的个数，使用时必须提前输入计数设定值。计算器数据有两种类型：当前值和计算器位。

7. 高速计算器 HC

高速计算器用来累计比扫描速率更快的高速脉冲。高速计算器的当前值是一个双字长的整数，且为只读值。高速计算器数量只有几个，用名称和编号编址，如 HC4。

8. 累加器 AC

累加器是可以像存储器一样使用的读写单元，S7-200 提供 4 个 32 位累加器(AC0、AC1、AC2、AC3)，可以按照字节、字、双字方式存取累加器中的数据。

9. 特殊存储器 SM

SM 位为 CPU 与用户程序之间传递信息提供了一种手段，例如，首次扫描为 1 标志位 SM0.1，当机器执行数学运算的结果为负时，SM1.2 被自动置位等。

10. 局部存储器 L

S7-200 有 64 个字节的局部存储器，其中 60 个可以用作临时存储器或者给子程序传递参数。

11. 模拟量输入 AI

S7-200 能将输入的模拟量温度或电压等转换为一个字长的数字量，可以用区域标示符 AI、数据长度 W 及字节的起始地址来存取这些值，因为数据长度为一个字长，所以必须用偶数字节地址 AIW0、AIW2 等存取数据。

12. 模拟量输出 AQ

S7-200 将一个字长的数字量按比例转换为模拟电流或电压输出，可以用区域标示符 AQ、数据长度 W 及字节的起始地址来存取这些值，因为数据长度为一个字长，所以必须用偶数字节地址 AQW0、AQW2 等存取数据。

13. 顺控继电器存储器 S

顺控继电器位 S 用于 S7-200 采用功能图编程时，通过顺控指令实现顺序控制逻辑，具体用法见 7.5 小节。

小知识：

2008 年奥运场馆国家游泳中心“水立方”工程采用了步科电气的 Kinco PLC。

7.3 S7-200 系列 PLC 的基本指令

可编程控制器的编程语言有梯形图、语句表、功能块图、顺序功能流程图、结构化文本语言等，但对于工程技术人员来讲，梯形图和语句表是最基本和常用的编程语言。国际电工委员会 IEC 近年来提出了关于 PLC 编程各个方面的全球标准，鼓励不同的 PLC 厂商采用标准化的指令。S7－200提供两种指令集用于完成各种控制任务，分别为全球标准的IEC1131－3指令集和S7－200专用的SIMATIC指令集。SIMATIC指令数多于IEC指令数，方便完成更强的控制功能，并且通常它的执行时间更短，可以在S7－200编程软件的3种程序编辑器LAD、STL、FBD中使用。

S7－200PLC的基本指令一般是指位逻辑指令、定时器指令、计数器指令，这3类基本指令可以完成很多逻辑控制任务的编程，以下采用梯形图语言和语句表语言来介绍S7－200的基本指令。S7－200PLC采用梯形图LAD编程必须遵循一个规则，即必须以独立的网络块(Network)为单位，所有的网络块组合在一起构成系统的梯形图程序。

7.3.1 逻辑取及线圈驱动指令

LD(Load)：取指令。用于网络块逻辑运算开始的常开触点与母线的连接。

LDN(Load Not)：取反指令。用于网络块逻辑运算开始的常闭触点与母线的连接。

＝(Out)：线圈驱动指令。

例7－3 图7.10为上述3条指令的用法举例，分别给出梯形图程序和对应的语句表程序。

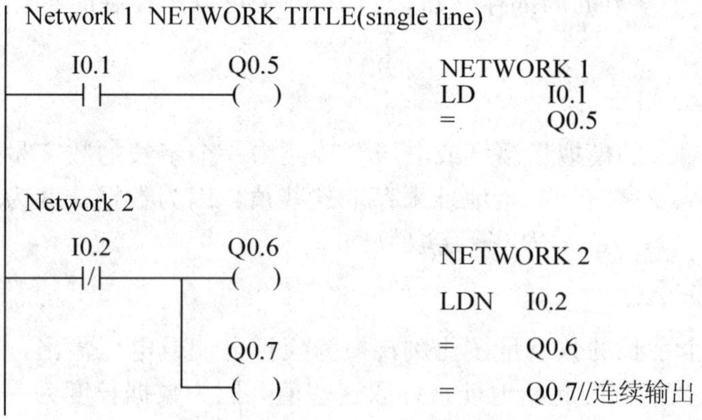

图7.10 取指令及线圈驱动指令用法

分析说明：Network1中只有当输入映像寄存器I0.1的值为1时，Q0.5线圈才被激活(得电)；而Network2中只有当I0.2为0时，Q0.6线圈、Q0.7线圈才被激活。

必须说明，并联的＝指令可连续使用任意次；但是同一个程序中不能使用双线圈输出，即同一元件在同一个程序中只能使用一次＝指令；3条指令的操作数可为以下存储区数据：I、Q、M、SM、T、C、V、S和L，后面介绍的指令在没有特殊说明的情况下，操作数与上述操作数相同。

7.3.2 触点串联指令

A(And)：与指令。用于与单个常开触点的串联连接。

AN(And Not)：与反指令。用于与单个常闭触点的串联连接。

例7－4 图7.11为上述两条指令的用法举例，指令操作数同逻辑取指令。

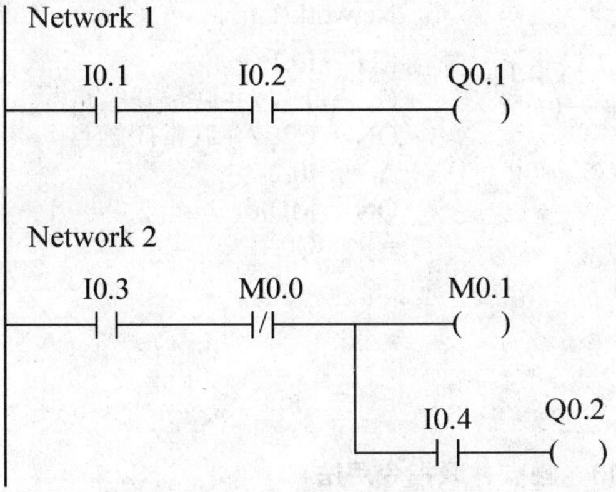


```
Network 1
LD   I0.1
A    I0.2//串联常开触点
=    Q0.1

Network 2
LD   I0.3
AN   M0.0//串联常闭触点
=    M0.1
A    I0.4
=    Q0.2
```

图 7.11　触点串联指令用法(连续输出电路)

分析说明：Network1 中只有当梯形图中 I0.1 和 I0.2 寄存器值为 1，Q0.1 才激活；Network2 中只有当存储单元 I0.3 为 1、M0.0 为 0、I0.4 为 1，M0.1、Q0.2 才会被激活。应该说明，该例为连续输出电路，可以反复使用＝指令，但次序应该正确，下面的例 7－5 就不属于连续输出电路。

例 7－5　分析图 7.12 梯形图程序功能。

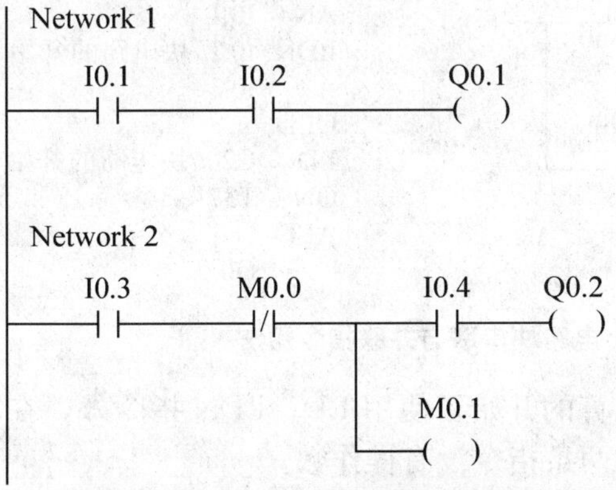


```
Network 1
LD    I0.1
A     I0.2
=     Q0.1
Network 2
LD    I0.3
AN    M0.0
LPS//前面运算值入堆栈
A     I0.4
=     Q0.2
LPP//前面运算值出堆栈
=     M0.1
```

图 7.12　触点串联指令用法(非连续输出电路)

分析说明：该例中，M0.0 常闭触点后的第一条支路不是直接驱动线圈，在这里应该看成分支电路的开始，语句表程序中的 LPS 为逻辑入栈指令(分支电路开始指令)，LPP 为逻辑出栈指令(分支电路结束指令)。LPS、LPP 指令的详细介绍，有兴趣的读者可以查阅 S7－200PLC 用户手册。

7.3.3　触点并联指令

O(OR)：或指令。用于与单个常开触点的并联连接。

ON(OR Not)：或反指令。用于与单个常闭触点的并联连接。

例 7－6　图 7.13 为上述两条指令的用法举例。

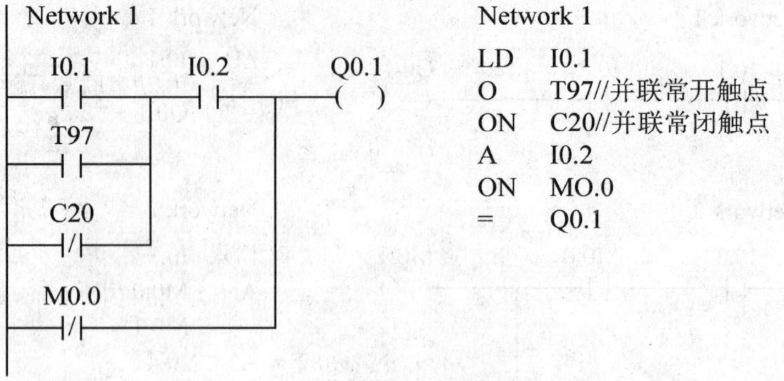

图 7.13 触点并联指令用法

7.3.4 电路块的串联、并联连接指令

OLD(Or Load)：块或指令。用于串联电路块之间的并联连接。

ALD(And Load)：块与指令。用于并联电路块之间的串联连接。

例 7-7 图 7.14 为上述两条指令的用法举例。

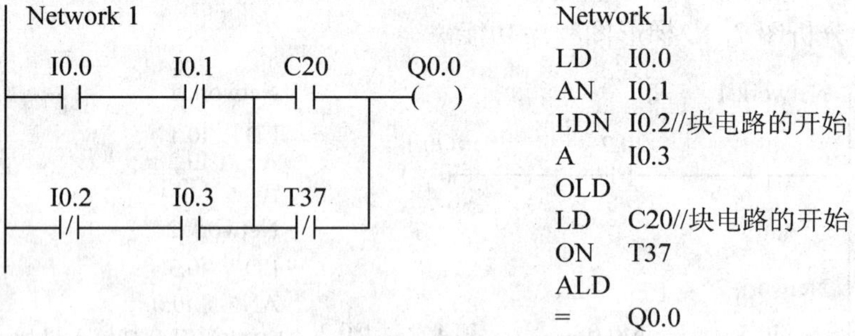

图 7.14 电路块串联与并联指令用法

应该说明，除了在网络块逻辑运算的开始要使用 LD、LDN 指令外，在块电路的开始也要使用 LD、LDN 指令；另外，这两条指令没有操作数。

7.3.5 置位与复位指令

置位 S 指令和复位 R 指令用来使从指定地址开始的 N 个点置位或复位。指令用法如图 7.15 所示，由于 PLC 采用扫描工作方式，写在后面的指令具有优先权，当 I0.0=1 以及I0.1=0 时，则 Q0.2 到 Q0.6 五位处于复位状态。

例 7-8 图 7.15 为置位与复位指令的用法举例。

7.3.6 立即指令

立即指令不受 PLC 循环扫描工作方式的限制，允许在程序执行阶段对输入和输出点进行快速的直接存取，见表 7-4。当用立即指令读取输入点的状态时，相应的输入映像寄存器的值不作更新；但当用立即指令访问输出点时，新值同时写到输出映像寄存器和物理输出点。

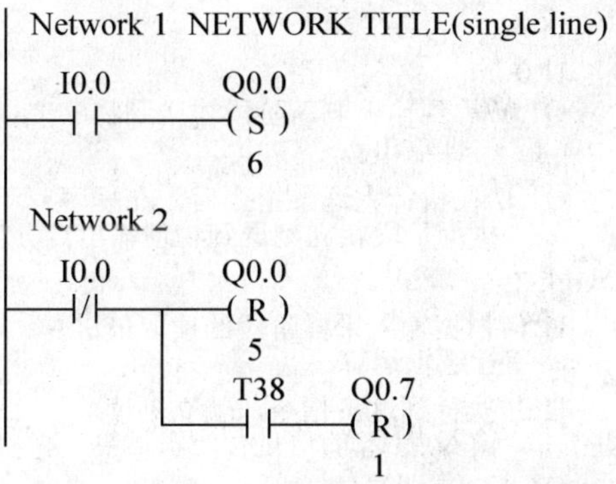


```
Network 1 //NETWORK TITLE (single line)
LD    I0.0
S     Q0.2, 6

Network 2
LDN  I0.1
R     Q0.2, 5 //对于位元件一旦被置位，就保持
              //为1，除非对它复位；一旦复位，
              //就保持为0
A     T38
R     Q0.7, 1
```

图 7.15　置位和复位指令用法

表 7-4　立即指令的名称和使用说明

指令名称	STL	LAD	使用说明
立即取	LDI　bit	bit ─┤I├─ bit ─┤/I├─	bit 只能为 I
立即取反	LDNI　bit		
立即或	OI　bit		
立即或反	ONI　bit		
立即与	AI　bit		
立即与反	ANI　bit		
立即输出	＝I　bit	bit ─(I)	bit 只能为 Q
立即置位	SI　bit，*N*	bit ─(SI) *N*	(1) bit 只能为 Q (2) *N* 的范围：1～128 (3) *N* 的操作数同 S/R 指令
立即复位	RI　bit，*N*	bit ─(RI) *N*	

例 7-9　图 7.16 为立即指令使用方法，请注意立即输出指令和普通输出指令对于物理输出点的刷新时刻的不同。

7.3.7　边沿脉冲指令

EU：上升沿脉冲指令(P 指令)。

ED：下降沿脉冲指令(N 指令)。

EU、ED 指令分别用来对之前的逻辑运算结果的上升沿、下降沿产生一个扫描周期宽度的脉冲信号。脉冲指令常用于控制系统启动信号或者关断信号的判定，配合其他功能指令完成一些控制逻辑任务。

例 7-10　图 7.17 为边沿脉冲指令的用法举例。

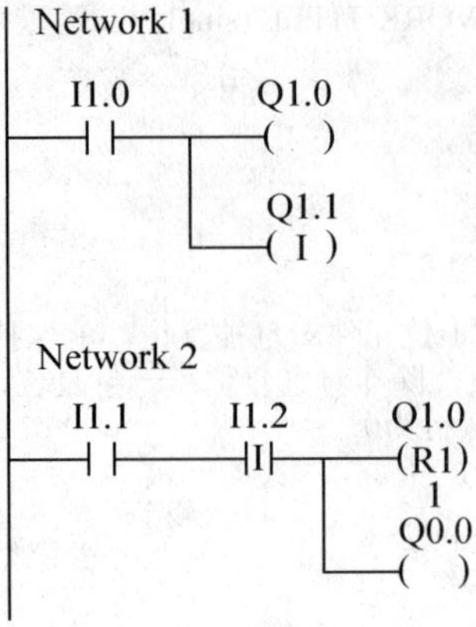


```
Network 1
LD   I1.0
=    Q1.0//等到输出刷新阶段才送到物
        理输出点
=I   Q1.1//在执行完这条指令后，在程序
        执行阶段就立刻送到物理输出点
Network 2
LD   I1.1//根据输入采样阶段的读取值进
        行逻辑运算
AI   I1.2//执行到这条指令，就立刻读取
        输入点I1.2的值进行逻辑运算
RI   Q1.0,1//立即复位Q1.0
=    Q0.0
```

图 7.16　立即指令用法

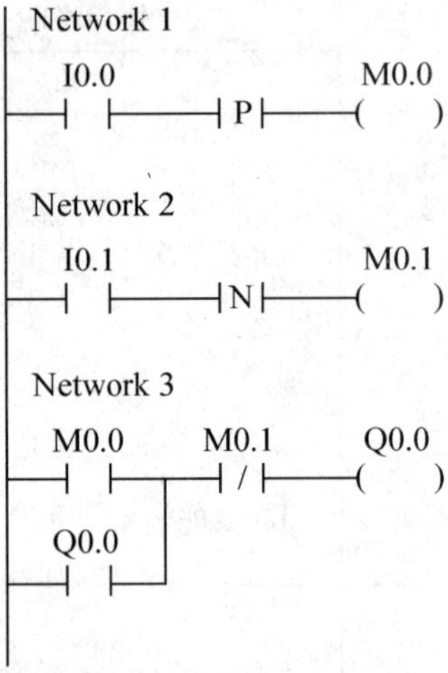


```
Network 1
LD   I1.0
EU
=    M0.0//检测到I0.0上升沿后
M0.0接通一个扫描周期
Network 2
LD   I0.1
ED
=    M0.1//检测到I0.10上降沿后
M0.1接通一个扫描周期
Network 3
LD   M0.0
O    Q0.0
AN   M0.1
=    Q0.0
```

图 7.17　边沿脉冲指令用法

分析说明：本例中接在 I0.0 输入点的为系统启动按钮(常开)，I0.1 接系统停止按钮(常开)，输出点 Q0.0 可以接控制电动机启停的接触器线圈。PLC 为循环扫描的工作方式，当按下启动按钮时，输入采样阶段读入 I0.0=1、I0.1=0，进入程序执行阶段，执行到 Network1 时，I0.0 触点闭合，通过 P 指令检测到 I0.0 触点由断开到闭合的上升沿，M0.0 产生一个扫描周期宽度的脉冲信号，执行到 Network2 时无法激活 M0.1，执行到 Network3 时 M0.0 触点闭合，Q0.0 被激活并且自锁，进入输出刷新阶段输出点 Q0.0 所接线圈得电，电动机启动。当按下停止按钮，通过 Network2 使 M0.1 产生一个扫描周期宽度的脉冲信号，执行到 Network3 使 Q0.0 复位，接在物理输出点 Q0.0 的接触器线圈失电，电动机停止，波形图如 7.18 所示。

7.3.8　计数器指令

S7-200 系列 PLC 有 3 种类型的计数器：增计数器 CTU、减计数器 CTD、增减计数器 CTUD。计数器的编号用计数器名称和数字(0～255)组成，如 C23。计数器的编号包含两方面的信息：计数器位和计数器当前值。计数器当前值是一个存储单元，用来存储计数器当前所累计的脉冲个数，用16位符号整数来表示，最大值为32767。计数器位是一个开关量，当计数器的当前值达到设定值时，该位被置位为1。计数器的设定值为整数类型，寻址范围：VW、IW、QW、MW、SW、SMW、LW、AIW、T、C、AC、*VD、*LD、*AC和常数。一般使用常数作为计数器的设定值。

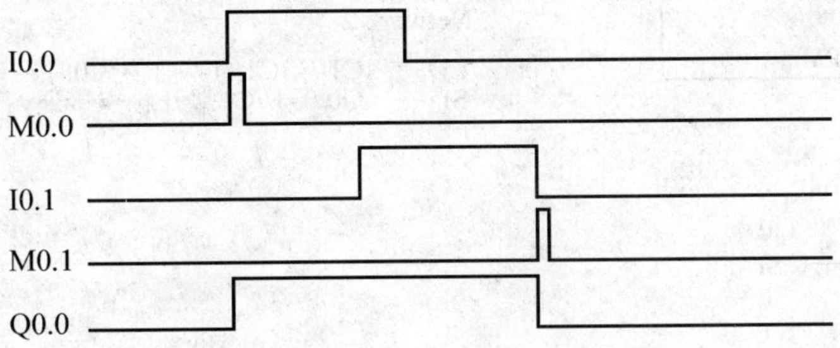

图7.18　边沿脉冲指令波形图

1. 增计数器CTU

首次扫描时，计数器位为0，当前值为0。每来一个计数脉冲，当前值加1，当前值达到设定值时，计算器位置位为1，当前值可继续累计到32767后停止计数。计数器位置位将带动它的触点动作，常开触点闭合，常闭触点断开。当计数器复位输入端(R端)有效时，计数器位复位为0，当前值为0，触点复位。

例7-11　图7.19为CTU指令的用法举例。

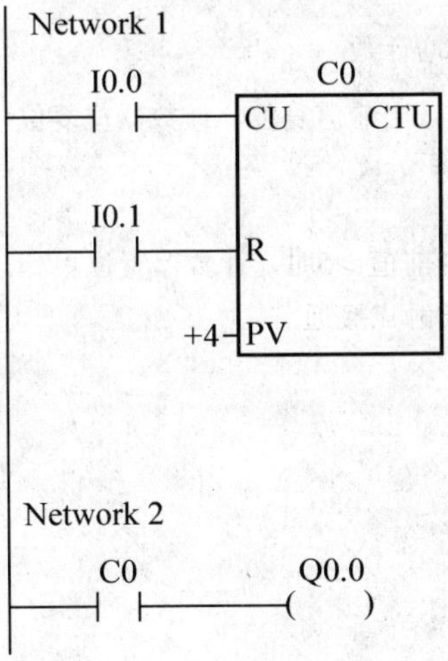


```
Network 1
LD     I0.0//I0.1断开时，I0.0的每个上升沿使C0的当前
           //值加1
LD     I0.1//I0.1接通时，计数器复位
CTU    C0, +4//4个I0.0的上升沿后，当前值为4，计数
             //器置位为1

Network 2
LD     C0 //计数器置位后，C0触点接通，Q0.0置1
=      Q0.0
```

图7.19　增计数器指令用法

2. 减计数器CTD

首次扫描时，计数器位为1，当前值为预设值。当计数器复位输入端(R端)有效时，计数器位复位为0，当前值为预设值。每来一个计数脉冲，当前值减1，当前值减到0时，计数器位置位为1。计数器位置位将带动它的触点动作，常开触点闭合，常闭触点断开。

例7-12　图7.20为CTD指令的用法举例。

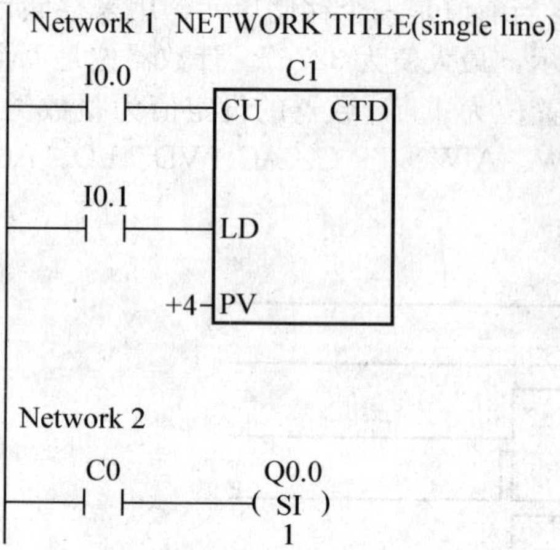


```
Network 1          NETWORK TITLE(single line)
LD      I0.0
LD      I0.1//I0.1接通时，装载预设值4，计数器位复
CTD     C1, +4//位，I0.1断开时，I0.0的上升沿使C1
              //当前值递减

Network 2
LD      C1//当C1的当前值为0时，计数器位置位
SI      Q0.0, 1//C1常开触点接通，使Q0.0立即置位
```

图 7.20　减计数器指令用法

3. 增减计数器 CTUD

首次扫描时，计数器位为 0，当前值为 0。CU 输入端的每个上升沿，使当前值加 1；CD 输入端的每个上升沿，使当前值减 1；当前值达到设定值时，计数器位置位。增减计数器的当前值达到最大值 32767 后，下一个 CU 端的上升沿将使当前值跳变为－32768；当前值达到最小值－32767 后，下一个 CD 端的上升沿将使当前值跳变为＋32768。

例 7－13　图 7.21 为 CTUD 指令的用法举例。

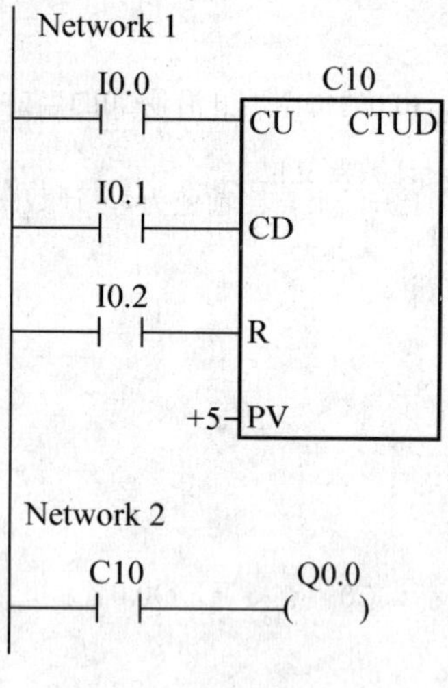


```
Network 1
LD      I0.0 //I0.0增计数
LD      I0.1 //I0.1减计数
LD      I0.2 //I0.2将当前值复位，计数器位复位
CTUD    C10, +5

Network 2     //当当前值≥5时，计数器置位
LD      C10 // C10触点接通
=       Q0.0
```

图 7.21　增减计数器指令用法

7.3.9　定时器指令

定时器是实现延时控制的常用元器件。定时器的编号和编号所包含的信息都跟计数器的相同。S7－200PLC 包括 3 种类型的定时器：接通延时型 TON 定时器、断开延时型 TOF 定时器、有记忆的接通延时型 TONR 定时器。

1. 定时器分辨率和定时时间

定时器用来对时间间隔记数，定时器的分辨率即时基决定了每个时间间隔的长短。S7-200PLC 有 3 种分辨率等级：1ms、10ms、100ms。定时器的定时时间可通过式(7-1)计算：

$$T=PT\times S \tag{7-1}$$

式中：T 为实际定时时间；PT 为设定值；S 为分辨率。定时器的设定值数据类型为整数，寻址范围同计数器的设定值，定时器的设定值一般也为常数。

定时器编号和分辨率分配见表 7-5，TON 和 TOF 使用相同范围的定时器编号，但必须注意，在同一 PLC 程序中不能把同一个定时器既用作 TON 又用作 TOF。另外从表中可以看出，定时器编号决定了它的分辨率，如 T37 分辨率为 100ms。

表 7-5 定时器号和分辨率

定时器类型	用毫秒(ms)表示的分辨率	用秒(s)表示的最大当前值	定时器号
TONR	1ms	32.767s	T0，T64
	10ms	327.67s	T1～T4，T65～T68
	100ms	3276.7s	T5～T31，T69～T95
TON、TOF	1ms	32.767s	T32，T96
	10ms	327.67s	T33～T36，T97～T100
	100ms	3276.7s	T37～T63，T101～T255

2. 定时器的工作特性

3 种类型的定时器功能不同：TON 用于单一时间间隔的定时；TONR 用于累计多个时间间隔；TOF 用于关断或者故障事件后的延时，例如，在电动机停止后，需要风扇继续工作冷却电动机。3 种类型定时器的工作特性见表 7-6。

表 7-6 3 种类型定时器的工作特性

定时器类型	当前值≥预设值	使能输入接通	使能输入断开	上电周期/首次扫描
TON	定时器位 ON，当前连续计数到 32767	当前值计数时间	定时器位 OFF，当前值=0	定时器位 OFF，当前值=0
TONR	定时器位 ON，当前连续计数到 32767	当前值计数时间	定时器位和当前值保持最后状态	定时器位 OFF，当前值保持
TOF	定时器位 OFF，当前值=预设值，停止计数	定时器位 ON，当前值=0	发生 ON 到 OFF 的跳变之后，定时器计数	定时器位 OFF，当前值=0

3. 定时器的刷新方式

S7-200PLC 的 3 种不同分辨率的定时器的刷新方式不同，从而在使用上也不同，一定要根据使用场合和要求来选用定时器。

对于 1ms 分辨率的定时器，PLC 每隔 1ms 刷新一次定时器位和当前值，这种刷新与 PLC 程序扫描周期不同步。如果用户程序扫描周期大于 1ms，那么在一个扫描周期内，定时器位和当前值会被刷新多次，其当前值在一个扫描周期内不能保持一致。

对于 10ms 分辨率的定时器，PLC 在每个扫描周期的开始自动刷新一次，定时器位和当前值在一个扫描周期内保持不变。

对于 100ms 分辨率的定时器，PLC 是在定时器指令执行时被刷新。如果不是每个扫描周期都执行定时器指令或在一个扫描周期执行多次定时器指令，都会造成计时不准确的现象。100ms 定时器仅用在定时器指令在每个扫描周期执行一次的程序中。

4. 定时器的使用

例 7－14 图 7.22 是 3 种类型的定时器的基本应用举例。

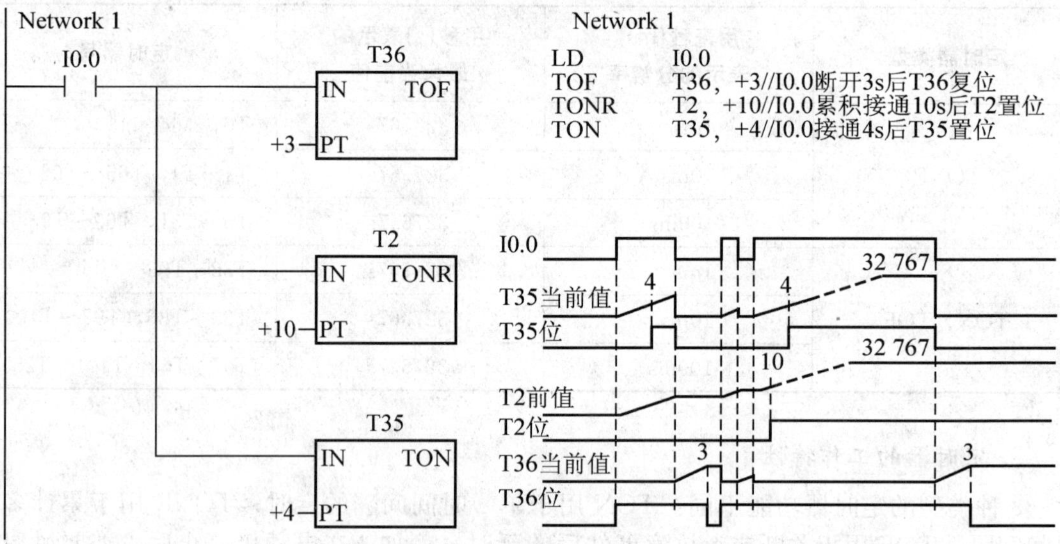

图 7.22 定时器指令用法

在控制系统中使用定时器时，通常要考虑定时器的复位问题。因为分辨率不同的定时器其刷新方式不同，所以编程时一定要特别注意。

例 7－15 实际使用中，一般采用 100ms 的定时器，通过简单的自复位方式实现复位，如图 7.23 所示。

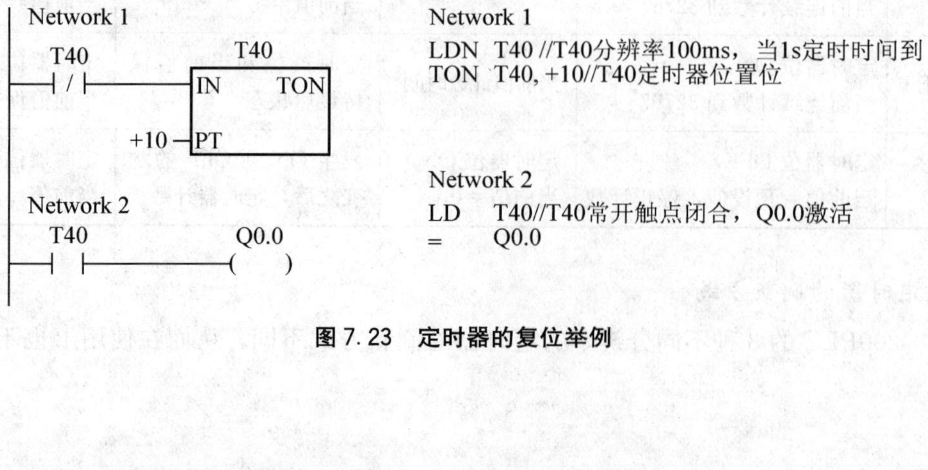

图 7.23 定时器的复位举例

注释说明的是定时时间刚好到达的那个扫描周期，接下来的扫描周期，执行到 Network1 时，由于前一个扫描周期定时器位置位为 1，所以 T40 的常闭触点将断开，因此 T40 定时器的输入端断开定时器将复位；定时器位复位，所以执行到 Network2 时，T40 常开触点将断开，Q0.0 复位。所以 Q0.0 为每隔 1s 输出的一个扫描周期宽度的脉冲信号。T40 的这种复位方式是定时时间到达后通过自己的触点控制达到自动复位，称为自复位。

小知识：闪烁的霓虹灯

大街上五彩斑斓闪烁的霓虹灯，当然不可能是由人工控制的。如果用继电器接触器控制，霓虹灯的闪烁时间间隔是相当的短，几乎是零点几秒，触点动作太频繁机械磨损大，控制器工作可靠性和寿命降低；采用 PLC 解决了这个问题。

7.4　S7-200 系列 PLC 的典型电路梯形图程序设计方法

可编程控制器广泛应用于数字量控制系统中，逻辑控制功能为其最基本的控制功能，一般采用梯形图作为编程语言进行程序设计。本节主要介绍电动机控制系统中一些常用的电路以及数字量控制系统中一些简单的控制电路的梯形图程序设计方法，主要采用经验法或者继电器接触器控制电路转换法。

7.4.1　电动机启保停控制电路

采用可编程控制器取代继电器实现对电动机的启动、停止控制，根据第二章电动机的继电器控制线路，主电路不变，控制电路改由可编程控制器完成，PLC 梯形图程序可参照继电器控制电路的结构编写。启动按钮 SB1、停止按钮 SB2、热继电器的常闭触点 FR 用来发出电动机的启动、停止、过载信号，它们是 PLC 的输入设备。接触器线圈 KM 用来执行通/断电动机，它是 PLC 的输出设备。当停止按钮采用常闭触点还是常开触点分别有不同的梯形图程序，下面通过两个例题进行详细分析。

例 7-16　当停止按钮 SB2 采用常开触点时，可编程控制器接线图和梯形图程序如图 7.24 所示。

当按下启动按钮 SB1(I0.0 读入 1)，梯形图中 I0.0 常开触点接通，如果此时未按下停止按钮 SB2(I0.1 读入 0)，梯形图中 I0.1 常闭触点接通，此时电动机不过载，FR 常闭触点接通(I0.2 读入 1)，梯形图中 I0.2 常开触点接通，能流从左母线通过接通的 3 个触点 I0.0、I0.1、I0.2，流入到 Q0.0 线圈，Q0.0 线圈得电，它的常开触点同时接通，电动机启动。当松开启动按钮 SB1(I0.0 读入 0)，梯形图中 I0.0 常开触点断开，但是能流能通过与 I0.0 并联的 Q0.0 的常开触点(此时已经接通)和 I0.1 触点流入到 Q0.0 线圈，使 Q0.0 线圈保持通电，电动机保持运转状态，这种与启动触点并联输出线圈触点就是实现“自保持”功能。当按下停止按钮 SB2(I0.1 读入 1)，梯形图中 I0.1 常闭触点断开，使 Q0.0 线圈断电，Q0.0 常开触点断开，之后即使松开停止按钮 SB2，能流也无法到达 Q0.0 线圈，电动机停止转动。当电动机主电路过载时，FR 常闭触点断开(I0.2 读入 0)，梯形图中 I0.2 常开触点断开，使能流不能通过，Q0.0 线圈断电，电动机停止转动，实现过载保护作用。

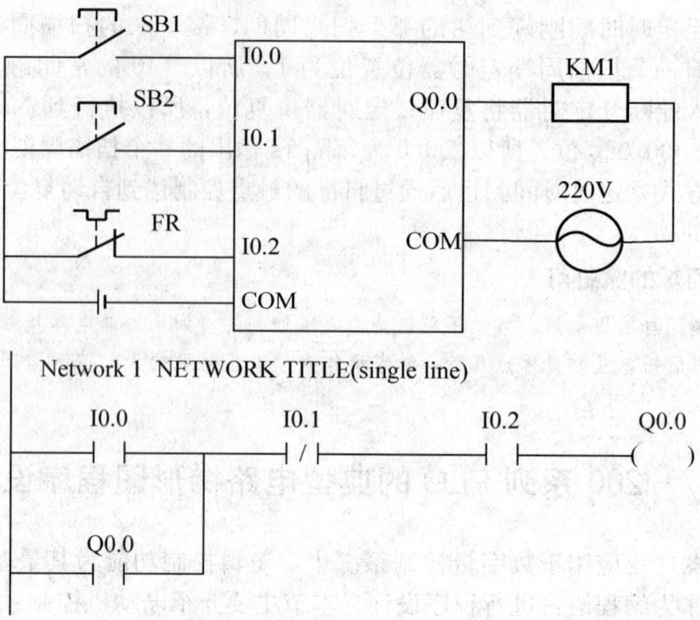

图 7.24 启保停控制 PLC 接线图与梯形图程序(常开停止按钮)

例 7－17 当停止按钮 SB2 采用常闭触点时，相应的可编程控制器接线图和梯形图程序如图 7.25 所示。

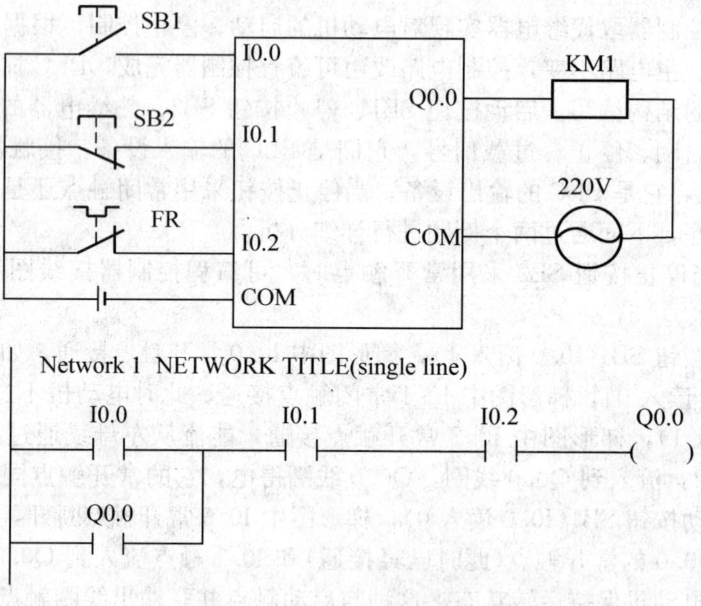

图 7.25 启保停控制 PLC 接线图与梯形图程序(常闭停止按钮)

未按下停止按钮 SB2 时(I0.1 读入 1)，梯形图中 I0.1 常开触点接通，Q0.0 线圈可以得电，电动机可以启动运转。按下停止按钮 SB2 时(I0.1 读入 0)，梯形图中 I0.1 常开触点断开，Q0.0 线圈断电，电动机停止运转。

必须说明，在设计梯形图程序时，为了减少编程语句，通常将并联触点多的电路排在左边。

7.4.2　电动机正反转控制线路

电动机正反转控制线路是最基本的控制线路，采用 PLC 控制的接线图如图 7.26 所示。停止按钮 SB1、正转启动按钮 SB2、反转启动按钮 SB3、热继电器 FR 接点是 PLC 的输入设备；正转接触器线圈 KM1、反转接触器线圈 KM2 是 PLC 的输出设备。

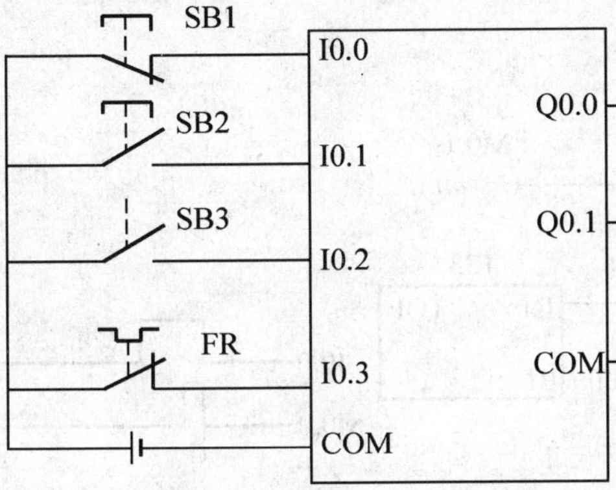

图 7.26　电动机正反转控制 PLC 接线图

根据电动机的继电器正反转控制电路的设计方法，PLC 控制系统梯形图程序如图 7.27 所示。应该注意，因为停止按钮采用的是常闭接点，所以梯形图中 I0.0 应该采用常开触点；另外梯形图在典型起保停控制电路的基础上加入了互锁控制的功能。

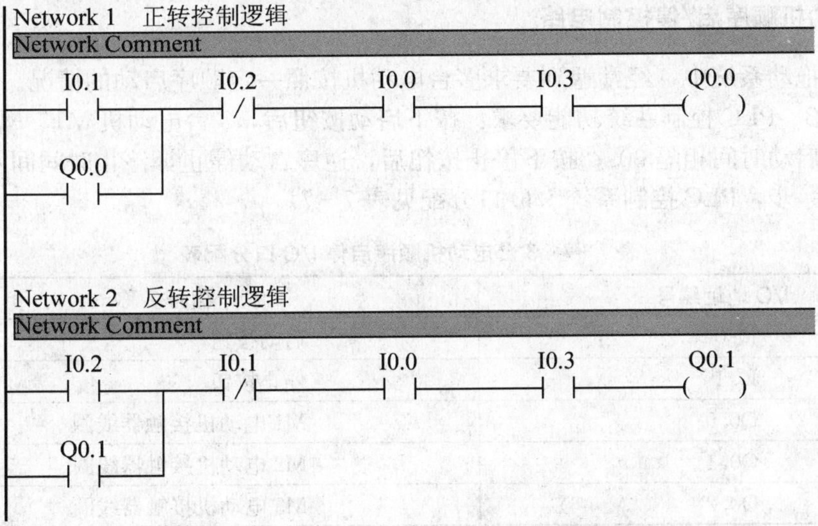

图 7.27　电动机正反转控制系统梯形图程序

7.4.3　延时脉冲产生电路

该电路常用来获取系统启动或关断信号，电路功能为在输入信号加入后，延时一段时间产生一个脉冲信号。图 7.28 为该电路的梯形图程序以及时序图，利用边沿脉冲指令 P 指令在按键启动信号 I0.0 的上升沿产生一个计时启动脉冲，启动定时器工作。由于定时器没有瞬动触点，无法实现自锁，所以必须用一个辅助 M0.1 实现定时器输入信号自锁。T33 定时器分辨率为 10ms，定时时间 5s 到达后产生一个宽度为一个扫描周期的脉冲信号 Q0.0，然后 Q0.0 使 T33 复位。

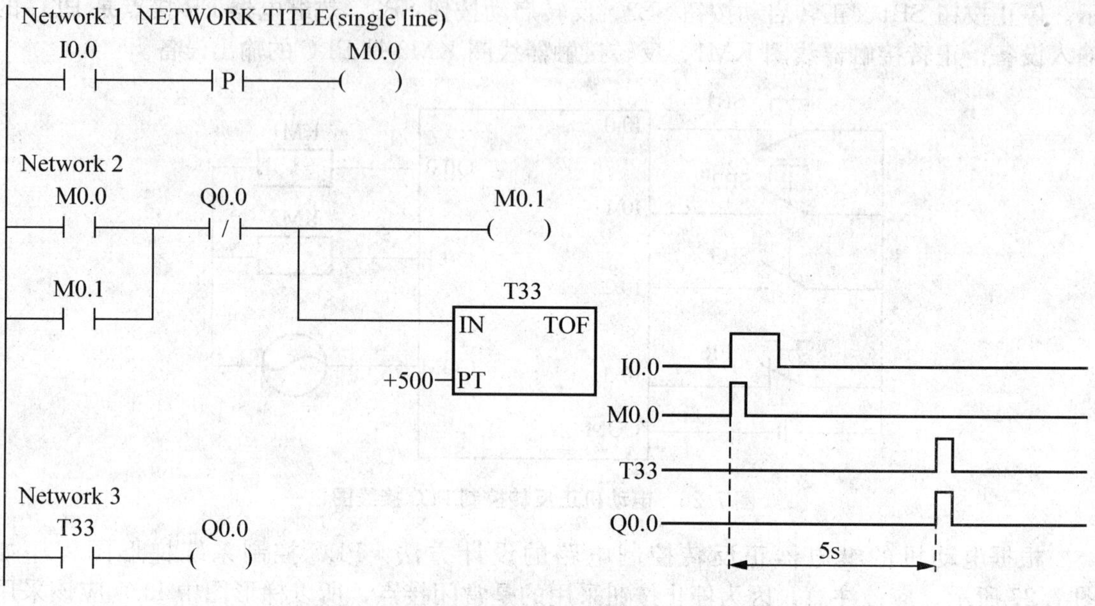

图 7.28 延时脉冲产生梯形图程序以及时序图

7.4.4 电动机顺序启/停控制电路

在电力拖动系统中，经常遇到要求多台电动机按照一定顺序启动的情况。

例 7－18 PLC 控制系统功能要求：按下启动按钮后，3 台电动机 M1、M2、M3 正序自动启动，启动时间相隔 30s；按下停止按钮后，逆序自动停止，停止时间间隔 15s。

解：第一步，PLC 控制系统 I/O 口分配见表 7－7。

表 7－7 3 台电动机顺序启停 I/O 口分配表

I/O 地址编号	信号名称
I0.0	启动按钮
I0.1	停止按钮
Q0.0	M1 电动机接触器线圈
Q0.1	M2 电动机接触器线圈
Q0.2	M3 电动机接触器线圈

第二步，梯形图程序设计分析如下。由于系统要实现延时启动和停止的功能，所以要用到定时器。S7－200 中分辨率为 100ms 的定时器可以采用自复位来产生脉冲信号，编程简单，因此本例采用分辨率为 100ms 的定时器 T37、T38、T39、T40 来实现延时控制。3 台电动机的启动条件如下。

启动按钮 I0.0→M1 启动(T37 开始 30s 计时)→T37 计时到→M2 启动(T38 开始 30s 计时)→T38 计时到→M3 启动。

停止条件：

M1 停止←T40 计时到←M2 停止(T40 开始计时 15s)←T39 计时到←M3 停止(T39 开始计时 15s)←按停止按钮 I0.1。

根据电动机典型启保停电路，结合上述电动机的启动条件和停止条件，容易设计出驱动 3 台电动机的梯形图程序如图 7.29 的 Network5 到 Network7 所示。各定时器的计时条件和停止计时条件见表 7-8。

表 7-8　3 台电动机顺序启停定时器计时条件和停止计时条件

定时器编号	启动计时条件	停止计时条件
T37	I0.0	M2 启动(或 T37 计时到)
T38	M2 启动(或 T37 计时到)	M3 启动(或 T38 计时到)
T39	I0.1	T39 计时到
T40	M2 停止(或 T39 计时到)	T40 计时到

根据对各定时器的启动条件和停止条件的分析，可以设计出梯形图程序如图 7.29 中 Network1 到 Network4。

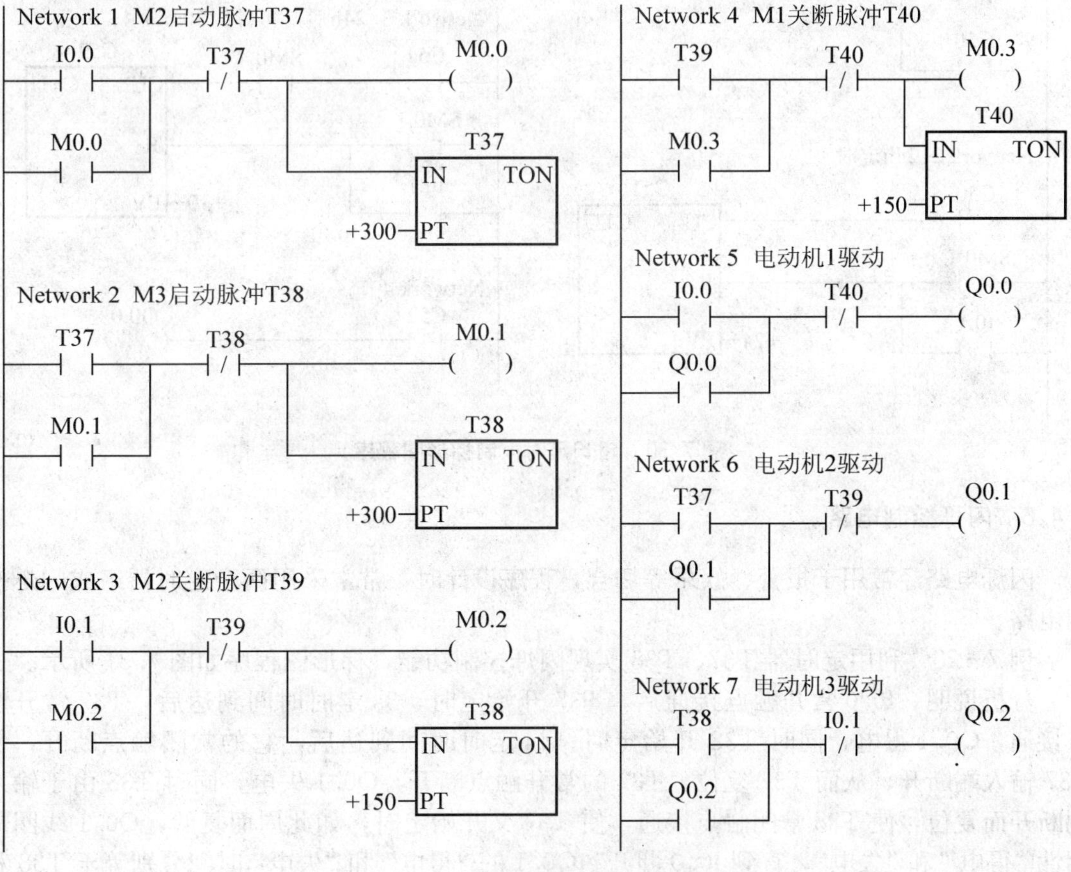

图 7.29　3 台电动机顺序启停梯形图程序

7.4.5 长定时电路

S7－200PLC 定时器的最长定时时间为 100ms×32767＝3276.7s 不到 1h，但在很多工控场合，需要几小时甚至几天的定时控制。对于定时精度要求较高的场合，可以通过计数器和定时器相结合的方法实现超长延时控制；对于定时精度要求不高的场合，可以通过内部秒脉冲或分钟脉冲结合计数器实现超长延时控制。

例 7－19 设计梯形图程序实现当输入信号有效后，经过 24h30min 后将输出置位。

解：梯形图程序如图 7.30 所示，SM0.4 为分钟脉冲，I0.0 输入节点外接开关，当其闭合后，C50 每小时产生一个脉冲，C51 计数 24 次(即 24h 后)，Network3 中 C51 常开触点闭合，C52 开始对分钟脉冲计数，C52 计数 30 次(即 30min)后，总的定时时间为 24h30min，C52 计数器置位，Q0.0 线圈得电。

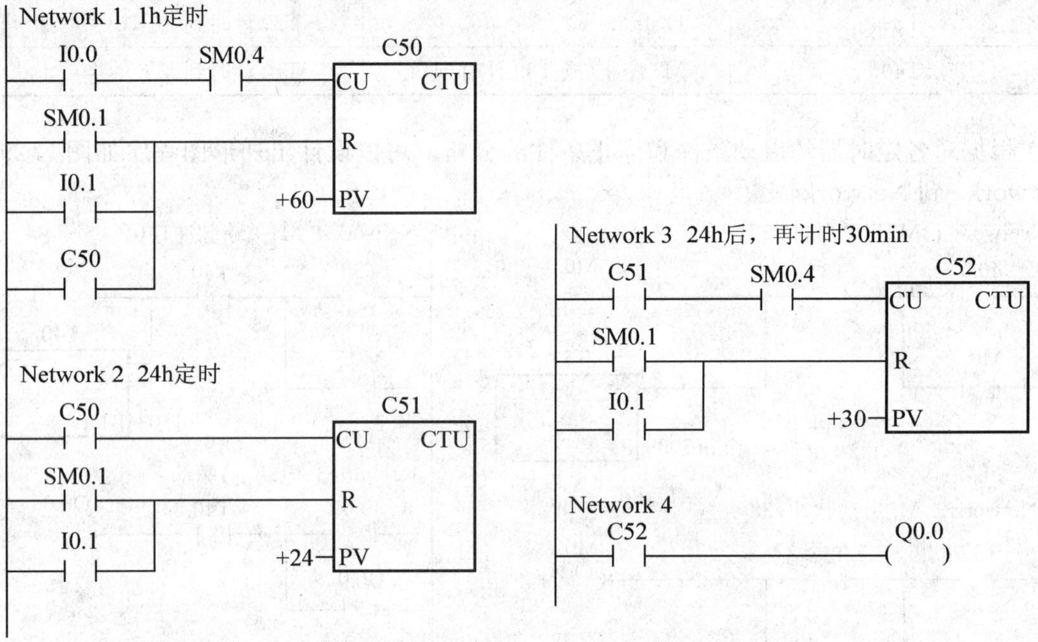

图 7.30 超长延时控制梯形图程序

7.4.6 闪烁控制电路

闪烁电路经常用于报警、娱乐等场合，程序设计时，常常采用两个定时器组成闪烁控制电路。

例 7－20 利用定时器 T37、T38 实现闪烁控制功能，梯形图程序如图 7.31 所示。

分析说明：I0.0 常开触点接通后，T37 开始定时，3s 定时时间到达后，T37 常开触点接通，Q0.1 得电，同时 T38 开始定时。4s 定时时间到达后，它的常闭触点断开，使 T37 输入端断开，从而 T37 复位，T37 的常开触点断开，Q0.1 失电，同时 T38 由于输入端断开而复位，使 T38 常闭触点接通，使 T37 又开始定时，如此周而复始，Q0.1 线圈周期性“得电”和“失电”，直到 I0.0 断开。Q0.1 的“得电”和“失电”时间分别等于 T38 和 T37 的设定值。

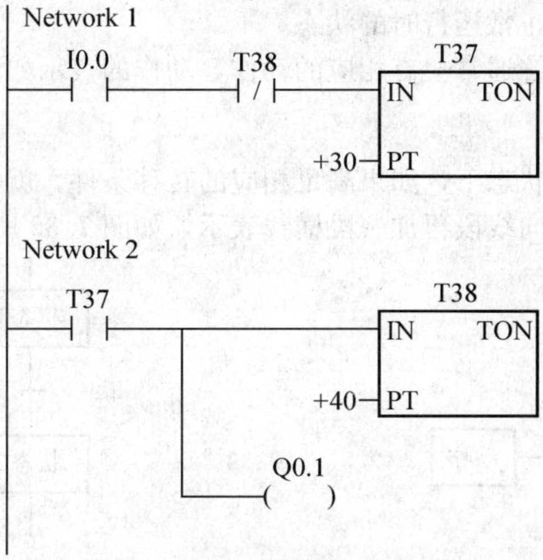

图 7.31　闪烁控制梯形图程序

提示

一个学习 PLC 的好网站 http://www.plc100.com/prog/control/，包括三菱、西门子、欧姆龙、AB、松下等主流品牌。

7.5　S7－200 系列 PLC 的顺序控制指令及应用

对于工业控制中的一些顺序控制问题，S7－200PLC 的基本指令和经验设计法已经不再适用。顺序功能流程图是专用于工业顺序控制程序设计的一种功能性图形说明语言，简称功能图。S7－200PLC 有专为使用功能图编程所设计的指令，本节介绍其用法。

7.5.1　功能图

功能图主要由“状态”、“转移”及有向线段组成。

1. 状态

状态是顺序控制系统的一个相对不变的阶段，对应于一个稳定的情形。状态的符号用图 7.32 表示。顺控系统的状态一般分为初始状态、工作状态；每个稳定的状态下，一般会有相应的动作。

初始状态是功能图运行的起点，一个控制系统至少有一个初始状态，初始状态的符号为双线矩形框，如图 7.33 所示，有时也有画单线矩形框或者画一条横线表示功能图的开始。

图 7.32　状态的图形符号

图 7.33　初始状态的图形符号

工作状态是控制系统正常运行时的状态。

每个状态下，控制系统通常会有相应的动作，动作的表示如图 7.34 所示。

2. 转移

当控制系统处于某一状态下，如果满足相应的转移条件，就会向另一状态转变。两个状态之间的转移用一条有向线段再加一段横线表示，如图 7.35 所示。

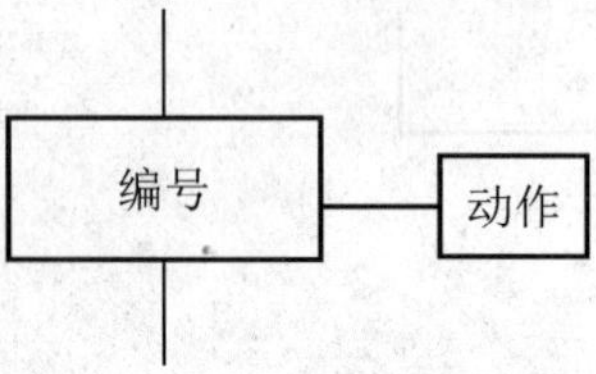

图 7.34　状态下的相应动作

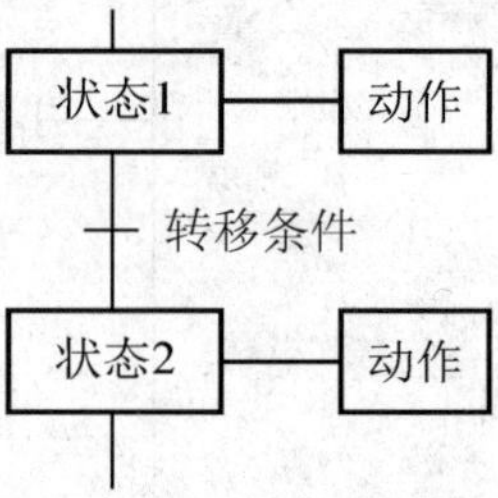

图 7.35　状态之间的转移

必须指明，控制系统功能图必须满足 3 条规则：第一，状态与状态不能直接相连，必须用转移分开；第二，转移与转移不能直接相连，必须用状态分开；第三，状态与转移、转移与状态之间的连接采用有向线段，从上往下画可以省略箭头，从下往上画必须画上箭头表示转移方向。

7.5.2　顺序控制指令介绍

S7－200PLC 有 3 条顺序控制指令，它们的 STL、LAD 形式和功能见表 7－9。顺序控制指令的操作数为顺控继电器 S，S 的范围 S0.0～S31.7 总共 256 位，每一个 S 位都可以表示功能图中的一个状态。

表 7－9　顺序控制指令的形式及功能

STL	LAD	功能	操作数
LSCR　bit	S0.0 SCR	顺序状态开始	S0.0～S31.7
SCRT　bit	S0.0 (SCRT)	顺序状态转移	S0.0～S31.7
SCRE	(SCRE)	顺序状态结束	无

LSCR 指令标志一个顺控段的开始，当该段的顺控继电器 S 置位时，允许该 SCR 段工作。SCR 段必须用 SCRE 指令结束。当 SCRT 指令的输入端有效时，一方面置位下一个 SCR 段的顺控继电器 S，以便使下一个 SCR 段开始工作；另一方面使该段的顺控继电器 S 复位，使该段停止工作。

7.5.3　顺序控制指令应用举例

使用顺序控制指令编程时，应该先画出系统功能图，然后对应功能图画出梯形图。

例 7-21　设计十字路口交通灯 PLC 控制梯形图程序。

交通灯以南北向绿灯东西向红灯 32s(状态 1)后，变为南北向黄灯东西向红灯(状态 2) 3s，然后南北向红灯东西向绿灯 32s(状态 3)，然后南北向红灯东西向黄灯 3s(状态 4)为一个周期，这样周而复始地工作。

解：根据系统要求实现的功能，采用顺序控制指令编程时，对各状态分配顺控继电器如下：状态 1→S0.1，状态 2→S0.2，状态 3→S0.3，状态 4→S0.4。PLC 输出节点 Q0.1 驱动南北向绿灯，Q0.2 驱动东西向红灯，Q0.3 驱动南北向黄灯，Q0.4 驱动南北向红灯，Q0.5 驱动东西向绿灯，Q0.6 驱动东西向黄灯。PLC 输入节点 I0.0 接交通灯启动按钮，I0.1 接停止按钮。

第一步，画出交通灯功能图如图 7.36 所示。

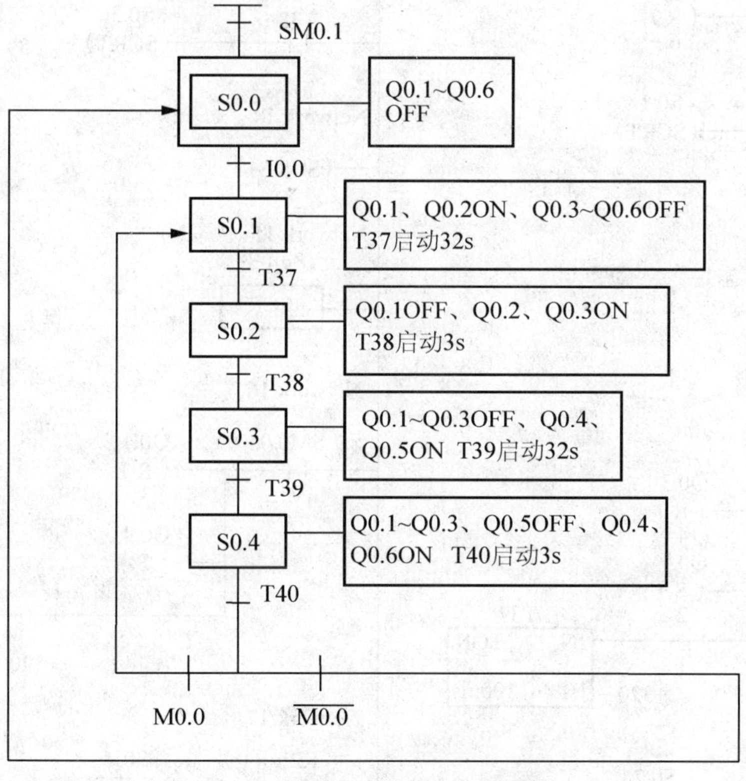

图 7.36　十字路口交通灯功能图

SM0.1 是首次扫描为 1 的特殊继电器，常用来作初始化脉冲，用来置位顺控继电器 S0.0，S0.0 为交通灯初始状态，该状态为等待启动状态，各信号灯熄灭。交通灯工作模式为启动按钮后信号灯周而复始工作，一旦按下停止按钮，必须等本次循环结束信号灯才熄灭停止工作。M0.0 是选择逻辑，其作用是根据 I0.1 的状态控制交通灯是本次循环后结束工作进入等待状态还是继续循环工作。

第二步，根据功能图设计出交通灯控制电路梯形图程序如图 7.37 所示。

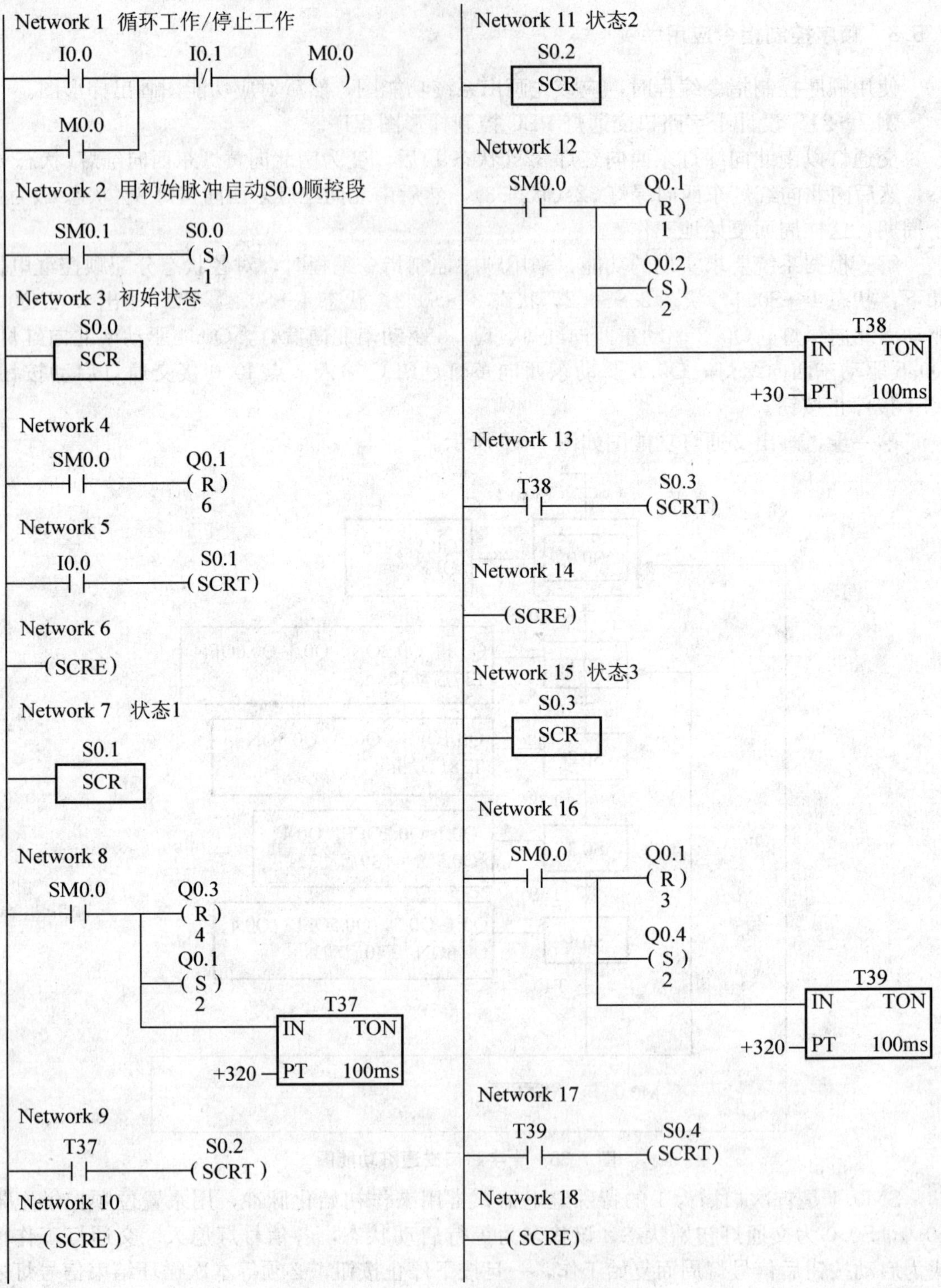

图 7.37 十字路口交通灯梯形图

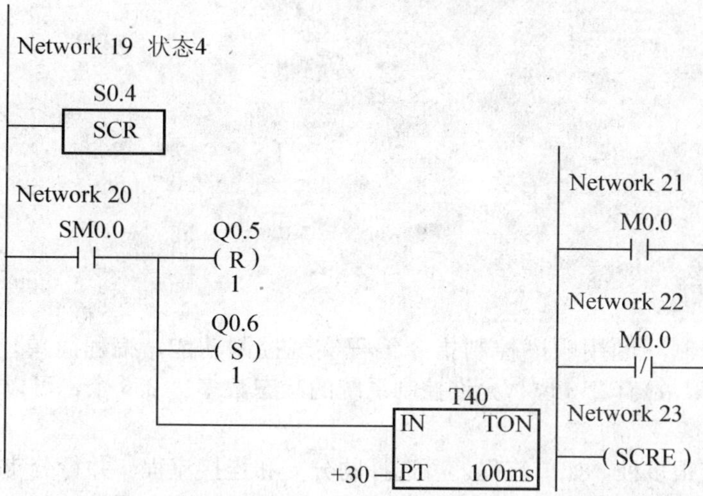

图 7.37 十字路口交通灯梯形图(续)

交通灯控制电路对应梯形图的 STL 程序清单。

```
Network 1          //循环工作/停止工作
LD     I0.0
O      M0.0
AN     I0.1
=      M0.0
Network 2          //用初始脉冲启动 S0.0 顺控段
LD     SM0.1
S      S0.0, 1
Network 3          //初始状态
LSCR   S0.0
Network 4
LD     SM0.0
R      Q0.1, 6
Network 5
LD     I0.0
SCRT   S0.1
Network 6
SCRE
Network 7          //状态 1
LSCR   S0.1
Network 8
LD     SM0.0
R      Q0.3, 4
S      Q0.1, 2
TON    T37, + 3200
Network 9
LD     T37
SCRT   S0.2
Network 10
SCRE
Network 11         //状态 2
LSCR   S0.2
Network 12
LD     SM0.0
R      Q0.1, 1
S      Q0.2, 2
TON    T38, + 30
Network 13
LD     T38
SCRT   S0.3
Network 14
SCRE
Network 15         //状态 3
LSCR   S0.3
Network 16
LD     SM0.0
R      Q0.1, 3
S      Q0.4, 2
TON    T39, + 3200
Network 17
LD     T39
SCRT   S0.4
Network 18
```

```
SCRE
Network 19      //状态 4
LSCR    S0.4
Network 20
LD      SM0.0
R       Q0.5, 1
S       Q0.6, 1
TON     T40, +30
Network 21
LD      M0.0
A       T40
SCRT    S0.1
Network 22
LDN     M0.0
A       T40
SCRT    S0.0
Network 23
SCRE
```

从本例可以看出，顺序控制问题用顺序控制指令编程实现控制功能，编程简单。S7-200顺控继电器位数(S0.0～S31.7)有256位，允许控制系统的状态数多达256个，可以实现比较复杂的顺序控制任务。

顺序控制的功能图类型有很多种，如单流程、可选择的分支和连接流程、并行分支和连接流程、跳转和循环流程等，本节只是通过一个简单例子介绍了功能图配合顺序控制指令的用法，相关的详细介绍可以查阅S7-200PLC系统手册或者PLC的专著。

PLC应用实例：

水处理行业主要分为净水处理和污水处理两大部分。净水厂控制系统通常分为水厂调度系统、加药间(加氯间)PLC控制站、滤站PLC控制站、送水泵房PLC控制站等。对于污水处理来说，要根据污水水源地状况来确定污水处理的工艺流程，由于污水处理工艺的不同而自控系统应用PLC的要求也有所不同。PLC自控系统是水处理厂的控制核心部分，对其合理的选型和设计，对污水厂能否高效、自动化的运行非常重要。

7.6 PLC控制系统的设计方法

任何一种控制系统都是为了完成对被控对象或生产过程的控制，目的是为了提高生产效率和产品质量。因此，在设计PLC控制系统时，应遵循以下基本原则和按照一定的步骤进行设计。

7.6.1 PLC控制系统设计基本原则

1. 最大限度地满足被控对象的控制要求

充分发挥PLC的功能，最大限度地满足被控对象的控制要求，这是设计中最基本的一条原则。

2. 保证PLC控制系统安全可靠

保证PLC控制系统能够长期安全、可靠、稳定运行，是设计控制系统的重要原则。这就要求设计者在系统设计、元器件选择、软件编程上要全面考虑，以确保控制系统安全可靠。例如，应该保证PLC程序不仅在正常条件下运行，而且在非正常情况下(如突然掉电再上电、按钮按错等)，也能正常工作。

3. 力求简单、经济、使用及维修方便

在满足控制要求的前提下，一方面要注意不断地扩大工程的效益，另一方面也要注意不断地降低工程的成本。这就要求设计者不仅应该使控制系统简单、经济，而且要使控制系统的使用和维护方便、成本低，不宜盲目追求自动化和高指标。

4. 适应发展的需要

由于技术的不断发展，控制系统的要求也将会不断地提高，设计时要适当考虑到今后控制系统发展和完善的需要。这就要求在选择 PLC、输入/输出模块、I/O 点数和内存容量时，要适当留有裕量，以满足今后生产的发展和工艺的改进。

7.6.2　PLC 控制系统一般设计步骤

设计 PLC 控制系统的一般步骤如图 7.38 所示，每个步骤要完成的任务简述如下。

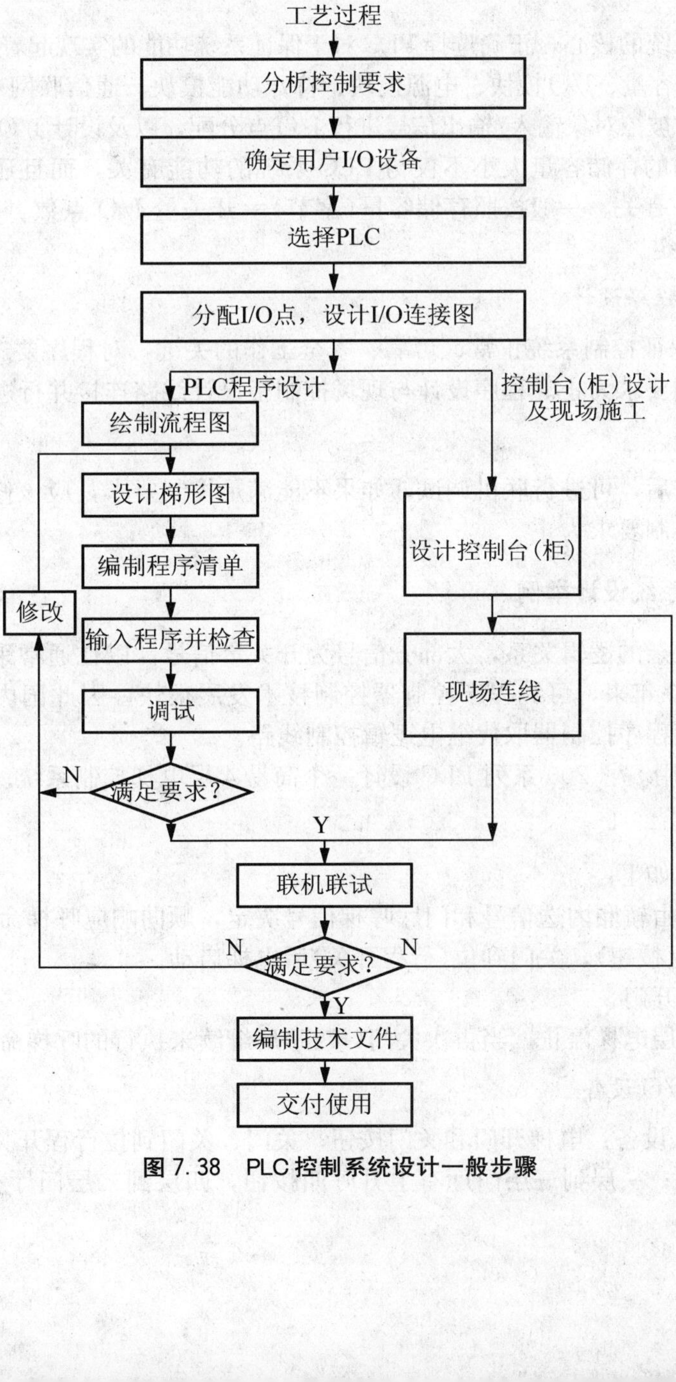

图 7.38　PLC 控制系统设计一般步骤

1. 分析被控对象并提出控制要求

详细分析被控对象的工艺过程及控制要求，了解被控对象机、电、液之间的配合，确定控制方案。

2. 确定输入/输出设备

根据系统的控制要求，确定系统所需的全部输入设备(如按钮、位置开关、转换开关及各种传感器等)和输出设备(如接触器、电磁阀、信号指示灯及其他执行器等)，从而确定与PLC有关的输入/输出设备，以确定PLC的I/O点数。通常确定PLC的I/O点数是根据被控对象的输入、输出信号的实际需要，再加上10%～15%的裕量来确定。

3. 选择PLC

PLC是控制系统的核心，正确选择PLC对于保证系统功能的实现起着重要的作用，PLC的选择包括机型、容量、I/O模块、电源模块、特殊功能模块、通信联网功能等方面。确定PLC机型后，根据被控对象输入/输出信号进行I/O点分配，以及设计I/O连接图。

用户程序所需的存储容量大小不仅与PLC系统的功能有关，而且还与功能实现的方法、程序编写水平有关。一般按照存储容量(字节)＝开关量I/O点数×10 ＋ 模拟量I/O通道数×150来确定。

4. 进行PLC程序设计

PLC程序是保证控制系统正常、可靠、安全工作的关键，对程序要进行反复调试和修改，直到满足控制要求为止。程序设计与现场控制柜设计线路连接并行进行。

5. 联机调试

现场施工完成后，可进行联机调试，如果不能满足控制要求，应该修改程序或者检查接线，直到满足控制要求为止。

7.6.3 PLC控制系统设计举例

电梯具有较复杂的逻辑关系，大部分信号为开关量信号，以往通常采用继电器实现逻辑控制。由于近10年来，可编程序控制器控制技术发展很快，因此国内大部分中、低速电梯都采用了可编程序控制器取代继电逻辑控制线路。

例7-22 采用S7-200系列PLC设计一个简易4层电梯控制系统。

1. 设计任务

系统功能要求如下：

(1) 行车方向由轿厢内选信号和门厅呼梯信号决定，顺向响应呼梯命令。

(2) 手动关门(按钮)，关门到位(行程开关)后电梯启动。

(3) 停层手动开门。

(4) 到达每一层电梯停止，当再次关门(按钮)后继续未执行的呼梯命令。

2. 确定系统I/O设备

PLC系统输入设备：电梯开门和关门按钮；关门、关门到位行程开关；电梯轿厢内有一至四层呼叫按钮；一层到三层门厅有上升呼叫按钮，四层到二层门厅有下降呼叫按钮；

电梯有上限位保护和下限位保护行程开关；电梯平层信号 4 个。总共输入信号 20 个。

PLC 系统输出设备：电梯的上、下行由一台电动机拖动，电动机正转为电梯上升，反转为下降，电动机正反转分别由接触器控制；电梯上行和下行指示灯；电梯开门和关门由门电动机控制；内选呼梯指示灯 4 个；门厅呼叫指示灯 6 个；实时楼层指示 4 个。总共输出信号 20 个。

3. 选定 PLC 型号

本系统开关量 I/O 总点数有 40 个，模拟量 I/O 数为 0 个。利用估算 PLC 内存总容量的计算公式：内存容量(字数)＝开关量 I/O 总点数×(10～15)＋模拟量 I/O 总点数×(150～250)，再按 30%左右预留余量，估算本系统需要约 1K 字节的内存容量。

综合 I/O 点数以及内存容量，S7－200PLC 的 CPU226 输入点 24 点、输出点数为 16 点，用户程序存储区 4096 字，基本配置不能满足系统需求。主要问题是输出点数不够，另外输入点也没有冗余，不便于系统功能调整与完善，所以在此基础上扩展一个数字量 S7200－EM223 输入 8 点/输出 8 点的模块，足以满足设计要求。

4. 输入/输出点分配

该 PLC 控制系统共有 24 个输入点、22 个输出点，具体的 I/O 分配见表 7－10。

表 7－10　I/O 分配表

I0.0	开门按钮	Q0.0	门电动机正转
I0.1	关门按钮	Q0.1	门电动机反转
I0.2	开门到位行程开关	Q0.3	升降电动机正转
I0.3	关门到位行程开关	Q0.4	升降电动机反转
I0.4	下限位信号	Q0.6	一层内选指示
I0.5	上限位信号	Q0.7	二层内选指示
I0.6	一层上呼按钮	Q1.0	三层内选指示
I0.7	二层上呼按钮	Q1.1	四层内选指示
I1.0	三层上呼按钮	Q1.2	一层上呼指示
I1.1	二层下呼按钮	Q1.3	二层上呼指示
I1.2	三层下呼按钮	Q1.4	三层上呼指示
I1.3	四层下呼按钮	Q1.5	二层下呼指示
I1.4	一层平层行程开关	Q1.6	三层下呼指示
I1.5	二层平层行程开关	Q1.7	四层下呼指示
I1.6	三层平层行程开关	Q2.0	上行方向指示
I1.7	四层平层行程开关	Q2.1	下行方向指示
I2.0	一层内选按钮	Q2.2	一层指示
I2.1	二层内选按钮	Q2.3	二层指示
I2.2	三层内选按钮	Q2.4	三层指示
I2.3	四层内选按钮	Q2.5	四层指示

5. PLC 梯形图程序设计

简易 4 层电梯控制系统梯形图程序如图 7.39 所示。

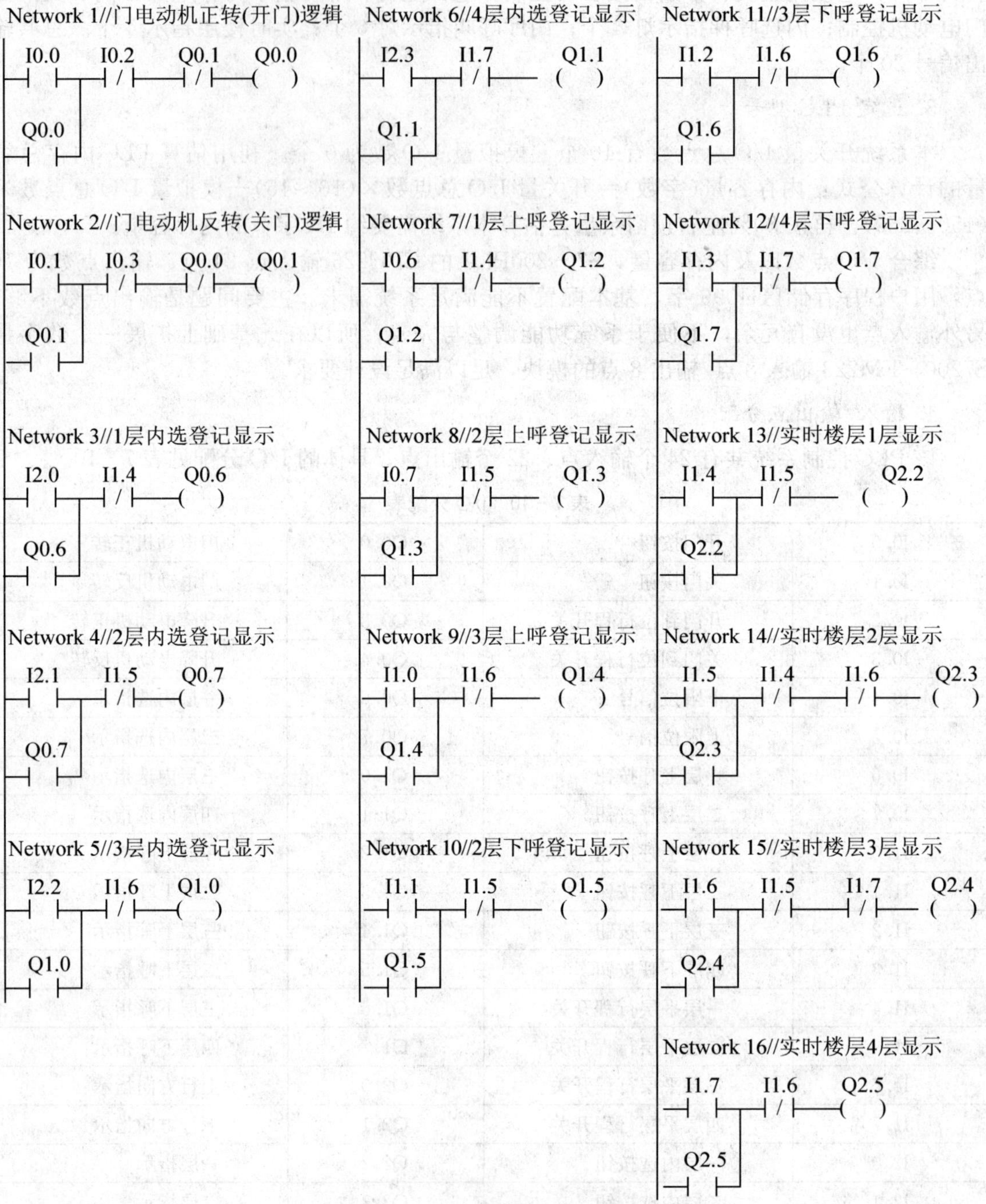

图 7.39　电梯控制系统梯形图程序

Network 17//电梯上升驱动：分别为电梯处于一楼、二楼、三楼响应下呼命令

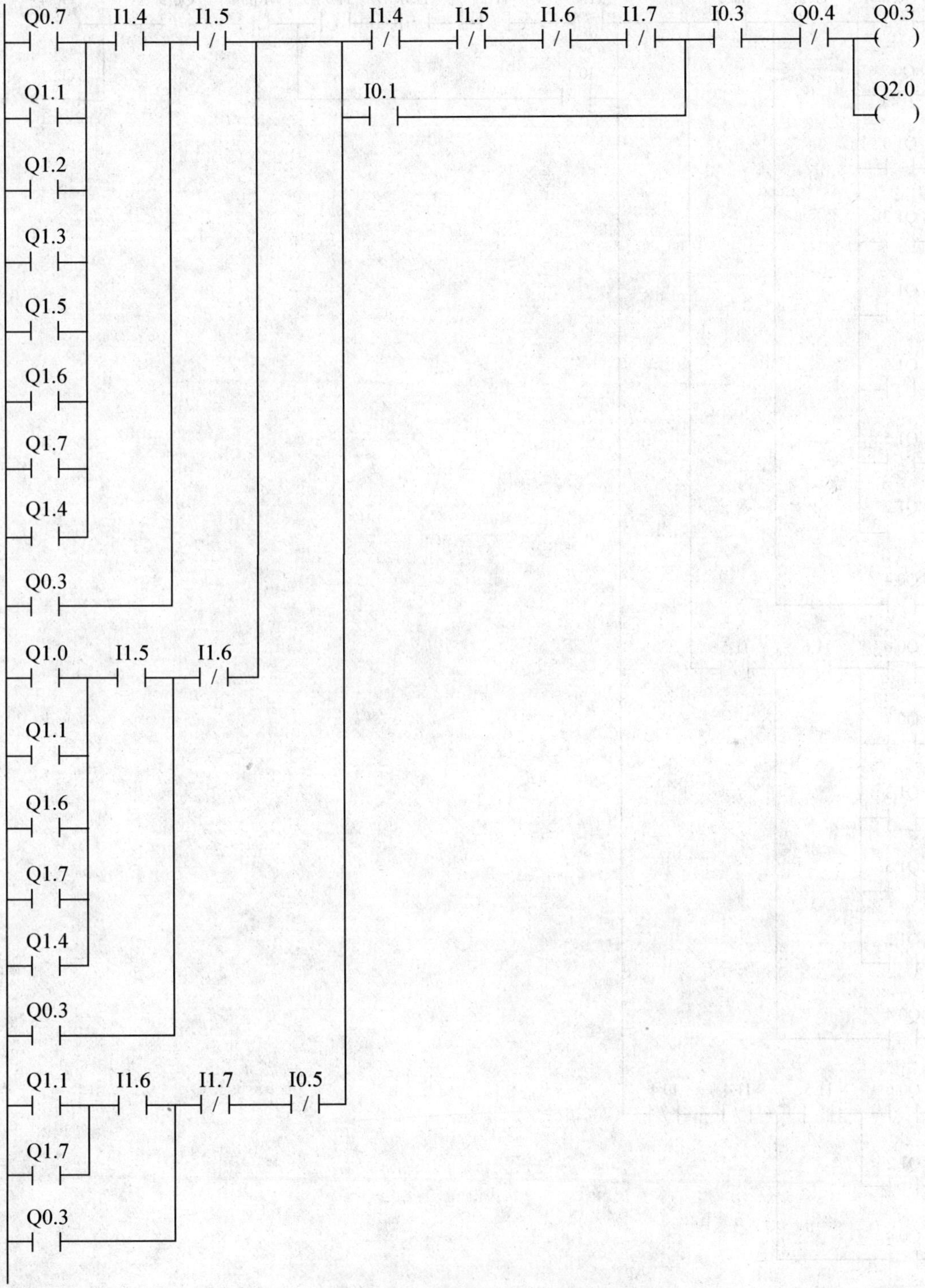

图 7.39　电梯控制系统梯形图程序(续)

Network 18//电梯下降驱动：分别为电梯处于四楼、三楼、二楼响应下呼命令

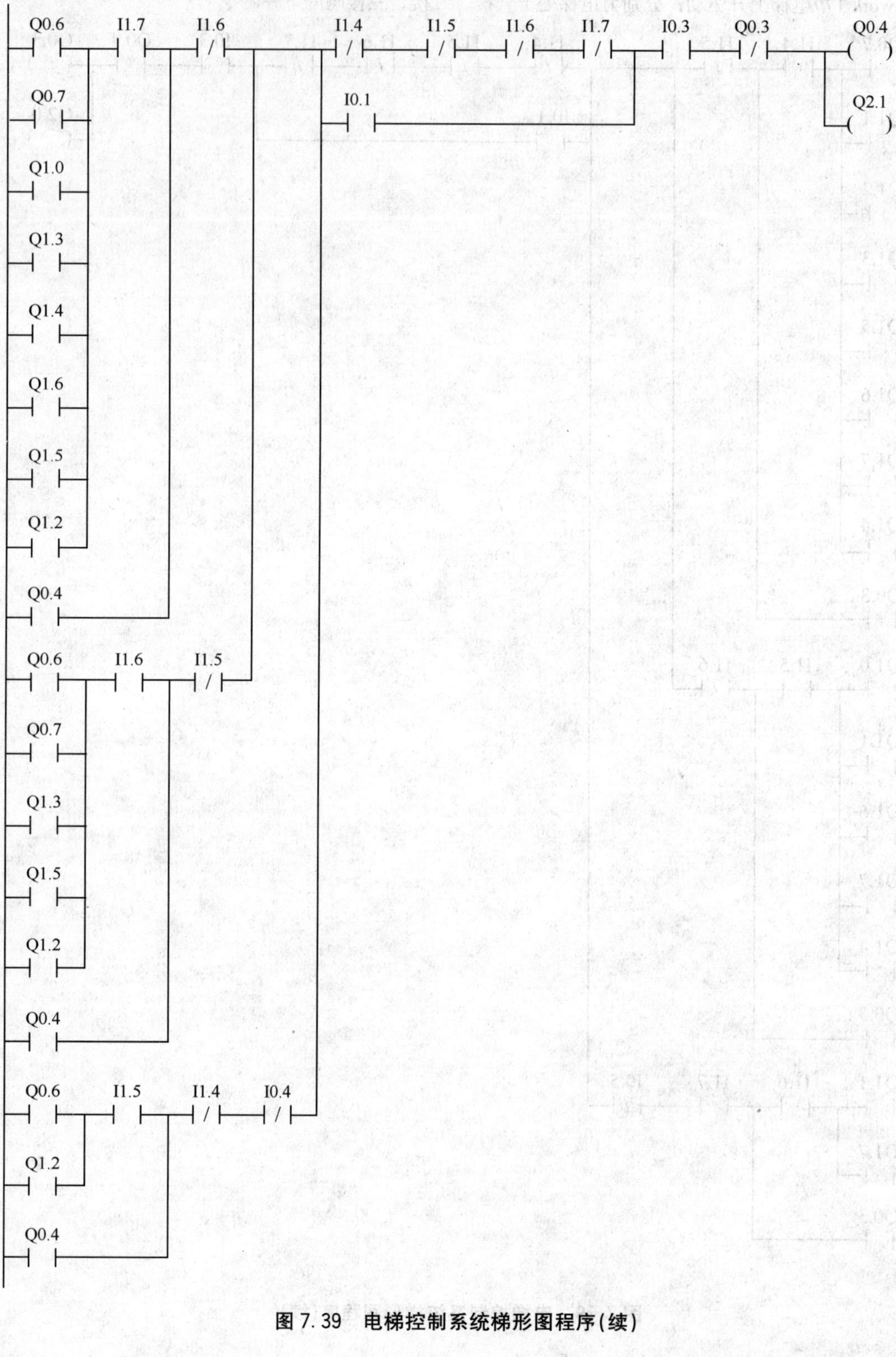

图 7.39 电梯控制系统梯形图程序(续)

PLC 应用实例：

国内低压配电网络结构复杂，不同楼层、不同建筑时期的楼宇配电网络结构不相同，输电接入方案无法统一。PLC 网络结构灵活，可根据用户数作出相应的调整，图 7.40 为低层住宅楼的 PLC 组网方案：一台变压器负责 5 到 6 栋楼宇，每个单元安装一台 PLC 局域设备，共享一条电力线，电力线从低层到顶层，每一层有各用户的电表。

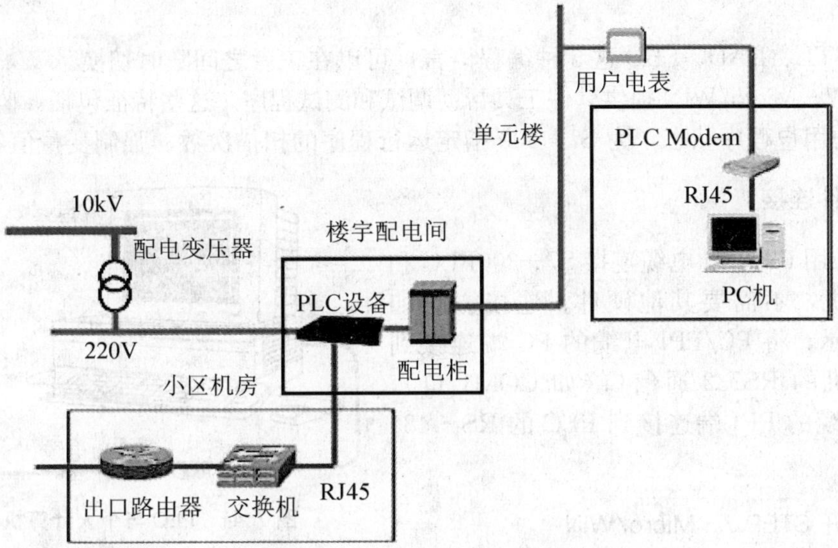

图 7.40 PLC 低压配电网络

（图片来源：http://t2.baidu.com/it/u=1093257231，2236223737&fm=52&gp=0.jpg）

7.7 S7-200 系列 PLC 编程软件的使用

S7-200 PLC 的编程软件是 STEP 7-Micro/WIN，目前的最新版本是 STEP 7-Micro/WIN V4.0 SP7(运行环境 WIN9X/NT/2000/XP)，它在 STEP 7-Micro/WIN V4.0 Service Pack(SP6)基础上增加了新功能：支持韩语；自动升级 STEP 7-Micro/WIN SIEMENS 指令库；自动升级 S7-200 Explorer 和 TD Keypad Designer。STEP 7-Micro/WIN V4.0 支持当前所有 S7-200 CPU 22x 系列产品(CPU222、CPU224、CPU224XP、CPU226 和 CPU226XM)。

常见的上一个版本是 STEP 7-Micro/WIN32 V3.2 SP4，这是 V3.2 版的最高版本。STEP 7-Micro/WIN 早期版本中的 STL 程序全部可在新 STEP 7-Micro/WIN V 4.0 中打开，但 Micro/WIN V3.2.x 或早期版本不能打开或上载版本 V4.0 中的项目。

STEP 7-Micro/WIN 的安装很简单，不多赘述。

提示

STEP 7-Micro/WIN 是针对 S7-200 系列 PLC 的编程软件；Step7 V 是针对 S7-300/400PLC 站创建可编程逻辑控制程序的标准软件，可使用梯形图逻辑、功能块图和语句表进行编程操作。

7.7.1 STEP 7 - Micro/WIN V4.0 的基本功能

STEP 7 - Micro/WIN 编程软件为用户开发、编辑和监控自己的应用程序提供了良好的编程环境。它的功能很多，在此只介绍其以下基本功能。

STEP 7 - Micro/WIN 是在 Windows 平台上运行的 SIMATIC S7 - 200 PLC 编程软件，简单、易学，能够解决复杂的自动控制任务。适用于所有 SIMATIC S7 - 200 PLC 机型软件编程。

支持 STL、LAD、FBD 这 3 种编程语言，可以在三者之间随时切换。

STEP 7 - Micro/WIN 提供软件工具帮助调试和测试程序。这些特征包括：监视 S7 - 200 正在执行的用户程序状态，为 S7 - 200 指定运行程序的扫描次数、强制变量值等。

7.7.2 硬件连接

可以采用 PC/PPI 电缆连接 S7 - 200PLC 和个人计算机，不需要其他硬件。连接方法如图 7.41 所示，将 PC/PPI 电缆的 PC 端连接到个人计算机的 RS232 通信口（如 COM1 口），PC/PPI 电缆的 PPI 端连接到 PLC 的 RS - 485 通信口。

图 7.41 PLC 与个人计算机的连接

7.7.3 打开 STEP 7 - Micro/WIN

单击 STEP 7 - Micro/WIN 图标，打开一个新的项目如图 7.42 所示，左边操作栏中包括 STEP 7 - Micro/WIN 项目中的组件图标：Program Bolck、Data Bolck、Communications 等 8 个。中间是指令树，右边是程序编辑器。

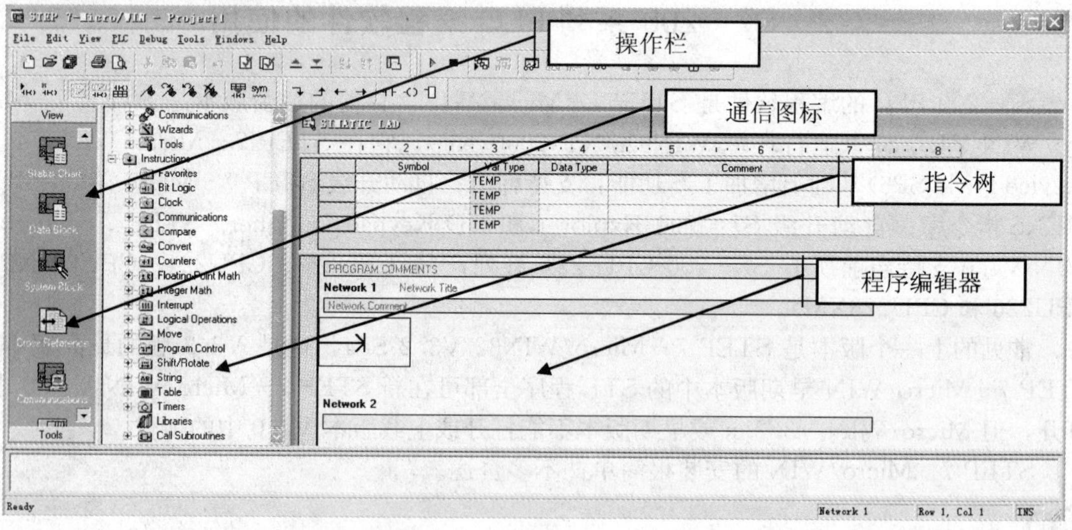

图 7.42 STEP 7 - Micro/WIN V4.0 SP6 外观

7.7.4　为 STEP7－Micro/WIN 设置通信参数

单击通信图标 Communications 图标进入 PLC 和个人计算机的通信参数设置，如图 7.43 所示，STEP 7－Micro/WIN V4.0 的计算机默认站地址 Local 为 0，网络中第一台 PLC 的默认站地址为 2；计算机接口使用 COM1(可以根据实际情况调整)，传输波特率 9.6Kbps，初学者可以按照标签的默认值使用。如果需要改变通讯设置，可以单击 Set PG/PC Interface 按钮进行设置。

7.7.5　建立 PC 与 S7－200 的通信

在图 7.43 中双击 Double-Click to Refresh 图标，STEP 7－Micro/WIN 将搜寻并显示所连接的 S7－200PLC 站的 CPU 图标。此时，已经建立 PC 与 S7－200CPU 的在线联系，可以进行程序下载或上传等工作。如果 STEP 7－Micro/WIN 没有找到所连接的 S7－200CPU，那么必须重新核对通信参数设置。

7.7.6　创建一个 PLC 程序

STEP 7－Micro/WIN V4.0 可以采用 STL、LAD、FBD 这 3 种编程语言编辑程序，并且三者之间可以随时切换。下面简单介绍在 STEP 7－Micro/WIN V4.0 中创建、下载、运行一个 PLC 程序的步骤，图 7.42 打开了创建新项目的窗口，接下来按照以下步骤完成。

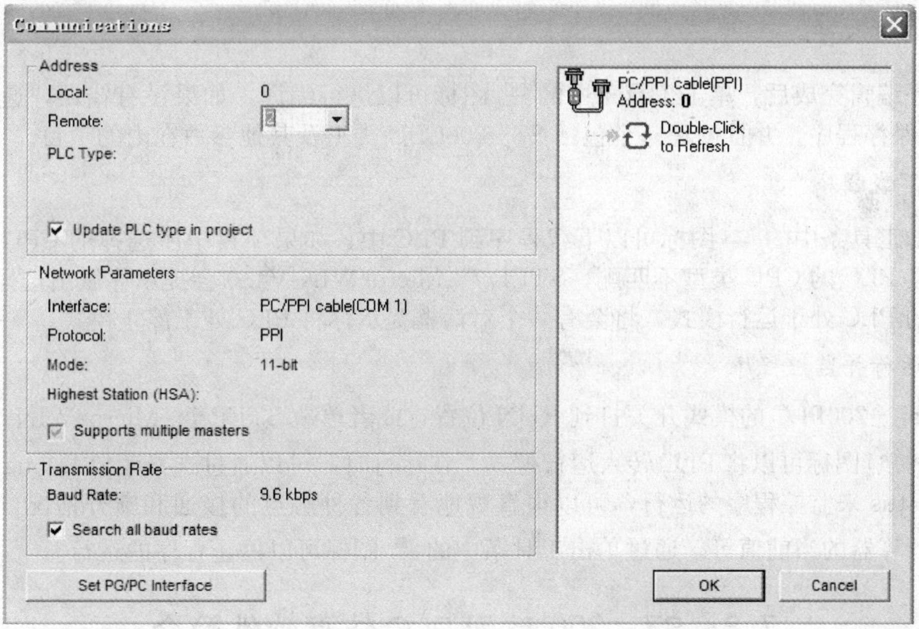

图 7.43　设置 STEP 7－Micro/WIN V4.0 SP6 通信参数

1. 编辑程序

通常采用梯形图编辑器来输入程序。单击操作栏的 Program Bolck 图标，即打开程序编辑器(图 7.41)，可以采用拖曳的方式将指令树中对应的梯形图指令插入到程序编辑器的相应网络。

例 7－23 图 7.44 为在 Network1 中插入常开触点指令，先在指令树中左击 Bit Logic 前面的“＋”，然后就可以看到各类触点，选择常开触点拖曳到右边程序编辑器的 Network1，然后输入相应的地址即完成常开触点的输入，其他指令的输入方式类似。

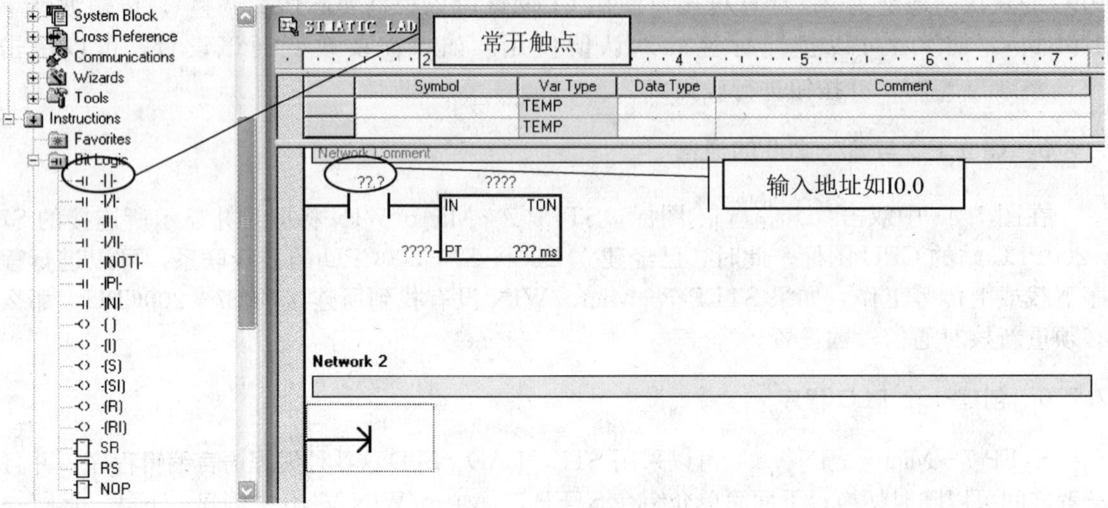

图 7.44 编程举例

2. *存储程序*

程序编辑完成后，单击工具条中的图标可以进行编译，如果没有错误，通过 Save As 可以保存程序，并且创建一个包括 S7－200CPU 类型及其他参数在内的项目。

3. *下载程序*

单击工具条中的图标可以下载程序到 PLC 中，如果项目中所选择的 CPU 类型和实际连接 PLC 的 CPU 类型不匹配，STEP 7－Micro/WIN V4.0 会提示你做出选择；如果此时你的 PLC 处于运行模式，将会有一个对话框提示你将 PLC 处于停止模式。

4. *运行并监控程序*

将 S7－200PLC 的模式开关打到 RUN 位置，或者单击 STEP 7－Micro/WIN V4.0 工具条中的图标可以将 PLC 转入运行模式。在运行时，可以通过选择菜单 Debug > Program Status 来监控程序的运行，可以很直观地看到各种触点的接通和断开情况，以及定时器、计算器的当前值等。通过单击工具条中的图标可以停止程序的运行。

7.8 S7－200 系列 PLC 仿真软件简介

对于 PLC 的初学者来说，完成一个程序编写后，希望能在 PLC 上验证程序的正确性，然而 PLC 不像单片机开发板那么便宜，一个 S7－200PLC 价格大约一千多元。因此 PLC 仿真软件应运而生，本节介绍一个由西班牙 PLC 爱好者开发的仿真软件，适合一些简单的逻辑控制问题的仿真，对于一些较复杂的 PID 控制、顺序控制等高级指令没有办法仿真。

7.8.1　S7－200 模拟仿真软件

S7－200 英文版＋汉化版模拟仿真软件，可以支持最新版的 V4.0 STEP 7 Micro/WIN SP6 模拟仿真，如图 7.45 所示。

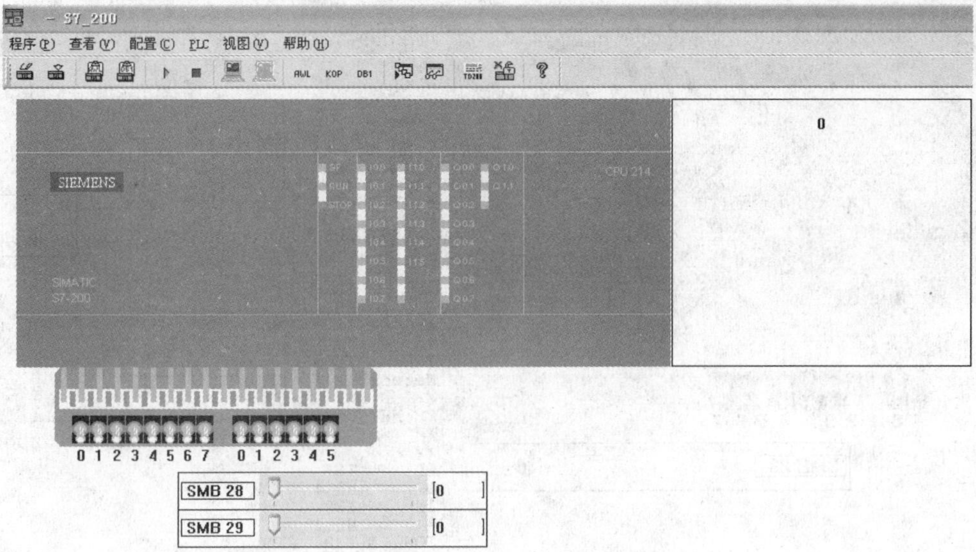

图 7.45　仿真软件外观

使用方法如下：①在 Step 7 Micro/Win 中新建一个项目。②输入程序，编译正确后在文件菜单中导出 AWL 文件。③打开仿真软件，配置 CPU 型号，必须与项目中的型号相同。④载入 AWL 程序(选择只载入逻辑块不容易出现错误)，也可以用粘贴程序的方法。⑤单击 ▶ 图标，程序开始模拟运行。

7.8.2　3 台电动机顺序启停仿真

图 7.46 是对 7.4.4 小节中的电动机顺序启停控制程序的仿真，选择 CPU 型号 212，此时的状态为闭合启动开关 I0.0 后，Q0.0、Q0.1、Q0.2 依次延时 30s 顺序启动。

7.8.3　4 层电梯程序仿真

该软件不仅可以选择 CPU 型号，还可以进行 I/O 口扩展(在预留扩展接口位置双击就可以进行扩展设置)，例如，7.6.3 小节中电梯控制系统 CPU 型号选择为 226(本机 I/O 点 24 点/16 点)，另外还扩展了一块 EM223 模块(8 点入/8 点出数字量)。如图 7.47 所示，此时的工作状态为电梯处于 4 楼，内选 2 楼、1 楼门厅上呼、3 楼门厅下呼命令，关门到位(I0.3 为 ON)，升降电动机反转(Q0.4 为 ON，电梯下降)，电梯下降指示灯亮(Q2.1 为 ON)。

PLC 应用实例：三菱 PLC 在汽车总装线上的应用(图 7.48)。

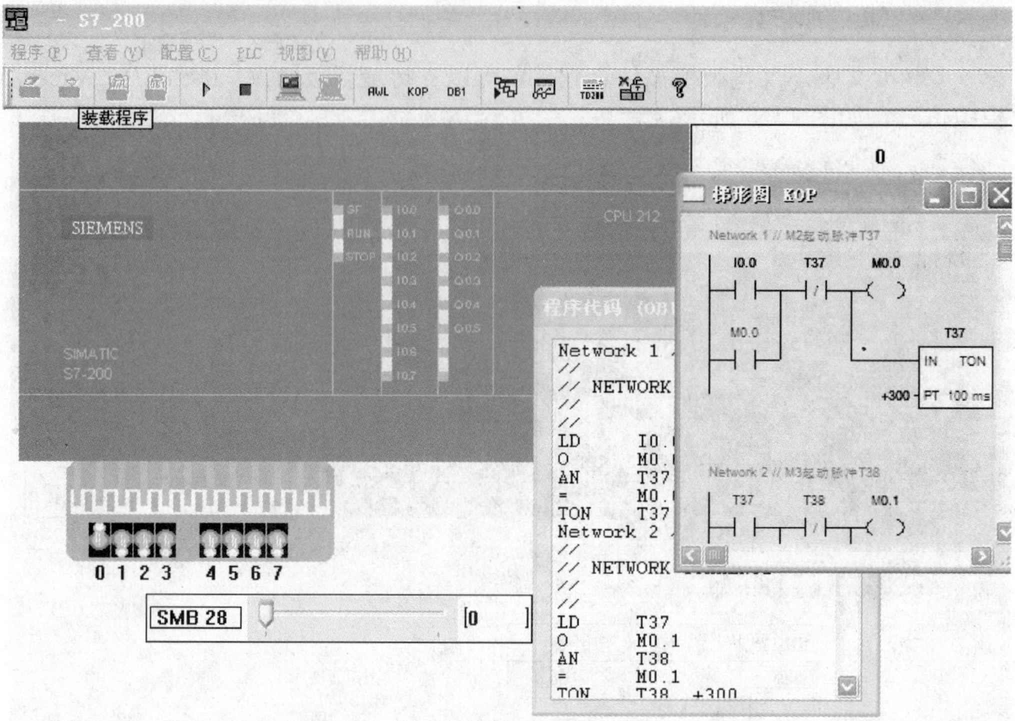

图 7.46　3 台电动机顺序启停仿真图

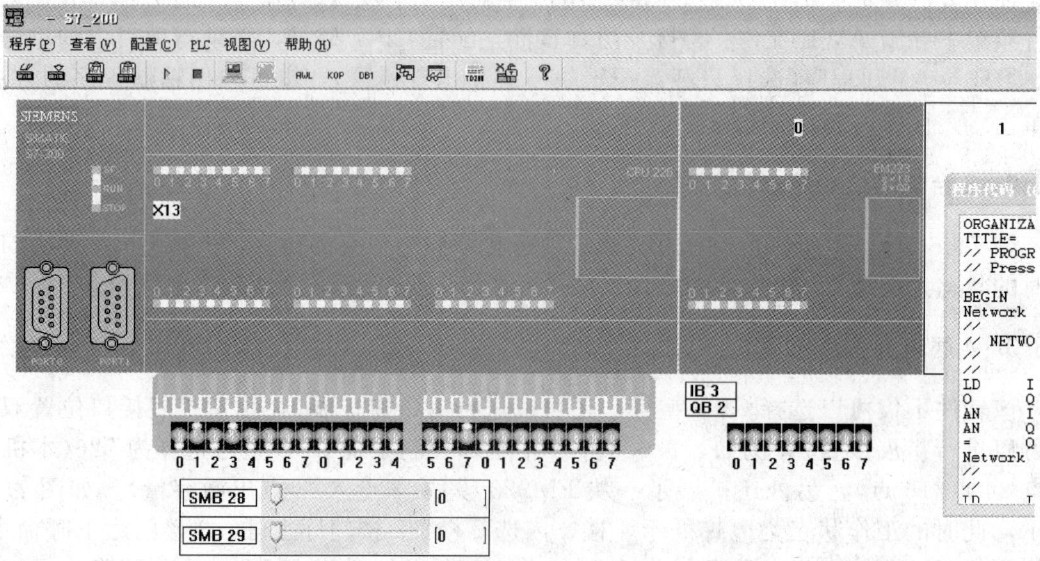

图 7.47　4 层电梯程序仿真图

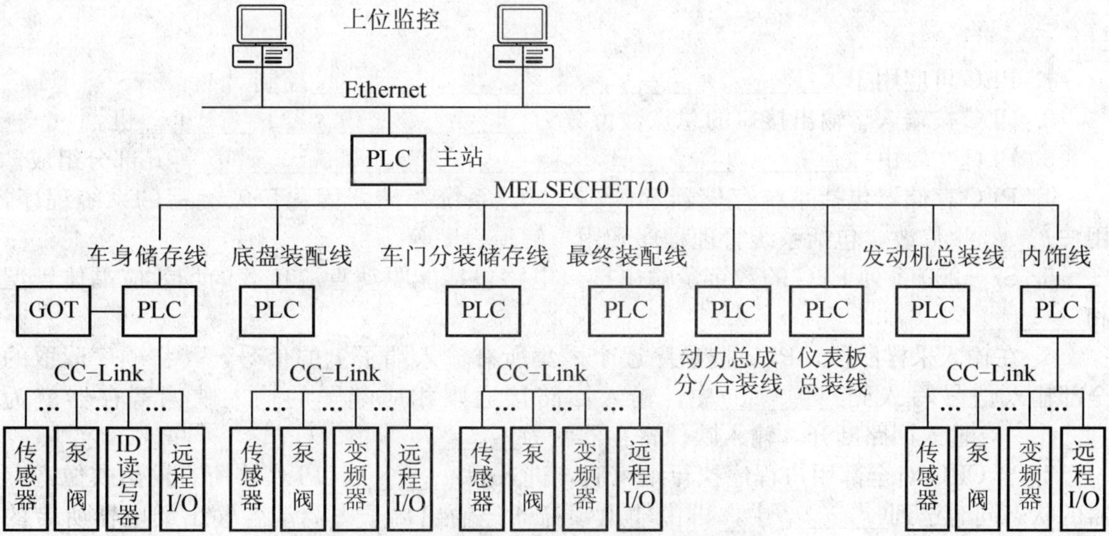

图 7.48 三菱 PLC 在汽车装配总线的应用

（图片来源：http://www.plc100.com/sanling/qichezongzhuang.files/image001.jpg）

习 题 七

一、判断题

1. PLC 的核心思想之一是用计算机代替继电器控制柜。 （ ）

2. PLC 采用循环扫描的工作方式，集中采样和集中输出，避免了触点竞争，提高了 PLC 工作的可靠性。 （ ）

3. S7－200PLC 属于小型 PLC，只用于代替继电器的简单控制场合，不能用于复杂的控制系统。 （ ）

4. S7－200 和 S7－300 PLC 均有 3 种定时精度：1ms、10ms、100ms。 （ ）

二、选择题

1. PLC 是在（ ）控制系统基础上发展起来的？

A. 继电控制系统　B. 单片机　C. 工业计算机　D. 机器人

2. 一般而言 PLC 的 I/O 点数要冗余多少？（ ）

A. 10%　B. 5%　C. 15%　D. 20%

3. PLC 设计规范中 RS232 通信的距离是多少？（ ）

A. 1300m　B. 200m　C. 30m　D. 15m

4. PLC 的 RS485 专用通信模块的通信距离是（ ）？

A. 1300m　B. 200m　C. 500m　D. 15m

5. 请写出电磁兼容性英文缩写（ ）。

A. MAC　B. EMC　C. CME　D. AMC

6. 在 STEP7 的基本数据类型中，“Q0.1” 的数据类型是（ ）？

A. Bool　B . Byte　C . Word

三、填空题

1. PLC可应用于________、________、________、________控制。

2. PLC按输入/输出接口的总点数可分为________、________、________机。

3. PLC主要由________、________、________、________、________等几部分组成。

4. PLC存储器包括系统存储器和________。系统存储器固化厂家编写的系统程序，用户________修改，包括系统管理程序和用户解释程序等。

5. S7-200系列PLC的数字量输出接口电路包括能驱动直流负载的场效应晶体管型和________。

6. 在输入采样阶段，PLC按顺序逐个采集所有输入端子上的信号，并将顺序读取的全部输入信号写入到________中，输入回路接通则相应端子的输入映像寄存器就为________，输入回路断开，输入映像寄存器就为________。

7. 当CPU对全部用户程序执行结束后，进入到________，PLC将所有输出映像寄存器的状态同时送到________中，再由输出锁存器经输出端子去驱动各输出继电器所带的负载。

8. PLC的扫描时间与________有关。

9. 由于________，所以感觉不到PLC输入和输出的延迟。

10. S7-200系列PLC的字节寄存器有7个，分别是________、________、________、________、________、________、________。

11. S7-200系列PLC的字寄存器有4个，分别是________、________、________、________。

12. 双字寄存器有2个，分别是________、________。

13. 计数器具有________、________、________3种类型。

14. 基本逻辑控制指令一般是指________、________、________。

15. S7-200系列PLC的定时器具有________、________、________3类。

16. 顺序功能图(SFC)可读性强，能清晰地反映整个控制过程，是设计________问题的有效方法。

17. 西门子S7-200系列PLC之间或者PLC与PC之间有________、________、________、________等多种通信方式。

四、设计题

1. 编写单按钮单路启/停控制程序，控制要求为：单个按钮(I0.0)控制一盏灯，第一次按下时灯(Q0.1)亮，第二次按下时灯灭，……，即奇数次灯亮，偶数次灯灭。

2. 编写梯形图程序实现走廊灯两地控制，PLC系统I/O管脚分配见表7-11。

表7-11 PLC系统I/O管脚分配

I/O管脚编号	信号名称
I0.0	楼下开关
I0.1	楼上开关
Q0.0	走廊灯

3. 利用S7-200设计控制工作台自动往返于SP2到SP3之间行程的PLC控制系统，

SP1 与 SP4 为超程保护行程开关，如图 7.49 所示。完成 PLC 控制系统 I/O 口分配，编写梯形图程序。

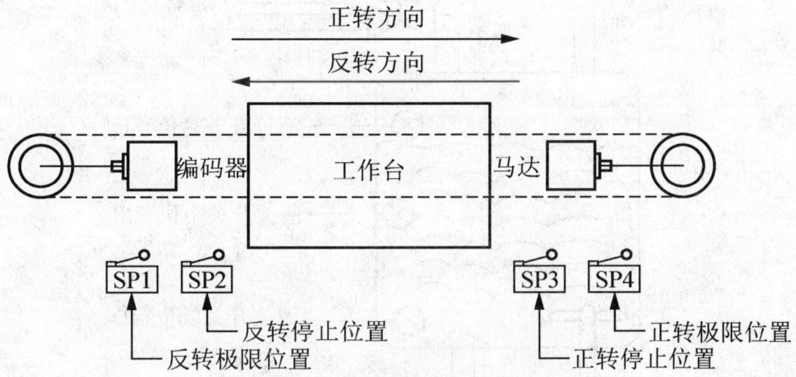

图 7.49 小车自动往返示意图

4. 利用 S7 - 200PLC 定时器指令设计梯形图程序实现如图 7.50 所示的延时控制功能。

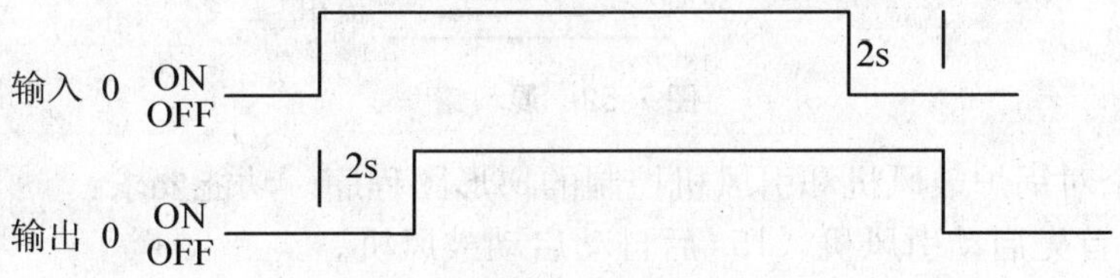

图 7.50 通断电延时控制

5. 写出图 7.51 中梯形图程序对应的语句表程序。

6. 图 7.52 所示为混料罐，液面在最下方时，按下启动按钮后，可进行连续混料。首先，液体 A 阀门打开，液体甲流入容器；当液面升到 M 传感器检测位置时，A 阀门关闭，B 阀门打开，液体乙流入容器；当液面升到 H 传感器检测位置时，B 阀门关闭，搅拌电动机开始工作。搅拌电动机工作 6s 后，停止搅拌，混合液体 C 阀门打开，开始放出混合液体。当液面降到 L 传感器检测位置时，延时 2s 后，关闭液体 C 阀门，然后再开始下一周期操作。如果工作期间有停止按钮操作，则待该次混料结束后，方能停止，不再进行下一周期工作。由于初始工作时，液位不一定在液面最下方，为此需按下复位按钮，使料位液面处于最下方。利用 S7 - 200PLC 设计控制系统，进行 I/O 口分配，编写梯形图程序。

7. 设计一个抢答器电路程序。功能要求：主持人提出问题后，允许 3 个选手按动按钮开始抢答，只有最早按的选手对应的指示灯亮；主持人按动复位按钮后，开始下一题的抢答。

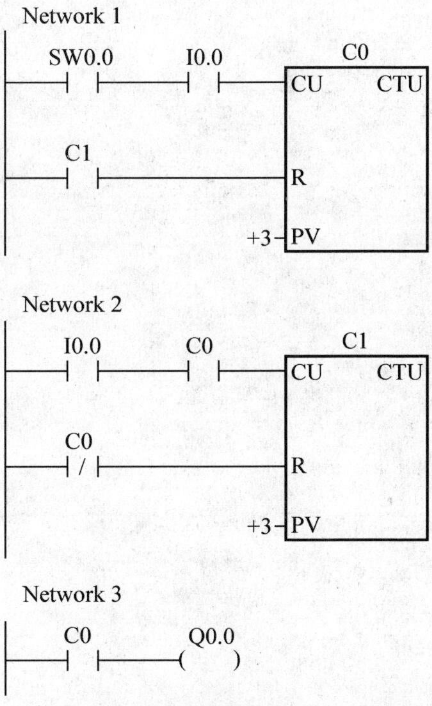

图 7.51 题 5 图

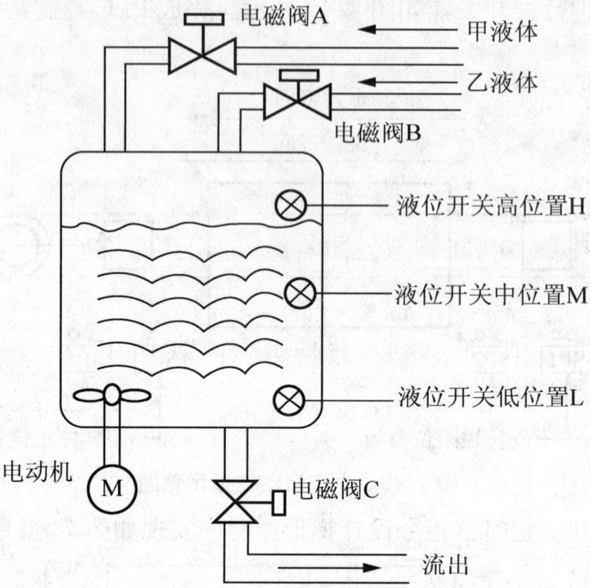

图 7.52　混料罐

8. 设计一个对锅炉鼓风机和引风机控制的梯形图程序。功能要求：

(1) 开机时首先启动引风机，15s 后自动启动鼓风机。

(2) 停止时，立即关闭鼓风机，经过 30s 延时后自动关闭引风机。

习题参考答案

习题一参考答案

一、判断题

1.× 2.× 3.× 4.× 5.× 6.× 7.× 8.√ 9.× 10.√ 11.×

二、填空题

1. 电磁感应
2. 额定电压、空载线(或开路线)
3. 主磁通、漏磁通
4. 主磁通、漏磁通、传递能量、产生漏电抗压降
5. 1.2倍
6. 饱和磁通不变、励磁电流不变、励磁电抗增大、漏电抗增大
7. 尖顶波
8. $\dot{I}_2'=\frac{1}{k}\dot{I}_2$、$\dot{E}_2'=k\dot{E}_2$、$Z_2'=k^2Z_2$
9. 主磁通、铁耗
10. 增大、不变
11. 线电动势(或线电压)
12. 一
13. 各电压器的变压比相等、联接组标号相同、短路阻抗的标幺值相等、联接组标号相同
14. 空载、短路

三、选择题

1.(C) 2.(A) 3.(C) 4.(A) 5.(B) 6.(C) 7.(B) 8.(B) 9.(B) 10.(A)
11.(D) 12.(C) 13.(A) 14.(A) 15.(B) 16.(C)

四、计算题

1. **解:**

(1)空载实验可以得到折算到高压边的参数

$$Z_m = k^2 \frac{U_0}{I_0},$$

而 $k=60/6.3=9.524$

$$Z_m = 9.524^2 \times \frac{6300}{10.1} = 56.577(\text{k}\Omega)$$

$$R_m = k^2 \frac{P_0}{I_0^2} = 9.524^2 \times \frac{5000}{10.1^2} = 4.446(\text{k}\Omega)$$

$$X_m = \sqrt{Z_m^2 - R_m^2} = 56.402(\text{k}\Omega)$$

根据短路实验得到折算到低压边的参数

$$R_1 = R_2' = \frac{R_k}{2} = \frac{P_k}{2I_k^2} = \frac{14000}{2\times 15.15^2} = 30.5(\Omega)$$

$$Z_k = \frac{U_k}{I_k} = \frac{3240}{2\times 15.15} = 213.86(\Omega)$$

$$X_{1\sigma} = X_{2\sigma}' = \sqrt{\left(\frac{Z_k}{2}\right)^2 - R_k^2} = 102.5(\Omega)$$

$$Z_{1N} = \frac{U_{1N}}{I_{1N}} = \frac{U_{1N}^2}{S_N} = 3.6(\text{k}\Omega)$$

所以

$$R_m^* = \frac{R_m}{Z_{1N}} = \frac{4.446}{3.6} = 1.235$$

$$X_m^* = \frac{X_m}{Z_{1N}} = \frac{56.402}{3.6} = 15.667$$

$$R_1^* = R_2^* = \frac{R_1}{Z_{1N}} = \frac{30.5}{3.6\times 10^3} = 8.472\times 10^{-3}$$

$$X_{1\sigma}^* = X_{2\sigma}^* = \frac{X_{1\sigma}}{Z_{1N}} = \frac{102.5}{3.6\times 10^3} = 2.8472\times 10^{-2}$$

(2)折算到高压的T型等效电路如图1所示。

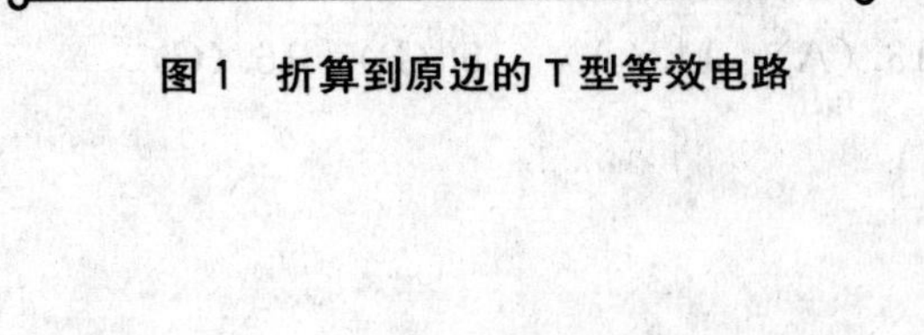

图1　折算到原边的T型等效电路

(3)$u_{kr}=R_K^*\times100\%=0.0169\times100\%=1.69\%$

$u_{kx}=X_K^*\times100\%=0.0569\times100\%=5.69\%$

$u_k=\sqrt{u_{kr}^2+u_{kx}^2}=\sqrt{1.69^2+5.69^2}=5.94\%$

(4)电压变化率

$$\Delta u=u_{kr}\cos\phi_2+u_{kx}\sin\phi_2=(1.69\times0.8+5.69\times0.6)\%=4.77\%$$

此时，$U_2'=U_{1N}-\Delta u\cdot U_{1N}=57.138(\text{kV})$ 而

$$I_2'\approx I_{1N}=\frac{S_N}{U_{1N}}=16.667(\text{A})$$

所以 $$P_2=U_2'I_2'\cos\phi_2=57.138\times16.667\times0.8=952.3(\text{kW})$$

故 $$P_1=P_2+P_0+\left(\frac{I_{1N}}{I_k}\right)^2P_k=974.24(\text{kW})$$

则 $$\eta=\frac{P_2}{P_1}\times100\%=\frac{952.3}{974.24}\times100\%=97.75\%$$

(5)达到最大效率时，$p_{Fe}=p_{cu}=5000(\text{kW})$

$$I_2'=\sqrt{\frac{p_{cu}}{R_k}}=\sqrt{\frac{5000}{61}}=9.05(\text{A})$$

$$I_2^*=\frac{I_2'}{I_{1N}}=\frac{9.05}{16.67}=0.543$$

$$\eta_{\max}=\left(1-\frac{P_0+I_2^{*2}P_k}{I_2^*S_N\cos\phi_2+P_0+I_2^{*2}P_k}\right)\times100\%$$

$$=\left(1-\frac{5000+0.543^2\times14000}{0.543\times1000\times10^3\times0.8+5000+0.543^2\times14000}\right)\times100\%$$

$$=98.19\%$$

2. **解：**

(1)原方 $$U_{1N\phi}=\frac{10}{\sqrt3}=5.7735(\text{kV})$$

副方 $$U_{2N\phi}=3.15(\text{kV})$$

所以 $$N_1=\frac{U_{1N\phi}}{14.189}=\frac{5773.5}{14.189}=407$$

$$N_2=\frac{U_{2N\phi}}{14.189}=\frac{3150}{14.189}=222$$

(2)额定容量 $$S_N=\sqrt3U_{2N}I_{2N}$$

$$S_N=\sqrt3\times3.15\times183.3=1000(\text{KVA})$$

$$I_{1N}=\frac{S_N}{\sqrt3U_{1N}}=\frac{1000}{\sqrt3\times10}=57.74(\text{A})$$

(3)因 $$P_2=S_N\cos\phi_2$$

所以当 $\cos\phi_2=1$ 时 $$P_2=1000(\text{W})$$

当 $\cos\phi_2=0.9$ 时　　　　$P_2=1000\times0.9=900(\text{W})$

当 $\cos\phi_2=0.85$ 时　　　　$P_2=1000\times0.85=850(\text{W})$

3. **解**：∵P 灯＝60W，$\cos\phi=1$

$$\therefore n\leqslant\frac{S\cos\phi}{P_{灯}}=\frac{10\times10^3\times1}{60}=166.6\text{ 个}$$

所以可接 166 个白炽灯。

∵每个灯的额定电流$I_{灯}=\frac{60}{220}=0.27(\text{A})$

∴变压器副边电流$I_2=166\times I_{灯}=166\times0.27=45.5(\text{A})$

$$I_1=\frac{220}{3300}\times I_2=\frac{220}{3300}\times44.8=3.03(\text{A})$$

4. **解**：

(1)单相变压器 $K=\frac{U_{1N}}{U_{2N}}=\frac{3300}{220}=15$

(2)Yy 接法的三相变压器 $K=\frac{U_1}{U_2}=\frac{U_{1N}/\sqrt{3}}{U_{2N}/\sqrt{3}}=\frac{U_{1N}}{U_{2N}}=\frac{6\times10^3}{0.4\times10^3}=15$

(3)Yd 接法的三相变压器 $K=\frac{U_1}{U_2}=\frac{U_{1N}/\sqrt{3}}{U_{2N}}=\frac{U_{1N}}{\sqrt{3}U_{2N}}=\frac{10\times10^3}{\sqrt{3}\times0.4\times10^3}=14.4$

5. **解**：

$$K=\frac{U_1}{U_2}=\frac{U_{1N}/\sqrt{3}}{U_{2N}}=\frac{10\times10^3}{\sqrt{3}\times3.3\times10^3}=1.75$$

$$U_K^*=\frac{U_K}{U_1}=\frac{I_{1N}Z_K}{U_1}=\frac{Z_K}{U_1/I_{1N}}=\frac{Z_K}{Z_{1N}}=Z_K^*$$

$$Z_K=\frac{Z_K^*U_1}{I_{1N}}=\frac{Z_K^*U_{1N}/\sqrt{3}}{I_{1N}}=\frac{Z_K^*U_{1N}}{\sqrt{3}I_{1N}}=\frac{Z_K^*U_{1N}}{S/U_{1N}}$$

$$=\frac{Z_K^*U_{1N}^2}{S}=\frac{0.053\times(10\times10^3)^2}{1000\times10^3}=5.3(\Omega)$$

$$Z_L'=K^2Z_L=1.75^2\times\sqrt{50^2+85^2}=302(\Omega)$$

忽略短路阻抗角与负载阻抗角的不同，则变压器一相的阻抗 Z 为

$$Z=Z_K+Z_L'=5.3+302=307.3$$

$$I_1=\frac{U_1}{Z}=\frac{U_{1N}/\sqrt{3}}{Z}=\frac{10\times10^3}{\sqrt{3}\times307.3}=18.79(\text{A})$$

$$I_2=KI_1=1.75\times18.79=32.88(\text{A})$$

$$U_2=I_2Z_L=32.88\times\sqrt{50^2+85^2}=32.88\times98.6=3242(\text{V})$$

6. **答**：变压器能改变交流电的电压和电流，但不能改变直流电的电压和电流。因为变压器是应用电磁感应原理而工作的，只有当一次绕组接交流电源时，一次绕组才会流过交流电流，在铁心中产生变化的磁通，从而在二次绕组中产生感应电动势；如果一次绕组

接直流电源，则一次绕组流过的是直流电流，在铁心中产生的磁通是恒定不变的，不能在二次绕组中产生感应电动势，所以变压器只能改变交流电的电压和电流，不能改变直流电的电压和电流。

7. **答**：若忽略变压器绕组漏阻抗压降，则绕组的端电压与感应电动势相等。正常工作时铁心磁路处于饱和状态。若把额定电压为 110 V 的二次绕组接在 220 V 交流电源上，二次绕组感应电动势将增大一倍，感应电动势与铁心磁通成正比，所以铁心磁通也将增大一倍，由于铁心磁路处于饱和状态，励磁电流将不只是增大一倍，而将增大许多倍。

8. **答**：在一次侧和二次侧作空载试验时，从电源吸收的有功功率相同，测出的参数中，变比相同，但励磁阻抗不相同，一次侧测得的励磁阻抗是二次侧测得的励磁阻抗的 K^2，因为无论是在一次侧或二次侧作空载试验时的电压都是其对应的额定电压，铁心磁通是额定磁通，铁损耗相同，所以从电源吸收的有功功率相同。在一次侧和二次侧作短路试验时，从电源吸收的有功功率也相同，一次侧测得的短路阻抗也是二次侧测得的短路阻抗的 K^2。

习题二参考答案

一、判断题

1. √　2. ×　3. ×　4. ×　5. ×　6. √　7. √

二、填空题

1. 变级调速、变频调速、变转差率调速
2. 减少
3. 最小
4. 能耗制动、反接制动、发电反馈制动
5. 大于
6. 1/3
7. 不能同时通电
8. 降低
9. 自锁、互锁
10. 闭合，断开
11. 短路保护，过载保护和欠压保护

三、选择题

1. (C)　2. (C)　3. (A)　4. (B)　5. (D)　6. (B)　7. (A)　8. (C)　9. (D)　10. (B)

四、计算题

1. **解**：(1) $T_N = 9550\dfrac{P_N}{n_N} = 9550\dfrac{11}{2900} = 36.2(\text{N}\cdot\text{m})$

由于 $T_L=55\ \text{N}\cdot\text{m}>T_N$，因而此时电动机过载。

$(2)I_N=\dfrac{P_N}{\sqrt{3}U_N\cos\phi_N\eta_N}=\dfrac{11000}{\sqrt{3}\times380\times0.88\times0.855}=22.22(\text{A})$

由于 24A>22.22A，因而此时电动机过载。

2. **解**：(1) $T_N=9550\dfrac{P_N}{n_N}=9550\dfrac{15}{2930}=48.9(\text{N}\cdot\text{m})$

由于 $T_L=70\ \text{N}\cdot\text{m}>T_N$，因而不能带此负载长期运行。

$(2)T_{\max}=\lambda_m T_N=2.2\times48.9=107.6(\text{N}\cdot\text{m})$

由于 $T_L=70\ \text{N}\cdot\text{m}<T_{\max}$，因而能带此负载短时运行。

$(3)I_N=\dfrac{P_N}{\sqrt{3}U_N\cos\phi_N\eta_N}=\dfrac{15000}{\sqrt{3}\times380\times0.88\times0.882}=29.3(\text{A})$

$$I_{st}=7I_N=7\times29.3=205.4(\text{A})$$

$I_{st}>180\text{A}$，所以不可以带此负载直接启动。

3. **解**：(1) $\eta_N=\dfrac{P_N}{P_1}=\dfrac{P_N}{\sqrt{3}U_N I_N\cos\phi_N}=\dfrac{40000}{\sqrt{3}\times380\times77.2\times0.87}=90.5\%$

(2)由于 $p=2$，因而 $n_0=1000(\text{r/min})$

$$S_N=\frac{n_0-n}{n_0}=\frac{1000-980}{1000}=2\%$$

(3) $T_N=9550\dfrac{P_N}{n_N}=9550\dfrac{40}{980}=389.8(\text{N}\cdot\text{m})$

(4) $T_{st}=\lambda_{st}T_N=1.3\times389.8=506.74(\text{N}\cdot\text{m})$

$(5)T_{\max}=\lambda_{\max}T_N=1.6\times389.8=623.68(\text{N}\cdot\text{m})$

$(6)I_{st}=7I_N=7\times77.2=540.4(\text{A})$

4. **解**：(1) 采用Y-△启动时，启动电流为

$$I'_{st}=\frac{1}{3}I_{st}=\frac{1}{3}\times6.5\times58=125.67(\text{A})$$

该电流小于 160A，满足变压器对启动电流的要求。

启动转矩为

$$T'_{st}=\frac{1}{3}T_{st}=\frac{1}{3}\times1.1\times9550\times\frac{28}{1455}=67.39(\text{N}\cdot\text{m})$$

该转矩小于负载转矩 78N·m，所以不能采用Y-△启动。

(2)采用自耦变压器启动时，分 3 种情况。

① 当抽头为 55%档时，

$$I'_{st}=0.55^2I_{st}=0.55^2\times6.5\times58=114.04(\text{A})<160(\text{A})$$

$$T'_{st}=0.55^2T_{st}=0.55^2\times1.1\times9550\times\frac{28}{1455}=61.16(\text{N}\cdot\text{m})<78(\text{N}\cdot\text{m})$$

因此该档不能采用。

② 当抽头为 64%档时，

$$I'_{st}=0.64^2I_{st}=0.64^2\times6.5\times58=154.42(\text{A})<160(\text{A})$$

$$T'_{st}=0.64^2T_{st}=0.64^2\times1.1\times9550\times\frac{28}{1455}=82.8(\text{N}\cdot\text{m})>78(\text{N}\cdot\text{m})$$

因此该档能采用。

③ 当抽头为73%档时，

$$I'_{st}=0.73^2I_{st}=0.73^2\times6.5\times58=200.9(\text{A})>160(\text{A})$$

$$T'_{st}=0.73^2T_{st}=0.73^2\times1.1\times9550\times\frac{28}{1455}=107.7(\text{N}\cdot\text{m})>78(\text{N}\cdot\text{m})$$

因此该档不能采用。

五、设计分析题

1. **解**：实现如题描述的运动状态的控制电路如图2所示。

2. **解**：实现如题描述的运动状态的控制电路如图3所示。

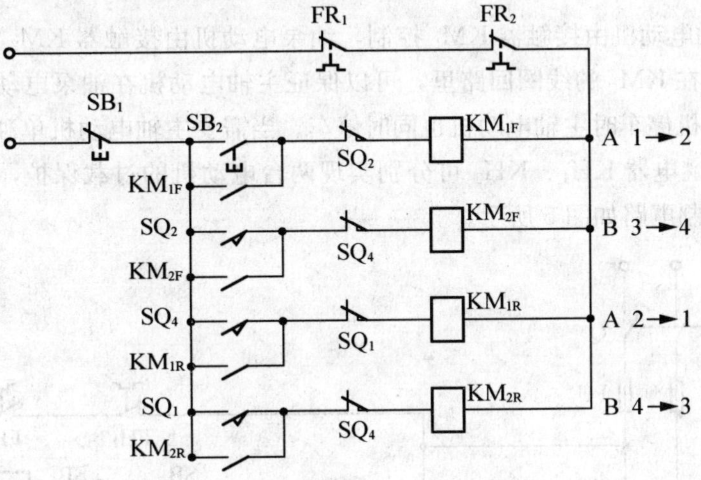

图2

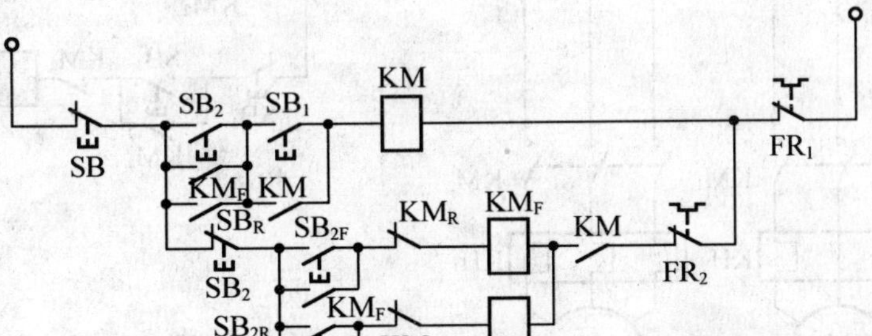

图3

3.（1）M_1 先启动后，M_2 才能启动，M_2 停车后才能停 M_1，M_1 能单独运行。

(2)M_1 过载时，M_2 不能继续运行，与 M_1 一起停车。

4. **解**：实现如题描述的运动状态的控制电路如图4所示。

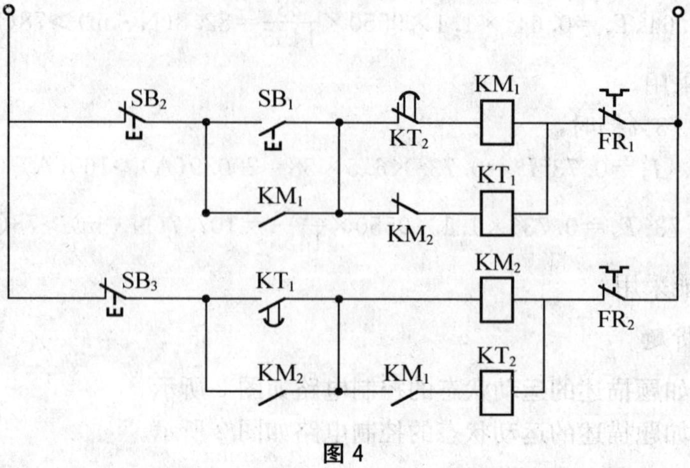

图 4

5. **答**：主轴电动机由接触器 KM_1 控制，油泵电动机由接触器 KM_2 控制，由于 KM_2 的常开触点串联在 KM_1 的线圈回路里，可以保证主轴电动机在油泵电动机启动后才能启动，当油泵电动机停车时主轴电动机也同时停车。当需要主轴电动机单独停车时，可按停止按钮 SB_4。热继电器 KH_1、KH_2 可分别实现两台电动机的过载保护，短路保护由熔断器 FU 实现。控制电路如图 5 所示。

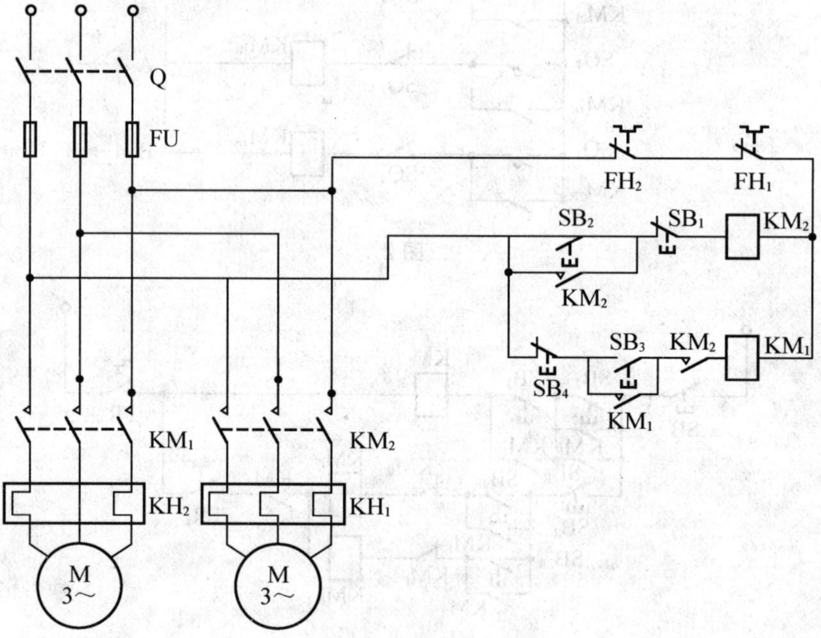

图 5

6. **答**：有 4 处错误：

(1) 熔断器应接在开关的负载侧，不应装载电源侧，否则要带电装换熔断器，是不允许的。

(2) 自锁触点 KM 不应将停止按钮 SB_1 也并接上去，否则 SB_1 不起作用。

(3) 控制电路的 1 端不应接在接触器 KM 的主触点之后，否则无法启动。

(4) 控制电路中未接入热继电器 FR 的常闭触点。

习题三参考答案

一、判断题

1.× 2.× 3.√ 4.× 5.√ 6.× 7.√

二、填空题

1. 单相交流电源供电
2. 离心开关、启动继电器
3. 主绕组、主磁场、辅助绕组、旋转磁场
4. 电容启动式、电容运转式、电容启动运转式
5. 较高启动转矩、3～5 倍
6. 变极调速、降压调速

三、选择题

1.(A) 2.(B) 3.(B) 4.(C) 5.(A)

四、计算题

1. **答：** 如果要改变分相式电动机的转动方向，只需将辅助绕组与主绕组相并联的接线端子对调即可。

2. 比较结果如下：

情况	三相	单相
(1) s=0	Tem=0	Tem<0
(2) s=1	Tem>0	Tem=0
(3) 最大转矩	$T_{max3}>T_{max1}$	
(4) 相同转矩时	S3 < S1	
(5) 1<s<2	Tem>0	

3. **答：** 根据启动方式的不同，单相异步电动机可以分为许多不同的型式。常用的有：(1)罩极式电动机；(2)分相式电动机；(3)电容式电动机(又分为：电容启动式；电容运转式；电容启动、运转式 3 种)。罩极式电动机的工作原理：定子上有凸出的磁极，主绕组就安置在这个磁极上。在磁极表面约 1/3 处开有一个凹槽，将磁极分成为大小两个部分，在磁极小的部分套着一个短路铜环，将磁极的一部分罩了起来，称为罩极，它相当于一个副绕组。当定子绕组中接入单相交流电源后，磁极中将产生交变磁通，穿过短路铜环的磁

通，在铜环内产生一个相位上滞后的感应电流。由于这个感应电流的作用，磁极被罩部分的磁通不但在数量上和未罩部分不同，而且在相位上也滞后于未罩部分的磁通。这两个在空间位置不一致，而在时间上又有一定相位差的交变磁通，就在电机气隙中构成脉动变化近似的旋转磁场。这个旋转磁场切割转子后，就使转子绕组中产生感应电流。载有电流的转子绕组与定子旋转磁场相互作用，转子得到启动转矩，从而使转子由磁极未罩部分向被罩部分的方向旋转。

4. **答:**

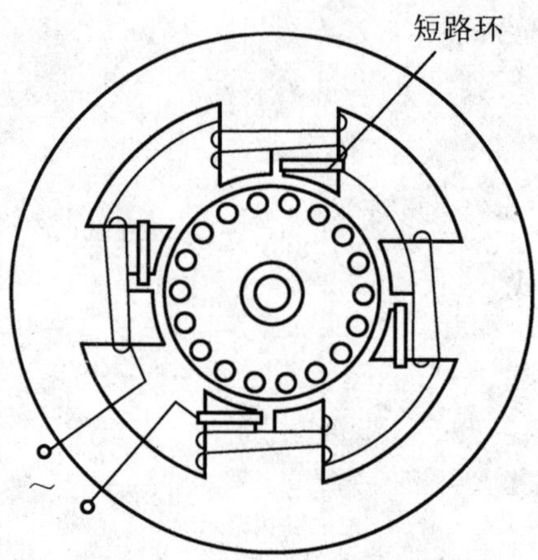

单相罩极电动机结构示意图

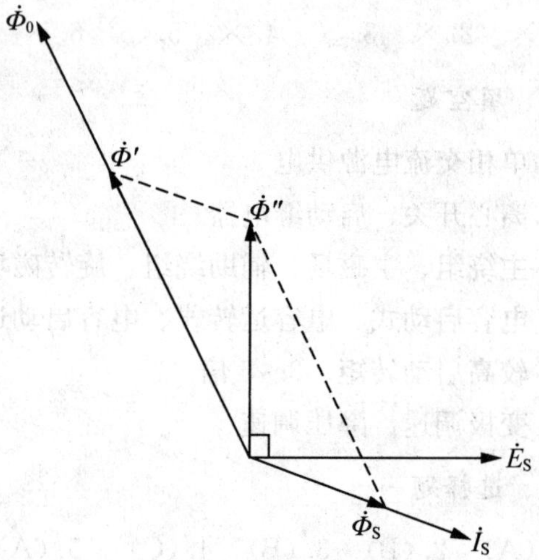

罩极式电动机磁通相量图

其中，$\dot{E}$s——短路铜环中感应产生电动势；$\dot{I}$s——短路铜环中感应产生电流；$\dot{\phi}$0——穿过罩极部分的磁通；$\dot{\phi}'$——穿过罩极部分的磁通；$\dot{\phi}$s$\dot{I}$s——产生的磁通。

习题四参考答案

一、填空题

1. 感应电机、负载的大小、功率因数
2. 静止的定子、转动的转子、空气隙
3. 有功、小于 90°
4. 均匀的、很不均匀
5. 超过其最大转矩
6. 一条直线
7. 同相位、纯电阻
8. 过励、正常励磁状态、欠励磁状态
9. 变频启动法和异步启动法

10. 永磁式微型同步电动机、反应式微型同步电动机和磁滞式微型同步电动机
11. 增大、不变、不变、增大、减小 、减小
12. 交直交无换向器、交—交无换向器

二、选择题

1.(C) 2.(C) 3.(D) 4.(B) 5.(D) 6.(C) 7.(B)

三、问答题(略)

四、计算题

1. (1) $P_1=\dfrac{P_N}{\eta_N}=\dfrac{250}{0.88}=284(\text{KW})$;

(2) $I_N=\dfrac{P_1}{\sqrt{3}U_N\cos\varphi_N}=539.4(\text{A})$;

(3) $P_{MN}=P_1-3I_N^2R=257.8(\text{KW})$;

(4) $T_N=\dfrac{P_{MN}}{\Omega_N}=2462((\text{N}\cdot\text{m}))$

2. 异步电机总的输入功率:$P_{1A}=\dfrac{P_{2A}}{\eta_A}=\dfrac{3000}{0.8}=3750(\text{kW})$

异步电机总容量:$S_A=\dfrac{P_{1A}}{\cos\varphi_A}=\dfrac{3750}{0.75}=5000(\text{kVA})$

异步电机总无功功率:$Q_A=S_A\sin\varphi_A=5000\times0.6614=3307.2(\text{kvar})$

同步电机发出的无功功率:$Q_S=Q_A$;

同步电机的视在功率:$S_S=\dfrac{Q_S}{\sin\varphi_s}=5512(\text{kVA})$

同步电机的有用功率:$P_S=S_S\times\cos\varphi_s=4409.5(\text{kW})$

3. $E_0'=0.95E_0$,$X_s'=0.95X_s$,$\Omega'=0.95\Omega$

$T_{em}'=T_{em}$

$P_{em}'=T_{em}'\Omega'=0.95T_{em}\Omega=0.95P_{em}$

$P_{em}'=\dfrac{mUE_0'}{X_s'}\sin\delta'=\dfrac{0.95mUE_0}{0.95X_s}\sin\delta'=\dfrac{mUE_0}{X_s}\sin\delta'=0.95\dfrac{mUE_0}{X_s}\sin25°$

$\sin\delta'=0.95\sin25°$

$\delta'=23.67°$

4.(略)

5. 同步电动机投入电网之前,电网负载:

有用功率:$P_L=4500(\text{kW})$;

由 $\cos\varphi=0.7$(滞后)得 $\varphi=45.573°$,

无用功率:$Q_L=P_L\cdot\tan\varphi=4590.92(\text{kvar})$

同步电动机投入电网之后,电网负载:

有用功率：$P'_L=4500+1000=5500(\text{kW})$；

由 $\cos\varphi'=0.8$(滞后)，得 $\varphi'=36.87°$，

无用功率：$Q_L{}'=P'_L\cdot\tan\varphi'=4125(\text{kvar})$，

忽略损耗则输入电动机的有功 $P_{IN}=1000(\text{W})$，

无功 $Q_{IN}=Q_L{}'-Q_L=-465.92(\text{kvar})$，

$$\tan\varphi_M=\frac{Q_{IN}}{P_{IN}}=-\frac{465.92}{1000}=-0.46592,$$

$\therefore \varphi_M=-24.98°$，则 $\varphi_M<0$，说明电流超前电压，于是功率因数 $\cos\phi_M=0.9064$，电动机的容量：$S_N=\dfrac{P_N}{\cos\phi_M}=1103(\text{kV}\cdot\text{A})$。

习题五参考答案

一、判断题

1. × 2. × 3. √ 4. √ 5. × 6. × 7. ×

二、填空题

1. 通电、电流、磁场
2. 直流、交流
3. 维修、简单、小、高、小
4. 平衡、垂直、电流、换向器
5. 下降
6. 将电枢绕组的两个接线端对调，将励磁绕组的两个接线端对调，但二者不能同时对调
7. 升高，降低
8. 1.25 倍
9. 反向，不变
10. 不行，不变，不变，下降，下降
11. 制动，驱动

三、选择题

1. (A) 2. (B) 3. (B) 4. (A) 5. (A) 6. (C) 7. (C) 8. (D) 9. (B) 10. (C) 11. (B) 12. (B)

四、计算题

1. **解：**

$$P_1=U_NI_N=220\times210=46.2(\text{kW})$$

$$\sum p=P_1-P_N=46.2-40=6.2(\text{kW})$$
$$P_{cu}=I_a^2R_a=210^2\times0.078=3.44(\text{kW})$$
$$P_M=E_aI_a=P_1-P_{cu}=46.2-3.44=42.76(\text{kW})$$
$$P_0=P_M-P_N=42.76-40=2.76(\text{kW})$$
$$T_M=\frac{P_M}{2\pi n/60}=\frac{42760}{2\pi\cdot1000/60}=408.3(\text{N}\cdot\text{m})$$
$$T_2=\frac{P_2}{2\pi n/60}=381.9(\text{N}\cdot\text{m})$$
$$T_0=\frac{P_0}{2\pi n/60}=26.4(\text{N}\cdot\text{m})$$

2. **解**:

$$P_M=UI_a-I_a^2R_a=110\times10-10^2\times0.6=1040(\text{W})$$
$$W=P_Mt=1040\times10\times60=624(\text{kJ})$$

3. **解**:对于直流电动机,

$$P_N=U_N\cdot I_N\cdot\eta_N$$

故该电机的额定电流

$$I_N=\frac{P_N}{U_N\cdot\eta_N}=\frac{75000}{220\times88.5\%}=385(\text{A})$$

4. **解**:(1)

$$T_N=\frac{P_N}{\Omega_N}=\frac{17000\times60}{2\pi\times3000}=54.1(\text{N}\cdot\text{m})$$

(2) $I_{fN}=\dfrac{U_N}{R_f}=\dfrac{220}{181.5}=1.212(\Omega)$

$I_{aN}=I_N-I_{fN}=88.9-1.212=87.688(\text{A})$

$E_{aN}=U_N-I_{aN}R_a=220-87.688\times0.0896=212.14(\text{V})$

$P_{eN}=E_{aN}I_{aN}=212.14\times87.688=18602.13$

$T_{eN}=\dfrac{P_{eN}}{\Omega_N}=\dfrac{18602.13\times60}{2\pi\times n_N}=59.2(\text{N}\cdot\text{m})$

(3) $T_0=T_{eN}-T_N=59.2-54.1=5.1(\text{N}\cdot\text{m})$

$P_0=T_0\Omega=5.1\times\dfrac{2\pi\times3000}{60}=1602.2(\text{W})$

$$\begin{aligned}P_{1N}&=P_{eN}+P_{cua}+P_{cuf}\\&=P_{eN}+I_a^2R_a+I_f^2R_f\\&=18602.13+87.688^2\times0.0896+1.212^2\times181.5\\&=19557.7(\text{W})\end{aligned}$$

$\eta_N=\dfrac{P_N}{P_{1N}}\times100\%=86.9\%$

(4) $$n_0=\frac{U_N}{C_e\Phi}=\frac{U_N n_N}{E_{aN}}=\frac{220\times3000}{212.14}=3111.2(\text{r/m})$$

(5)因为调速前后T_e不变，所以I_a不变

$$E_a'=U_N-I_a(R_a+R)=220-87.688\times(0.0896+0.15)=199(\text{V})$$

$$n'=\frac{n_N}{E_{aN}}\cdot E_a'=\frac{3000}{212.14}\times199=2814.2(\text{r/m})$$

5. **解：**

$$I_N=\frac{P_N}{\eta_N U_N}=\frac{100000}{0.88\times220}=516.53(\text{A})$$

$$I_{aN}=I_N-\frac{U_N}{R_f}=508.53(\text{A})$$

$$E_{aN}=U_N-I_{aN}R_a-2\Delta u=220-508.53\times0.022-2=206.8(\text{V})$$

$$C_e\Phi=\frac{E_{aN}}{n_N}=\frac{206.8}{550}=0.376$$

$$P_0=P_{eN}-P_N=E_{aN}I_{aN}-P_N=5164(\text{W})$$

$$I_{a0}=\frac{T_{e0}}{C_T\Phi}=\frac{T_0}{C_T\Phi}=\frac{P_0}{\Omega\,C_T\Phi}$$

$$=\frac{60\,P_0}{2\pi n\times9.55\times C_T\Phi}=\frac{60\times5164}{2\pi\times550\times9.55\times0.376}=24.97(\text{A})$$

$$I_0=I_{a0}+I_f=24.97+\frac{U_N}{R_f}=24.97+8=32.97(\text{A})$$

6. **答：**当U、I_f保持不变时，按电动机稳定运行时的转矩平衡方程式$T_e=T_0+T_2\approx T_2$，$T_e=C_T\Phi I_a$，C_T为一制造常数，因此有$C_T\Phi I_a=T_2$。今电枢电流超过额定电枢电流，即$I_a>I_{aN}$，说明$C_T\Phi I_{aN}<T_2$，亦即电枢通过额定电流时产生的电磁转矩小于负载转矩。出现这种情况，有如下几种可能，一是负载转矩T_2较大，或是励磁电流I_f较小，使产生的主磁通Φ减小。企图在电枢回路串电阻来限制电枢电流是不行的。因为在负载转矩T_2及气隙合成磁通Φ一定时，所需的电枢电流也是一定的。

7. **答：**由转矩平衡方程式$T_e=T_0+T_2$可知，制动转矩不变时电磁转矩是不变的。当电动机的励磁电流保持不变，在不考虑电枢反应的影响或电枢反应保持不变时，气隙磁通$\Phi=$常数，因而电枢电流I_a是不变的。又由于电压U不变，所以输入功率$P_1=U(I_a+I_f)$不变。从$n=\dfrac{U-I_a(R_a+R_j)}{C_e\Phi}$可知，当$U$、$I_a$、$\Phi$不变时，转速将随着$R_1$的增大而减小。而$P_2\propto T_2n$，所以输出功率随$n$下降而下降，因此电机的效率将降低。铜耗$P_{Cua}=I_a^2(R_a+R_1)$随$R_1$增大而增大，铁耗随$n$下降而减少。因此电枢回路串电阻后，电机的转速下降，电枢电流不变，输入功率不变，输出功率减少，铁耗减少，铜耗增加，效率降低。

8. **答：**直流电动机稳定运行时，$T_e=T_2+T_0$，T_2增大后，$T_e<T_2+T_0$，从而使得n下降。由$E=C_e\Phi n$知，E下降，而$I_a=\dfrac{U-E}{R_a}$，因此，I_a上升。$T_e=C_T\Phi I_a$，故T_e上升。这个过程一直持续到$T_e=T_2+T_0$为止，电动机在新的状态下稳定运行。与原值相比，I_a增大，n减小，E减小，T_e增大。

习题六参考答案

1.(B)。

2. **答**：有死区。由 $U_{a0}=\dfrac{T_sR_a}{C_T\phi}=\dfrac{(T_o+T_L)R_a}{C_T\phi}$，因为是空载，所以 TL＝0，但 $T_0\neq0$，故 $U_{a0}\neq0$，所以有死区。由关系式 $U_{a0}=\dfrac{T_0R_a}{C_T\phi}=\dfrac{C_e\phi I_{a0}R_a}{C_T\phi}=\dfrac{C_e}{C_T}I_{a0}R_a$，可知，死区的大小主要与空载电枢电流 I_{a0} 和电枢电阻 R_a 有关。

3. **答**：因为电动机轴上总带有机械负载，即使在空载下，电机本身也会存在阻转矩。为了克服机械负载的阻力矩，转子绕组中必须要有一定大小的电流以产生足够的电磁转矩，而转子绕组中的电流是由旋转磁场切割转子导条产生的，那么要产生一定数量的电流，转子转速必须要低于旋转磁场的转速。

4. **解**：空载情况下，$ns=n=1000(\mathrm{r/min})$

由 $ns=60(\mathrm{f/p})$

得 $p=60f/ns=60\times50/1000=3$

$\therefore 2p=6$

由此得该电机是六级电机；

在理想情况下，空载转差率 $s=(ns-n)/ns=(1000-1000)/1000=0$

在非理想情况下，由 $n=5/6ns$，得 $s=(ns-n)/ns=(ns-5/6ns)/ns=1/6$

5. 自整角机按照使用要求不同，可分为力矩式自整角机和控制式自整角机两大类。

6. **答**：感生电流所产生的磁通对交轴磁通有去磁作用，单独原边全补偿时，负载阻抗改变不影响其补偿程度，即与负载阻抗值的改变无关。

7. **答**：将正余弦旋转变压器的定子励磁绕组和转子余弦输出绕组串联，并作为励磁的原边。定子交轴绕组短接作为原边补偿，转子正弦输出绕组作为输出绕组，即可将正余弦旋转变压器变为线性旋转变压器。线性旋转变压器的转子绕组输出电压 UR_2 和转角 θ 的关系式是：

$$U_{R2}=\frac{k_uU_{f1}\sin\theta}{1+k_u\cos\theta}$$

改进后的线性旋变，当误差小于 0.1％时，转角 θ 的角度范围是 $\pm60^\circ$。

8. **答**：单相绕组通入直流电会形成恒定的磁场，单相绕组通入交流电会形成脉振磁场；两相绕组通入两相交流电会形成脉振磁场或旋转磁场。恒定磁场在磁场内部是一个匀强磁场，不随时间变化。脉振磁场的幅值位置不变，其振幅永远随时间交变；对某瞬时来说，磁场的大小沿定子内圆周长方向作余弦分布，对气隙中某一点而言，磁场的大小随时间作正弦变化。圆形旋转磁场的特点是：它的磁通密度在空间按正弦规律分布，其幅值不变并以恒定的速度在空间旋转。

9. **答**：此时电动机的电枢电流减小，电磁转矩减小，转速增大。

由原来的稳态到达新的稳态的物理过程分析如下：

开始时，假设电动机所加的电枢电压为U_{a1}，励磁电压为U_f，电动机的转速为$n1$，产生的反电势为E_{a1}，电枢中的电流为I_{a1}，根据电压平衡方程式：

$$U_{a1}=E_{a1}+I_{a1}R_a=C_e\Phi n1+I_{a1}R_a$$

则此时电动机产生的电磁转矩$T=C_T\Phi I_{a1}$，由于电动机处于稳态，电磁转矩T和电动机轴上的总阻转矩T_s平衡，即$T=T_s$。

当保持直流伺服电动机的励磁电压不变，则Φ不变；如果负载转矩减少，则总的阻转矩$T_s=T_L+T_0$将减少，因此，电磁转矩T将大与总的阻转矩，而使电动机加速，即n将变大；n增大将使反电势E_a变增大。为了保持电枢电压平衡($U_a=E_a+I_aR_a$)，由于电枢电压U_a保持不变，则电枢电流I_a必须减少，则电磁转矩也将跟着变小，直到电磁转矩小到与总阻转矩相平衡时，即$T=T_s$，才达到新的稳定状态。

与负载转矩减少前相比，电动机的电枢电流减小，电磁转矩减小，转速增大。

10. **答：**定子控制绕组每改变一次通电方式，称为一拍。每一拍转过的机械角度我们称为步距角，通常用θ_S表示。即使同一台步进电动机，若通电运行方式不同，其步距角也不相同。所以一般步进电动机会给出两个步距角，如3°/1.5°、1.5°/0.75°等。

11. **答：**假设步进电动机作单步运行时的最大允许负载转矩为T_1，但当控制脉冲频率逐步增加，电动机转速逐步升高时，步进电动机所能带动的最大负载转矩将逐步下降。这就是说，电动机连续转动所产生的最大输出转矩T是随着脉冲频率f的升高而减小的。

当频率增高以后步进电动机的负载能力就要下降，主要原因就是定子绕组电感的影响。因为步进电动机每相绕组是一个电感线圈，它具有一定的电感L，而电感有延缓电流变化的特性。此外，随着频率上升，转子转速升高，在定子绕组中产生的附加旋转电动势使电动机受到更大的阻尼转矩，电动机铁芯中的涡流损耗也将很快增加。这些都是使步进电动机输出功率和输出转矩下降的因素。所以，输入脉冲频率增高后，步进电动机的负载能力逐步下降，到某一频率以后，步进电动机已带不动任何负载，只要受到很小的扰动，就会振荡、失步以至停转。

12. **答：**步距角$\alpha=\dfrac{360°}{mZK}$，m为步进电动机的相数；Z为转子齿数；K为通电方式系数(拍数/相数)，所以$\alpha=0.75°$。

$$转速\ n=\frac{步距角\cdot 工作频率}{360°}=\frac{0.75\cdot 600}{360}=1.25(\text{r/min})$$

13. 答案略。

习题七参考答案

一、判断题

1. √　2. √　3. ×　4. ×

二、选择题

1.(A)　2.(A)　3.(D)　4.(C)　5.(B)　6.(A)

三、填空题

1. 开关量逻辑控制、模拟量控制、运动控制和多级控制
2. 小型机、中型机和大型机
3. CPU、存储器、输入/输出(I/O)接口、通信接口和电源
4. 用户存储器、不可
5. 能驱动交、直流负载的继电器型
6. 输入映像寄存器、1、0
7. 输出刷新阶段、输出锁存器
8. PLC 的类型和用户程序长短
9. PLC 的扫描周期很短
10. 输入映像寄存器 I、输出映像寄存器 Q、变量寄存器 V、内部位寄存器 M、特殊寄存器 SM、顺序控制状态寄存器 S 和局部变量寄存器 L
11. 定时器 T、计数器 C、模拟量输入寄存器 AI 和模拟量输出寄存器 AQ
12. 累加器 AC 和高速计数器 HC
13. 加计数器、减计数器和加减计数器
14. 位逻辑指令、定时器指令和计数器指令
15. 接通延时定时器(TON)、有记忆接通延时定时器(TONR)及断开延时定时器(TOF)
16. 顺序控制
17. 自由口、点对点接口(PPI)、多点接口(MPI)和过程现场总线(Profibus)

四、设计题

1. **解:**

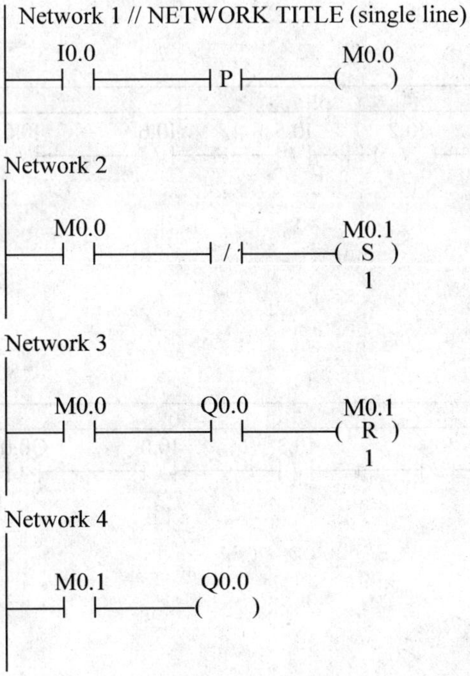

2. **解**:

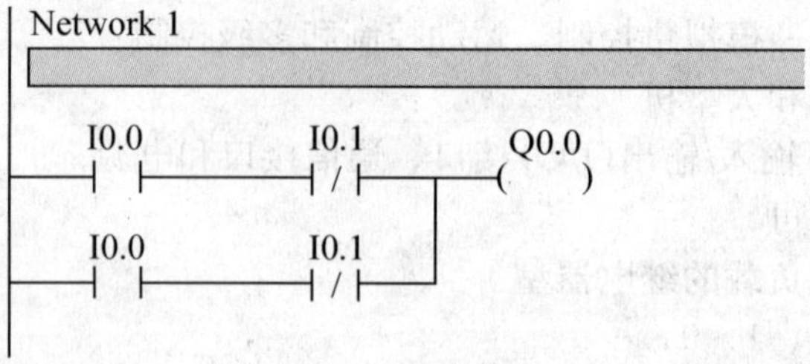

3. **解**:I/O 口地址分配如下表:

I/O 口编号	信号名称
I0.0	停止按钮(常开)
I0.1	正转启动按钮
I0.2	反转启动按钮
I0.3	SP1
I0.4	SP2
I0.5	SP3
I0.6	SP4
Q0.0	驱动电机的正转接触器线圈
Q0.1	驱动电机的反转接触器线圈

梯形图程序如下:

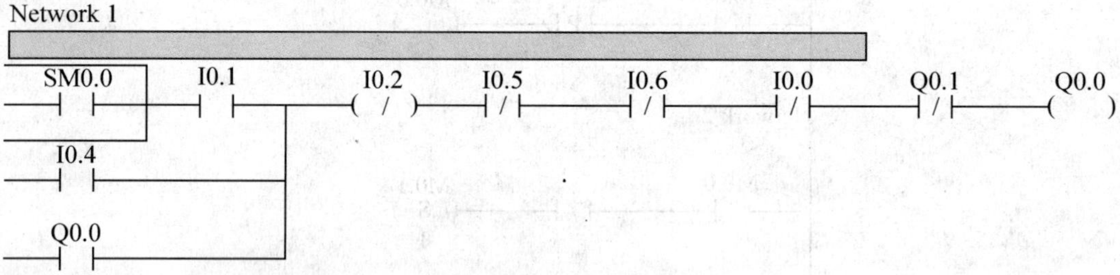

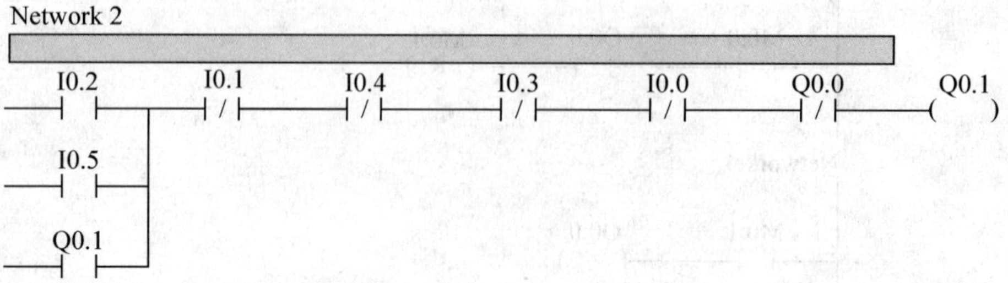

4. **解**：

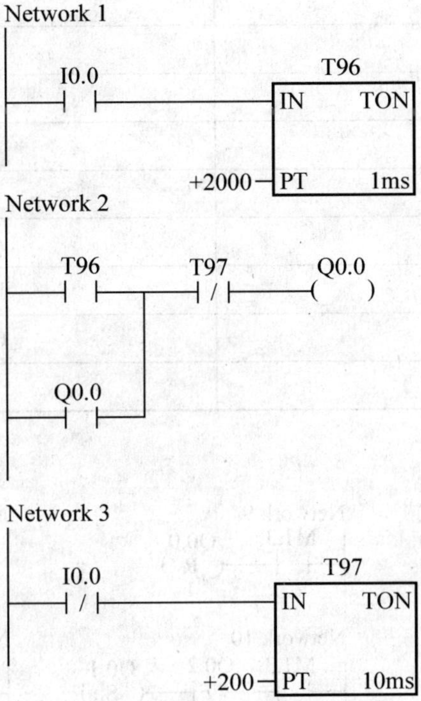

5. **解**：Network 1

```
LD    SM0.0
A     I0.0
LD    C1
CTU   C0, +3
Network 2
LD    I0.0
A     C0
LDN   C0
CTU   C1, +3
Network 3
LD    C0
=     Q0.0
```

功能：I0.0 按钮按下 3 次，Q0.0 接通；再按 2 次，Q0.0 断开。

6. **解**：选定 CPU214，I/O 口地址分配如下表：

I/O 编号	信号名称
I0.0	启动按钮
I0.1	停止按钮

续表

I/O 编号	信号名称
I0.2	H 传感器
I0.3	M 传感器
I0.4	L 传感器
I0.5	复位按钮
Q0.0	A 阀门电磁阀
Q0.1	B 阀门电磁阀
Q0.2	C 阀门电磁阀
Q0.3	搅拌电机

梯形图程序如下：

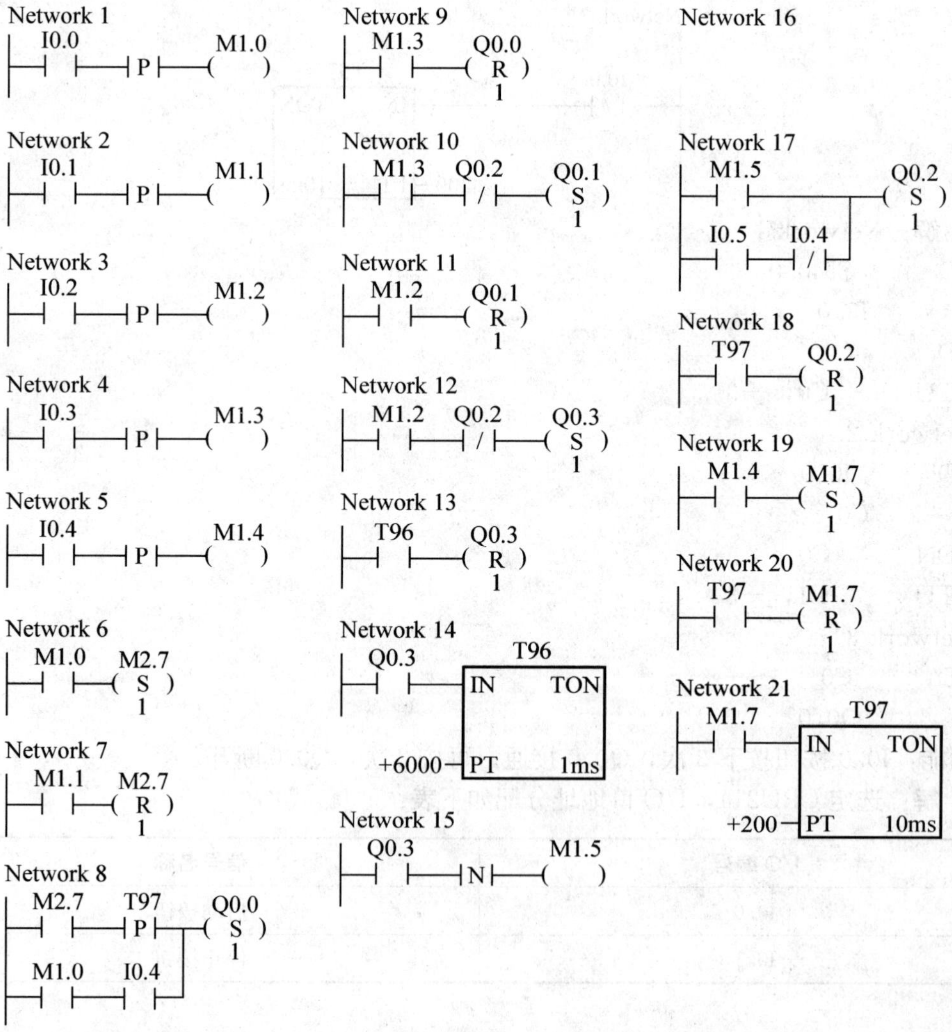

7. **解**：I/O 口地址分配如下表：

I/O 编号	信号名称
I0.0	选手 1 按钮
I0.1	选手 2 按钮
I0.2	选手 3 按钮
I0.3	复位按钮
Q0.0	选手 1 指示灯
Q0.1	选手 2 指示灯
Q0.3	选手 3 指示灯

梯形图程序如下：

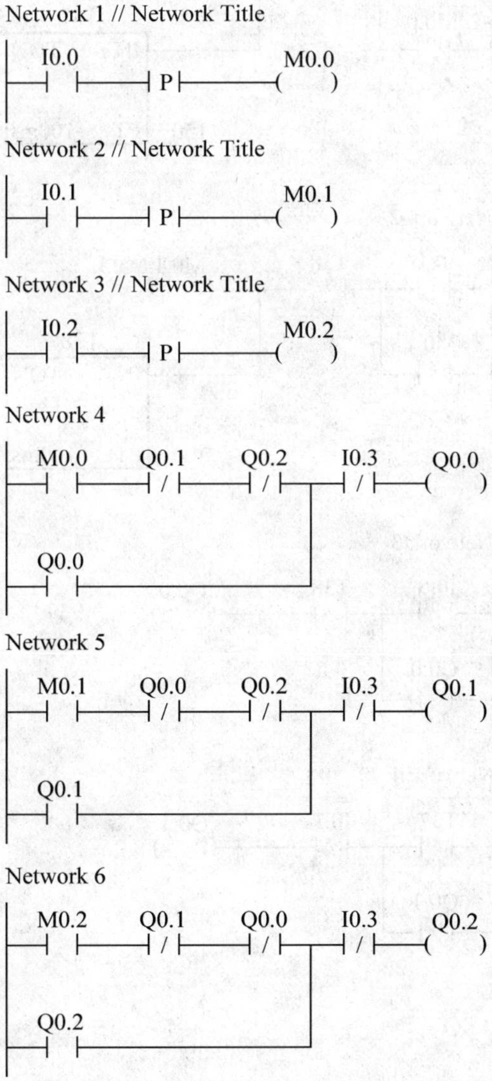

8. **解**：I/O 口地址分配如下表：

I/O 编号	信号名称
I0. 0	启动按钮
I0. 1	停止按钮
Q0. 0	引风机
Q0. 1	鼓风机

梯形图程序如下：

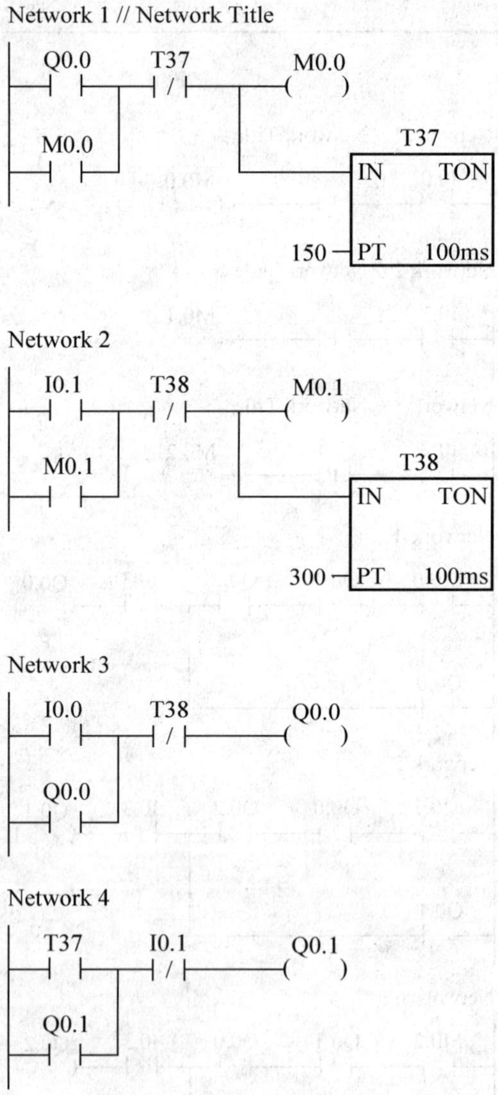

参 考 文 献

[1] 曹承志．电动机、拖动与控制 [M]. 北京：机械工业出版社，2008.

[2] 唐介．电动机与拖动 [M]. 北京：高等教育出版社，2009.

[3] 潘再平．电动机学 [M]. 杭州：浙江大学出版社，2008.

[4] 秦曾煌．电工学(上册) [M]. 北京：高等教育出版社，2008.

[5] 史仪凯．电工电子应用技术(电工学Ⅲ) [M]. 北京：科学出版社，2007.

[6] 吴建强．现代传动及其控制技术 [M]. 北京：机械工业出版社，2003.

[7] 李发海．电动机与拖动基础 [M]. 北京：清华大学出版社，2003.

[8] 周顺荣．电动机学 [M]. 北京：科学出版社，2007.

[9] 戴文进，徐龙权．电动机学 [M]. 北京：清华大学出版社，2008.

[10] 巫传专．控制电动机及其应用 [M]. 北京：电子工业出版社，2008.

[11] 王永华．现代电气控制及 PLC 应用技术 [M]. 北京：北京航空航天大学出版社，2006.

[12] 廖常初．PLC 编程及应用 [M]. 北京：机械工业出版社，2003.

北京大学出版社本科计算机系列实用规划教材

序号	标准书号	书　　名	主　编	定价	序号	标准书号	书　　名	主　编	定价
1	7-301-10511-5	离散数学	段禅伦	28	38	7-301-13684-3	单片机原理及应用	王新颖	25
2	7-301-10457-X	线性代数	陈付贵	20	39	7-301-14505-0	Visual C++程序设计案例教程	张荣梅	30
3	7-301-10510-X	概率论与数理统计	陈荣江	26	40	7-301-14259-2	多媒体技术应用案例教程	李　建	30
4	7-301-10503-0	Visual Basic 程序设计	闵联营	22	41	7-301-14503-6	ASP .NET 动态网页设计案例教程(Visual Basic .NET 版)	江　红	35
5	7-301-21752-8	多媒体技术及其应用(第 2 版)	张　明	39	42	7-301-14504-3	C++面向对象与 Visual C++程序设计案例教程	黄贤英	35
6	7-301-10466-8	C++程序设计	刘天印	33	43	7-301-14506-7	Photoshop CS3 案例教程	李建芳	34
7	7-301-10467-5	C++程序设计实验指导与习题解答	李　兰	20	44	7-301-14510-4	C++程序设计基础案例教程	于永彦	33
8	7-301-10505-4	Visual C++程序设计教程与上机指导	高志伟	25	45	7-301-14942-3	ASP .NET 网络应用案例教程(C# .NET 版)	张登辉	33
9	7-301-10462-0	XML 实用教程	丁跃潮	26	46	7-301-12377-5	计算机硬件技术基础	石　磊	26
10	7-301-10463-7	计算机网络系统集成	斯桃枝	22	47	7-301-15208-9	计算机组成原理	娄国焕	24
11	7-301-22437-3	单片机原理及应用教程(第 2 版)	范立南	43	48	7-301-15463-2	网页设计与制作案例教程	房爱莲	36
12	7-5038-4421-3	ASP .NET 网络编程实用教程(C#版)	崔良海	31	49	7-301-04852-8	线性代数	姚喜妍	22
13	7-5038-4427-2	C 语言程序设计	赵建锋	25	50	7-301-15461-8	计算机网络技术	陈代武	33
14	7-5038-4420-5	Delphi 程序设计基础教程	张世明	37	51	7-301-15697-1	计算机辅助设计二次开发案例教程	谢安俊	26
15	7-5038-4417-5	SQL Server 数据库设计与管理	姜　力	31	52	7-301-15740-4	Visual C# 程序开发案例教程	韩朝阳	30
16	7-5038-4424-9	大学计算机基础	贾丽娟	34	53	7-301-16597-3	Visual C++程序设计实用案例教程	于永彦	32
17	7-5038-4430-0	计算机科学与技术导论	王昆仑	30	54	7-301-16850-9	Java 程序设计案例教程	胡巧多	32
18	7-5038-4418-3	计算机网络应用实例教程	魏　峥	25	55	7-301-16842-4	数据库原理与应用(SQL Server 版)	毛一梅	36
19	7-5038-4415-9	面向对象程序设计	冷英男	28	56	7-301-16910-0	计算机网络技术基础与应用	马秀峰	33
20	7-5038-4429-4	软件工程	赵春刚	22	57	7-301-15063-4	计算机网络基础与应用	刘远生	32
21	7-5038-4431-0	数据结构(C++版)	秦　锋	28	58	7-301-15250-8	汇编语言程序设计	张光长	28
22	7-5038-4423-2	微机应用基础	吕晓燕	33	59	7-301-15064-1	网络安全技术	骆耀祖	30
23	7-5038-4426-4	微型计算机原理与接口技术	刘彦文	26	60	7-301-15584-4	数据结构与算法	佟伟光	32
24	7-5038-4425-6	办公自动化教程	钱　俊	30	61	7-301-17087-8	操作系统实用教程	范立南	36
25	7-5038-4419-1	Java 语言程序设计实用教程	董迎红	33	62	7-301-16631-4	Visual Basic 2008 程序设计教程	隋晓红	34
26	7-5038-4428-0	计算机图形技术	龚声蓉	28	63	7-301-17537-8	C 语言基础案例教程	汪新民	31
27	7-301-11501-5	计算机软件技术基础	高　巍	25	64	7-301-17397-8	C++程序设计基础教程	郗亚辉	30
28	7-301-11500-8	计算机组装与维护实用教程	崔明远	33	65	7-301-17578-1	图论算法理论、实现及应用	王桂平	54
29	7-301-12174-0	Visual FoxPro 实用教程	马秀峰	29	66	7-301-17964-2	PHP 动态网页设计与制作案例教程	房爱莲	42
30	7-301-11500-8	管理信息系统实用教程	杨月江	27	67	7-301-18514-8	多媒体开发与编程	于永彦	35
31	7-301-11445-2	Photoshop CS 实用教程	张　瑾	28	68	7-301-18538-4	实用计算方法	徐亚平	24
32	7-301-12378-2	ASP .NET 课程设计指导	潘志红	35	69	7-301-18539-1	Visual FoxPro 数据库设计案例教程	谭红杨	35
33	7-301-12394-2	C# .NET 课程设计指导	龚自霞	32	70	7-301-19313-6	Java 程序设计案例教程与实训	董迎红	45
34	7-301-13259-3	VisualBasic .NET 课程设计指导	潘志红	30	71	7-301-19389-1	Visual FoxPro 实用教程与上机指导（第 2 版）	马秀峰	40
35	7-301-12371-3	网络工程实用教程	汪新民	34	72	7-301-19435-5	计算方法	尹景本	28
36	7-301-14132-8	J2EE 课程设计指导	王立丰	32	73	7-301-19388-4	Java 程序设计教程	张剑飞	35
37	7-301-21088-8	计算机专业英语(第 2 版)	张　勇	42	74	7-301-19386-0	计算机图形技术(第 2 版)	许承东	44

序号	标准书号	书　　名	主　编	定价	序号	标准书号	书　　名	主　编	定价
75	7-301-15689-6	Photoshop CS5 案例教程(第 2 版)	李建芳	39	84	7-301-16824-0	软件测试案例教程	丁宋涛	28
76	7-301-18395-3	概率论与数理统计	姚喜妍	29	85	7-301-20328-6	ASP. NET 动态网页案例教程(C#.NET 版)	江　红	45
77	7-301-19980-0	3ds Max 2011 案例教程	李建芳	44	86	7-301-16528-7	C#程序设计	胡艳菊	40
78	7-301-20052-0	数据结构与算法应用实践教程	李文书	36	87	7-301-21271-4	C#面向对象程序设计及实践教程	唐　燕	45
79	7-301-12375-1	汇编语言程序设计	张宝剑	36	88	7-301-21295-0	计算机专业英语	吴丽君	34
80	7-301-20523-5	Visual C++程序设计教程与上机指导(第 2 版)	牛江川	40	89	7-301-21341-4	计算机组成与结构教程	姚玉霞	42
81	7-301-20630-0	C#程序开发案例教程	李挥剑	39	90	7-301-21367-4	计算机组成与结构实验实训教程	姚玉霞	22
82	7-301-20898-4	SQL Server 2008 数据库应用案例教程	钱哨	38	91	7-301-22119-8	UML 实用基础教程	赵春刚	36
83	7-301-21052-9	ASP.NET 程序设计与开发	张绍兵	39					

北京大学出版社电气信息类教材书目(已出版)

欢迎选订

序号	标准书号	书　　名	主　编	定价	序号	标准书号	书　　名	主　编	定价
1	7-301-10759-1	DSP 技术及应用	吴冬梅	26	48	7-301-11151-2	电路基础学习指导与典型题解	公茂法	32
2	7-301-10760-7	单片机原理与应用技术	魏立峰	25	49	7-301-12326-3	过程控制与自动化仪表	张井岗	36
3	7-301-10765-2	电工学	蒋　中	29	50	7-301-23271-2	计算机控制系统(第 2 版)	徐文尚	48
4	7-301-19183-5	电工与电子技术(上册)(第 2 版)	吴舒辞	30	51	7-5038-4414-0	微机原理及接口技术	赵志诚	38
5	7-301-19229-0	电工与电子技术(下册)(第 2 版)	徐卓农	32	52	7-301-10465-1	单片机原理及应用教程	范立南	30
6	7-301-10699-0	电子工艺实习	周春阳	19	53	7-5038-4426-4	微型计算机原理与接口技术	刘彦文	26
7	7-301-10744-7	电子工艺学教程	张立毅	32	54	7-301-12562-5	嵌入式基础实践教程	杨　刚	30
8	7-301-10915-6	电子线路 CAD	吕建平	34	55	7-301-12530-4	嵌入式 ARM 系统原理与实例开发	杨宗德	25
9	7-301-10764-1	数据通信技术教程	吴延海	29	56	7-301-13676-8	单片机原理与应用及 C51 程序设计	唐　颖	30
10	7-301-18784-5	数字信号处理(第 2 版)	阎　毅	32	57	7-301-13577-8	电力电子技术及应用	张润和	38
11	7-301-18889-7	现代交换技术(第 2 版)	姚　军	36	58	7-301-20508-2	电磁场与电磁波（第 2 版）	邬春明	30
12	7-301-10761-4	信号与系统	华　容	33	59	7-301-12179-5	电路分析	王艳红	38
13	7-301-19318-1	信息与通信工程专业英语（第 2 版）	韩定定	32	60	7-301-12380-5	电子测量与传感技术	杨　雷	35
14	7-301-10757-7	自动控制原理	袁德成	29	61	7-301-14461-9	高电压技术	马永翔	28
15	7-301-16520-1	高频电子线路(第 2 版)	宋树祥	35	62	7-301-14472-5	生物医学数据分析及其 MATLAB 实现	尚志刚	25
16	7-301-11507-7	微机原理与接口技术	陈光军	34	63	7-301-14460-2	电力系统分析	曹　娜	35
17	7-301-11442-1	MATLAB 基础及其应用教程	周开利	24	64	7-301-14459-6	DSP 技术与应用基础	俞一彪	34
18	7-301-11508-4	计算机网络	郭银景	31	65	7-301-14994-2	综合布线系统基础教程	吴达金	24
19	7-301-12178-8	通信原理	隋晓红	32	66	7-301-15168-6	信号处理 MATLAB 实验教程	李　杰	20
20	7-301-12175-7	电子系统综合设计	郭　勇	25	67	7-301-15440-3	电工电子实验教程	魏　伟	26
21	7-301-11503-9	EDA 技术基础	赵明富	22	68	7-301-15445-8	检测与控制实验教程	魏　伟	24
22	7-301-12176-4	数字图像处理	曹茂永	23	69	7-301-04595-4	电路与模拟电子技术	张绪光	35
23	7-301-12177-1	现代通信系统	李白萍	27	70	7-301-15458-8	信号、系统与控制理论(上、下册)	邱德润	70
24	7-301-12340-9	模拟电子技术	陆秀令	28	71	7-301-15786-2	通信网的信令系统	张云麟	24
25	7-301-13121-3	模拟电子技术实验教程	谭海曙	24	72	7-301-23674-1	发电厂变电所电气部分(第 2 版)	马永翔	48
26	7-301-11502-2	移动通信	郭俊强	22	73	7-301-16076-3	数字信号处理	王震宇	32
27	7-301-11504-6	数字电子技术	梅开乡	30	74	7-301-16931-5	微机原理及接口技术	肖洪兵	32
28	7-301-18860-6	运筹学(第 2 版)	吴亚丽	28	75	7-301-16932-2	数字电子技术	刘金华	30
29	7-5038-4407-2	传感器与检测技术	祝诗平	30	76	7-301-16933-9	自动控制原理	丁　红	32
30	7-5038-4413-3	单片机原理及应用	刘　刚	24	77	7-301-17540-8	单片机原理及应用教程	周广兴	40
31	7-5038-4409-6	电机与拖动	杨天明	27	78	7-301-17614-6	微机原理及接口技术实验指导书	李干林	22
32	7-5038-4411-9	电力电子技术	樊立萍	25	79	7-301-12379-9	光纤通信	卢志茂	28
33	7-5038-4399-0	电力市场原理与实践	邹　斌	24	80	7-301-17382-4	离散信息论基础	范九伦	25
34	7-5038-4405-8	电力系统继电保护	马永翔	27	81	7-301-17677-1	新能源与分布式发电技术	朱永强	32
35	7-5038-4397-6	电力系统自动化	孟祥忠	25	82	7-301-17683-2	光纤通信	李丽君	26
36	7-301-24933-8	电气控制技术(第 2 版)	韩顺杰	28	83	7-301-17700-6	模拟电子技术	张绪光	36
37	7-5038-4403-4	电器与 PLC 控制技术	陈志新	38	84	7-301-17318-3	ARM 嵌入式系统基础与开发教程	丁文龙	36
38	7-5038-4400-3	工厂供配电	王玉华	34	85	7-301-17797-6	PLC 原理及应用	缪志农	26
39	7-5038-4410-2	控制系统仿真	郑恩让	26	86	7-301-17986-4	数字信号处理	王玉德	32
40	7-5038-4398-3	数字电子技术	李　元	27	87	7-301-18131-7	集散控制系统	周荣富	36
41	7-5038-4412-6	现代控制理论	刘永信	22	88	7-301-18285-7	电子线路 CAD	周荣富	41
42	7-5038-4401-0	自动化仪表	齐志才	27	89	7-301-16739-7	MATLAB 基础及应用	李国朝	39
43	7-5038-4408-9	自动化专业英语	李国厚	32	90	7-301-18352-6	信息论与编码	隋晓红	24
44	7-301-23081-7	集散控制系统(第 2 版)	刘翠玲	36	91	7-301-18260-4	控制电机与特种电机及其控制系统	孙冠群	42
45	7-301-19174-3	传感器基础(第 2 版)	赵玉刚	32	92	7-301-18493-6	电工技术	张　莉	26
46	7-5038-4396-9	自动控制原理	潘　丰	32	93	7-301-18496-7	现代电子系统设计教程	宋晓梅	36
47	7-301-10512-2	现代控制理论基础(国家级十一五规划教材)	侯媛彬	20	94	7-301-18672-5	太阳能电池原理与应用	靳瑞敏	25

序号	标准书号	书　名	主　编	定价	序号	标准书号	书　名	主　编	定价
95	7-301-18314-4	通信电子线路及仿真设计	王鲜芳	29	130	7-301-22111-2	平板显示技术基础	王丽娟	52
96	7-301-19175-0	单片机原理与接口技术	李　升	46	131	7-301-22448-9	自动控制原理	谭功全	44
97	7-301-19320-4	移动通信	刘维超	39	132	7-301-22474-8	电子电路基础实验与课程设计	武　林	36
98	7-301-19447-8	电气信息类专业英语	缪志农	40	133	7-301-22484-7	电文化——电气信息学科概论	高　心	30
99	7-301-19451-5	嵌入式系统设计及应用	邢吉生	44	134	7-301-22436-6	物联网技术案例教程	崔逊学	40
100	7-301-19452-2	电子信息类专业 MATLAB 实验教程	李明明	42	135	7-301-22598-1	实用数字电子技术	钱裕禄	30
101	7-301-16914-8	物理光学理论与应用	宋贵才	32	136	7-301-22529-5	PLC 技术与应用(西门子版)	丁金婷	32
102	7-301-16598-0	综合布线系统管理教程	吴达金	39	137	7-301-22386-4	自动控制原理	佟　威	30
103	7-301-20394-1	物联网基础与应用	李蔚田	44	138	7-301-22528-8	通信原理实验与课程设计	邬春明	34
104	7-301-20339-2	数字图像处理	李云红	36	139	7-301-22582-0	信号与系统	许丽佳	38
105	7-301-20340-8	信号与系统	李云红	29	140	7-301-22447-2	嵌入式系统基础实践教程	韩　磊	35
106	7-301-20505-1	电路分析基础	吴舒辞	38	141	7-301-22776-3	信号与线性系统	朱明早	33
107	7-301-22447-2	嵌入式系统基础实践教程	韩　磊	35	142	7-301-22872-2	电机、拖动与控制	万芳瑛	34
108	7-301-20506-8	编码调制技术	黄　平	26	143	7-301-22882-1	MCS-51 单片机原理及应用	黄翠翠	34
109	7-301-20763-5	网络工程与管理	谢　慧	39	144	7-301-22936-1	自动控制原理	邢春芳	39
110	7-301-20845-8	单片机原理与接口技术实验与课程设计	徐懂理	26	145	7-301-22920-0	电气信息工程专业英语	余兴波	26
111	301-20725-3	模拟电子线路	宋树祥	38	146	7-301-22919-4	信号分析与处理	李会容	39
112	7-301-21058-1	单片机原理与应用及其实验指导书	邵发森	44	147	7-301-22385-7	家居物联网技术开发与实践	付　蔚	39
113	7-301-20918-9	Mathcad 在信号与系统中的应用	郭仁春	30	148	7-301-23124-1	模拟电子技术学习指导及习题精选	姚娅川	30
114	7-301-20327-9	电工学实验教程	王士军	34	149	7-301-23022-0	MATLAB 基础及实验教程	杨成慧	36
115	7-301-16367-2	供配电技术	王玉华	49	150	7-301-23221-7	电工电子基础实验及综合设计指导	盛桂珍	32
116	7-301-20351-4	电路与模拟电子技术实验指导书	唐　颖	26	151	7-301-23473-0	物联网概论	王　平	38
117	7-301-21247-9	MATLAB 基础与应用教程	王月明	32	152	7-301-23639-0	现代光学	宋贵才	36
118	7-301-21235-6	集成电路版图设计	陆学斌	36	153	7-301-23705-2	无线通信原理	许晓丽	42
119	7-301-21304-9	数字电子技术	秦长海	49	154	7-301-23736-6	电子技术实验教程	司朝良	33
120	7-301-21366-7	电力系统继电保护(第 2 版)	马永翔	42	155	7-301-23754-0	工控组态软件及应用	何坚强	49
121	7-301-21450-3	模拟电子与数字逻辑	邬春明	39	156	7-301-23877-6	EDA 技术及数字系统的应用	包　明	55
122	7-301-21439-8	物联网概论	王金甫	42	157	7-301-23983-4	通信网络基础	王　昊	32
123	7-301-21849-5	微波技术基础及其应用	李泽民	49	158	7-301-24153-0	物联网安全	王金甫	43
124	7-301-21688-0	电子信息与通信工程专业英语	孙桂芝	36	159	7-301-24181-3	电工技术	赵　莹	46
125	7-301-22110-5	传感器技术及应用电路项目化教程	钱裕禄	30	160	7-301-24449-4	电子技术实验教程	马秋明	26
126	7-301-21672-9	单片机系统设计与实例开发（MSP430）	顾　涛	44	161	7-301-24469-2	Android 开发工程师案例教程	倪红军	48
127	7-301-22112-9	自动控制原理	许丽佳	30	162	7-301-24557-6	现代通信网络	胡珺珺	38
128	7-301-22109-9	DSP 技术及应用	董　胜	39	163	7-301-24777-8	DSP 技术与应用基础(第 2 版)	俞一彪	45
129	7-301-21607-1	数字图像处理算法及应用	李文书	48	164	7-301-24812-6	微控制器原理及应用	丁筱玲	42